高句麗と渤海

三上次男著

吉川弘文館

五女山城全景

五女山城より渾江（佟佳江）を望む

△広開土王碑の現況（読売新聞社提供）

◁広開土王碑の前に立つ著者（1985年）

山城子山城点将台（読売新聞社提供）

山城子山城城壁

太王陵全景

太王陵寄せかけ石

将軍塚全景

将軍塚石室内部
（北野耕平氏撮影）

北関山城全景

北関山城北壁

東京城石塔
(以下,『東京城』による)

東京城第一宮殿址

東京城第二宮殿址石獅子出土状況

東京城第五宮殿西殿址炕址

目次

口絵

挿図

函カット＝鬼面紋瓦璫（平壌・清岩里出土）

一　高句麗の墳墓とその変遷

(一)　古代墳墓の歴史的背景

古代における朝鮮の歴史は複雑である。朝鮮の社会が石器時代の段階をはなれ、金石併用期あるいは初期金属器時代の段階（補註1）にはいったのは、前三世紀のころであり（補註2）、はじめてその段階にはいった地域は、先進的な古代中国文明および内陸アジア文明と接触するのに都合のよい西北朝鮮であった。西北朝鮮にはじまった金石併用期文化は、その後、年代をおいながら、中部、ついで南部朝鮮方面に波及し、前二世紀末―前一世紀（補註3）はじめごろには全朝鮮をおおったようである。

朝鮮の金石併用期文化の基盤には、当時の内陸アジア文化と共通のものが少なくなかったが、さらに中国文化が取りいれられ、地域的色彩の強い独特なものがみとめられた。

このような情勢のとき、重要な歴史的発展が西北朝鮮でおこった。現在の平安南道の地方には、前三世紀のころから、中国の遼東方面や山東方面から移住するものがあとを絶たなかったが、前三世紀末になると彼らはこの地方に一つの植民的政権をつくった。西北朝鮮における中国系の植民的政権は、その後変動があり、前二世紀のはじめ、中国人の衛氏を支配者とする植民的国家、衛氏朝鮮国が成立した。首都は王険城（いまの平壌）であり、この政権をささえたのは移住した漢人有力者と一部の土著民有力者であった。そうしてこの国の支配権はこの世紀のおわりには、中・南部朝鮮にまでおよんだらしい。こうした情勢を背景として西北朝鮮には中国系文化の流入がしだいにはげしくなった。

前二世紀の末、それ以後の歴史に大きな影響をあたえた重大な事件が生じた。中国の漢の武帝の衛氏朝鮮国攻撃と、朝鮮半島占領である。前一〇八年、衛氏朝鮮国は倒れ、朝鮮の大部分は漢帝国の直轄領となった。武帝はここに楽浪・玄菟・臨屯・真番の四つの郡をおき、この地方を支配した。

楽浪郡は現在の平安南道を中心とし、北は平安北道の沿海地方、南は黄海道をおおい、京畿道の北部にもおよんでいた。玄菟郡は咸鏡南道北半から慈江道をへて遼東につらなる地方、臨屯郡は咸鏡南道の南部と江原道をあわせた地方、真番郡は忠清道から全羅・慶尚の北半をふくめた地方を、それぞれ郡域としたようである。

このうち真番郡は設置後二十六年の前八二年に廃止され、また玄菟郡と臨屯郡は前七五年に前者は郡域を縮小して遼東方面にしりぞき、後者は廃止されたけれども、西北朝鮮を郡域とする楽浪郡だけは——途中種々の変遷があり、二世紀末・三世紀はじめには、その南半をさいて帯方郡が設置され、楽浪・帯方二郡となったが——四世紀の初期(三一三年ごろ)まで西北朝鮮を直轄地として保持しつづけた。朝鮮における中国政権の根拠地は、西北朝鮮の地に四百数十年も存続したわけである。

このような政治的な情勢は朝鮮の歴史・文化のうえに大きな影響をあたえずにはいなかった。すなわち四世紀以上にわたって中国政権の根拠地となった楽浪郡治下には中国系文化の浸透がはなはだしく、土著民系の文化はわずかにその下に余喘をたもつにすぎなかった。しかし、その反面楽浪郡治下の中国系文化も時とともにしだいに朝鮮的な特色をもつようになり、楽浪文化——あるいは楽浪・帯方文化——ともいうべき独自の地域文化を形成していったことは注目すべきである。

いっぽう、前一世紀の初期、中国政権の支配を脱した地域では、楽浪郡方面の先進文化の刺激をうけながら、土著民の社会は発展をつづけ、彼らの初期金属器文化もじょじょに発達した。それは華やかではなかったが、独自の民族的文化の形成にむかってすすんだ。そうして前一世紀のおわりには、早くも北部朝鮮から中国東北東部にかけて土著民による積極的な政治活動がおこなわれ、それを背景として民族文化の形成がみられはじめた。

もっとも早く舞台に登場したのは高句麗人である。彼らはすでに前一世紀の後半、中国東北東部の山地帯をながれる佟佳江中流域を根拠地として部族国家の形成をなしとげていたが、一世紀にはいると、ますます発展し、ついには東北朝鮮の一部をも支配下にいれた。さらに二—三世紀になると高句麗の国の支配地域はひろがって、現在の咸鏡南道にもおよび、楽浪郡を背後からおびやかす強力な存在となった。そうして四世紀の初期（三一三年）、楽浪郡を攻撃し、ついにこれを倒し、まもなくその領域と人民を高句麗の内部にとりいれたのである。高句麗は朝鮮半島の北半をも領有する有力な国家となったが、とくに楽浪郡治下の漢人系の遺民を大量に収容したことは、爾後の高句麗の歴史の動きと文化の性格に大きな影響をあたえている。

さて、中・南部朝鮮の方面ではどうか。この地方では二世紀の後半、多数の部族国家が生まれた。この世紀のおわり、これらの部族国家はそれぞれ歴史的条件にしたがって三つの部族国家連合を形成した。五十三国からなる馬韓、十二国からなる辰韓、おなじく十二国からなる弁辰である。三世紀になるとこれら三つの部族国家連合を統一する政権（辰王政権）が成立する形勢となったけれども、このような動きは、楽浪・帯方二郡による中国の魏の軍事的圧力におしつぶされ、小部族国家分立の状態はつづいた。

四世紀の初期、楽浪郡が高句麗の攻撃をうけてほろびたことは、南部朝鮮の諸国に発展と統一の機会をあたえた。楽浪郡の滅亡とともに、帯方郡もまたすがたをけしたが、それらの旧領と遺民の多くは馬韓諸国に帰したらしい。こうして四世紀の後半には、馬韓五十三国を母体として南部朝鮮における最初の民族国家、百済が生まれた（三四六年）。さらにやや遅れて辰韓十二国は一つにまとまり新羅となった（三五六年）。ただ弁辰十二国のみは一国家とはなりえず、四世紀初頭の朝鮮南部の混乱に乗じ、南方から進出の手をのばした日本の大和政権の勢力下にはいった。このようにして四世紀の後半、中・南部朝鮮には二つの民族国家があらたに成立したけれども、これが一つにまとまることは、このような政治的環境下では困難であった。

四世紀の後半以後、朝鮮は中部南朝鮮以北をも領した高句麗と、広く西南部朝鮮を支配した百済、江原道から慶尚北道地方を領土とした新羅、それに南部の旧弁辰地区に進出した大和朝廷の四者がたがいに勢力の拡大をきそうことになった。こうした四者の対決には、めまぐるしい消長があり、その間六世紀の中期（五六二年）、弁辰地方を根拠とする大和朝廷勢力の没落があった。さらに七世紀の中期、中国の唐帝国の進出は朝鮮の政治情勢に大きな変化をあたえた。すなわち、六六三年には唐と新羅の連合軍によって百済がほろぼされ、さらに六六八年にはおなじく唐・新羅の連合軍によって高句麗もまた倒された。百済・高句麗の旧領土は、しばらく唐の領土となっていたが（安東都護府）、やがて新羅は安東都護府の支配地域に進出、六七六年にはこれをうばって、事実上、朝鮮の統一に成功した——ただし平壌と咸興をむすぶ線以南の地方——。朝鮮ははじめて一政権のもとに統一され、新羅の統一時代（六七六—九三五年）となるのである。

七世紀以前の朝鮮は、大略このような政治的変遷をたどるのであるが、この間における政治的情勢が錯雑しているように、文化の性格、ひいて墳墓の性格も時代的変遷と、地域的変差の両者がいりまじわって複雑である。以下、地域的変差と時代的変遷の両者の相関関係をみわたしながら、朝鮮各地域の墳墓の状態をしらべ、その性格について考えてみよう。

(二) 初期金属器時代の墳墓の諸形態

初期金属器時代の朝鮮に存在した墳墓に支石墓・箱形石棺墓・積石墓・土壙墓・甕棺墓などがある。このうち支石墓・箱形石棺墓・積石墓は土著民の墳墓であり、土壙墓と甕棺墓はおおむね移住した中国人か、中国文化のつよい影響をうけた土著民の墳墓とおもわれる。そうして、これらの五形式の墳墓は、いずれも地域により、あるいは時代によって相当の差違を生じているが、一応は全朝鮮に存在する。そうしてこの時代における朝鮮の住民の社会と文化の錯雑した様相も、これらの墳墓のあり方を通じてうかがうことができる。

まず最初にすがたをあらわしたのは支石墓であるが、これには北方式と南方式の二つの形式がある。(1)

北方式支石墓とは、地上に大きな扁平板石（支石）をたてて矩形の箱形石室をつくり、そのうえに石室の壁面より

図１　黄海南道殷栗郡冠山里北方式支石墓
（『大正５年度古蹟調査報告』による）

図２　全羅北道高敞郡高敞邑竹林里梅山
南方式支石墓（田村晃一氏撮影）

はるかに広い大板石をのせて天井石（撐石）としたものであって、石室の外観はテーブルに類似する。ヨーロッパでドルメン（テーブル＝ストーン）とよばれているものとまさしく同形であり、巨石建造物の名にふさわしい。封土はない（図１）。

遺骸は石室内の地下にほうむり、土器や磨石器が副葬されている。京畿道富川郡鶴翼里支石墓から磨石鏃・石庖丁・砥石・素焼土器などが出土したのはその一例である[2]。

支石墓の規模は大小さまざまであるが、大きなものは撐石の一辺が八メートル余におよぶものもあり（黄海南道殷栗郡冠山里南丘陵上の支石墓）、あるいは一辺二メートル前後の小さなものもある。位置は丘陵のうえや斜面などが多く、群集していることが少なくない。

これに対し、南方式支石墓は不定形の厚味のある板石、あるいは大塊石を地上におくか、またはそれを地上近くで数個の塊状小支石によってささえるかして、その下に種々の埋葬施設をもうけたものである（図2）。地下の埋葬施設としては撐石下にたんに数個の箱形石棺をうめたばあいもあり、時にはこれらの箱形石棺のうえに積石のあるものがある。後者のばあい、箱形石棺を墳墓の主体とする積石墓のうえを支石墓でおおった形となる。

さて、これらの両種の支石墓のうち、北方式支石墓の存在する中心的地域は、平安道・黄海道を主とした北部朝鮮――咸鏡北道には現在のところ支石墓は発見されていない――であり、南部朝鮮にはきわめて少ない。反対に南方式支石墓は、慶尚道・全羅道が主であって、忠清道におよんでいる。京畿道は両者の接点ともいうべき地域であって、北方式も南方式も共存する。

朝鮮でもっとも早くきずかれたのは北方式支石墓であって、おそらく前三世紀のことであろう。（補註4）地域は中国東北東部から北部朝鮮にわたる地方であったとおもわれる。このような巨石を使用した墳墓形式はその後、中・南部朝鮮に波及し、ことに南部においては、その地方の固有の埋葬形式と習合して南方式支石墓となったのである。こうした両形式の支石墓が、それぞれの地域におけるその後の墳墓の一つの重要な基盤となったことは、あらかじめ記憶しておく必要がある。

つぎに箱形石棺墓はどうか。

箱形石棺墓は板石を組みあわせ、長さ二メートル内外、幅六、七〇センチの箱形の石棺を地下にうめた形式の墳墓であって、分布は濃密ではないが、広く朝鮮の各地方で――咸鏡北道をのぞく――発見されている。（3）はじめてすがたをあらわしたのは、北部朝鮮であり、年代はこの地方の北方式支石墓よりややおくれた前三世紀のおわりか前二世紀の初期であ

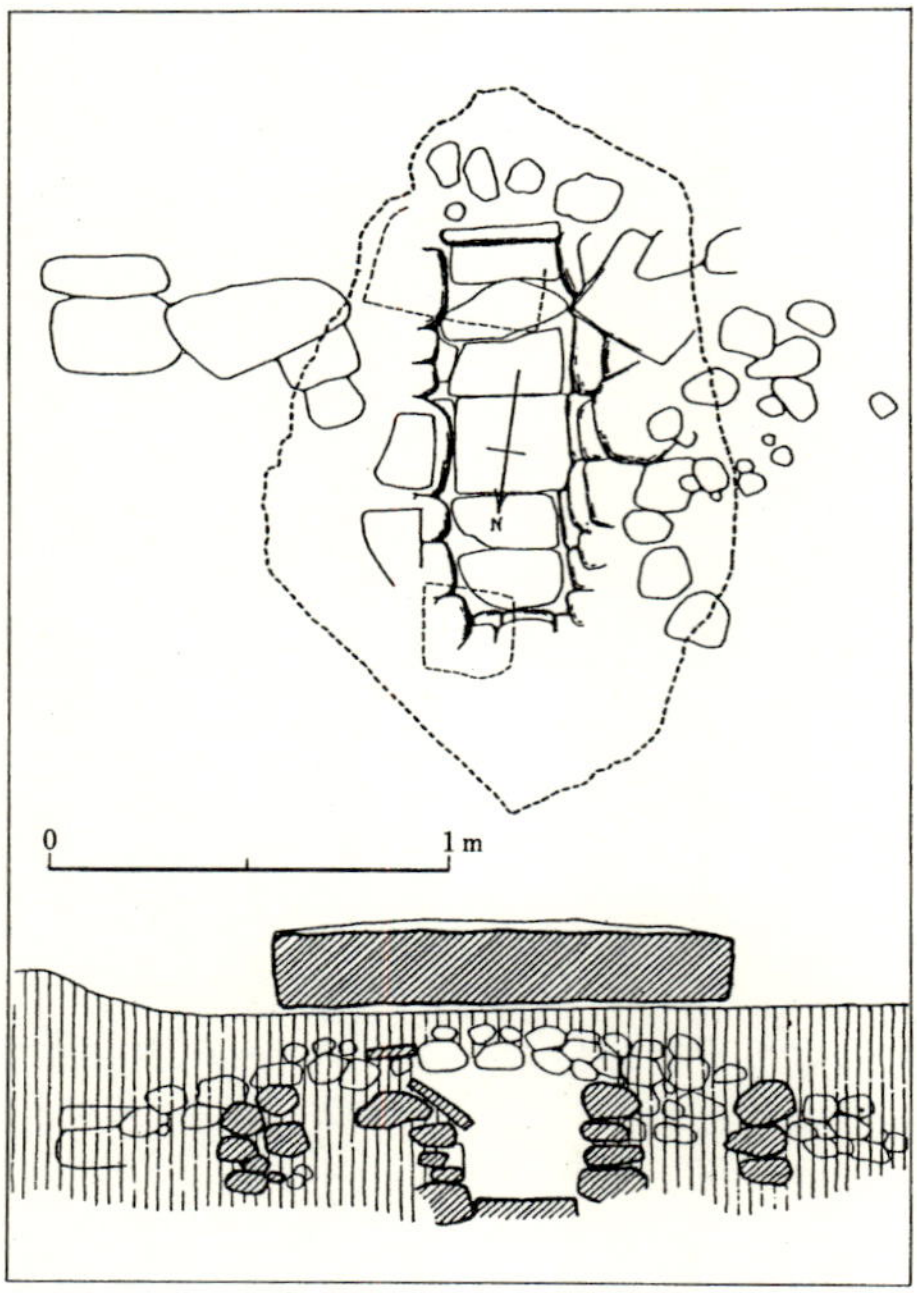

図3　大邱大鳳町第1区第2支石墓
（『昭和13年度古蹟調査報告』による）

ったであろう。[補註5]

箱形石棺墓のあり方も、北部朝鮮と南部朝鮮ではちがっている。すなわち、北部朝鮮では、すべて単独に存在しているのに対し、南部朝鮮では単独のほかに、前述のように支石墓や積石墓、さらに三者が組みあわさっているばあいが少なくない。

こうした箱形石棺墓の形態が、のちの三国時代の墳墓のあるものに引きつがれ、竪穴式石室の一原形をなしていることも注意する要があろう。

第三の積石墓の発見例は大して多くはない。しかし中部朝鮮の江原道春川郡昭陽河畔の泉田里には、支石墓にまじって存在することが報ぜられており、[4] 中からは、磨製石剣・石鏃・石斧・赤褐色無文土器などが出土している。忠清南道の鳥致院にもある。また、慶尚道方面ではこれがゴバン形支石墓や箱形石棺と組みあわさって、南方式支石墓を構成していることは前にのべた通りである（図3）。さらに北部朝鮮の平安北道や慈江道方面でも単独に（江界郡仁西面登公洞、寧辺郡月林洞）[5]、あるいは複合して（慈江道渭原竜淵洞）発見されたから、一応全朝鮮にこの形式の墳墓が営造されたこととなろう。時期は支石墓・箱形石棺墓とおなじく初期金属器時代に属する。

以上の三者は土著民か土著民系統の初期金属器時代（金石併用期）の墳墓であるが、なおこの時代、移住漢人、あるいは中国文化の強い影響下にあったひとびとの墳墓とみとめられるものに土壙墓と甕棺墓がある。両者のうち土壙墓は地下に長方形の墓壙を掘り、そのなかに木棺をおさめた形式の墳墓であり、これは現在、その数は多くはないながらも、南北とも存在する。とくに平安南北道（平安南道岐陽台城里など）と、慶尚道（慶尚北道慶州入室里など）方面にそれとおもわれるものが、二、三ならず発見されているのは注意を要する。

単独の甕、あるいは合口の二甕をつなぎあわせ、これに遺骸をいれて地下によこたえる甕棺も、また平安道・京畿道・慶尚道・全羅道の各地から発見され、その例は増加しつつある（図4）。これについては別稿でくわしく論じた。(6)

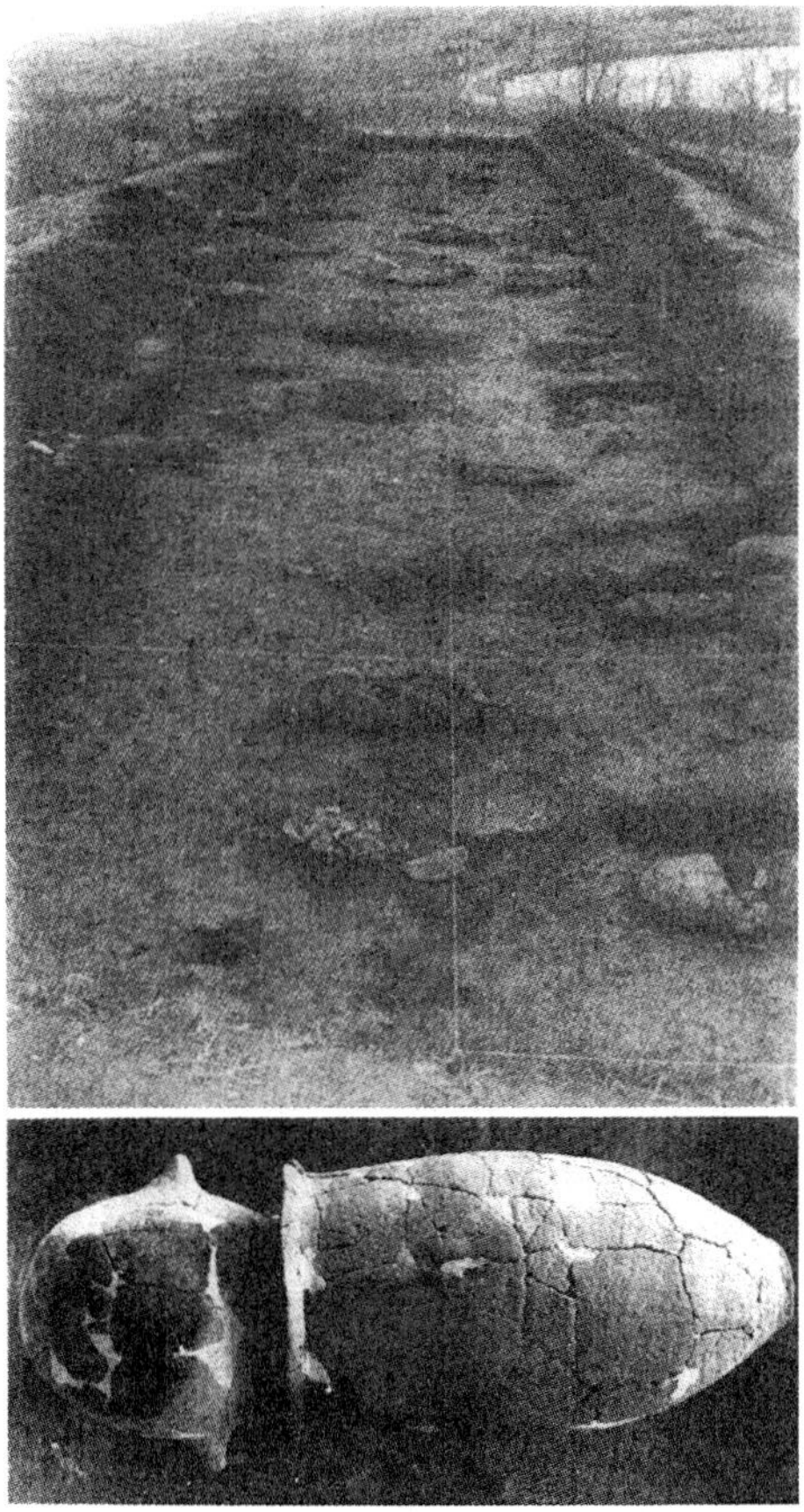

図4　全羅南道光山郡新昌里遺跡と甕棺
（『新昌里甕棺墓地』による）

初期金属器時代の朝鮮の墳墓は、およそ以上の通りであるが、以下にのべる壮大な外部施設や精巧な内部施設、あるいは豊富な副葬品をもつ古代墳墓は、このような基盤のうえに立ちながら、新しい社会的展開に相応じ、みずからのすがたをととのえ、さらにこれを発展させていくのである。

(三) 楽浪郡域における古代墳墓

朝鮮に巨大・整斉の墳墓がきずかれるようになった時期と地域は一様ではなく、しかも時代と地域ごとに、それぞれことなった様式の墓がつくられている。

さて朝鮮において、はじめて整備された古代墳墓がすがたをあらわしたのは、西北朝鮮の楽浪郡域とくに楽浪郡治(いまの平壌)の周辺であり、時期は前一世紀のことである。築造者は移住中国人のうち、楽浪郡を郷貫としたひとびとであり、したがって墳墓の様式は基本的には漢代中国におこなわれたそれにおなじい。

楽浪郡時代(前一〇八―後三一三年)、その郡域に築造された墳墓には、時代にしたがって二つの形式があった。前期のそれは木槨墳であり、後期は塼槨墳である。さらに楽浪郡が消滅した四世紀ごろにはおなじ地域に石槨墳がきずかれたこともしるしておく必要がある。

前一世紀、楽浪郡治址付近にまずきずかれた木槨墳は、大略つぎのような構造をもっている(図5)。

この形式の墳墓は、まず地下に二―三㍍平方の広さをもつ土壙をほりこみ、その土壁にそって、床面、壁面ともに長い角材を組みあげた槨室をつくる。その状は一見地下の校倉造りのような感じである。こうしてつくられた木造の槨室のなかに木棺をおさめ、そのうえにおなじく角材を組んでつくった蓋をする。棺は二個あるいはそれ以上が普通である。

そのあと、槨室を粘土でおおい、さらに封土をきずくが、その形は截頭方錐形を呈する。

封土の頂上には瓦の散布することがあるが、これは墳頂を瓦でおおったか、あるいは小祠堂があったか、どちらかであろう。

副葬品は豊富であって、しかも、実際に使用にたえうる実用品を主としていることに特長がある。

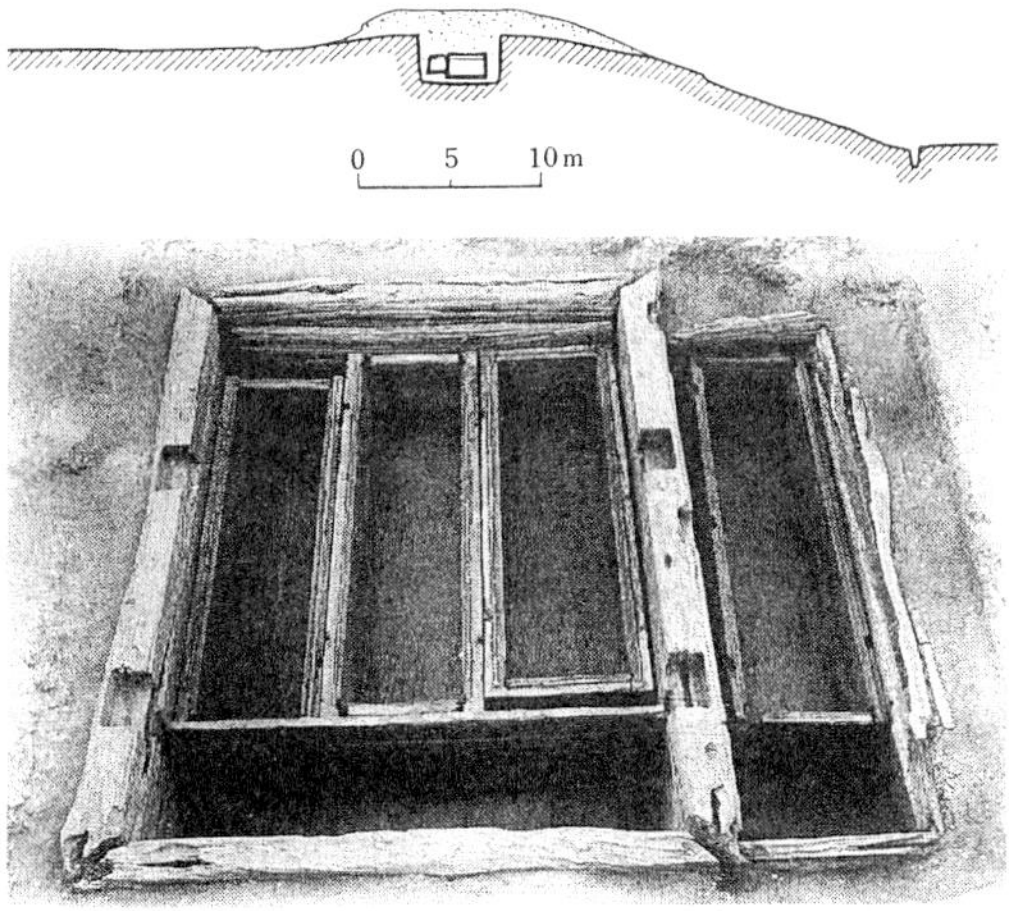

図5　楽浪王旴墓（『楽浪』による）

このような木槨墳の構造は、もちろん、おなじころ中国内部でおこなわれていた木槨墳のそれにならったものであって、両者のあいだに大きな変化がない。そうしてこのように地下に木造の槨室をつくることは戦国時代の基本的な墳墓形式である土壙墓の構造をよりととのえ、より充実したものであって、漢代における豪族の社会経済的地位の向上と、厚葬の思想をうかがうことができる。

このような祖霊崇拝の思想と、豪族の権威を表現した豪壮な木槨墳が前一世紀のころ西北朝鮮にすがたをあらわしたことは、この地方の墓制にとって画期的なことであって、これがこののち、周辺の土著民諸族に影響をあたえた事実とともに注意を要するであろう。

木槨墳がきずかれたのは、前一世紀から後一世紀にかけて、漢人系の土著豪族が集中的に居住した楽浪郡治付近、すなわち、いまの平壌市周辺（旧平安南道大同江面貞柏里・石巌里・梧野里など）であって、その他の地方にはほとんど存在していない。なお一九六一年、咸鏡南道永興郡竜岡里土城から、漢式木槨墳の発見が報ぜられているが、(7) 実情はあきらかではない。(補註6)

図6　貞柏里227号塼槨墳
（『昭和8年度古墳調査概報楽浪古墳』による）

楽浪郡域における中国式墳墓は、二世紀前後から形態を塼槨墳にかえた（図6）——なお貞柏里二二一号あるいは彩篋塚のように木槨墳から塼槨墳への過渡期の墳墓と目すべきものも存在する(8)——。これは本国の中国における墳墓形式の変遷に応じたものであるが、その構造はつぎのようである。

まず地表をある程度ほりくぼめて、うえに胴張方形または胴張長方形のプランをもった玄室をつくる。玄室は床面・壁面・天井部すべて塼すなわち煉瓦を積みかさねて構築する。壁面ははじめ垂直につくるが、上方にいたると塼をもちおくってせばめ、ドーム形の天井とする。壁部の大部分は地上にあらわれている。さらに墓外から玄室に通じる通路（羨道）もつくられる。また玄室の前方にいま一室がつくられることもある（前室）。その他にもいろいろの副室のつくことがあって、プランは一様ではない。

このように塼をもって羨道・玄室、さらには前室や副室をつくったのち、これを截頭方錐形の封土でおおう。壁面は塼を平積（数段）と小口積に交互に積みあげて構築しているが、それには文様のあるものが少なくない。なかには墓の主体と関係のある銘文のあるものさえある。

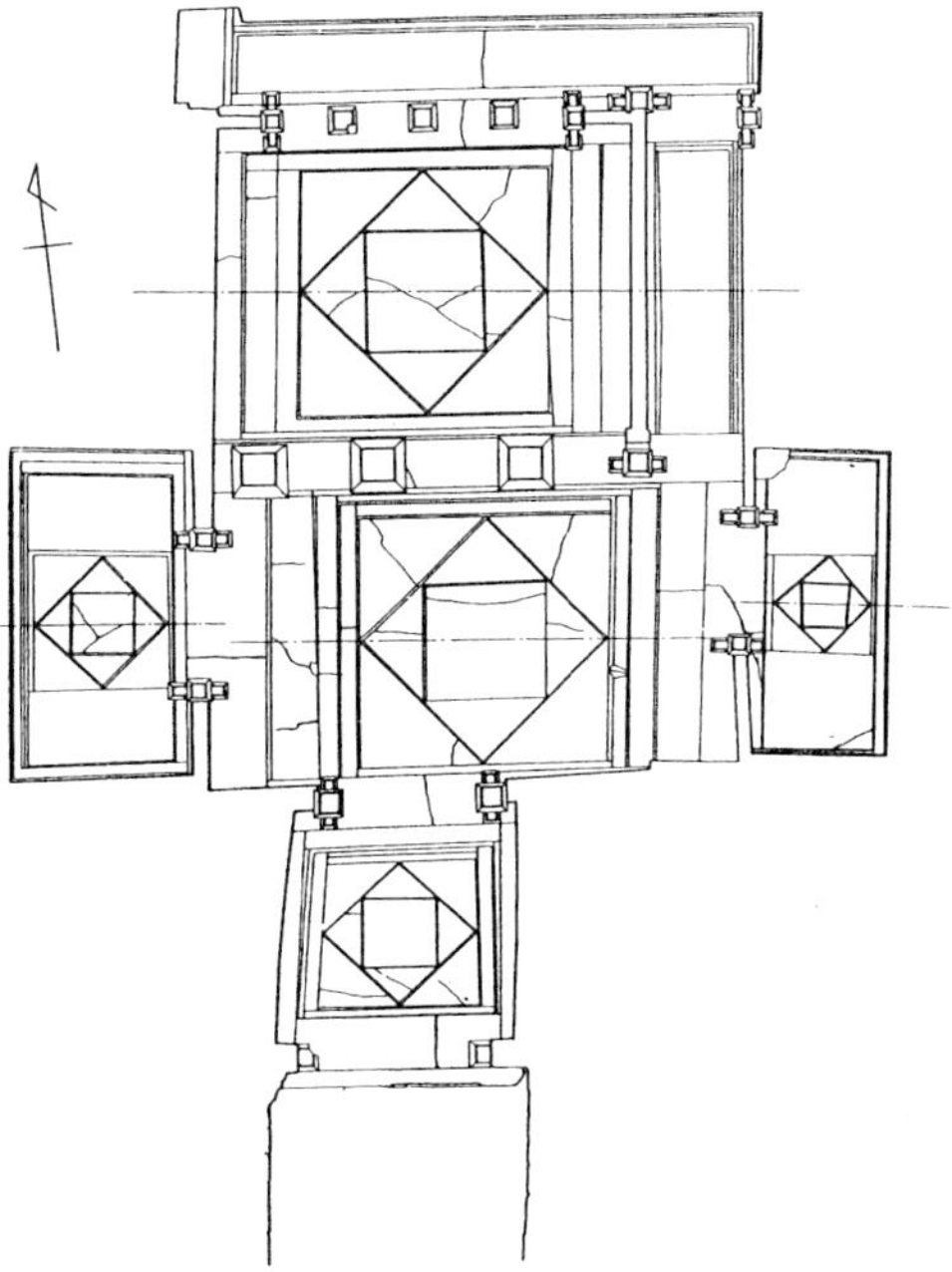

図７　安岳三号墳の平面図
（『安岳三号墳発掘報告』による）

このような塼をもって構築した槨室に木棺をおき――通常二個――棺内および室内（主として前室内）に副葬品をおさめるが、塼槨墳のばあいには実用品とともにしゅじゅの明器が副葬されている。漢式土器系の土器の副葬も少なくない。年号が押された塼から推定すると、西北朝鮮における塼槨墳は二世紀の後半からきずかれはじめ、三―四世紀に盛行し、五世紀のはじめにまでおよんでいる。し

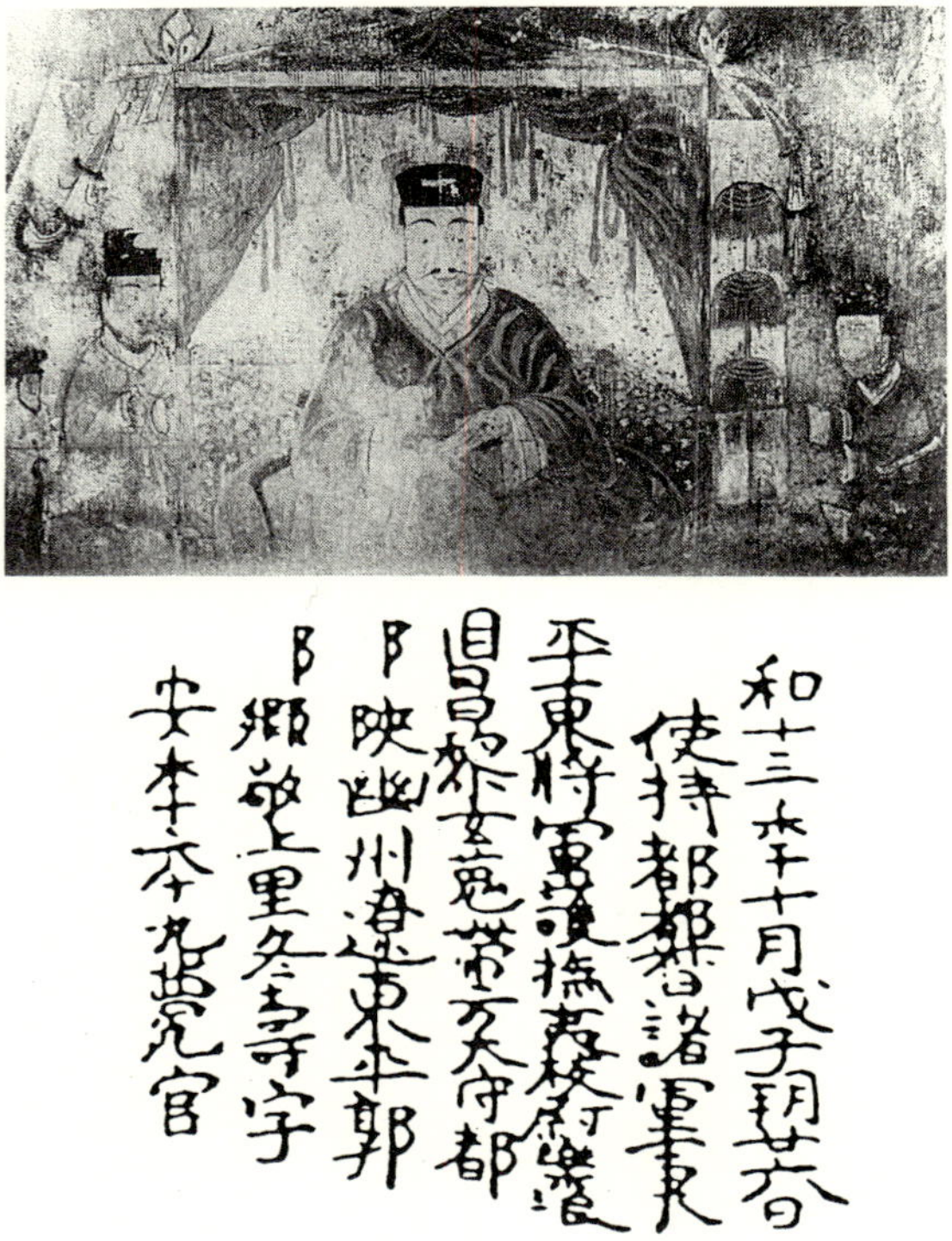

図８　安岳三号墳の壁画と銘文
(『安岳三号墳発掘報告』による)

たがって楽浪・帯方二郡がほろび（三一三年）、この地域が高句麗の勢力下にはいってのちも、この種の墳墓はさかんにきずかれていたわけである。このことは、高句麗墳墓との関連のうえで重要である。

さらにこの種の墳墓がきずかれた地域であるが、楽浪郡治の存在した平壌付近や大同江流域の諸郡はもちろん、さらに黄海道の安岳・載寧・鳳山・信川・殷栗・黄州・松禾の諸郡の地方でもきずかれた。塼槨墳の築造地域は木槨墳時代よりもはるかにひろがったのである。

なお塼槨墳のうち、わずかではあるけれども以上にあげた塼槨墳とはことなった構造をもつものがある。それは長方形の墓室を塼できずき、垂直の側壁がある程度の高さになると、そのうえに木材を横架して天井部を構築するものであって、平安南道大同江面の八号墳や、同梧野里の二五号墳がこれにあたる[9]。

この形式の槨室をもつ塼槨墳は、近くは遼東半島の遼陽地方、遠くはヴェトナム北部にもあるが、塼槨墳時代となってもなお土壙墓や木槨墳の槨室の形態を維持しようとしたもののあることをしめすようでもあり、その点、漢式墳墓の土著化・地方化の跡をうかがうことができる。

さらに中国様式の墓として石槨墳をあげておかなければならない。石槨墳とは、床・壁・天井ともに大きく広い板石をつかい、地表下に石室をもうけた形式の墓であって、一般に多くの室が付属し、プランも複雑なものが多い。一九四九年に調査された黄海南道安岳郡安岳邑兪雪里の安岳三号墳（冬寿墓）や（図7・8）、一九五三年に発見された平安南道順川郡竜鳳里の遼東城塚がこれであって（図9）、両者ともに壁面に特異な壁画や銘文のあることで有名である。ことに前者の安岳三号墳の壁面には永和十三年（三五七）十月という紀年にはじまる墓誌銘があって、幽州遼東平郭県□郷敬上里を祖先の本貫とする冬寿という人物の墓であることが知られる。遼東城塚はこれよりややおくれるが、やはり四世紀の後半か、遅くても五世紀

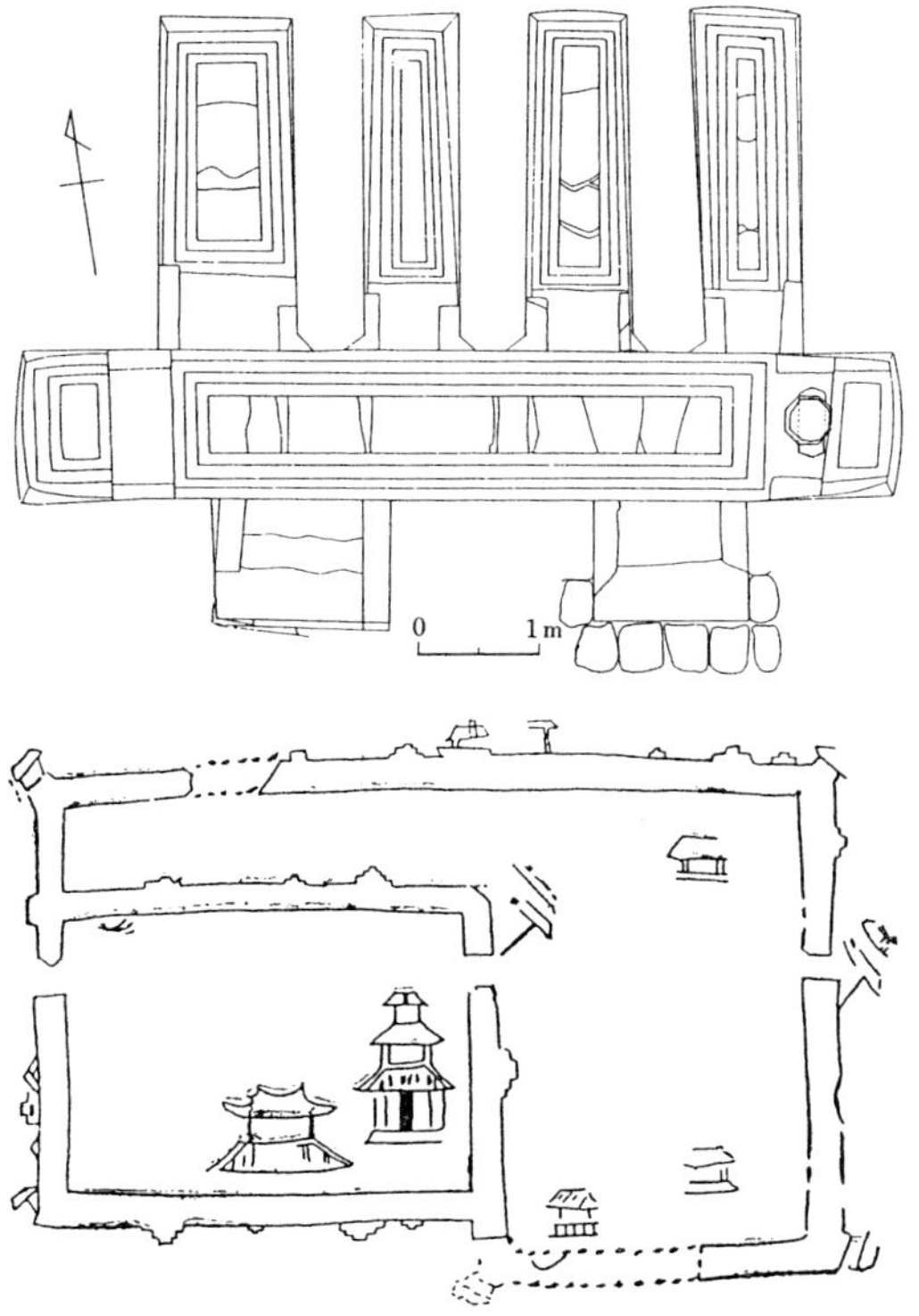

図9　遼東城塚の平面図と壁画
（『大同江流域発掘報告』による）

元来、石槨墳は中国でも晋の時代（二六五―四二〇年）に多く築造されたものであり、西北朝鮮に近い遼東半島の遼陽付近には、たくさんの晋代の石槨墳が築造され、そのなかには壁画のあるものも少なくない。(10) 西北朝鮮の石槨墳はおそらく、遼陽付近の石槨墳にならって築造されたとおもわれ、墳墓の主体もその方面の住民と関係があると考えられるが、いずれにせよ四世紀の後半期に、西北朝鮮の高句麗支配地域内に石造の壁画墳墓が存在したことは、後の高句麗の壁画墳墓ともおもいあわせて、深く注意を要する。安岳三号墳の壁画は、墓の主人夫妻の日常生活や、彼らの未来の生活に関係のあるものであり、遼東城塚の壁画にも遼東城の図のほかに、墓の主体の生活と関係のある図がかかれている。これと高句麗の初期壁画古墳のテーマをくらべるとき、その間自ら密接な類似のあるのをおもい知らされるのである。

以上、前一世紀から五世紀初頭までに平安南道・黄海南道など西北朝鮮にきずかれた墳墓を概説した。要するに前一世紀から後一世紀―二世紀前半までは木槨墳が、また二世紀以後は塼槨墳が主として構築されたが、塼槨墳は楽浪・帯方二郡の滅亡時といわれる四世紀初頭（三一三年）以後もさかんに構築され、五世紀の初期にいたっている。(11) いっぽう、四世紀の後半には石槨墳もすがたをあらわし、これには壁画や銘文をしるすことがあったのである。

(四) 高句麗の墳墓

楽浪郡治付近で木槨墳が築造されはじめた前一世紀中期から、少しくおくれた後一世紀前後になると、中国東北東部・北部朝鮮方面にいままで他の地方にみなかった新しい形態の墳墓がつくられはじめた。新興の高句麗国の支配層がきずいた石築墳がそれである。

高句麗の石築墳とは、一般的にいえば、地上におびただしい大小の石塊をもりあげて墳丘とし、その上部に墓室として横穴式石室をつくり、そのなかに棺と副葬品をおさめるという構造をもった墳墓である。石築墳丘のプランは、ほぼ方形であるが、積石の崩壊をふせぐために、切石を組みあわせてつくった石壇を数段にわたってめぐらしてあるのもある。そのばあい、石壇には各面とも大きな立石を数個ずつよせかけてあるのもみられる。これは石垣の補強のようにもみえるが、むしろ積石塚をとりかこんでいたストーン＝サークルの名残りと考えた方がよかろう。

墳丘の頂上、すなわち横穴式石室をおおった墳頂からは、時に有文の瓦や銘文のある塼が発見されるが、これは頂上を瓦でおおったか、あるいは小祠堂があったか、どちらかであろう。この事実は、楽浪郡治付近の木槨墳の封土上の状態をおもいおこさせ、両者のあいだになんらかの関係のあったことを推測せしめる。ちなみに石築墳の墳丘上から発見される高句麗時代の瓦（軒先瓦）の意匠の一部には、漢代の軒先瓦のそれの影響がある。

こうした石築墳がはじめてすがたをあらわした地域は、中国東北の鴨緑江中流域から佟佳江の流域にかけての地方であろう。そこは高句麗人の初期の活躍の舞台であり、また高句麗国家の発祥の地でもあった。そうしてまたこの地域は、さきにあげた支石墓が築造された地域でもあったのである。

これらの地域の諸所に石築墳（石塚）がのこっているが、なかでもおびただしく存在しているのは、高句麗中期の首都であった国内城の地、すなわち、いまの吉林省輯安県治のある鴨緑江ぞいのせまい平地である。そればかりでなく、鴨緑江の南岸の朝鮮の地域にもあちこちにみとめられる。

さて、このような独自の石築墳は、どのような経緯のもとに成立したのであろう。

石築墳の原型として第一に考えられるのは、高句麗政権の発祥地付近に存在した北方式支石墓であり、つぎには遼東半島の旅順老鉄山や、営城子四平山頂などで発見されている積石墓である。積石墓とおもわれるものは、遼寧省鞍山苗圃付近にも知られているし、また前述の通り、朝鮮の初期金属器時代にも存在しているから、中間の佟佳江流域や鴨緑江中流方面にも構築されていたことは、容易に推測できる。前一世紀後半における高句麗の勃興、後一世紀における その国の発展にともなって、族長の権力の増大とともに、支配層たちはその家系の権威のために壮厳な墳墓をきずくことをこころざし、ここに支石墓と積石墓を組みあわせた初期石築墳の成立をみるにいたったものとおもわれる。その時期はおそらく一世紀、はじめて成立した地域は中国東北東部の佟佳江流域から鴨緑江中流域にわたる地域であったであろう。その間の経緯については拙稿でこまかく論じた。(12)(補註7)

初期の石築墳は、おおよそ方形のプランをもつ積石の上部に大きな天井石をもつ箱形の石室をつくる形式のものであったであろう。積石の周縁をかためるための切石積の方形基壇はまだ構築されなかったとおもわれる。そのような形式の墳墓を、われわれは佟佳江流域の桓仁南方の米倉子溝に近い秧歌汀にある将軍墳陪塚にみることができる。(13)

こうした素朴な初期石築墳は、その後一―二世紀のあいだつづいたが、その間、石築墳の構造にも変化と発展がおこり、三―四世紀になると、石築墳の基部は切石積によって方形に構築され、方壇の数も数段を数えた。また上部の石室も、玄室と羨道をもつ横穴式石室の形をそなえるようになった。

このように石築墳がしだいに形制をととのえたのは、もとより高句麗社会の発展の結果ではあるけれども、同時にこのころようやく密接の度をくわえた中国文化との接触によって、整備した中国式墳墓の構造がなんらかの点で影響をあたえたとみるべきであろう。ことに四世紀の初期、旧楽浪郡域が高句麗の支配下にはいると、中国式墓制は直接的に高句麗人に知られるようになり、あるものは高句麗墳墓にとりいれられ、プランの整備、横穴式石室の採用となったものとおもわれる。そうしてこの形式は王陵にもつかわれたのであって、われわれはその典型的な形式を輯安の太王陵や千秋塚その他にみとめることができる。つぎに太王陵の概略についてのべよう（図10）。

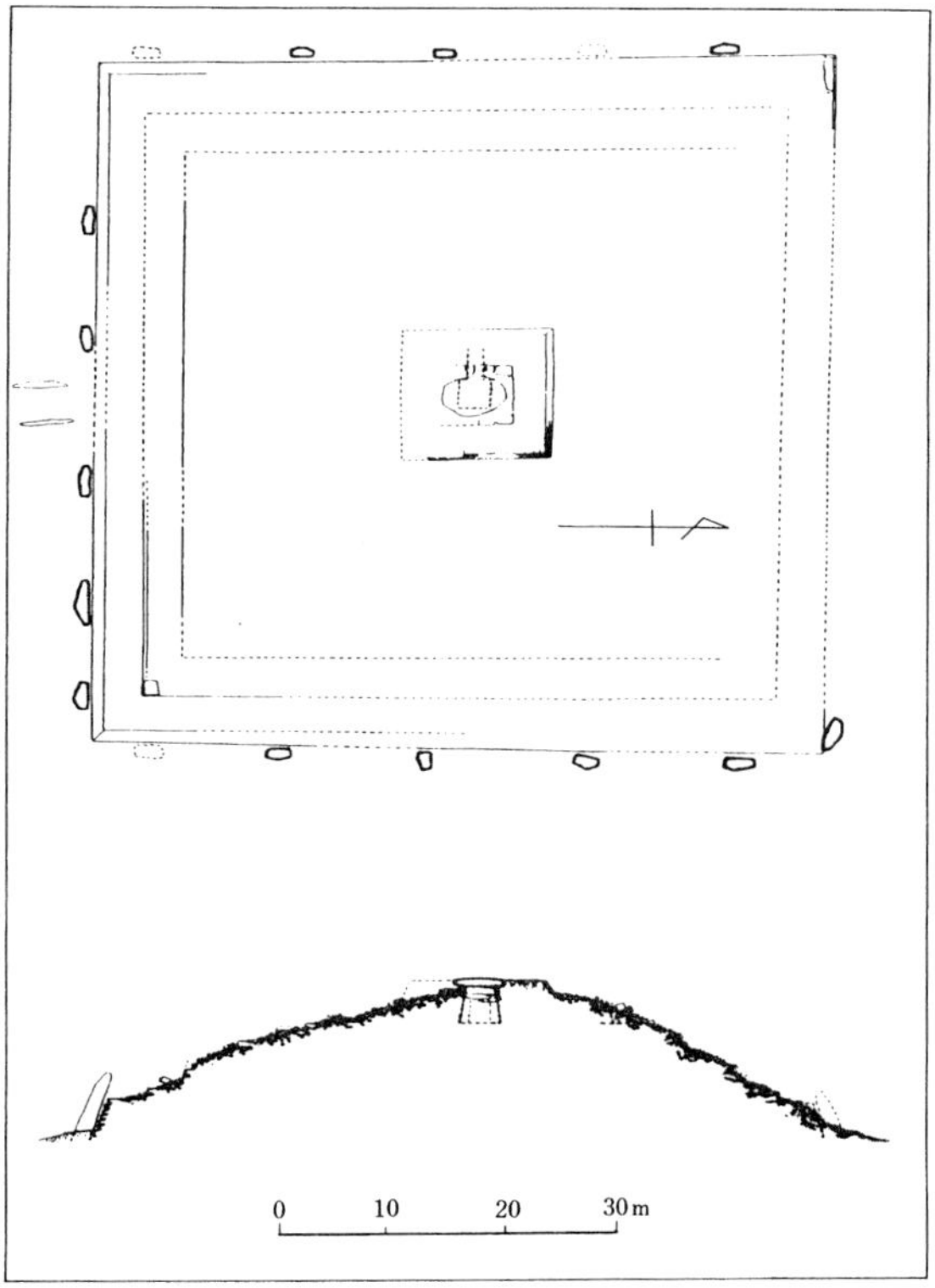

図10　太王陵の平面図と立面図
（『通溝』上巻による）

太王陵は輯安平野のほぼ中央の東崗集落の付近にあって、石築の方壇をめぐらした石築墳である。方壇は三段からなっていて、（補註8）最下のそれの一辺は約六三㍍（南辺六三・六㍍、東辺六二・五㍍）であり、基底は方位線にそっている。第一石壇の各辺にはともに五個の立石がよせかけてある。方壇の内部は塊石でうずめられて丘状となり、頂上に近く横穴式石室の墓室が構築されているが、その天井石は花崗岩の大磐石である。天井石の周囲の構造から判断すると、その部分が墳頂であったのであろう。そうだとすると高さは約一五㍍である。墳丘の頂上からは、この部分をおおった初期の高句麗瓦璫と「願太王陵安如山固如丘」と押字された塼が発見された。この墳墓の周辺には不整形の土堤でかこまれた広い墓域があり、その内部には石敷の区域がある。

この最大の石築墳の主体については、関野貞と池内宏らのあいだに論争があったが、――好太王碑の問題ともからみ――有銘塼の銘文からみて、好太王（三九一―四一二年）の墳墓であることは間違いない。とすれば、これは五世紀初頭の高句麗の王陵形式を代表するものとなる。

五世紀初頭には朝鮮・日本ともに巨大な王陵がきずかれたことを知りえて興味が深い。

なお、太王陵形式の墳墓は、その他西大塚・千秋塚とその数は少なくない。従来この形式の墳墓はあとにのべる将軍塚形式の石築墳の崩壊したものと単純に考えられていたが、深く考えるとそのようなことはありえないとおもわれる。

それでは太王陵につづく石築墳はなにか。わたくしは、将軍塚がこれにあたると考えている。ただ将軍塚の築造年代を太王陵よりおくれるとするのは、筆者の見解であって、従来よりの説ではない。しかし将軍塚の形態を考古学的に考察するばあい、そのように考えざるをえないのであって、これについては後に繰りかえしてふれる。

将軍塚は輯安平地中の東方、土口子の高地のうえにある（図11）。七重の切石積の方壇を整然とピラミッド形に積みあげた石築墳であって、最下の基壇の一辺は約三一㍍、四方の隅角はそれぞれ方位線上にある。そうして各辺ともそれぞれ三個の巨大な立石がよせかけてある。墳墓の上方にきずかれた墓室は横穴式石室であって、玄室と羨道からなり、その構造はきわめて整然たるものがある。

墳頂は漆喰で低いドーム状にととのえられ、うえにその部分をおおったと考えられる古式の瓦璫が散乱している。

この墳墓は、土堤でかこまれた墓域のなかにあり、墓域中は石敷になっている。

このように、将軍塚は、すべての点で太王陵形式の一群の墳墓と類似しているが、後者にくらべると大きさにおいてはとにかく、構造においては比較にならないほどととのっており、かつ巧緻である。これはかならず太王陵形式のあとにつづくものであって、決して先行するものではない。従来これが丘陵上に存在することから、この地を都としたといわれる最初の王、山上王延優（二世紀末—三世紀初期）の墓に比定されたこともあったが[14]、高句麗の国家権力のまださして強くなかった三世紀の初期、このように整斉・壮厳な王陵がきずかれたとは、とうてい考えることができない。この墳墓は太王陵形式の石築墳の最後のすが

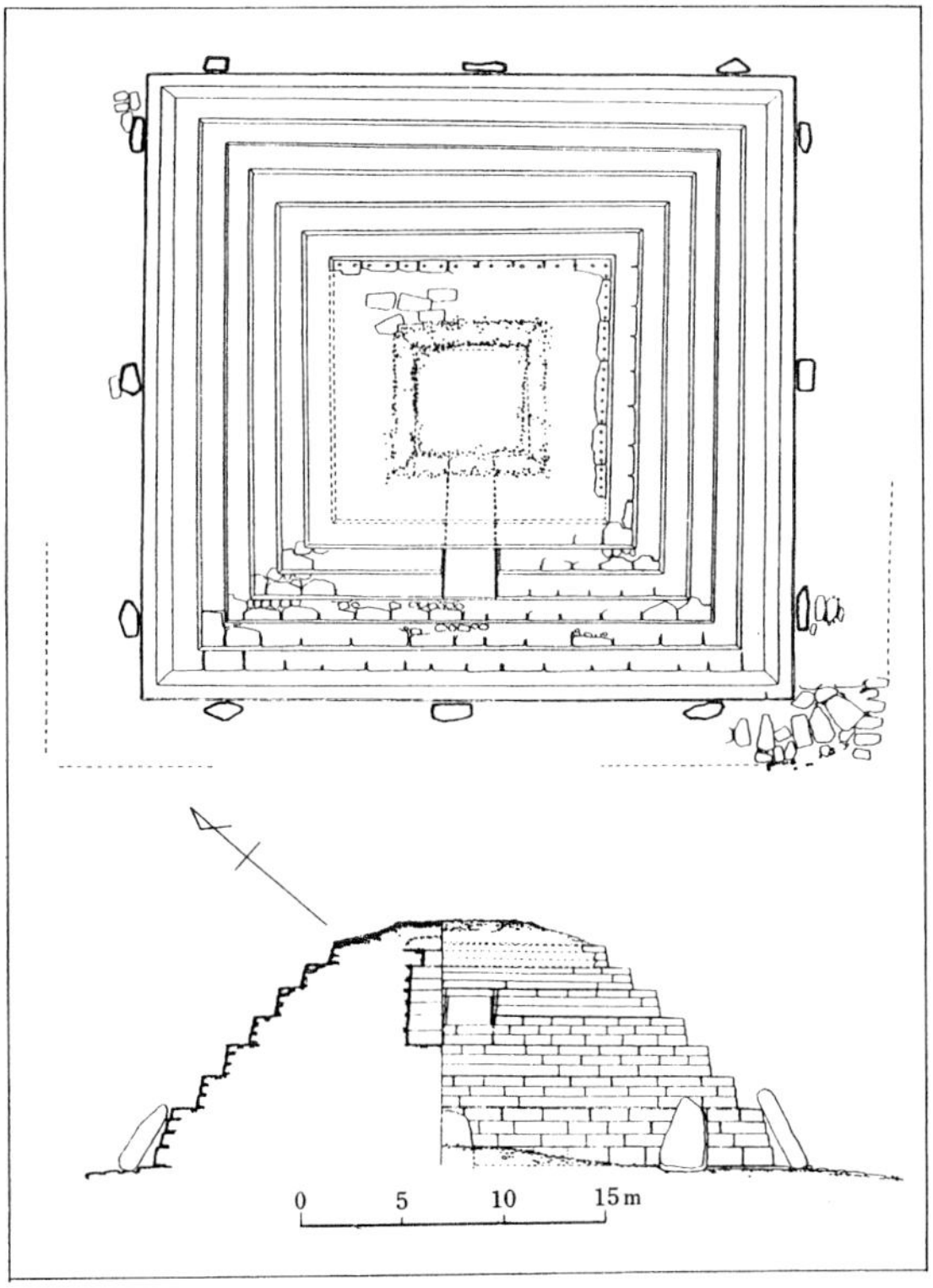

図 11　将軍塚の平面図と立面図
（『通溝』上巻による）

た、すなわちそれの完成した形式とみるべきであろう。とすれば、これは好太王につぎ、しかもこの地を都とした最後の王である長寿王（四一三—九一年）の陵となろう。長寿王の時代は、高句麗中期の最盛期である。この考え方がみとめられるとすれば、将軍塚の築造の年代は五世紀末となる。

石築墳は、平壌への遷都（四二七年）の後も高句麗人のあいだでおこなわれたが、しだいに影をひそめ、かわって封土墳が盛行することとなった。

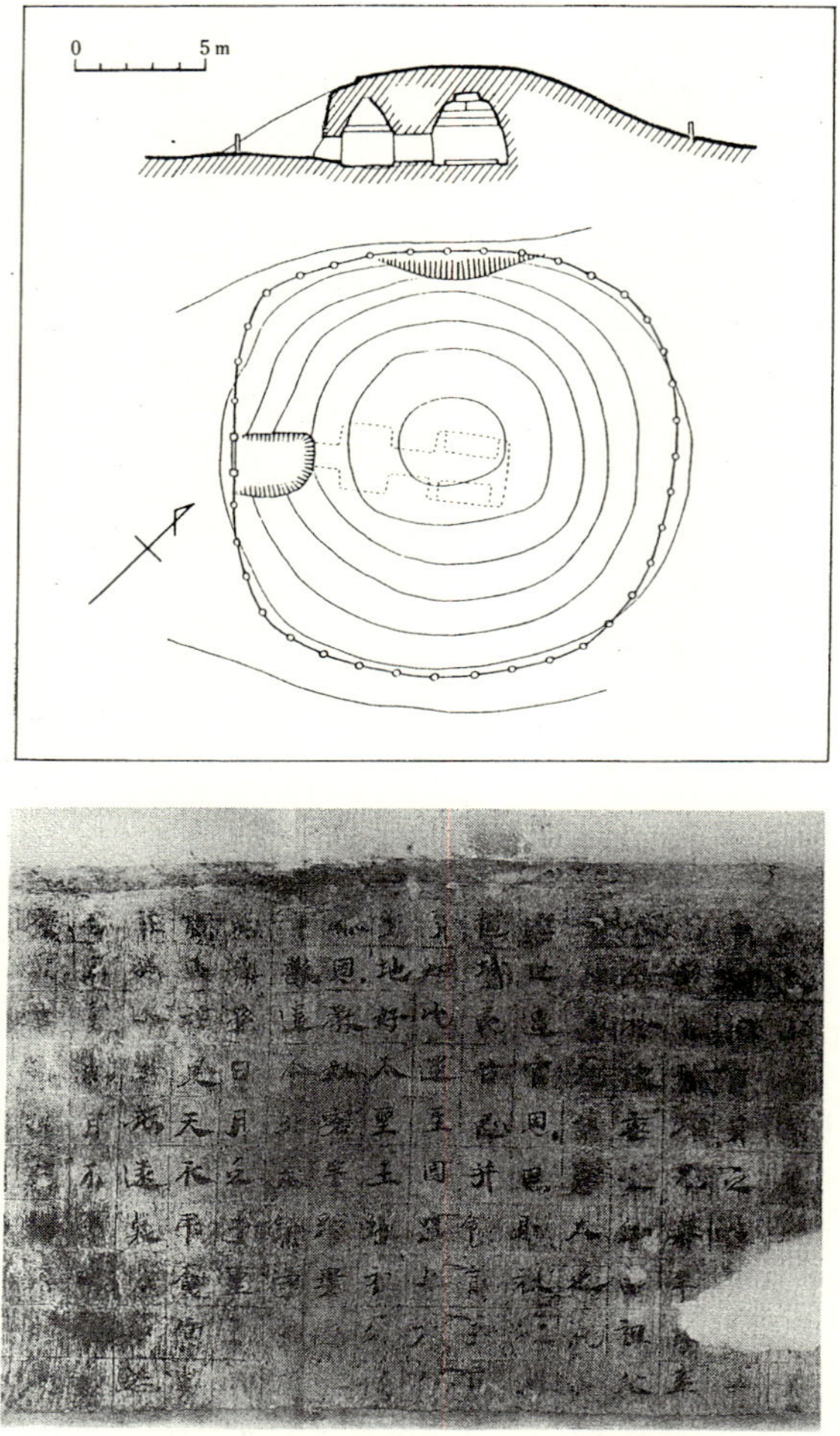

図12　輯安牟頭婁塚の実測図と墓誌名
（『通溝』上・下巻による）

封土墳は土塚ともいわれるが、その構造は大略つぎのようである（図12）。まず地表か、やや地表をほりくぼめたところを床として横穴式石室をつくる。この横穴式石室は玄室と羨道（通路）からなっているが、前室や副室をともなうこともあり、複雑なものが少なくない。壁面は面のそろった切石をつみ重ねて構築することが多いが、数枚の大板石を立てて壁面とすることもある。壁面は通常漆喰でぬりあげられているが、花崗岩の一枚岩のときには、きれいにみがきだしてある。時にはそのうえに壁画がえがかれていることもある。

天井の形態にはいくつかの別がある。もっとも単純なものは、四壁面の上部に壁面と平行に一段あるいは二段の持ち送りの石材をすえ、そのうえを大きな板石でおおう形式である。第二は截頭方錐形に石材を四壁から持ち送る形式（輯安環文塚）、第三は数段の平行持ち送りを架したのち、四隅から三角状の持ち送りをだし、それを重ねて最後に板石でおおう形式である（四方隅持ち送り式天井）。そのばあい、天井部は変化にとんだ形となり、下からあおぐと中空にすいこまれるような感じとなる。この形式は愛好されたとみえ、この型の天井をもつものは、すこぶる多い。

このような構造をもつ横穴式石室は封土でおおわれるが、その形状は先行の塼槨墳などとおなじように原則的に截頭方錐形である。中には封土の基部が切石積の方壇でかこまれているのもあり、また封土の頂上に大方石のおいてあるものもある（輯安五塊墳）。

さて叙上の封土墳の形態を観察すると、先行の墳墓の諸要素が複雑な形でからみあっていることがわかる。第一に、石材をもって横穴式石室を構築する様式は、高句麗固有の石築墳のそれの系統をひいているが、同時に四世紀において西北朝鮮におこなわれた石槨墳の石室と関係のあることもいなめない。ことに横に長い前室の付属する石室のプランにいたっては（江西郡鶴林面肝城里蓮花塚など—図15参照）、石槨墳のそれとの類似を考えざるをえないのである。

つぎに天井部の形式のうち、四方隅持ち送り式天井は、高句麗の封土墳でもっともよく使用された形式であり、あたかも高句麗固有の形式のようにみえるが、中国においても魏晋のころの墓と考えられる山東省沂南県北寨村の石槨墳にこれが存在するから、当然三—四世紀の中国の華北墓との関係を考えなければならない。石室中に斗拱をそなえた八角柱を立てる方式も同様である[15]（図13・14）。

つぎに封土でおおうという観念とその形態は楽浪・帯方郡時代の截頭方錐形のそれをそのまま受けついでいるが、石築墳の形態も截頭方錐形であり、また基部を石壇でかこむことや、頂上に方石をすえることは石築墳の伝統をひいて

図13　平安南道竜岡郡双楹塚玄室
（『朝鮮古蹟図譜』第2巻による）

図14　沂南古画像石墓前室
（『沂南古画像石墓発掘報告』による）

いるともいえる。要するに高句麗の封土墳は、西北朝鮮でおこなわれた楽浪・帯方郡時代の封土墳と、高句麗固有の石築墳とを複合させ、独自の形式をつくりだしたものといいうるであろう。

なお、副葬品は、衣装・装身具・武器・馬具・土器・明器の類であったようであるが、盗掘のためほとんど残っていないのは残念である。

封土墳が高句麗人の墳墓として採用されるようになったのは、おそらく旧楽浪郡域が高句麗領となった四世紀中期以降のことであり、はじめてきずかれた地域も、西北朝鮮であったとおもわれる。

四世紀の後半、あるいは五世紀のころからつくられはじめた封土墳は、その後七世紀前半の高句麗滅亡時まで、高句麗の中心的な墳墓となり、六世紀以後は王陵なども、この形式によったらしい。輯安の平野にそびえたつ巨大な五塊墳——最大のものの封土の基底部の一辺の長さは約五五㍍、高さは約一二㍍——は、あるいはそのようなものかもしれない。

封土墳の形態にも時代による変化があった。これについてくわしく論じるいとまがないが、墳墓構造の形態的な変遷と、石室にえがかれた壁画の性格の変化の双方から推定すると、前期と後期のそれにわけることができる。

前期封土墳の石室は、前室と玄室の両室——あるいは三室——および羨道よりなっているものが多い。天井は原則として四方隅持ち送り式である。前室のうちには、横に長く、しかもそれが数室に区切られているような観を呈するものと（図15、平安南道順川郡北倉面松渓洞天王地神塚・同江西郡鶴林面肝城里蓮花塚など）、矩形の単純なものとがあるが、前者はさきにあげた西北朝鮮の石槨墳の石室のそれを追っている点よりみて、後者より時期が早いと考えてよかろう。

なお前者の存在するのは、現在のところ朝鮮の平安南道地区のみであって、鴨緑江畔の輯安地区にはみられない。

後者は平安南道地区はもちろん、輯安地区にもひろくみられる形式であって、前期封土墳としては一般的な形態である。

これらの両者とも、そのなかのあるものには壁画がある。壁画の題材としては、墳墓の主体の肖像や生前の生活の状態、あるいは天の運行や天の状況などがえらばれていることが多い。題材・技法ともに中国の魏晋（三―五世紀初頭）のそれと強い類似があるが、高句麗人独特の生活の形態や思想・宗教の状況をあらわしているものも少なくなく、高句麗史の研究にとって欠くことのできない資料を提供している。壁画の筆致はおおむね素朴である。また銘文のあるものもあるが（牟頭婁塚―図12参照）、その書体は雄渾な六朝風をそのまま受けついでいる。

前期封土墳の二つの形式のうち、前者は四世紀の末から五世紀の前半、後者は五世紀の中期から六世紀の前半に属するものではないかとおもわれるが、確実な編年は将来の研究にまたなければならない。

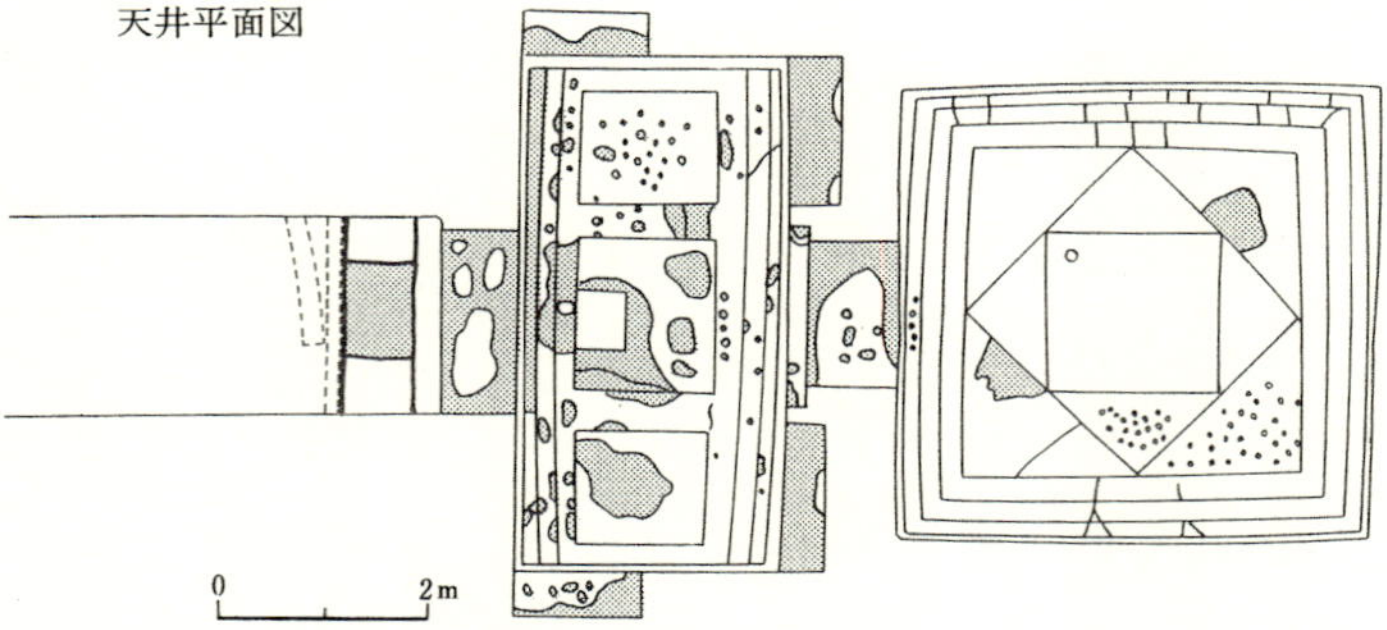

図15　肝城里蓮花塚実測図（『朝鮮の建築と芸術』による）

後期の封土墳の横穴式石室のプランは、玄室と羨道とよりなる比較的単純な形態が多い（図16）。しかし、構造は堅固・精巧さをくわえて、荘重な観をいだかせる。羨道部が二段となって、前部が開いているものや、羨道が玄室の

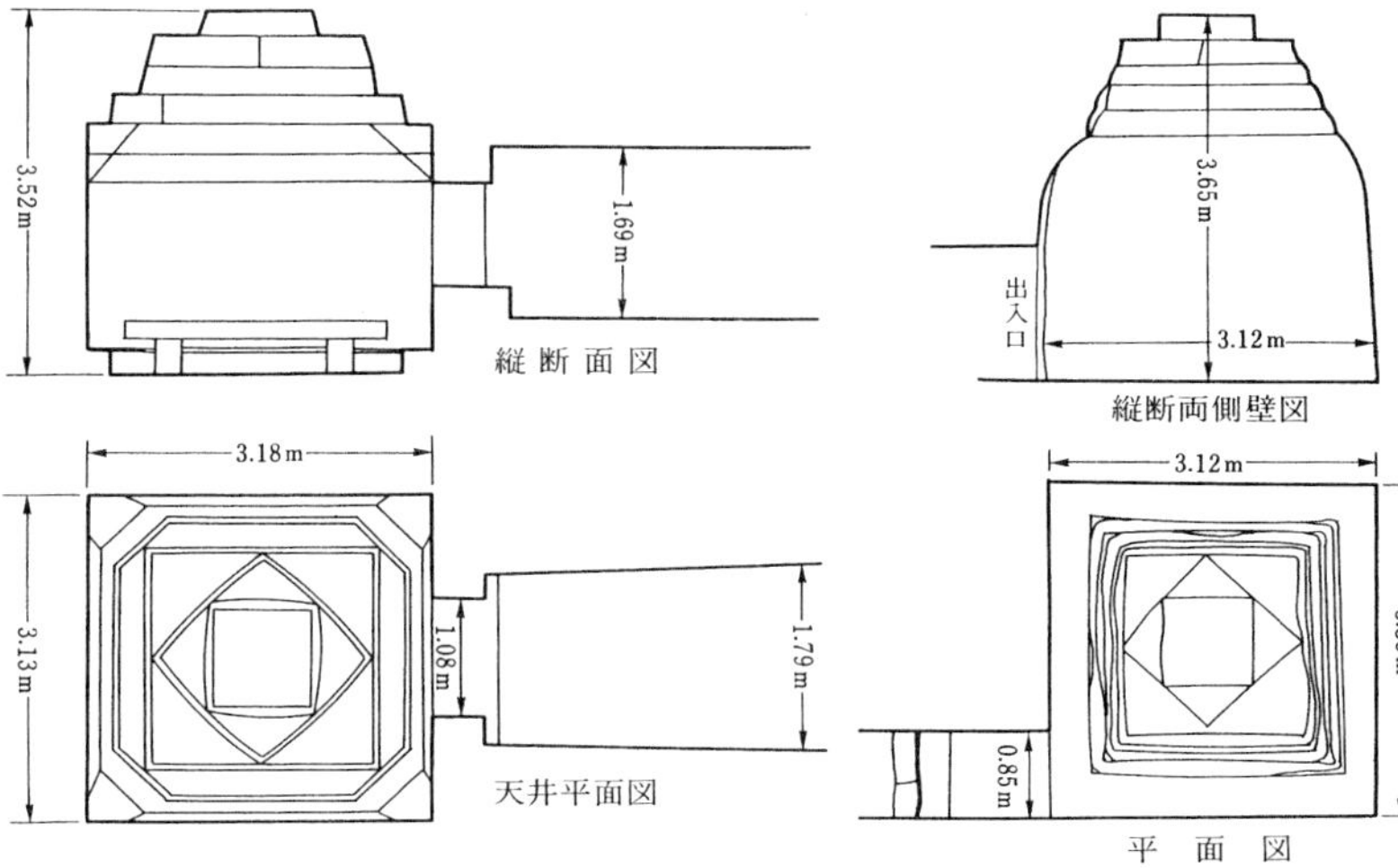

図16　後期封土墳
（左）平安南道江西郡遇賢里大墓実測図（『朝鮮の建築と芸術』による）
（右）平安南道竜岡郡梅山里四神塚実測図（同上）

一方に片寄っているものが多い。壁面に花崗岩の大きな板石を使うようになるのもこの時期である。そのばあい壁画は花崗岩をみがいた面に直接にえがいてある。

壁画を基調としたばあい、後期の封土墳も、時期を追って前後の二期にわけることができる。第一期のものには玄室あるいは前室の四壁に前期封土墳壁画の風を残した素朴

図17　輯安四神塚北壁玄武図
（『通溝』下巻による）

な筆致の四神がえがかれているものであり、第二期は六朝末・隋・唐初の画風にならった雄渾・華麗な四神や唐草をえがいたものである（図17）。

後期の封土墳は、輯安を中心とする鴨緑江中流域や、大同江流域を中心とする平安南道の各地に残っているが、第一型式のものは、六世紀の前期から中期をひろくおおい、第二型式のものは六世紀の後期から七世紀の前期に属するものではないかとおもわれる。しかし、精密な編年は将来にまたなくてはならない。

高句麗様式の墳墓は八世紀の最末に国をたてた渤海国でも襲用されたことは注意を要する。一九四九年、吉林省敦化南方の六頂山腹で発見された貞恵公主（渤海国第三代の王、大欽茂—七三七〜七九四年—の第二女）の墓室が、高句麗の後期の封土墳の横穴式石室のそれを忠実に追っているのは[16]、このことをしめすなによりの証拠である。

註

（1）拙著『満鮮原始墳墓の研究』参照。
（2）小泉顕夫「古墳発掘漫談」（『朝鮮』二〇六）。
（3）拙稿「朝鮮半島における箱形石棺墓」（『満鮮原始墳墓の研究』）。
（4）有光教一「朝鮮江原道の先史時代の遺物」（『考古学雑誌』二八—一一）。
（5）都宥浩「朝鮮原始考古学」四（『考古学研究』一二—三）。
（6）拙稿「中国の甕棺墓と朝鮮の甕棺墓」（『古代東北アジア史研究』）。
（7）李進熙「解放後における朝鮮考古学の発展」（『考古学研究』六—二）。
（8）梅原末治『楽浪の文化』六六〜六七ページ。
（9）朝鮮古蹟研究会『昭和十二年度古蹟調査報告』。
（10）岡崎敬「安岳三号墳（冬寿墓）の研究」（『史淵』九三）。

（11）拙稿「楽浪郡社会の支配構造と土著民社会の状態」（『古代東北アジア史研究』）。
（12）拙稿「満洲地区における支石墓社会の推移と高句麗政権の成立」（『満鮮原始墳墓の研究』）。
（13）拙稿「東満風土雑記」（本書二―Ⅲ所収）。
（14）池内宏『通溝』上巻。
（15）『沂南古画像石墓発掘報告』（昭和三十一年）。
（16）王承礼・曹正榕「吉林敦化六頂山渤海古墓」（『考古』一九六一年六期）、および閻万章「渤海貞恵公主墓碑的研究」（『考古学報』一九五六年二期）。

二　高句麗の遺跡

Ⅰ　輯安行

――高句麗時代の遺跡調査――

九月二十九日（昭和十一年）の朝、初めて平安北道満浦鎮から鴨緑江を渡って、対岸の下羊魚頭の岸に下り立った時、雲ゆきは斜めに早く、サッと江心をかすめて冷たい雨が顔をぬらした。私たちは雨衣の襟を立てていた。初めて見る鴨緑江中流の流れは思ったより狭かったが、それでもわれわれがわが国で見る大かたの河よりも大きく、満々と水をたたえて曇り日をどすぐろく流れていた。江心の流れはことに早かった。江には右からも左からも奥深い山脈《やまなみ》から連なってきた大きな地塊が断崖をなして落ちこんでいた。江は東から西へとその山峡を縫って流れているのである。下羊魚頭より輯安県城までは流れに沿って西南約三里（約一二キロ）、道は下羊魚頭の平地を過ぎると、しばらくは河へ落ちこむ断崖に沿い、東崗へ出て初めて、やや岸から遠のいた山々と江との間に横たわる細長い通溝平野に接する。

この平野は東西の長さ約三里（約一二キロ）、南北の幅はもっとも広い所で一里（約四キロ）を越えないのであるが、それでも河口付近を除いては鴨緑江岸に展開するどの平野よりも広い。そうして今は美しい秋色に映え、苔蒸す数多い高句麗の古蹟を抱いている満洲僻隅の静かな一地域も、往時はことに華々しくも目まぐるしい歴史的変遷を経たのである。古記録を尋ねても知るに由なき古はとにかく、すでに中国の戦国時代末にはこの地は奉天（瀋陽）から平壌方面にぬける交通路上の重要地点となっていた。また漢の四郡が朝鮮半島北部に設置されてからは、ここは玄菟郡に属していたが、さらにこの地が有名になったのは高句麗の勃興以後である。ことに山上王延優以後、首都は佟佳江流域の桓仁よりここに移されて丸都城と名づけられ、広開土王談徳をへて長寿王の平壌遷都に至るまで（四二七年）、約二世紀の間、高句麗文化の中心地となった。この平野に横たわるさまざまな遺跡は、丸都城および平壌時代の文化の名残である。高句麗が亡んでからも、この地は渤海国の西京鴨緑府に属する一要地となり、遼代には聖宗の女真征伐の結果、桓州が置かれた。遼につづいた女真人の国家、金の時代には東京路の管轄となり、元代には遼陽路に属していた。さらに明代にもこの地は女真の有力な根拠地となっていた。建州女真と呼ばれた、かの清朝の建国者奴児哈赤《ヌルハチ》の父祖たちは、この地方に拠って虎視眈々、遼東の沃地を狙っていたのである。今はただ辺陬の一県。過ぎこし方を顧ればまことに武士どもの夢の跡ということができよう（図18）。

東大の池内宏博士、京大の浜田耕作博士を主班とする、輯安県高句麗遺跡第二回調査の一隊が、朝まだき平壌を出発したのは昭和十一年九月二十八日である。（補註9）朝一番の价古行きの客車の一隅は老若さまざまの論客に占められて、ことの他賑わいでいた。ああといえば、こうという。こうといえばああという。汽車は朝鮮の川としては珍しく美しい清川江にそって北上した。花崗岩の河原は烈々たる秋の光をうけて白々と光り、青く透き通った河水は流れをさかの

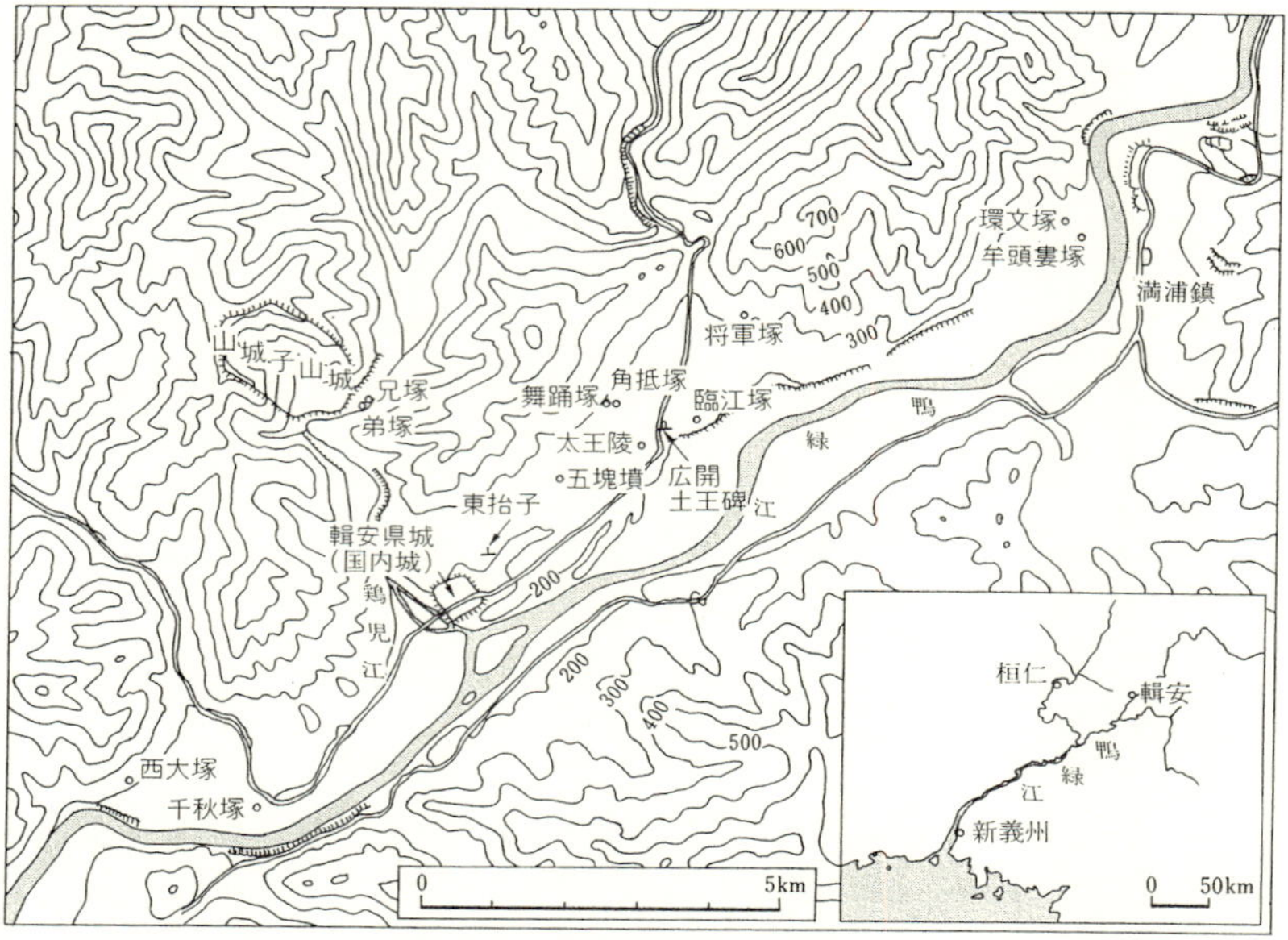

図18　輯安遺跡分布図（『通溝』上巻 所収地図により作成）

ぼる魚鱗をも数え得るほどである。河辺に聳つ岩は高く、紅葉は点々とその間に照り映えていた。分水嶺を越えて終点の价古駅へ着いたのが午後一時。价古はほんとうは价古介なのである。古介《コゲ》は峠の意味。だから价古介は价峠となる。知ってか、知らずしてか、下半身を切断される憂目をみたところはここばかりではあるまい。

朝鮮の民家も、この辺へくると、あの押しつぶされた塚のような藁葺きのものは少なく、特長のある厚板のコケラ葺が目だってくる。柾板一枚の大きさは七、八寸（約二一〜二四センチ）に五、六寸（約一五〜一八センチ）、厚さも二分（約六ミリ）はあろうか。咸鏡道の方でもこうだという。そうしてゴツイ厚板のコケラ葺は家の作りを頑丈にみせる（図19）。じじつ民家は木造、頑丈にできていて、母屋のほかに、わが国の田舎で見るような長屋門がついているものもある。長屋門と主屋との間は型通り中庭になっていて、門の両側は穀物倉庫などに使われている。また校倉を思わすような倉庫も見られた。こういう民家が平安道北部から咸鏡道にかけてあるのは、その土地の風土、あるいは建築用材によるところが大きいであろう。しかしわれわれはなお近世に至るまで、この地方が女真人（満洲人）の世界との接壌地であり、さかのぼって高麗時代には女真人自身の居住地であったことを思いださずにはいられない。満洲人の家屋は素朴ではあるが、形の美わしい木造である。今はそれとこれとが同一のものではないとしても、しかもかつて居住した女真人の住居の残り香がこの辺の朝鮮民家に匂われてならないのである。たとえ永い年月が充分それを朝鮮化し、風土化しているとしても。

図19　平安北道价古介民家および倉庫

水野君とわたくしは、帰途、この付近の民家を訪れた。ある一軒の民家の長屋門の軒先に麻布で作った御幣がつるされ、その下に珍らしい護符が張りつけてある。ことにわたくしの興味をひいたのは古い形式の蜜蜂の巣箱であった（図20）。巣箱は二尺（約六〇センチ）くらいの朽木丸太を

図20　价古介民家の蜜蜂の木洞

刳抜いて地上に立て、胴の下部に酒樽の呑口のような蜜蜂の出入口がしつらえてあった。そうして空胴の上部は藁やブリキ板で傘のような覆いがしてあるだけである。これがいくつも家の裏手にならび立っているさまは、まるで藁屋根をつけた燈籠か、ベラ棒にでかい、茸のように見える。こういう蜜蜂の巣箱をわたくしはまだ満洲でも見たことはなく、いわんや知見の浅い朝鮮では見たことがなかった。しかし、わたくしの連想はやはりこれをも、民家と同様に女真人の生活と結びつけてしまった。多くの森林の民がそうであるように、女真人にとっても、蜂蜜は重要な生産物であり、また交易品でもあった。古く十一―二世紀のころから女真人は蜜蠟を、宋にあるいは高麗に貢品として将来した。价古介付近で見た蜜蜂の巣箱は、朽木の洞穴に巣くう蜜蜂の自然の生活から、一歩進んだに過ぎない素朴なものである。東満洲の奥地で探せばあるいはこのような巣箱が各地で見られるのではなかろうか。

价古介から先は自動車である。道は鉄道工事のために実に悪い。満浦鎮に出るまでにいくつか越さねばならない峠、その最初に越し、かつもっとも大きいのが狗峴《くけん》である。ここを越せばシャツ一枚違うぞと京城のF教授に嚇かされた狗峴である。まわりくねった長い途を、紅葉を縫って頂上までくると、目の前には、壊れやすそうな白い岩でできた白山が聳えていた。狗峴を過ぎると禿魯江の流域に当る。禿魯江も美しい川だ。しかも沿岸の風景は素晴らしく、信濃路の秋を思わせる。絶壁は江にせまり、道はしばしば断崖をまき、峠を越える。この辺の山々は火田（焼畑）の民の住家であって、山腹は頂上近くまで、市松模様をなしていた。火田は当局の努力にもかかわらず、なかなか止まず、路傍の大きな岩石には至る所に「火田亡国」の意味の大字が朝鮮文字で記されていた。平北第二の都、美女の産地として有名な江界へ着いたのが午後六時。大先生方はここで御一泊をと願ってわれわれは月明を一気に満浦鎮へと向かう。

鴨緑江の彼方は満洲である。そこには懐かしい中国人や満洲人の集落があった。道を歩く人々の顔も、家屋も江の此方とは異なっていた。民家は東満洲の満洲人集落に特長的な柴の垣根で囲まれたものが多かった。垣根の表正面にはいわゆる鳥居式の門がついていた。屋敷の中でことに興味を引いたものは、床の高い切妻の穀倉である（図21）。わたくしは、吉林付近でも、あるいは渤海の古都、東京城の付近でも至るところにこれを見た。そうしてこれを満洲人の生活の名残の一面、懐しいものとしてきたのである。満洲へ入ると、そこここに胡三大爺や天神・地神・水神などを祭った小さな祠がある（図22）。そんなこともすぐに気づかされたことであった。

図21　太王陵東廟内倉庫

図22　下羊魚頭の小さな祠

満浦鎮には中国人の居住するのをあまり見ないが、輯安へは猛烈な勢いで朝鮮人の移住が行なわれていた。しかし江一つを境として、すべての景観はまったく変って見えた。それにしても歴史と地理とはかくまで両者の間を距てることが大きいのであろうか。

輯安の高句麗遺跡は大体四つに分けることができる。一は現在の輯安県城、すなわち古の首都丸都城であり、二は、輯安県城の北約一里、山城子に遺存する非常のさいの城塞、丸都山城である。三は、丸都に都した最後の王、広開土王の碑であって、太王陵の東北約三町（約三〇〇㍍）の個所に屹立している。碑は自然石、四面ともに文字を刻し、広開土王の薨後二年、長寿王のとき立てられたものである。第四は古墳。関野貞博士は無慮数万と数え、池内博士は「実に丸都の高句麗人は通溝平野の一半を住地とし、他の一半を彼らの墓域にささげていたようにさえ見える」といわれたほど多い。それらの墳墓は石塚と土塚とに分けられる。石塚は階段状ピラミッド形をなした石築、土塚は封土の下に石室が作られており、壁画は土塚に限られているらしい。池内博士は石塚は主として丸都時代、土塚は平壌時代の所産と断ぜられた。しかし高句麗の墳墓に対する疑問はまだ多く残る。極東に例を見ない、ドルメンとケイルンとを複合したような石塚の形式の起源、石塚と土塚との有機的連関の欠如などはそれらの問題のほんの一つ二つである。

調査は三十日から始められた。満浦鎮に宿をとったわれわれの一行は、毎日江を渡って輯安県の遺跡地へと出向いた（図23）。渡し賃は片道十銭、だから一日一人往復二十銭ずつを納めたことになる。遺跡地は広く、人数も多く、かつ調査の目的にもそれぞれ異なるものがあったから、一行はさまざまの組に分れた。わたくしは梅原さんと一緒に古墳の調査に。最初は環文塚の実測である。環文塚は牟頭婁塚とともに満浦鎮にもっとも近い下羊魚頭の平地の山寄りにある土塚であって、三味線の胴部のような平面を持った封土によって覆われている（図24）。一体に輯安県の古墳の封土はすべてこの形式であって、一つの特長をなすといえよう。ようやく付近の住民を駆り集めてあけた入口から、もぐりこんで、反射鏡の光を利してながめた内部の感じは、従来写真を通して考えていたよりも狭かった。玄室は一辺約九尺（約二・七㍍）のほぼ正方、高さは天井部まで約一〇尺（約三㍍）である。そうして玄室の四壁にちょうど幔幕ででもあるように環紋が画かれている。環文はこの他、三室塚の羨道にも見られ、また同じく昨年調査された平壌付近の高句麗古墳にも描かれていた。高句麗文化と環文、この間になんらかの関係があるのではなかろうか。つぎに調査した牟頭婁塚には玄室のほかに前室があった。しかもこの室の、玄室へ通ずる梁の部分には、「大使者牟頭婁」で始まる十字詰八十三行にわたる銘文があるのである。銘文は不幸にして一部しか解読することができないが、その文字は三国風の珍

図23　満浦鎮渡津の朝

図24　環　文　塚

らしい筆勢を持っている。この墓の主、牟頭婁は、千数百年の後ふたたび学問の世界に生きかえって、われわれを驚喜させる。この塚も、環文塚もそうではなかったが、土塚には一帯に持送り式の天井を持っているものが多い。角抵塚や、舞踊塚など皆そうである。この形式はただちに西域の亀茲やバーミヤンの石窟寺院を考えさす。そうしてこの梁間には西域寺院と同じく一面に壁画が描かれているのである。

翌十月一日の古墳の調査は太王陵に始まった。この陵は今は無残にも崩壊し、一面にはらわたのような玉石を四方にさらけ出していたが、これこそ、輯安において最大を誇る石塚である。石塚は土塚とは異なり、封土はない。そうして巨大な角石を階段状ピラミッド形に七、八段にも積みあげ、玄室はその頂上近くにある。平面は正方形、各辺の基部にはさらに巨大な自然石を数個寄せかけてある。そうしてかつて関野博士によって「願太王陵安如山固如岳」と陽刻された塼が発見された太王陵の基部の一辺は約二百尺（約六〇〇メートル）にもおよんでいる。かくのごとき巨大な石築建造物は、権力者が家畜のように民衆を駆使し得た古代において、初めて構築が可能であったであろう。池内博士によれば丸都時代の特長的墳墓とされている石塚はたんに当時の墳墓形式のみならず、高句麗の社会体制についても何事かを物語っている。石塚については、その他、土塁で他と距てられた墓域の存すること、墓域中には玉石が敷きつめられていたこと、またその中には陪塚あるいは建築物などがあったことが、他の石塚調査の結果、明らかにされた。石塚にはこのほか将軍塚・臨江塚・千秋塚・西大塚と命名されている巨大なものがあるのである。

翌二日には、全員、山城子山城を訪れた。山城は輯安県城の正北約一里（約四キロ）、一旦緩急があった時、丸都の民がここに逃れ、備えを堅くして敵に備えた山城である。南面はすなわち正門、ここには大きな枡形の門址が土塁となって残っている。そうしてその内部の猫額大の平地にはいくつかの建築物・物見台・貯水池などの遺址が残っている。

この小平地をとりまく周囲の峻険な峰々には、石塁がめぐらされているのである。石塁は断続しつつ尾根を伝って峰から峰へと続いていた。一七尺（約五・一㍍）から二五尺（約七・五㍍）にもおよぶ石塁は、ところどころ紅葉の中に崩れて廃墟を思わせた。人も訪うことのまれな古の城塞の北壁は、断崖の上に千歳の苔蒸して、その偉容にはなにかしら心を打つものが感じられた。

図25　将　軍　塚

図26　将軍塚の稜線

こうしてわれわれは山城の調査も一応すませた。古墳は、このほか、四神・三室の二壁画古墳、将軍塚などの調査を行なった。新たに見出された壁画古墳のうち、舞踊・角抵の二塚の実測は昭和十年梅原氏の手によってすでに行なわれていたのである。現在の輯安県城、古の丸都城の規模も池内先生と水野君の手によって調査され、正方形をなす城壁の一辺が約六町（約六五四㍍）であり（現在の城壁の一部には古い部分も残っているという）、その外部には濠がめぐらされていたこと、あるいは城中のところどころに古の遺物が存在することなどが確かめられた。ことに印象の深かったのは最終の日、唯一の完全なる石塚、将軍塚の調査のさいである。最下壇の一辺約一〇〇尺（約三〇㍍）、七層の階段状ピラミッド形をして岡上にそそり立つ将軍塚は、きわだった稜線を濃紺の空に浮かび上らせていた（図25・26）。鋭い稜線と、その背後をおおう土口子山の柔らかい斜面との対照はひどく美しかった。墳上に立って北向すると、透み渡った静かな秋空に、主脈につらなる山稜ははるかな奥地へと続いていた。東へ転ずると輯安の平野は一望の下に、さらに南すれば鴨緑江はゆるやかに弧を描いて流れていた。

こうするうちに同宿の人々もしだいに数を減じた。二日には浜田先生が、三日には京城の田中教授、小泉・今関両氏があいついで南へ去られた。江を越えた北側の山嶺からは北風が吹きはじめた。四日には奉天の黒田博士の一行が帽児山へと旅立たれた。その日は激しい霜の朝であった。南へ移る燕の一群が、黙々と電線に群りとまっていた。このような朝わたくしはつくづくと古くから江岸に生没した多くの人生を考えた。そうしてわれわれもまた、その翌五日にはここを離れた。（補註10）

（昭和十二年一月十日）

Ⅱ　輯安および付近の遺跡

1　輯安の遺跡

(1)　地理と歴史

梅輯線を南へ下り、通化を過ぎると、鉄路はしだいに渓谷に入るが、やがて老嶺付近の分水嶺を越える頃、眼下に狭長な平野と、鴨緑江の流れがうねって見える。江の北岸に拡がるこの平野こそ輯安の地である。分水嶺を駆け下った列車は平野を大きく一回りし、大鉄橋を渡って朝鮮へ入り、南して江界・熙川を過ぎ、平壌の方面に達する。輯安はこのように中部満洲・朝鮮交通路上の要衝であるが、かかる関係はいまに始まったものではない。

古来、遼東方面から北部朝鮮に達する交通路には二つの重要な幹線があった。一は遼陽から磨天嶺の峻険を逹ぎ、鴨緑江口に出るものであり、他は同じく遼陽方面から渾河もしくは太子河を溯り、分水嶺を越えて佟佳江流域に出で、ふたたび峠によって鴨緑江の中流輯安の平野に達するものである。ことに後者はこれより江を渡って江界・熙川を過ぎ、平壌方面に達する事を得るのみではない。進路を東南に取れば、北部朝鮮の脊梁山脈を越えて（狼林山）、長津に達し、咸興の平原に至る事もできるのである。

このように輯安は遼東より、朝鮮半島西海岸の平壌方面および東海岸の咸興方面に通ずる交通線上の要衝であったから、古くよりこの地を中心としていくたの歴史が織りなされた。たずねても知るに由ない古はとにかく、漢以前に溯ってはこの方面がツングース種に属する穢貊族の住地であった事、ならびに前漢、昭帝の始元五年（前八二）玄菟郡が、咸鏡南道方面から遼東山地に退還すると、鴨緑江中流地区はその管轄下に入った事などが知られている。しかし、とくに有名になったのは高句麗の勃興以後である。

公孫氏が遼東に覇を称えた三世紀の初頭（後漢の末期）高句麗に王として臨んだ山上王延優は、ゆえあって都を丸都城に移したが、十六代故国原王のとき国都はまたも国内城に移された。国内城はすなわち輯安である（以上は関野貞博士の説であるが、これには白鳥博士の異説がある。すなわち博士は丸都城と国内城とは同一地であると論じられ、山上王の営んだ丸都城は国内城にほかならぬとせられた。国内城を輯安の地とせられる点においては同一である。いずれにしても輯安の地の重要なる事についてては変りがない）。そうしてその後長寿王の十五年、平壌遷都に至るまで百数十年の間、この地は国都として、はたまた高句麗の政治文化の中心として栄えた。なお、首都が平壌に移されて後も、国内城は平壌城および漢城とともに高句麗三都の一として重視された。高句麗滅亡の直接の因をなした泉蓋蘇文の三子の内争に当り、泉男生が二弟の攻撃を防ぎつつ、唐に救援を求めたのはこの城においてである。

高句麗が滅び、渤海国が生れると、ここは五京の一たる西京鴨緑府として甦生した（西京鴨緑府を帽児山とする説もある）。鴨緑府は南西第一の要衝であったばかりでなく、唐への朝貢道の起点としてもまた重んぜられたのである。十世紀の前期渤海が倒れ（九二六年）、まもなく故土の一部に定安国が生れると、ここはその首都と定められ、続いてこの国が遼の攻撃に遭って倒滅の運命に見舞われると、遼の聖宗はここに緑州を置いて鴨緑江流域鎮撫の中心基地とした。ついで金代、この地方は東京路の管轄に属し、元代には遼陽路に隷属し、また明代には有力な女真の一根拠地となったが、もはやその頃ここを中心としてめざましい政治上の動きは見る事ができぬ。さらに清代に入ると、鴨緑江流域は清韓国境の封禁地とせられたために、輯安地方はますます辺境の僻地に転落した。ここに県が設けられたのは清朝も終りに近い光緒二十八年（明治三十五）のことである。

(2)　輯安地方調査略史

輯安地方は上代とくに高句麗時代において華やかな歴史を有していたから、ここには数多くの遺跡があるのであるが、中世以降、辺境の一地と化したため、遺跡もまた草莽の間にかくされて、ながく人の知るところとはならなかった。ただここと関係のふかい朝鮮においては比較的早くから知られており、高麗末期には皇城と呼ばれ、ついで李朝に入ると、『竜飛御天歌』には古城・古碑・石陵二の存在が、『東国輿地勝覧』には皇帝墓・皇后墓・皇子墓等の遺存が伝えられている。その他、明清交代の頃の記述である沈彦光の『警辺探候』（『芝峰類説』巻十九所収）、申忠一の『建州記程図記』等にも興味深い記事が収録されているが、その後は封禁地たるの理由をもって、ふたたび模糊のうちに姿をかくした。

輯安が遺跡として喧伝され始めたのは、かの有名な広開土王碑（好太王碑）の再発見からである。碑は清光緒二年（明治九）、当時懐仁県設治の事に当った章樾氏の幕下の一人、関月山氏によって発見され、その拓本は博雅を驚かせた。そうしてその拓影は、潘祖蔭氏あるいは国子祭酒盛昱氏等によって広く紹介され、わが国にも明治十七年（光緒十）、たまたま官命をおびてその地に至った陸軍砲兵大尉酒勾景明氏によって伝えられた。(補註11) かくして輯安の名は広開土王碑とともに著名となったが、交通の不便は専門の学者をよせつけなかった。

さて考古学的調査は明治三十八年（光緒三十一）秋、わが鳥居博士によって行なわれたのをもって嚆矢とする。ついで一九〇七年（明治四十）フランスのシャヴァンヌ教授（E. Chavannes）は中国北部における考古学的調査の帰途ここを訪れ、さらに大正元年には鳥居博士の再調査、大正二年には関野博士一行の本格的調査、大正七年には黒板博士の広開土王碑調査があいついで行なわれた。就中関野博士一行のあげられた成果は著しく、通溝遺跡の全貌はこれによって明らかとなったと称しても過言ではない。

その後調査は交通の不便と治安の不良とによって中断せられていたが、昭和十年、伊藤伊八氏による壁画古墳の新発見を契機として再開され、十・十一の両年には東西両帝国大学の池内・浜田両博士一行により、十二年には奉天医大の黒田博士、翌十三年には京城帝大の藤田教授一行によって、それぞれ、精密詳細な調査が行なわれた。かくして東部満洲の一隅に横たわる高句麗の旧都も次第にその性質を明らかにしたのである。

(3) 都城址

輯安の地は鴨緑江に沿って東西約三里、南北は最大幅にしてなお三〇町を越える事のない狭長な平野である。遺跡はその間一面に認められるが、地形上これを分けると、満浦鎮の対岸である羊魚頭地区、好太王碑・将軍塚等のある東崗地区、輯安県城のある通溝地区、麻線溝の流れの貫く麻線溝地区の四地区が東西にならび、さらに通溝地区の北方山間に山城子地区がある。

㋑国内城址　通溝地区の中央にあり、現在輯安県城として使用されている。高句麗中期の首都国内城の遺址であって、城壁は不整形の方形をなし、周辺約二四町、堅固な石塁をもって築かれ、西壁は鶏児江に接している（図27）。遺跡は県治に利用されてから後、しばしば修築され、ことに民国十年の大改修後は往年の姿は少なからず損われた。遺跡の大体は次のごとくである。

城壁の高さは約二〇尺、基部の厚さは約三〇尺、すべて、切石をもって構築されている。四壁の内北壁はもっとも古態を残し外面下部の張り出し積の個所は往古の形をそのまま遺したものと考えられる。城門は現在東西南に各一門認められるにすぎないが、関野博士の調査のさいには東西各二門、南北各一門が認められ、しかも東西の二門には甕城が設けられてあったという（図28）。城壁にはかつて一定の間隔に雉堞が構築され、さらにその外方には濠が掘鑿されて防備の用に供せられた。城内の諸所から蓮弁・鬼面、あるいは忍冬唐草等の高句麗瓦璫、あるいは菱形紋を付した甎、あるいは礎石が発見される（補註12）。なお本城址は高句麗滅亡後おそらく渤海の西京鴨緑府治としても利用されたであろう。

㋺山城子山城　通溝城の傍を流れる鶏児江を北々西に向けて溯ること約三〇町、渓谷が東に転ずる地点の北側に壮大な山城がある。首都国内城付属の山城であって、一旦緩急の

図27　輯安県城西門と鶏児江（通溝河）

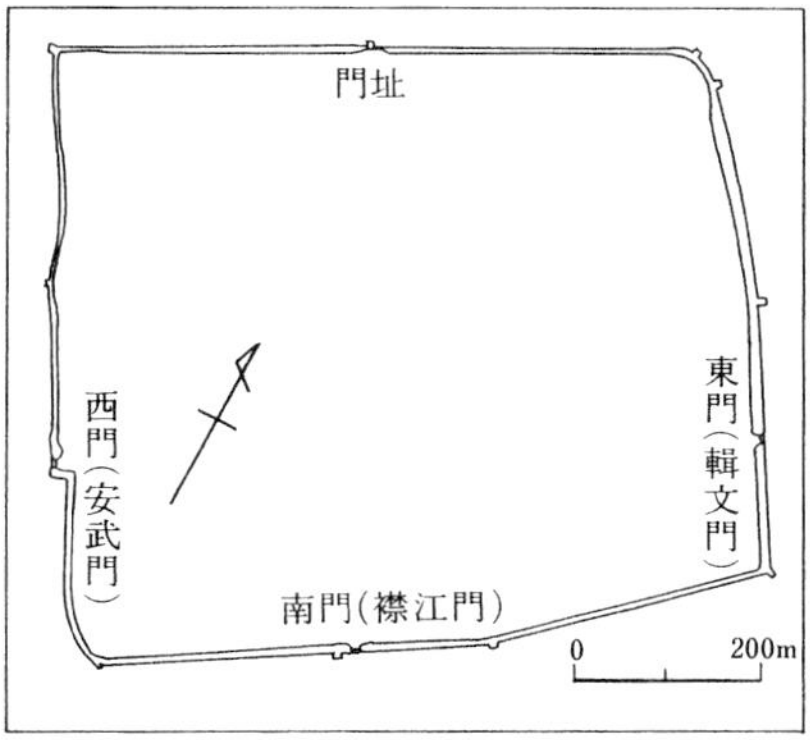

図28　輯安県城城壁平面図
（『通溝』上巻による）

さい高句麗官民の立てこもる城塞である。白鳥博士・池内博士はここを丸都山城に比定せられた。

山城は二流の渓流に洗われた中央の盆地と、それを取囲む急峻な周囲の山稜とよりなっている。山稜の要所要所に石塁が構築されていて、峻険な山稜と相まって城壁をなしている（図29）。とくに南壁は鶏児江の断崖に臨みもっとも要害である。石塁は切石を規則正しく積み上げて構築され、内側には手頃の河石が裏ごめとして用いてあり、その高さは、北壁の最高所において一七尺におよんでいる。

城壁には各面に門址が存在するが、鶏児江に臨んだ南門が正門であって、内側に向って設けられた堅固な甕城によって固められている。南門の傍には、城内の水流を外に導き出す水門があったことと思われる。

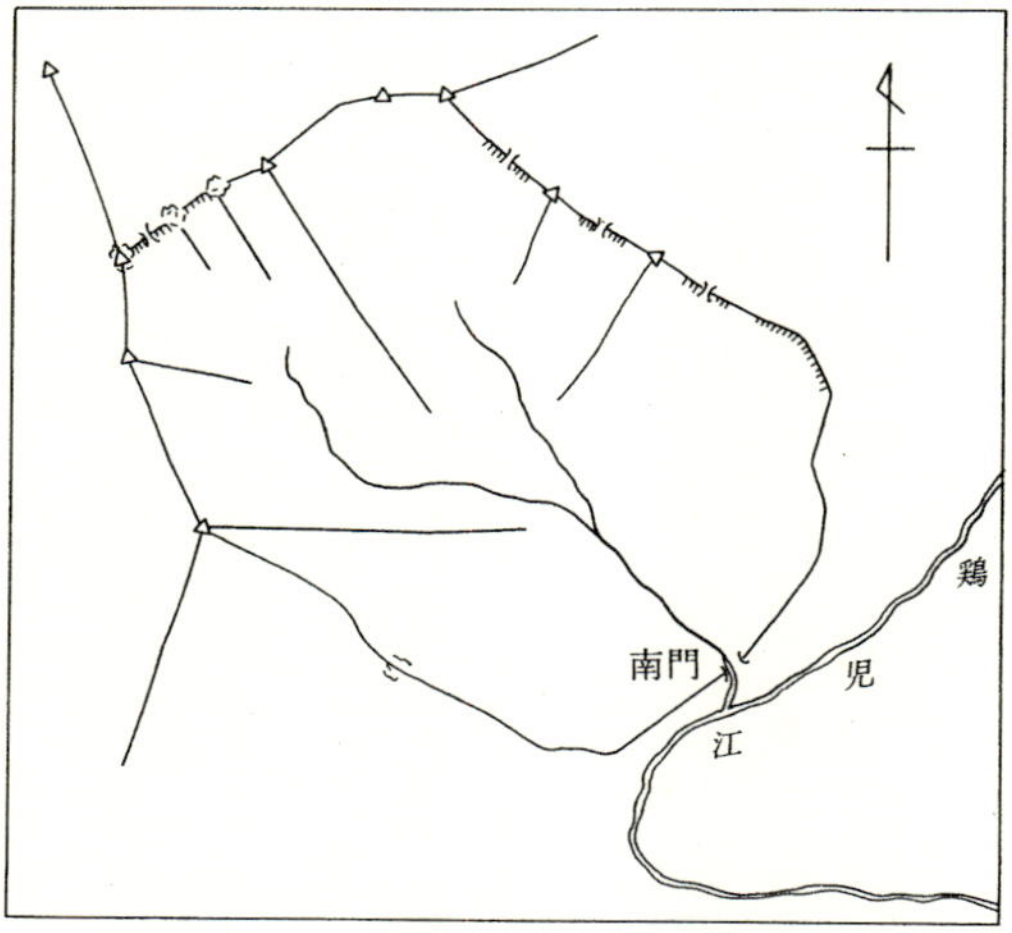

図29　山城子山城城塁略図
（『通溝』上巻による）

転じて城内の盆地を見ると、まず二本の細流によって洗われているのがわかる。山城の用途、役割を考えれば、井泉水流の存在は不可欠の要件である。二本の細流は合して一となり、南門より流出するが、この渓流の北側台地の中腹に飲馬池と呼ばれる小池がある。これは貯水池の名残であるが、さらにその背後の台地の南端に点将台と呼ばれている直径一〇数間、高さ二一尺ばかりの円錐状の石錐がある。その頂点に立つと城内はもとより、南門を距てて遠く輯安県城の方面まで見通す事ができる。これは展望台の遺址であろう（図30）。城内にはいま一つの顕著なる遺跡が

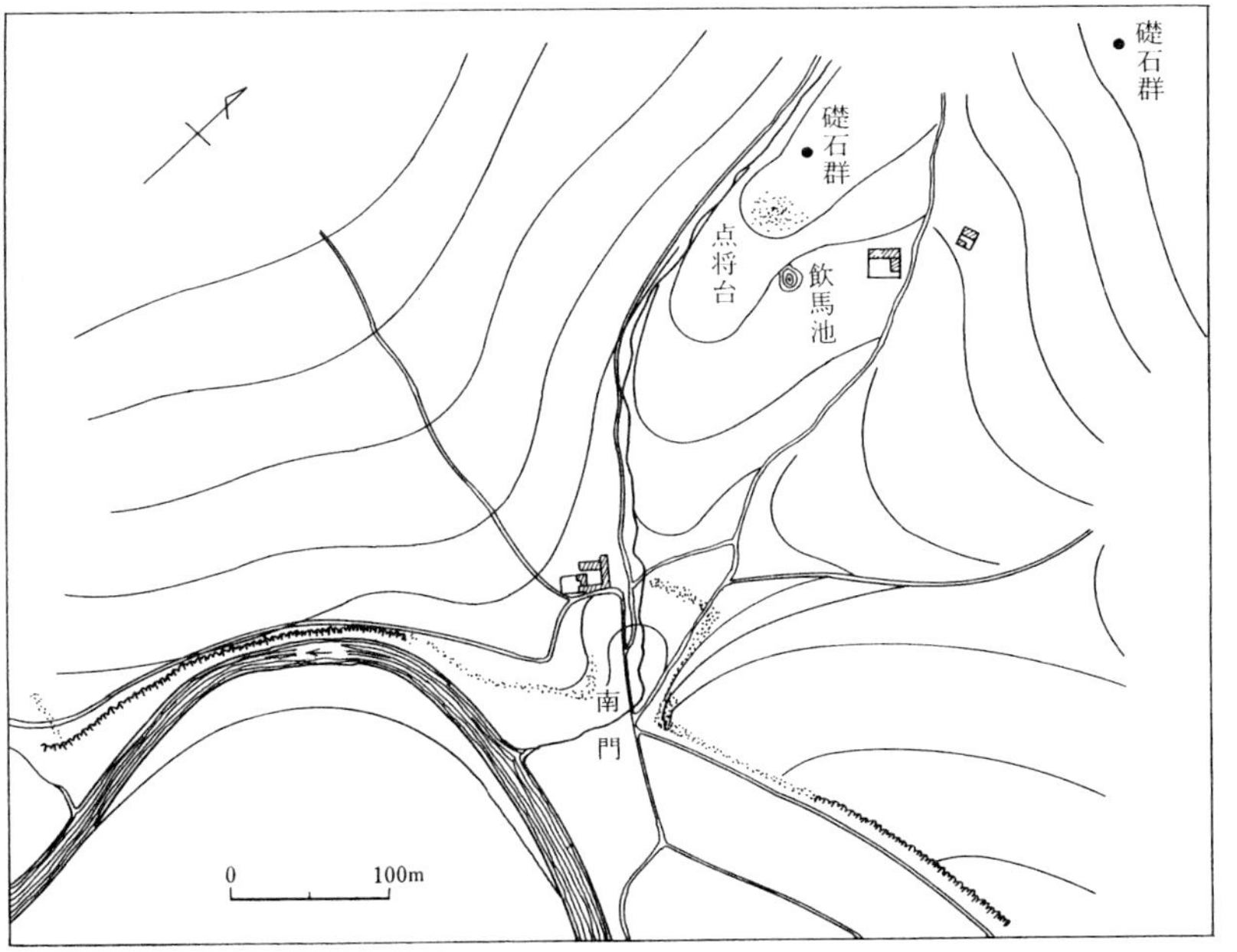

図30　山城子山城南門付近略測図（『通溝』上巻による）

ある。盆地斜面の内、東門に近い部分のやや上方に相当の面積を持った前後二段の平地があるが、そこには一面に瓦片が散布し、かつ大小幾多の礎石が認められる。とくに下段の中央部にある二十余個の礎石は大きく、しかもその左右には小礎石が列っている。これによってこの場所に中央を正殿とし、左右に翼廡を設けた宮殿のあった事がわかる。なおその前面に貯水池址のあることも付け加えておこう。

城内の諸遺跡からは多数の立派な瓦瑺・甎等が出土する。瓦瑺は赤色。紋様は蓮弁および鬼面を主とし、形式は古式、しかも優秀である。（補註13）

このように独特の地形を選んで山城を営み、城壁を構築するに石塁を用い、城門を固めるに甕城をもってしたのは高句麗城郭の特長といわねばならぬ。

(4) 広開土王碑およびその他の遺跡

㋑広開土王碑　東崗の一角にあり、太王陵の東北方四町余の地に位する（図31）。碑は高さ二〇尺三寸（台石より頂上まで）、四面の幅は第一面五尺一寸、第二面四尺五寸、第三面六尺四寸、第四面四尺九寸（いずれも基部において）という高大な角礫凝灰岩の自然石であって各面に銘文が陰刻されている。毎行四十一字、第一面十一行、第二面十行、第三面十四行、第四面九行、総じて千八百字である。（補註14）この碑は高句麗盛時の王として名高い広開土王（好太王）の事跡を記したもので、王の薨じた翌々年（四一四年）築陵とともに次王の長寿王によって建てられた。これによって、高句麗中代の歴史はすこぶる明瞭になったのであって、まことに貴重なる史料といわねばならぬ。大正七年黒板博士はここに来ってもっぱら碑の調査を行なわれ、巨大な自然石の台石が存在するのを確かめられた。なお碑は現在碑閣によって保護されている。（補註15）

図31　広開土王碑（碑閣建設前）
（『朝鮮古蹟図譜』第１巻による）

㋺建築物遺跡　輯安の平地には諸所に建築物址がある。その第一は輯安県城の東方程遠からぬ東抬子にあり、遺跡は県城より土口子嶺に通ずる道路の傍らにある。そこには夥しい瓦片とともに礎石が遺存しているが、いずれも花崗岩を用い、上面に円形の作り出しがある。内の一個は内面は円形、外面は八角形となっている。礎石の立派な点より見ると、ここには特に重要な建築物があったのであろう。（補註16）

㈧その他の遺跡　礎石の存する地点はその他二、三を数える事ができる。一は西崗小学校の背後にあって、民家を挟んで二本の石柱および二個の礎石がある。石柱は自然石を用い、平面は方形。一見碑石のようであるが、しかと文字を認める事はできぬ。礎石は八角形の造り出しがあり、優秀である。あるいは墳墓と関係のあるものではなかろうか。

つぎに輯安県城の東門を去る七、八〇㍍の地点にも二、三の礎石が認められ、その付近には瓦片の散布が多い。また山城子地区の鶏児江南岸、山城と相対する台地上からも多くの瓦甎の類が出土する。

㈢画像石　県城の東北、城後とよぶ地点に一基の甎墓があり、その東南隅に近く画像石がある。石面の大きさは幅約四尺、高さ約五尺であって、その上に稚拙な人物（半身像）が陰刻されている。人物は上に菱形の冠を頂き、胸部に垂飾を下げ、また乳の部分は特に円をもって現わされている。この彫刻のきわめて幼稚なる点および、これと関係ある墳墓が甎墓である点からみて、これが高句麗時代のものであるか否かはすこぶる疑問であるが、興味ある一資料たるを失わない。（補註17）

(5)　墳　墓

この平野における高句麗時代の墳墓はすこぶる多い。関野博士はその数を概算して「約一万を下らざるべし」といわれ、池内博士はこれを形容して「実に丸都の高句麗人は通溝平野の一半を住地とし、他の一半を彼らの墓域にささげていたようにさえ見える」と述べられた。これらの墳墓は各地区に存在しているが、形式の上から二つに大別する事ができる。一は石塚であり、他は土墳である。

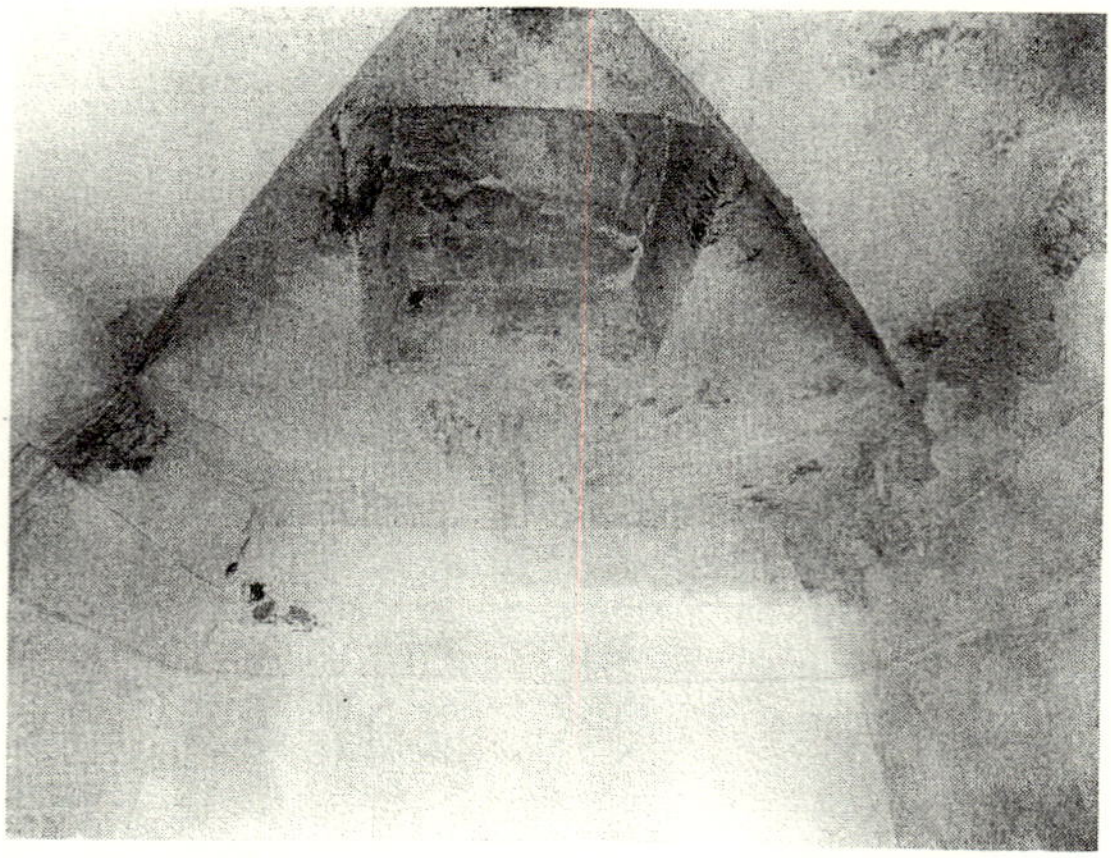

図32　牟頭婁塚後室天井（『通溝』下巻による）

石塚とは墳墓のすべての部分が石材をもって構築されているものをいい、その平面は方形である。外形は切石を積み上げて数層の段級を作り、その状は階級状ピラミッドを想わせる。最上層の平面部には砂土を混じて小封丘が作られている。また第一層の四面には通常大きな自然石が寄せかけてある。これは墳墓を補強する意味ではなく、呪術的な意義を有するものであろう。玄室は内部に構築され、羨道は段級の中途に開いている。すなわち横穴式石室である。石室の構造はかならずしも一様でないが、おおむね大形の切石を積んで側壁を作り、天井部は一大盤石で覆うか、時には四壁を持ち送って截頭方錐形としてある。なお墳墓の内部は河原石を用いて裏込めとしてある（図11参照）。大石塚には通常墓域が認められ、域内には玉石が敷きつめられている。陪塚の営まれるのはその域内においてである。

かかる形式を持った石塚は高句麗固有の墳墓形式と認められ、特に注意を要するのであるが、現在では自然的および人為的原因によって、完全に残るものはきわめて少ない。東崗の土口子山麓に聳え立つ有名な将軍塚こそ、完存する代表的なものであろう。

つぎの土墳とは胴張りのある方形の平面を持った封土によって覆われた墳墓であるが（図12参照）、内部の玄室の構造が横穴式石室である点は石塚のそれと類似する。ただ土墳の石室は複室をなしている場合が多くまた天井部の構造にとくに進歩の跡を認める事ができる。すなわち四壁の切石を漸次狭めて、截頭方錐形の天井部を作ってあるもののほかに、持送りを壁面の中央から隣壁の中央へ掛け渡す手法を繰り返し、格子を重ねたさまは特殊な天井（重ね格子式）を持つものも多い（図32、藤田教授のいわゆる「四方持送隅重式石室」、ル＝コック博士の「ラテルネン・デッケ」）。後者はたんに進歩せる手法というほか、西方の中央アジアの文化との関係が認められる点においてとくに注意を要する。土墳石室の四壁には壁画の描かれているものがある。壁画は壁面に塗られた漆喰の上、ときには石材自身の上に描かれているが、高句麗の美術・風俗・思想等を知るために貴重な資料である。土墳の大なるものに西崗の五塊墳があり、また舞踊・角抵・四神等の壁画古墳も有名である。

土墳は高句麗固有の陵墓の制度に中国風の墳墓築造技術が加わってでき上ったものと考えられ、したがってその起源は石塚よりも新しい。ただある時代において両者が併存併用された事実は認めねばならぬ。

このように通溝の平野には石塚・土墳が入り交っているのであるが、前者は一般に山麓の傾斜面に密集し、後者は平坦地に多い。そうしてその中間地帯には両者混在している。以下まず石塚の著名なるものについて述べよう。

㋑将軍塚　東崗の土口子山麓に聳立し、古来もっとも人口に膾炙した一つである。大石塚のうち、完全に残ったほとんど唯一のものというべきであろう。陵は西南に面し、その上

図33　将軍塚最高壇の枘孔
（『通溝』上巻による）

に立てば遠く県城（旧国内城）をも望見しうる形勝の地点に位する。方壇は七層、すべて加工した花崗石材をもって構築されている。方形基壇の一辺は一〇二尺、基壇より最高壇までの高さは三八尺である（図11参照）。最高壇の上には覆盆形の墳丘が構築され、壇の周囲には枘孔が残っているが、後者は墳丘をめぐって設けられた勾欄の跡であろう（図33）。また頂部および各方壇上には多くの瓦甎類が散布しているがこれは往時の陵の各部に瓦が葺かれ、もって雨水の侵入を防いでいたことを物語る。なお現在、陵の上部は密生した小樹木によって覆われている。

さて、陵の主要部をなす石室は第四壇の下面に基底を置き、羨道は正面すなわち西南面第五壇に口を開いている。石室の広さは縦横ともに一七尺余、高さもほぼ同じい。四壁は大きな花崗岩の切石を六重に積み重ねてできあがっているが、天井は一大盤石である。まことに豪壮、玄室の雄偉感をます事大なるものがある。床には二個の棺の台座が破壊されたまま残り、また四周には排水のための浅い溝が掘り回らされている。

外部構造としては巨大な自然石が各面三個ずつ基壇によせ掛けてある。これは補強のための工作ではなく、古の墓制の名残である。基壇の下にはきわめて大きな土台石がはみ出しており、その外方には一面に河原石がしきつめてある。これは墓域全体におよぼされた施設と思われるが、現在その境域は明瞭でない。陵の背後には数個の陪塚がある。右方に孤立する一個は崩壊せずに残り、ドルメン様の大きな石室を露出させている。その左方に一群の陪塚があるが、これは原形を止めない程度に崩れている。

なお関野博士は、本陵の前方約一四、五町の距離にある広開土王碑との関係から、将軍塚をもって広開土王陵（好太王陵）とせられたが、そう決定するには幾多の無理がある。また池内博士は、あるいは山上王陵かと述べられたがいまだ定説とはなるに至らないようである。

㊁太王陵　広開土王碑の西南約四町（四五〇㍍）、小高い台地の南辺にあって、その巨大なる事は人目をそばだたしめるに充分である。現在はなはだしく崩壊し、往時の結構を明らかにするを得ないが、関野博士は、将軍塚の構造を参考とし、七層の方壇よりなる石塚と考えられた（図10参照）。基壇の一辺は二一二尺（藤田教授の実測によると、南面六三・六㍍、西面六二・五㍍）であるから、将軍塚に比してその面積は四倍以上となる。その壮大なる事、思い半ばをすぎるものがあろう。高さは現在露出する玄室の天井部まで約四五尺、将軍塚に比して大差なく、したがって陵全体は低広の観を免れない。崩壊した石材のなかには夥しい瓦甎の類が混じているが、そのなかから「願太王陵安如山固如岳」と陽刻された甎が発見された。本石塚が太王陵と命名されたゆえんである。

本陵の四周には高さ一㍍、幅三―五㍍の土堤が走っていて、北辺において二五〇㍍、東辺において二二〇㍍、南辺において約三五〇㍍（西辺は不明）を認めることができる。これは墓域の境界をしめすものであって、陪塚もまたこの内部に存在する。なお陵の南面中央より一八〇㍍を距てた地点に二本の小立石があり、傍に建築物址が認められるが、もし陵と関係ありとすれば参道の跡であろう。

本陵は多くの学者によって、高句麗中代の英主、広開土王（好太王）の陵に比定されている。誤りなかろう。（補註18）

㊂千秋塚・西大塚・臨江塚、その他　石塚の大なるものにその他、千秋塚・西大塚・臨江塚等がある。その形制は太王陵・将軍塚等と大差なく、いずれも崩壊ははなはだしい。

千秋塚は麻線溝下流の東岸近くにあり、基壇一辺の幅は一九〇尺、大きさにおいて太王陵につぐものがある。石材中から「千秋万歳永固」「保固乾坤相畢」等の銘文のある甎が出たので、千秋塚と命名された。西北約半町の地点に立派な礎石を伴う建築物址がある。本陵に関係のあるものである。

図34　舞踊塚玄室右壁細部（『通溝』下巻による）

西大塚は千秋塚の西方十数町、麻線溝の西方にあり、臨江塚はこれと反対に輯安東方の東崗、鴨緑江に臨む台地上にあっていずれも巨大な石塚である。その他山城子地区には兄塚・弟塚・折天井塚等世に知られた石塚があるが、とくに取り上げていうほどのことはない。

つぎに土墳について述べる。

㈡舞踊塚および角抵塚　太王陵の北方、小渓を距てた台地上にある。二基相ならび山寄りは舞踊塚、江寄りは角抵塚である。両者とも前室を備えた複室古墳であって、天井部は截頭方錐形をなしている。壁画はともに昭和十年に発見され、これら両室および羨道の壁面および天井部一面に描かれている。

舞踊塚の玄室奥壁は、一つの屋宇に擬せられ、引き絞られた幕の下には被葬者と僧侶（もしくは道士）との対座の図がある。つぎに右壁をみると、そこには厨房の図とともに一群の男女の歌舞する状が描かれている（図34）。本墓が舞踊塚と命名されたゆえんである。左壁の主題もおもしろく、騎馬の壮士の狩猟の図である。一散に馳ける駿馬、引き絞られた短弓、鏑矢、咆哮する虎豹、逃遁する麋鹿、すべて躍如たるものがある。また天井部は種々の象徴的絵画および紋様で飾られており、そのなかには相撲の図もみえる。前室にもまたさまざまの壁画がある。

角抵塚の玄室奥壁もまた、屋宇に擬せられ、被葬者夫妻の像が描かれている。目を右壁に転ずると、そこには、四つに組んで相撲する力士およびそれを眺める一名の老翁の図がある。本墓はこれによって角抵塚と命名された。左壁は画面の毀損によって明らかではないが、轎車・鞍馬等がみえる。前室ならびに天井部が壁画をもって飾られているのは、舞踊塚の場合と同様である。

㈭三室塚　五塊墳の北方にあり一個の封土の下、三室よりなるのでこの名がある。大正二年に発見された。三室とも斜め持ち送り式の天井を持っている（図35）。入口に接するものを第一室、つぎを第二室、奥室を第三室とすると、第一室の壁画は破損がはなはだしく、全貌を明らかにすることはできないが、南壁の五名の人物の行列（先頭の二名は涼傘《パラソル》を翳す）および北壁の武人攻城の図が注意をひく。第二室および第三室の壁画は類似した主題をもち、四壁ともに腰部に蛇を巻いた怪異な力士あるいは武人が描かれ、彼らは渾身の力を揮って上部の梁（持ち送り）を両手

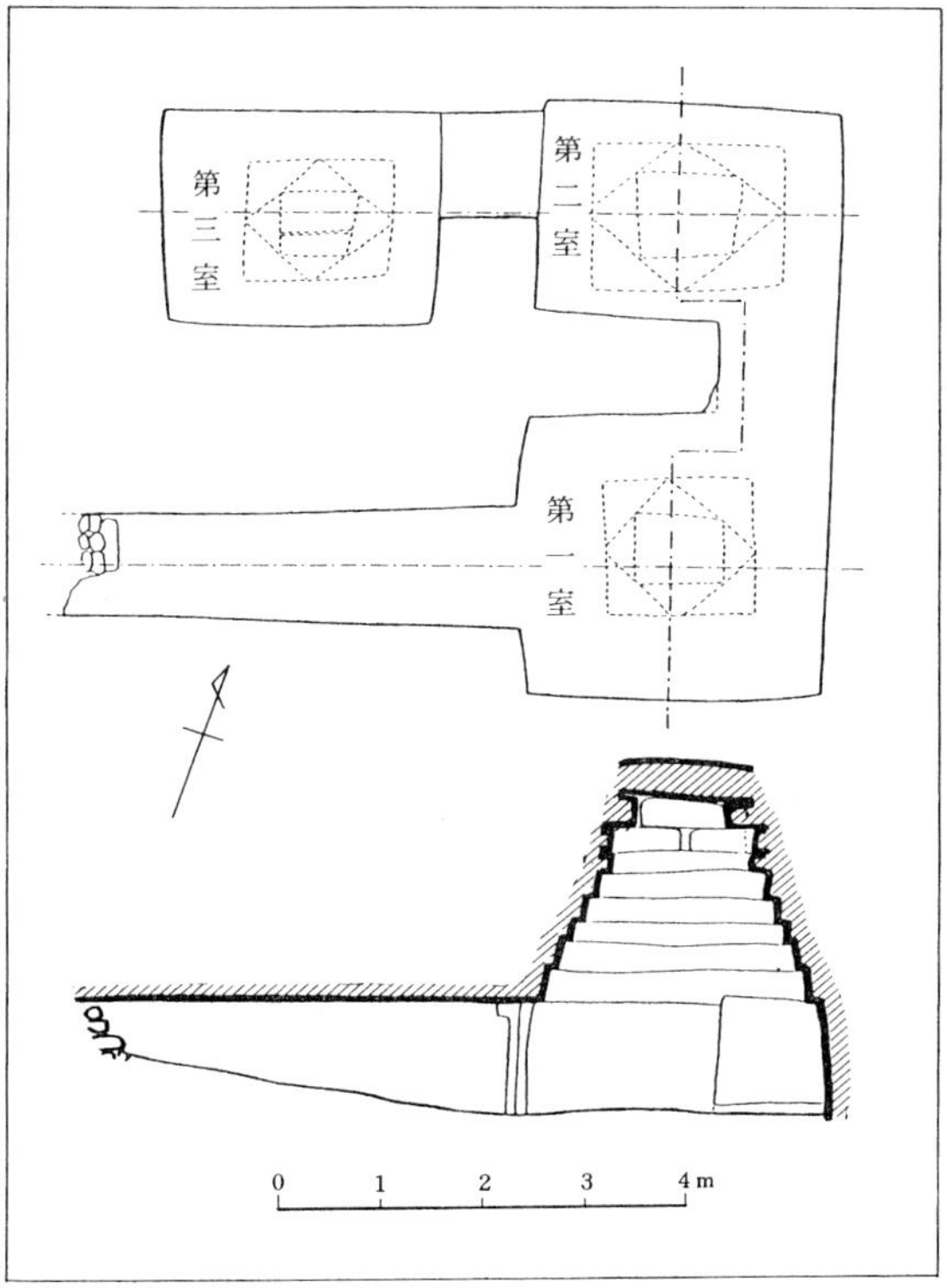

図35　三室塚石室実測図（『通溝』下巻による）

で支えている。また持ち送りの各層は四神図を始め、諸種の神人・怪異の図をもって被われている。興味ぶかい図柄といわなければならぬ。

㋬一二二号墳　黒田博士のいわゆる十二号墳にあたり、三室塚の東北にある。昭和十二年の調査にかかり一封土の下に南北二基の石室が独立に構築されているという特殊なものである。南室は奥壁に被葬者の夫妻、左右両壁には貴人の行列、羨道部に狩猟・舞踊等が描かれている。北室壁画の構図も南室と同巧異曲であるが、玄室右壁に描かれた武人戦闘の図は注目に価する。(補註19)

なお本墓からは数多くの優れた金銅製の棺金具・鉄鏃および陶器・土器類が出土した。いったいに高句麗古墳は盗掘のため、遺物を出すことが少ないから、これらは珍重すべきである。

㋣四神塚　五塊墳の南にあり、昭和十年の秋発見された。四壁には優麗な四神が描かれているが、壁画の描法は以上の諸壁画墳が、厚い漆喰の上に描かれているのにたいし、これは磨研された石壁の上に直接描かれている(図17参照)。また梁上に描かれてある忍冬唐草も華麗である。その他天井部は饕餮に似た怪獣(その傍らに「嗽宍不知」と銘文がある)、神人等をもって飾られている。現在発見せられているもののうちでは最も美術的価値の高いものであろう。

図36　環文塚玄室(『通溝』下巻による)

㋠牟頭婁塚および環文塚　昭和十年に発見され、満浦鎮の対岸羊魚頭にある。後者は一面に重圏の環文を描き散らした壁画のゆえにその名を得たのであるが（図36）、前者（図12参照）は類例の少ない銘文があるので重要である。すなわちその前室、奥壁の上部には「大使者牟頭婁」をもって始まる十字詰八十三行にわたる銘文があって、葬者の経歴を伝えている。三国風の書体を持つこの銘文は不幸にして一部しか解説することができないが、高句麗に関する貴重なる一史料を加えたものとして重視すべきである。

㋷その他の壁画古墳　壁画古墳にはその他、大正二年に発見された西崗の散蓮華塚、山城子の亀甲塚・美人塚、昭和十二年に発見された五塊墳南の六十二号等があるが、ここでは割愛する。要するに、壁画古墳は土墳のみに見られるものであって、われわれはこれにより、高句麗時代の思想文物一般に関する具体的知識をかち得ることができるのである。（補註20）

2　輯安付近の諸遺跡

(1)　小板岔嶺（毌丘倹紀功碑断片の発見地）

通溝平野の西部にある麻線溝の西北六里に小板岔嶺がある。ここは通溝、桓仁街道上に横たわる峻嶺であるが、光緒三十一年（明治三十八）六月、一個の断碑が発見せられた。

魏の正始五・六年（二四二・三）魏将毌丘倹は高麗を攻めて東川王の軍を破り、国都丸都を陥れたが、帰途その功を石に刻して丸都山上に建てた。小板岔嶺上から発見された断碑がまさしくこれに当る。

雄渾な三国風の書体で記されている断碑はわずかに十六（七）字を遺すにすぎなかったから、ときの輯安知県呉光国は発見の報とともにただちに人を派して調査せしめたけれども、得る所はなかったという。なお本断碑が小板岔嶺上より発見されたため、丸都城をここに比定せんとする説もでたが、大正二年関野博士一行中の今西・谷井両氏の踏査の結果、城址の存在しないことが判明し、その説は否定された。断碑は現在瀋陽の博物館に蔵されている。

(2) 楡樹林子付近の遺跡

通溝より江を下ること約一七里にして楡樹林子の平野に達する。ここは同名の河水に沿った長さ五里、幅五、六町より三〇町を出入りする狭長な平野であるが、江北においては輯安平野につぐ広さを持ち、また朝鮮の楚山渭原方面から、桓仁・興京・通化に至る道路と、外岔溝より通溝に達する江北道路との交叉点にあたる。そうしてここには数多い高句麗時代の墳墓がある。

この遺跡は大正六年関野博士・谷井学士等によって調査されたのであるが、その結果、古墳は、この平野の東方、鴨緑江北に聳える海抜約九〇〇㍍の高力子山（高麗子山）を中心として群在する事が発見された。すなわち西麓の大高力墓子には大小の古墳百十八基。付近の畑地に数百基。その北方の小高力墓子および上台溝にも多数の墳墓が横たわり、また山南の一地点にも六十余基が認められるのである。その他、この平野のあちこちにも散在するのみか、対岸の朝鮮領内にも少なくない。

楡樹林子に残る高句麗古墳は輯安の場合のごとく、石塚と土墳とに分ける事ができるが、石塚はたいてい破壊されている。関野博士は大高力墓子において大塚・三室塚・高塚等の石塚、二室塚・石廓露出塚等の土墳等を調査せられたが、輯安のそれと構造ほぼ同じく、とくに取りあげていうべきものはない。大形墳墓と認められる三室塚においてさえ基壇の長さが三〇尺に三二尺というのであるから、規模においてもはるかに輯安におよばざるを知るべきであろう。土墳中壁画のあるものを発見するに至っていない。

現状はかくのごとくであるが、将来さらに詳細なる調査が行なわれたならば、城址その他の遺跡も発見されるであろう。

なお、楡樹林子はこのように高句麗時代の遺跡多く、かつ重要な地点であるから関野博士はここを丸都城に比定された。

(3) 外岔溝付近の遺跡

楡樹林子平野の下流約四里の地点に外岔溝という狭隘な平地がある。ここも交通路上の一要地であるが、大正六年、関野博士等の調査によると、その西北四里余の古馬嶺と称する集落に約四十五基の高句麗古墳がある。

なお、佟佳江流域の桓仁地方に五女山城たる高句麗の山城がある。その地は元明時代、兀喇山城としても知られているが、詳細は「東満風土雑記」の項にゆずって、ここでは説明を略する。

参考文献

(1) 輯安平野の遺跡に関する基本的な文献を、調査の年代にしたがい、列挙すると次のごとくである。

鳥居竜蔵『南満洲調査報告』(明治四十三年)

E. Chavannes; Les monuments de l'ancien royaumè Corèen de Kao-Keou-li (T'oung Pao. 1908).

関野　貞「満洲輯安県及び平壌附近に於ける高句麗の遺跡」(『考古学雑誌』五—三・四、大正三年十一・十二月)

池内　宏『通溝』上巻(昭和十三年)

池内宏・梅原末治『通溝』下巻（昭和十五年）
藤田亮策「通溝附近の古墳と高句麗墓制」（『池内博士還暦記念東洋史論叢』昭和十五年）
このうち、関野博士の論文と、池内・梅原両博士『通溝』上・下二巻は必読の書である。なお、丸都城と国内城との関係を論じたのは、左の二つが代表的である。
白鳥庫吉「丸都及国内城考」（『史学雑誌』二五—四・五）
関野　貞「丸都城考」（『朝鮮の建築と芸術』）
(2) 楡樹林子付近の遺跡に関するもの。
関野　貞『平安北道及満洲国高句麗古蹟調査略報告』（朝鮮総督府、大正六年度古蹟調査報告。『朝鮮の建築と芸術』所収）（昭和十六年）

Ⅲ　東満風土雑記

――高句麗の遺跡をたずねて――

昭和十九年五月、旧満洲国文教部の委嘱で、撫順城北、北関山城の第二回発掘調査を行なった。北関山城は高句麗時代の新城にあたり、遼東に対する鎮護の名城である。かねてから北東アジアの歴史における高句麗の地位を重視し、ひそかにこれの探求につとめていた私は、北関山城の調査がおわると、彼らの活躍の舞台である東部満洲奥地の探査旅行を企てた。そうして第一の目標を高句麗発祥の地といわれる佟佳江流域、とくに桓仁地方に定めた。ただに遺跡調査のためのみではない。東満に残る古い風物の数々にいたく心引かれていたからである。この計画は幸い文教部と満鉄撫順炭坑の協力を得ることとなり、前者より費用を、後者よりはトラックとさまざまの便宜を供与せられた。かくて同行八名（旧満洲国文教部三宅俊成、伊東祐信、満日文化協会三枝朝四郎、撫順図書館長渡辺三三、撫順新聞社長窪田利平、撫順中学教諭野口秀男、高畠順の諸氏と私）は六月一日朝、撫順を発し、同五日夕に同所に帰った。

この短いトラックの旅はめざした高句麗遺跡の発見の点ではたいした成果をあげえなかったけれどもこれに代る積極・消極さまざまの獲物があった。ことに親しく接した東満奥地の風物が私の満洲研究の将来にどれだけ大きな光となったか、喜びに堪えぬものがある。私の満洲に対する愛着の念はさらに度を加えた。

この行に先立ち、あるいは旅の途中で、さらにまたこれを終えてから、私は第二・第三の調査旅行の計画を胸に描き、又同行の諸氏とも話し合った。けれども、昭和二十年、祖国の運命は一切のかかる計画の放棄を余儀なくせしめたのみか、この旅をして奥地調査の思い出の旅としてしまった。いまかぎりなき愛惜の念をもって、調査の記録を整理するゆえんである。

最後にこの機会を与えられた文教部、撫順炭坑ならびに同行の諸氏に厚き感謝を捧げる。同時にいまなおこの地に苦しみ多い生活を続けられるこれら諸氏の健祥を祈ること特に切なるものがある。

六月一日（快晴）　この日は全県を通じて行なわれる防空演習の初日に当ったため、出発が遅れ、ようやく九時すぎ宿舎の寮を離れた。二週間近く世話になったこの寮、瓦斯の出のビックリするほど良いこの寮、温泉の様に赤茶けた豊富な湯と、広々とした湯槽を持ち、また奉天（潘陽）長沼の漢墓の発掘に当られた田中さんの仮寓する、この渾河沿いの新開地に建てられた市役所の白々とした寮ともいよいよお別れだ。ひとまず東道の渡辺三三氏の宅に立ち寄り一同の荷物を預け、ふたたび進路を東に向け、第一日の行程に入る（図37）。

渾河に架せられた永安橋を渡り、北関の満洲族集落を東に折れわが愛する撫順北関山城の南麓を通る。東南方より仰ぎ見る山城は巍々として周辺を圧し、さすがに高句麗名城の一たるの誇りを失わない。十時頃、柳条辺牆を横切る。渡辺さんに、それと教えられてああと頷いたのだが、いまでは説明者がなければ気づかないほど土手は崩れている。そういえば烽火台が三つほど続いて見える。下章党から営盤に通ずる渾河沿いの自動車道路は雨のために橋が落ちているので、北方に迂廻して下哈達を通ることにする。道はしだいに山に入り、集落のたたずまい、行き交う人々の容姿にも旧満洲の面影がようやく濃い。黒い岩膚を見せた松山、深々とした影を抱く山皺、その間を縫う杣道、水清き渓流、木柵に囲まれた藁ぶきの家、住民の端麗な満洲人的容貌、漸次佳良となる風景。われわれにはすべてが親しみ

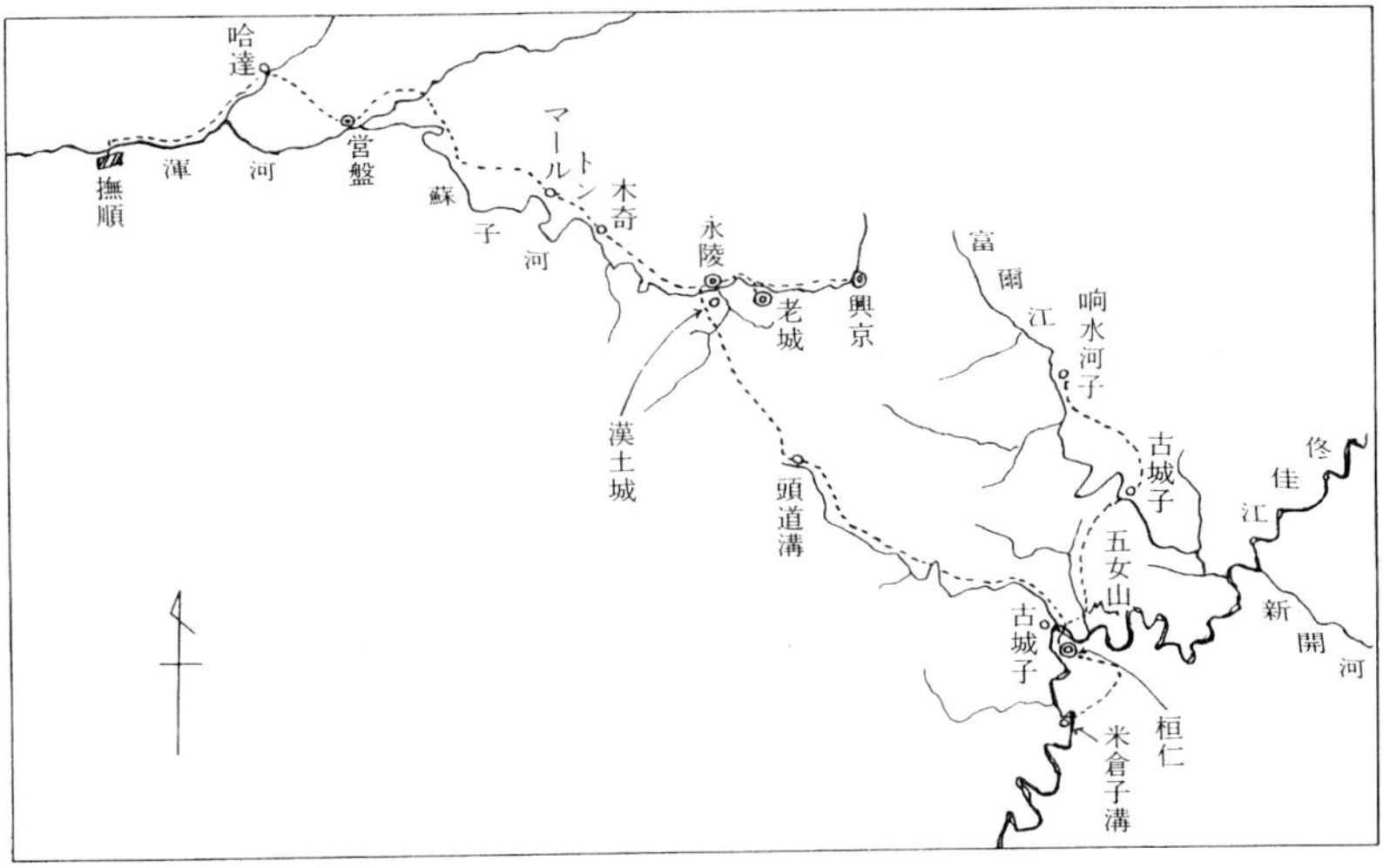

図37　桓仁旅行の行程略図

やすい感じとなる。付近はずっと旗人の集落なのであろう。この辺から満洲朝勃興時代の史跡・古戦場の連続。渡辺さんの口は忙がしい。下哈達から東南下して営盤に通ずる鉄嶺街道はかつて清祖奴児哈赤の駒を進めた路。

営盤から新屯に入ると先の大臣張奐相氏の宅がある。相当の邸宅だが、少し前までここで純良な蜂蜜を売っていた由。ふと南方の丘陵を見上げると鳥居が立ち、その背後の松林の中に天地根元造りの社殿が見え隠れしている。新屯神社といい、張奐相氏の建立にかかる。張氏が満洲人か漢人か聞くのを忘れたが、一寸割り切れない感がした。だが碧空の下、濃緑の丘陵上に鎮座する素朴な拝所の姿は美しい。往昔のドルメンのありし日の形を連想する。路南には張作霖の奥津城である荒果てた元帥林が望見され、渾河を越した彼方には鉄背山の岩山が聳え立っている。薩爾滸の狭野、鉄背の連山、満洲を愛するものの忘れ得ぬ地名である。

南札木にて渾河を渡る。渡船場東方はるかな丘の上にドルメンが小さく見える。昨年渡辺さんが発見されたものだという。

入口は東微南。かねがね満州に多い丘陵上のドルメンに礼拝所、または聖所として造られたものがあるのではなかろうかと考えているが、これも一つの資料になりそうである。道は東南の谷間に入り、二道溝南の峠にて昼食。楡の大木の下、小鳥の声が愛らしい。

上夾河から永陵街道に入り、さらに東南の方にいくつかの峠を越える。第一の峠に建州の一関の跡があるが、若干の土手と、瓦片の散布するのみで見るべきものはない。第二の峠は馬爾墩関址である。峠の頂上は立派な切通し道が作られたため、有名な馬爾墩関の満文の碑は切通しの崖上に屹り立っている。崖をよじ登って近づくとなかなか大きい。二重の台石の上の碑身の高さは一・九一㍍、深く刻み込んだ満字は強く正しい（図38）。峠の一角に崩ほれた廃寺——地図には祥云寺とある——があり、道光二十年の銘のある鐘がわびしくぶら下っている。

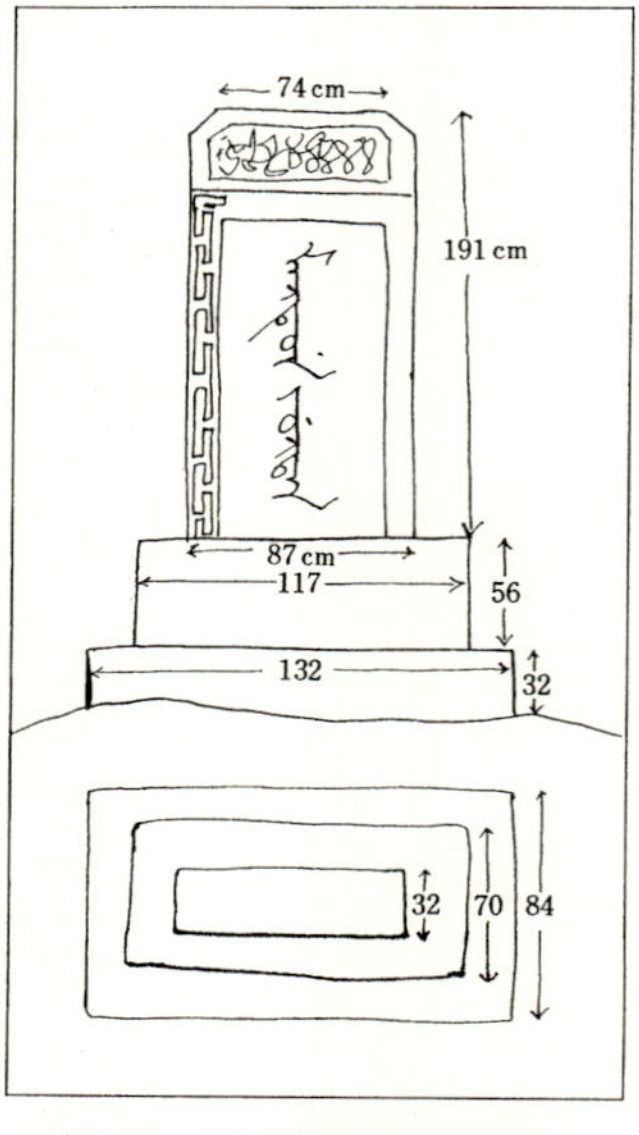

図38　馬爾墩関碑略測図

木奇西方、水手堡子の高句麗時代の遺跡と称せられるものを見るのが、今日の主要目標の一つである。哈達山の岩峯を脊に負う、路北の高地の東北辺の一角に一五〇㍍ばかりの石塁が残っている。渡辺さんたちはこれを高句麗の木奇城に比定された（高橋匡四郎「蘇子河流域に於ける高句驪と後女真の遺蹟」『建国大学研究期報』第二輯、昭和十六年〉五〇ページ）。さっそく三隊に分れ、到着目標をはるか彼方の哈達山麓と定め、踏査を開始する。石塁はまもなくつき、後は険しい山稜ばかり、よじ登り滑り降り、ようやくにして目的地に達したが、その間に遺跡はまったくない。先の石塁も高句麗時代のものでないことは明らかだ。他の二班も一片の瓦片・陶片すらも発見しなかったとの報告。帰途もさらに捜査を続けたが、無駄と覚った。そうだとするとここを高句麗時代の遺跡とすることは不可能であろう。したがって木奇山城は他の地点に求めねばならぬ――木奇の南方、渾河の彼岸に山城を築くのに絶好の地形がある――。この石塁はあるいは建州時代の関址の一つか。結果は不幸にして失望に終ったが印象は深い。山稜の上に立って四辺を見渡すと、近くに哈達山の赤膚がそそり立ち、彼方は山また山。足下には芍薬・萩・鈴蘭等種々《くさ》の花咲き乱れ、谷間には細流のせせらぎが聞える。日影には木賊の群落のあるのも珍しい。ひさかたぶりで信州の山にはいったような気持となり郷愁を覚ゆることしきりである。

木奇の東嶺に蜜蜂の巣箱があった。木の洞をくり抜いて台上に置き、上を藁で覆った素朴なもので（図39）、かつて朝鮮の平安北道价古介で見たのと同型である。ついこの間ハルビン博物館のチエルナコフさんから、「この様な古い形の巣箱は満洲に見られなくなりました」と聞かされていただけにひどく嬉しい。五基のうち、いまでは外側に泥を塗った二つだけを使い、四斗樽の底の呑口の様な孔から小さな蜂が盛んに出入りしている。入口の両側には小さな紅紙をはりつけ、対聯が書いてある。台の下に一面に灰を撒いてあるのは蟻を防ぐためだそうだ。永陵街道（行幸道路）も木奇を過ぎると両側に楡の並木が残っている。幾百歳《とせ》の風雪を凌ぎ、変転きわまりない世の動きをゆるぎなく眺めた、この亭々たる老樹の群

図39　蜜蜂巣箱

は古い街道の由緒を物語っている。「早く天然自然記念物にしないと、伐られてしまうよ」。古跡調査委員の三宅・三枝両氏が話している（図40）。

北に啓運山・竜頭・竜崗山脈を仰ぎ、南に蘇子河を距てて、煙筒山——清朝発祥の伝承的聖山——を望みながら（図41）永陵に入る。竜頭の渾河に接する地点に設けられた護岸工事は刮目に価する。巨大な花崗岩を幾重にも積んで築き、巨岩は見事な鉄の楔で繋ぎとめてある。なにゆえにこの地点にのみこのような大土木工事を施さねばならなかったのか。風水的見地から特に竜頭を固めたとする見解と、清帝行幸のさいの諸種の用に供した船著場とする説とが対立する。どちらも本当だろう。子供が一人、裸形で漁をしている。夕餉の菜にと所望すると、病んだ父親に食べさすのだから譲れぬと、二十四孝を地で行く答えをした。

図40　永陵街道（行幸道路）の老樹

永陵は肇祖・景祖・顕祖三祖の眠る陵である（図42）。風水の条件に恵まれた河北の小平野の中央に、荒れ果てたまま奥床しく横たわっている。緑の松林の中に燦めく黄瓦・藍瓦の色が美しい。陵は今、少数の旧旗人の守陵官によって護られているが、話し合いさえつけば最奥の墳墓の所まで行き、見ることができる。墳墓は円形の封土で覆われ、漆喰で固めてある。鼎形に築設された三基の円墳に囲まれて名高い神樹がある。清朝発祥の伝説と密接な関係を持ち、また滅亡に当っては急激に衰えを見せ、もって王朝と運命をともにしたという。仰ぐと枝から枝へと栗鼠が飛び交うている。乾隆帝の作ならびに筆になる有名な神樹賦幷序（乾隆十九年）の碑は左蕪の中にある。陵の背後は松林の丘陵に続いている。古い時代の墓地らしく林間に崩ほれた小土墳が点々と横たわる。愛親覚羅氏の聖所、あるいは共同墓地ではなかったかと思われる。この付近は朝鮮人の水田を耕作するのが多い。水は清く山影を映し、鷺はしきりに群れ飛んで、故郷の山水を想わしめる。一路東進、藍旗庄子の対岸に高句麗の山城らしいもののあるのを望見しつつ興京（遼寧省新賓）に入る。大車に揺られながら、ゆっくり踏査を進めたならば得るところは多いであろう。興京ホテルとあるのに投ず。平康里《ピンカンリ》というのにある。街名はすこぶるあでやか、ホテルの名は立派であるが、えもいえぬ汚ない宿。南京虫の跋扈しないのがせめてもの幸いである。

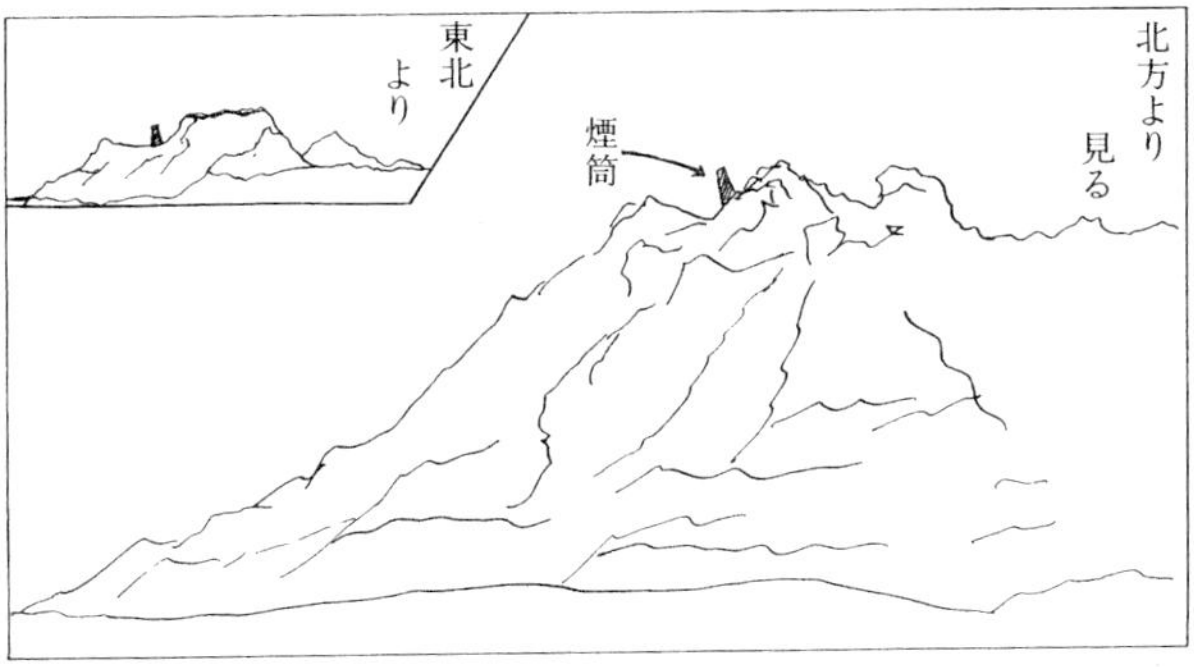

図 41　煙筒山遠望

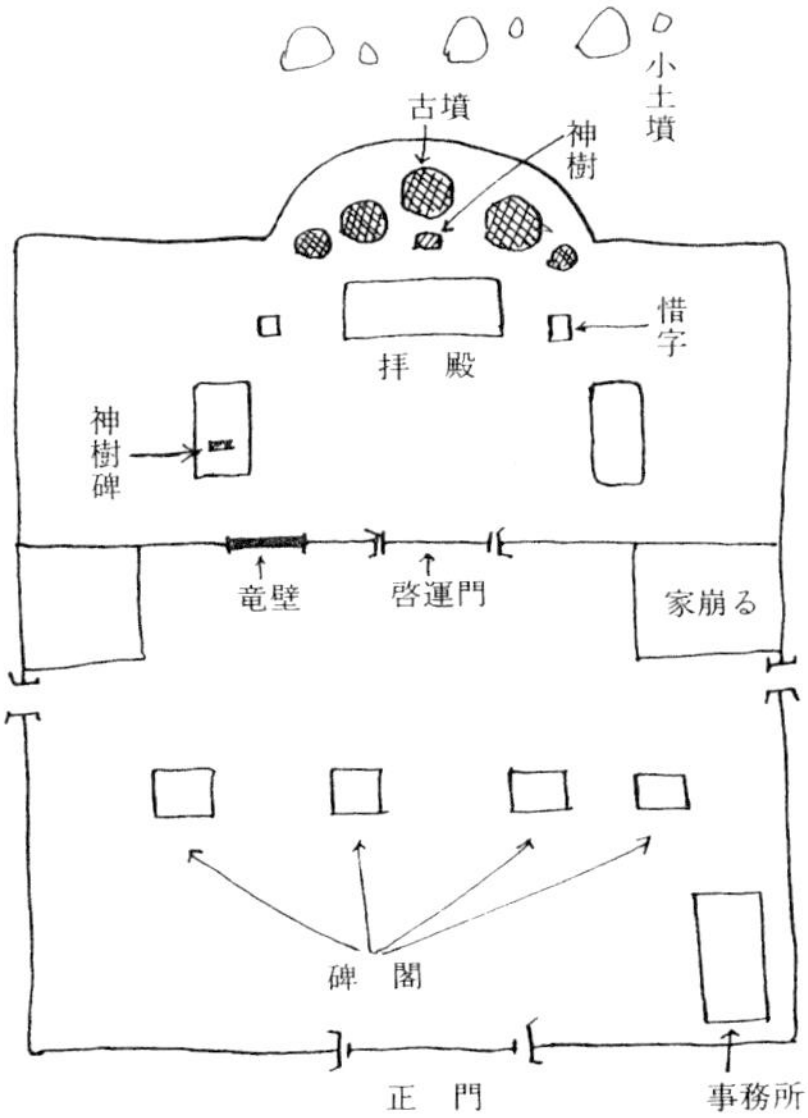

図 42　永陵見取図

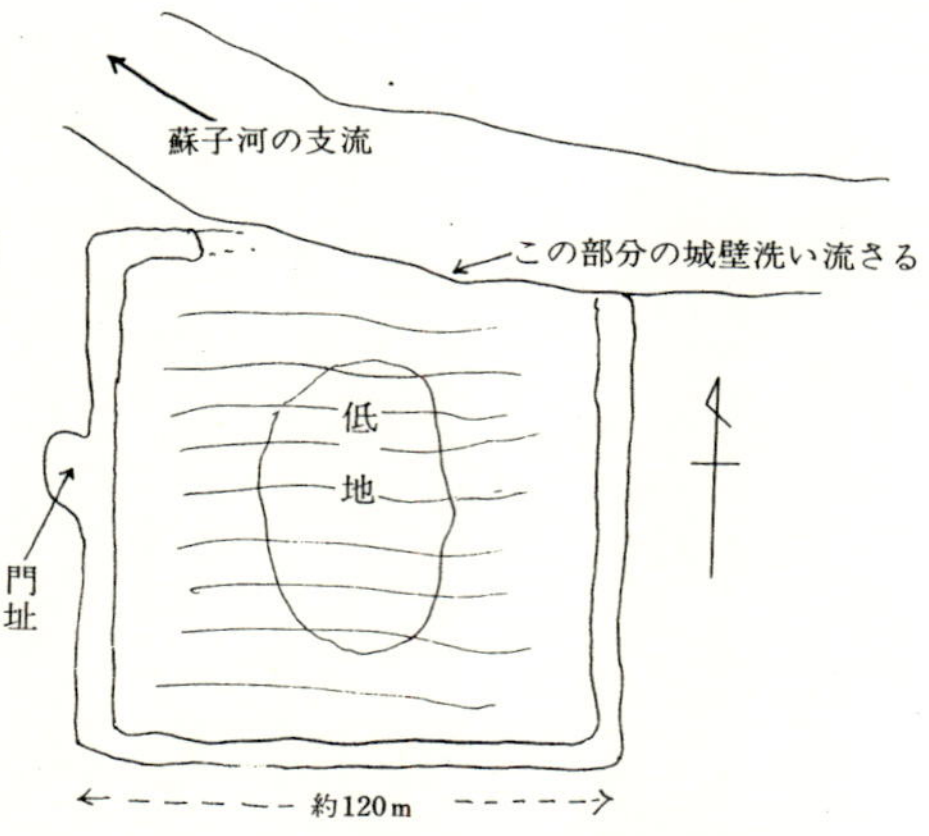

図43　漢代小土城平面見取図

興京県の面積はわが大分県ほど、総人口は十二、三万にすぎぬ。特産はなにもない由。史上に名を止める古き興京の町も今は日にさびれる暗い河沿いの町である。

六月二日（曇りのち雨）　晨に起きると雲低くたれ、荒涼たる感は一層新市街を佗しく見せる。所用のため新京に引き返す伊東祐信氏を見送って一行八名は八時過ぎに出発、桓仁に向かう。朝に見る興京の大街にはさすがに頑丈な門構えを持つ問屋風の家が多い。雲行きの悪いのを気にしながらひとまず永陵街まで引き返し、とある飯店で朝食をとる。珍しく野猪の肉があったので現地の風に倣って付け焼を試みる。油煙濛々、湯《タン》（スープ）もまた猪肉と白菜。蕎麦の麵あり、粟酒もあり、野趣に満ち、なかなかおいしい。一同元気を回復して直ちに南折、蘇子河の橋梁を渡り、河南五、六〇〇㍍にある漢の土城を見る。康徳七年（昭和十五）建大の高橋匡四郎氏、渡辺三三氏等によって調査され、第二玄菟郡治址、すなわち高句麗県址に比定されたものである（前掲高橋氏論文中の「玄菟郡高句驪県治址」の項）。

土城は一辺一二〇㍍くらいの方形――高橋氏等の調査によると、南北一五〇㍍、東西一一〇㍍の矩形となっているが、われわれの計測ではそのように大きな差違はないように思われた――で、方位はほとんど正確に南北を指しており、現在北壁の大部は蘇子河の一支流二道河に洗い流されている（図43）。土壁の高さは完全な地点で約三㍍、西壁のほぼ中央に門址が存するが、他辺には認めがたい。内部は大豆畑になっていて、その間一面に漢瓦・高句麗瓦・土器の破片が散布し、北壁の壊れた断面にも多数の遺物が包含されているのが見える。この辺は一面に蘆荻が生え、葦切の囀ずりちらす声が可憐である。

この土城が漢代の遺跡であることには間違いないが考えて見るとたんなる県治址ならばとにかく、郡治址としては少々小さすぎる。多少腑に落ちないのでさらに探索の歩を進めると、ここから水田を距てた南方三、四〇〇㍍の地点に規模のはるかに大きな漢の土城を発見した。新土城は低い台地の上にあって方形ではあるが、やや不規則な形をし、方位はわずか東南に傾いている。北壁は約三五〇㍍。外方に小流がある。濠址であろう。東壁は地形に従って若干東南に拡がり、線もまた不規則であるが北壁と同様約三五〇㍍。残存する土城の高さは北壁で一・五㍍を算える。北壁では東隅より約一三〇㍍辺に低地があり、東壁では同じく南方一〇〇㍍辺に方形の突角がある。両者とも門址であろう。城内には一面に漢瓦土器等の破片が高句麗の赤瓦片と入り交って散布しているが、密度は北部に圧倒的に濃い。そうして一部は畑の一隅にうず高く積み上げられている（図44）。

さてこの地を第二玄菟郡治址に比定された高橋・渡辺氏等の見解はこの土城の発見によってより確実さを加えたように思われる。先に両氏の説の弱点と思われた土城の規模の狭小も、新土城の大によって救われたわけである。おもうに郡治の遺跡は新土城に譲らるべきであ

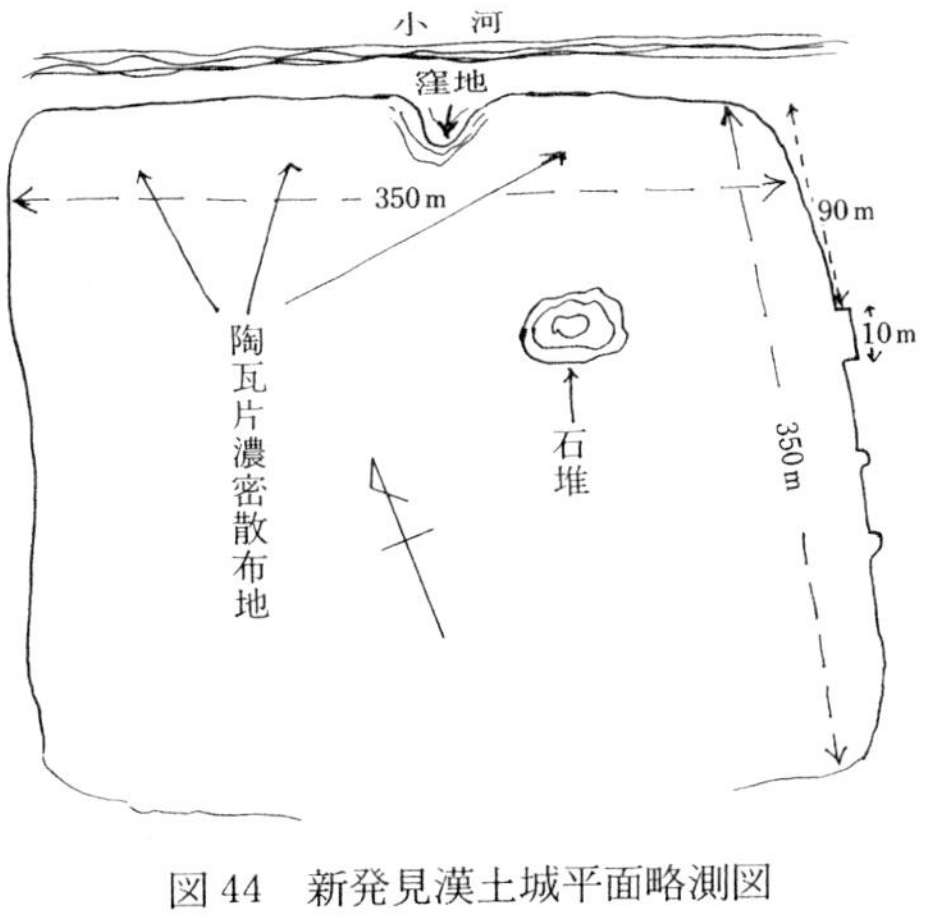

図44　新発見漢土城平面略測図

図45　校倉造りの倉庫

り、高橋・渡辺両氏の調査にかかわる北方の小土城は、郡治設定前、あるいは移治後の県址に当てらるべきであろう。ただし本県址が始めより終りまで一貫した高句麗県の所在地であったか否かはわからぬ。また両者とも、高句麗時代にも使用されたことは、多数の高句麗瓦片の散布することによって明らかである。

実査約二時間、新土城の発見を喜びながら一路南下する。左手（東方）に興京老城・山咀子の旧老城、哈山台等清初の都邑古戦場が遠く近くつぎつぎに展開する。老城および旧老城の地形は高句麗の山城としても絶好だ。その眼で探せばおそらく嬉しい獲物があるであろう。水頭伙洛に近づくと、山間の平地に木柵で囲まれたかなりの集落がある。明るい感じのする集落に入ると街道を挟んで例の満洲風の木造家屋が立ちならび、たいていの家には大小精疎の差はあるが高床の校倉式の倉庫が付属している。稲葉さんの桴京というやつだ。校倉の丸太の組方は片側だけ半円形に削り込み、丸太と丸太との間には泥がつめてある（図45）。主に穀物の貯蔵に使っている。自分はしめた、と思った。「これは満洲族の古い集落に違いない。しかし、どうも感じが新しい。清潔にすぎるのはおかしい」。邑長に尋ねると、ここは建国後、付近に散在する小集落を集めた集団集落だそうである。一寸がっかりしたが、住民は旗人が多い由であるから、集落の建設も古い習慣《しきたり》に

図46　二階造りの蜂の巣箱

よっていることであろうとみずから慰める。

この辺にくると方々で例の空洞形の蜜蜂の巣箱を見かけるが、この集落では特に多く、十軒中三軒までは飼っている。二階作りの巣箱には興味が引かれた。台は石、屋根は木の皮でこさえてある（図46）。巣箱は柳の老樹を使い、また白露の候、洞中の蜜の半ばを残し越年さすという。蜂群の分け方、花の種類等を聞きもらしたのは残念だ。物見高く集った邑民に送られて南下、四一五㍍峠で昼食をとる。峠の北側は咲き乱れる鈴蘭の群落、南側は太く柔かな早蕨の群落。時は六月二日、内地は初夏、気候の相違を感ずる。恵まれた山の幸を狩りつつ南方を見ると、一条の峠路は重なる山々を二つに分けて、渾江と覚しき彼方に消えている。野遊びのごとき楽しさに打ち興ずるうちに、幸いに晴れた空はにわかに雲の動きの激しさを見せはじめたので急遽出発。今は桓仁へと急ぐのみである。谷間《あい》を行くことしばらく、道は渾江の一支、大二河の絶壁に出で、風景の絶佳を代償に胆は冷える。見ると懸崖の下、方々に鉄道工事が始まっている。蟻のように群がる工人のさなかに遼陽県・吉林県等の長旗がたててある。軍事的・産業的に急を要する本渓湖から桓仁への鉄路敷設の難工事のために駆り立てられた民衆である。徴用の期間は二年、運営はいわゆる飯場制度、その蔭には幾多の悲話のある由。孟姜女の古譚を現実に見るような気がする。

崖道を下り切った頃から雨となり、寒さが加わる。雨中を工事用のトラック、工人等が馳せ回っている。やがて待望の渾江（佟佳江）畔に出たが、西関に架せられた新設の大コンクリート橋は完成寸前でまだ渡れぬ。江畔の泥濘と、寒さに震えながら大きく迂回して北関の渡船場に出る。先着のトラックが十数台ズラリと並んでいる。渡船は一回にトラック三台、片道二十五分はたっぷり費すからこの調子では四時間位もかかる。

佟佳江は大きな河だ。中流に近いこの辺でも、目通し五、六〇〇㍍はあり、しかも満々と水を湛えて流れている。

渡船場の北側がわずかばかり開けているのに対して南の桓仁側は絶壁、懸崖に矮松が突き出し——実際では大木であることが渡った後わかった——、その間彩られた蔦葛がからみつき、草花で飾られているのが望見される。渡し場に屋台を拡げる小輩から買い求めた落花生を噛りながら、待つ間に北方を振りかえると、東北の夕空がわずかに晴れて、聖なる五女山が怪異な肌をチラリと見せる。幾年これを望んだものか（図47）。江上には両端に水かきの付いた橈を操る小舟が浮んでいる。旧満洲の威弧というものか。

待つこと二時間、政府の車だというので多少順番を繰上げてもらい、江を渡る。渡船は流れを利用してワイヤロープを伝わって行く型のものだが、江心は流れが早いので速度も相当に出る。彼岸に上陸、泥道をスリップしながら台上に出てしばらく走ると、桓仁の町。往時は城壁に囲まれていたとのことだが今はない。台上の市街は大きく、明るい。奥地とはいえ昨夜を過した興京よりもはるかに開けた感がする。古来相当の部族の拠点としては屈強の場所に違いない。康徳旅館なるに泊る。旅館のゴミ捨て場のような狭い裏庭の壁が、旧桓仁城の城壁であって壁の甎に「知桓仁県事章」とある。「光緒四年」と刻してあるのもあったという。夕食後、県の教育股長の来訪を受け、付近の遺跡の状態を聞く。桓仁東方、牸牛哨にダムが建設されている。完成の暁には五女山東方の高力（高麗）墓子付近は水底に没すという。今の間に踏査を必要とするわけ

図47　佟佳江を距てて五女山を望む

だが、トラックは通ぜず、往復に丸一日を要するので行けそうもない。充分の日数と費用と用意の下に調査がしたい。（補註21）

六月三日（快晴）　早朝より窓下が喧しい。野菜市が立っている。新鮮なニラが王座を占め、すがすがしい朝に芳香——少なくともここではそう感じる——を放っている。今日は五女山を訪れる日である。

八時出発、県公署に立ち寄り、教育股長の同道を受けることになる。県の威光で渡船場を難なく越え、江北を東進、泡水沿村公所で案内を得、ダム工事を望見しつつ五女山西麓の集落で下車すると、いよいよ登山である（図48）。

五女山は江北に屹立する玄武岩の独立峯、頂上は平地となって、わが荒船山に似た怪異な山貌を呈しており、南方のいずれの方面から見ても直ちにそれと知ることができる。遠くよりこれを望むと、鉄《くろがね》の城のごとく、その天空に浮ぶ姿は神々の御座を思わしめる。またなき堅固の塞《とりで》、信仰の聖地たるにふさわしい。標高は八二〇㍍。江岸の標高は一九七㍍であるから比高六二三㍍となるわけである。明代女真族の要地として知られ、ここに築かれた山城は兀喇山城と呼ばれた。この地方はまた高句麗史上とくに重視せられた。すなわち遼東方面より鴨緑江中流地域（輯安）を結ぶ古代重要交通路と佟佳

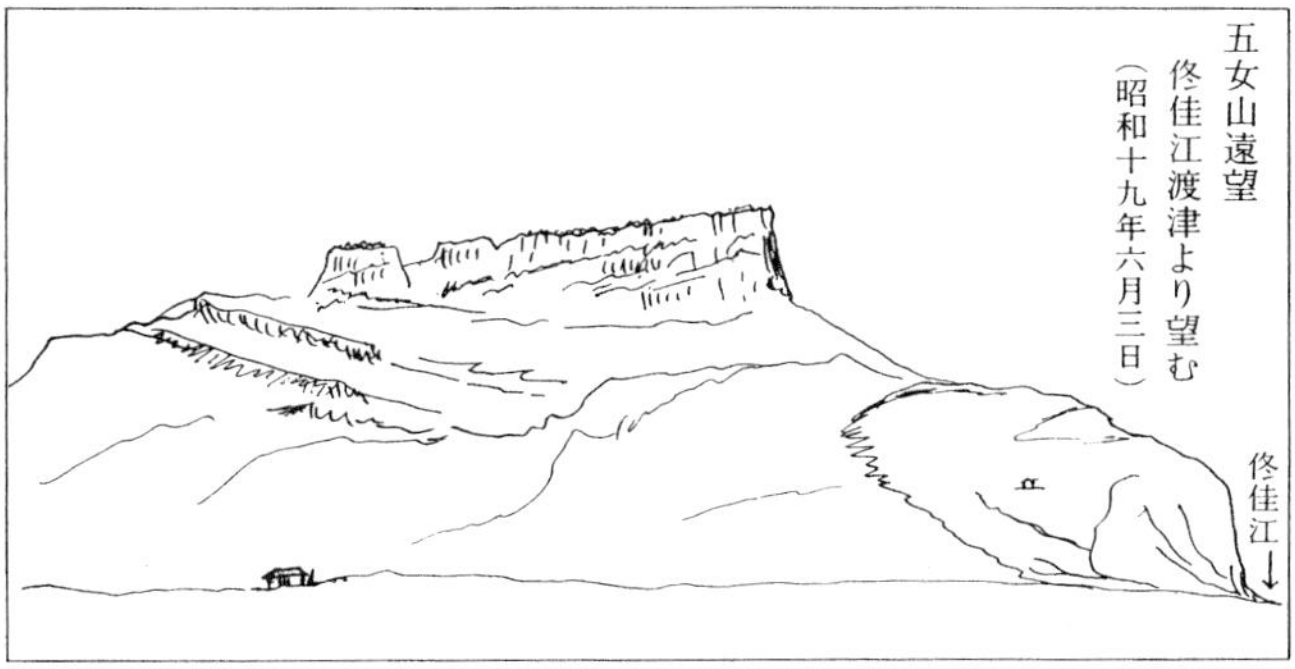

図48　五女山遠望

江の交叉する桓仁の地方は高句麗発祥の地と考えられ、初期の国都もまたここにありと考えられていたのである。桓仁に聳つ聖五女山（兀喇山）がその間にあって国防上あるいは信仰上重大な役割を演じたと考えられるのは当然である。とすればそこにはなんらかの当時の遺跡が残るはずである。繰り返していおう。ここに遺跡が存在してこそ、初めて高句麗史上に占めるこの地方の重要性も確認せられることとなる。五女山の精密な調査は必要欠くべからざる措置といわなければならぬ。

ゆるがざる巨船のごとき雄偉な巨岩の台地を眺めつつ歩一歩と登る。岩壁は眼の前に立ち塞がるがごとくにしてしかも遠い。いくつかの台地を越え、岩壁の直下に達すると途は急に九十九折となる。玄武岩の見事な縦状節理を持つ直立した岩壁は一五〇―二〇〇㍍ほどもあろう。登路は北寄り、ただ一ヵ所の深い亀裂のある個所につけられている。ようやく頂上に達せんとする地点に小さな石祠があり「山神之位」と「虎神之位」とが祭ってある。まさしく山の神に違いない。その背後には石塁が築かれていて登路の最終点における関所の役割を演じている。この施設は東方の登路の場合においてもまったく同じい。そうして西側の登路と東側のそれとの中間の鞍部にはところどころに小平地があり、そこにわずかばかりの陶片・瓦片が散布している。陶片は白磁系統のものであるが、あまり古いものではないらしい。関所防備の建築的施設の跡であろう（図49）。あえぎつつ頂上に達すると大らかな平地。柏・櫟・楓・胡桃等の巨木が欝叢として生え茂り、下生えに鈴蘭・萩、その他さまざまの名も知らない草花が咲き乱れている。鶯の歌声しきりに聞え、鋭い雉の鳴声も耳に入る。関所の個所を右折、落葉を踏みつつ頂上の平を南進、三〇〇㍍近くも行くと、太清宮と題額を掲げた道観がある。西南面する瓦葺の本堂に隣りして庫裡一棟、内に道士がただ一人住っている。本堂に掲げた献額より判断すると光緒年間の建立らしくそれ以前のものはない。道士も由来を知らぬという。西南わずかばかりのところに池がある。深さ三尺ばかり、水は池中の泉より湧き出ている。樹林に恵まれた頂上ゆえのことであろうが、ちょっと意外の感がする。ここからさらに南方五〇㍍辺りの叢林の中にも同じく深さ三尺ばかりの石囲いの井戸があって、中に腹の赤い青蛙が棲息している。山城と水との関係を按ずる場合、参考とすべき資料である。池と井戸との中間に一基の土饅頭がある。道士の墓かと思われる。

道観の前庭から南方を俯観した眺めは素晴らしい。眼前に開けた桓仁の平地のさなかを碧緑の佟佳江がうねうねと流れ、流れを抱く河原の石原は眼を射るように白い。遠近《おちこち》の緑の丘陵は山に続き、後《しりえ》はさらに山また山。江もまたこれら山々の挟間に消えるがごとく吸い込まれて行く。左手には一群の桓仁の街、背後に光る一条の水路。まことに「幾山河越え去り行けば」の想いが深い。池水を沸して進める道士の茶はうまい。この辺りの野草だがといって、菡麻菜と苦菜とのお浸しを出してくれる。昼食を済ませてから、樹林の間をかき分けかき分け、なにか遺跡はと探すが一向にない。さらば去りなんと、名残を惜しみつつ往路をふたたび降り、断崖の直下まで来たが、付近の丘陵のいずれかに高句麗の山城があるような気がしてならないので諸氏と別れ、自分は野口君とともに尾根を伝って南進し、踏査を続けることにする。山城が有りそうに見

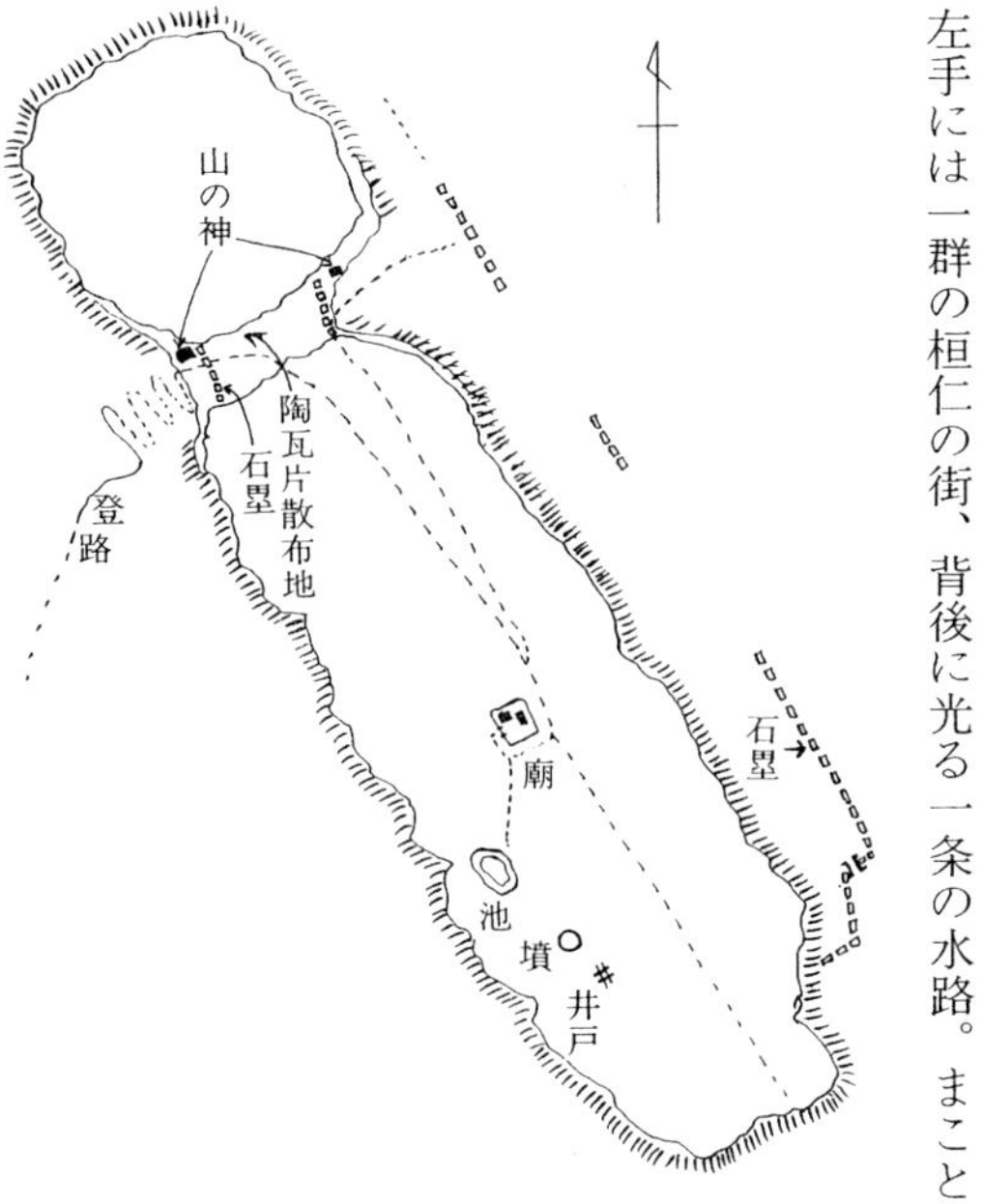

図49　五女山頂見取図

えた、尾根の先端に苦心を重ねた後に着いたがなにもない。軽い失望を感じながら、トラックの停車位置までたどりつくと、後に残った三宅・三枝両氏から急報が齎され、遺跡を発見したという。すでに四時、同行の諸氏に再登攀を誘ったが、誰も応ずるものはない。発見者である土地の人とともにふたたび登る。ついそこかと思ったがむやみに遠い。ようやく断崖の直下までくると、この裏側（東側）だという。すでに別路を下山したのか予期した三宅・三枝両氏とも会わぬ。茨を踏み分け断崖の南端を迂回する頃となると、陽は岩に翳り、風のみ身にしみて、たまらない孤独感が襲って来た。匪賊に拉致されるような感じである。断崖直下を北進することややしばらくにしてついに城壁を見出したのである。

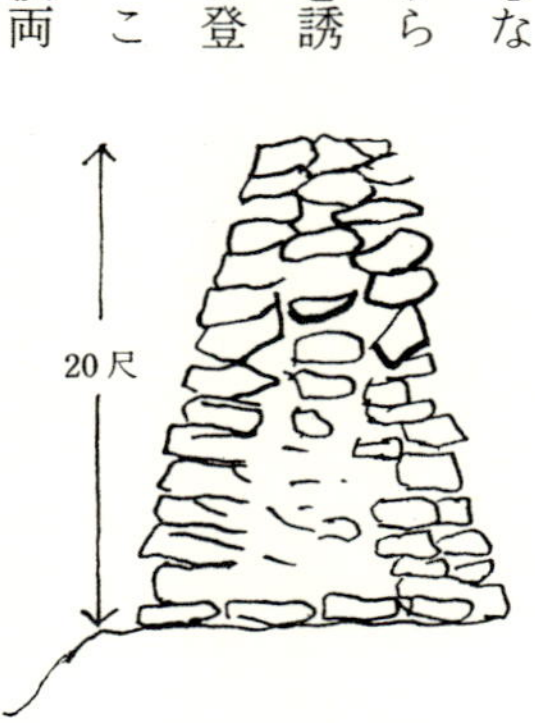

図 50　五女山上城壁
石塁見取図

城壁は東側岩壁の南端直下よりやや北寄りの地点に起り、絶壁を護るがごとく、抱くがごとくして北に延び、簡単な甕城形の門址に至る。そうしてここでわずかに外方に曲り、さらに断続北して東壁のやや半ばに達する辺りでしばらく消滅し、東側登路の地点でふたたび姿を現わす。それより先は道もなく、また迫りくる夕暮に脅えて確め得なかったが、おそらく東北端付近で終っているものと思われる。なお途中断絶している地点も、特に要害の個所ではないのだから、当初は築設されていたものであろう。城壁はすべて石築、石材は特に加工せず、付近の岩石を幅三尺ほどに打ちかいて積み重ねてある。高さは平均二〇尺余り、基部の厚さも約二〇尺、上部で七、八尺を数える（図50）。訪うものとてはない石塁の表には青い苔が蒸し、輯安にある山城子山城の北壁を彷彿せしむるものがある。石塁を除いて遺物はまったく認めることができぬ。

このように新たに城壁を発見したものの、これを高句麗の遺跡と速断するのは早すぎる。すなわち石塁築設の点では相応ずるものの、高句麗の山城にしてこのような地形を選択したものは、ほとんどまったく存在をきかぬ。第二に遺物の散布がない。一般に高句麗の遺跡には比較的多量の建造物関係の遺物が散布するのを常とするが、ここではそれが存しておらぬ。さらにその逆を行くものに城壁と関係の深い山上の関所址に散布する遺物の問題がある。前述のようにそこには瓦片・陶片は見つかるがそれらはいずれも黒瓦・白磁の系統で、その時代は古いとはいい得ない。かかる諸点と、明代ここが女真の兀喇山城として著名であった事実とをあわせ考えると、決して早急に高句麗時代の遺跡と断ずることはできぬのである。あるいは明代のものか、とも考えられるが、それと決するのもさらに精査を加えてのことであろう。問題はつぎからつぎへと浮ぶ、なぜ地形の堅固な東壁にのみ城壁を築き、守るに難い西側岩壁になんの施設も施さなかったか。なぜ城内、特に門址の付近に建築物の遺構が見出されないか。山顚との関係いかん。信仰の山か、防備の山か。

浮ぶ疑問を残照とともに胸中に収めつつ、一目散に下山する。途中案じつつ待ち侘びておられた三枝・三宅両氏に謝し、山麓の一行と会し、ともに喜びつつ車を駆せ、同じく康徳ホテルに泊る。

六月四日　全員早起、朝食に先立ち南方二〇キロ余りの米倉子溝に近い秧歌汀を訪れ、高句麗古墳を見ることにする。将軍墳と呼ばれた主墳を中心として十基に近い陪塚があり、古くは鳥居博士、近くは昨年城大の藤田教授が足を運ばれた遺跡である。

六時、朝霧の中を出発。桓仁の南門を出て道を山手の長甸河子街道に取る。みずみずしい朝の陽が山峡の片面に映

図51　将軍墳見取図

えて美しい。やがて岐路にはいると九十九折の急坂。自動車のための新道はいまだ充分には固まらず、ところどころに崖崩れがある。陸奥《みちのく》の心引かれる風物に見とれながらも、時々手に汗を握ることがある。風を切って北方より駆け下ると、まことに穏やかな山間の一画。四周を高く取囲んだ峯々の間に静かに荒溝甸子が横たわっている。広々とした盆地の中央を西から東へと貫く佟佳江の流れは碧い。路傍にはネジ菖蒲の群落が地を紫に塗りつぶし、木霊する鶏犬の声のみ朝のしじまを破る。人影もない家々の前を流れる小川には水禽が遊んでいる。ふと南の方を眺めると、江の彼岸になだらかな丘陵が横たわり、中央に一伏《ふせ》の乳房を浮び上らせている。朝靄はそのあたりを包んでまだ目醒めぬ。あれが目指す将軍墳だという。ゆるぎなく登る朝の陽は心持よく身体を暖める。音もない。風も吹かぬ。車を棄て畑を越え江岸の白砂を踏むと、江上には二艘の刳り舟が浮び釣人の影を写している。眠れるにもあらず、醒めたるにもあらず、すべてが半眼を開き生を楽しむかに見える。私は武陵桃源とはこのようなところかと思った。そうしてその地の中央に千年の夢を結ぶ高句麗の貴人を羨しく思った。米倉子溝はこのように和やかな山峡の別天地、部族の根拠地として恰好な地域である。

　江岸をしばらく歩き秧歌汀の渡津に至ると、江は対岸の絶壁に突き当って渦巻き流れている。深さは二十五尺もあるという。河幅は一番狭い。渡ると小さな河神の祠があり、坂道を一気に丘陵に上る。台上江に望んで将軍墳がある

（図51）。

将軍墳は胴張りの強い方墳――かなり円墳に近い――。封土の下方は耕されて正確な限界を見出しがたいが、一辺は約四三㍍である。高さは九㍍。上に二株の楡の大樹が生えている。そうしてその背後（南方）には大きな盗掘孔が口を開き、石槨が露出している。付近に高句麗瓦片が散布しているのみで、めぼしい遺物は見出せなかった。主墳の東方九〇㍍の地点に二基の陪塚がある。南北にならび両者の間隔は一五㍍。一基の石室はむき出しとなり、主墳との関係・形態ともに輯安の将軍墳にあるドルメン形陪塚を彷彿せしめる。陪塚の東側に崩ほれた小土塁の南北に走っているのは墓域の東辺の跡であろう。他の三辺はわからなかった。陪塚と思われる小墳は、東南数一〇〇㍍の所に二基、西南方さらに遠くに三基認められた（図52）。踏査に勉めればさらに発見することができようかと思われる。主墳の上に立って四周を眺めると、米倉子溝の盆地は一望、眼中に集まる。山城に屈強な地点をと求めると東山の中腹、小葫蘆頭子の付近がもっとも適当と見えた。陽もようやく登った九時近く、再会またいつの日かと惜しみつつ去る。

ふたたび旅舎に帰り朝食をしたためて十時半桓仁を離れる。今日はまず桓仁通化街道を東北進して富爾江の流域に出で、岔路子でこれと分れて西北に向い、同江を溯って渾河流域の新兵堡に出ようというのであるが、その行程の中

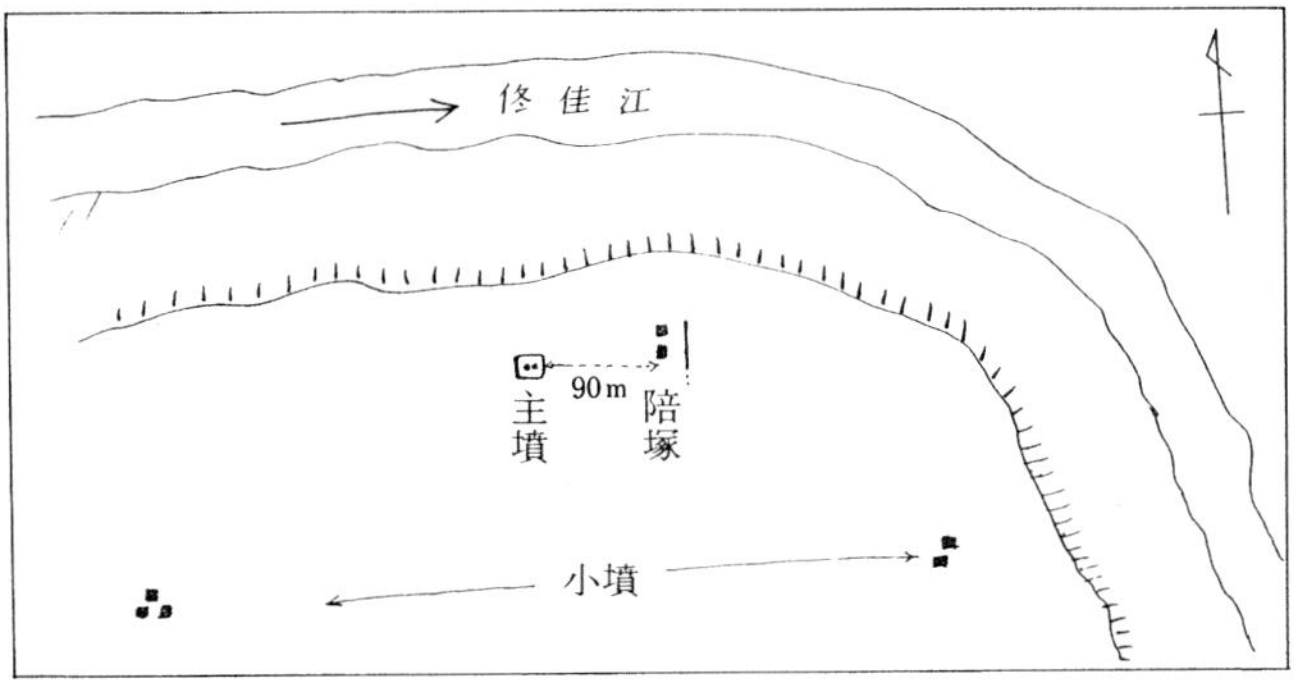

図52　将軍墳と陪塚との関係図

にはいくつかの踏査予定地があった。

満洲十万分一地図「懐仁（桓仁）図幅」を見ると、桓仁西関の対岸すなわち大二河が佟佳口に流入する地点の西方に古城子という所がある。遼東と鴨緑江とを結ぶ古代の交通路が桓仁を通過していたとすれば、この名称は見遁すべからざるものなので、まずこれを調べることにする。名残を惜しみつつ佟佳江を渡り古城子集落に赴き遺跡を尋ねたがなかなか分らない。まもなくそこは新古城子であることがわかり、さらに西して佟佳江畔の旧古城子に向う。旧古城子は街道より畑や湿地を距てはるか遠い。畔道を伝って近づくと、そこは、スッポリと土城に包まれた集落だ。土城の一辺は約一〇〇㍍、高さは約三㍍。北壁に門址がある。手分けをして内部を探索したが遺物はほとんどない。わずかに陶片四、五。それも決して古くはない。土壁の断面にも遺物は含まれておらぬ。江の氾濫にさいして建築遺跡は埋没したのであろうか。それとも土城自身がたんに集落を氾濫から防ぐためのものか。いずれにしても、この遺跡は漢代というほど古くはない。古城子という地名を高く評価したとしてもたかだか渤海、あるいは遼金代のものであろう。

車を往路にもどして通化桓仁街道に出で、五女山城を右に見て北に向かう。バス道だけに道路はなかなか良い。五女山の東北に出た頃、いざこの山に別れをと振向くと、山容は一変し、何の変哲もない一個の岩山に姿を変えた。変れば変るものかな。してみるとこの山を聖山と観じたのはおそらく、佟佳江に沿って、東北より下り、山南に拠った部族であったであろう。

たんたんたるバス道路を北に進み、双嶺子の峠を越えると、富爾江の流域に出る。富爾江は古代東北アジア交通路上重要な河川だ。一体、遼陽方面から鴨緑江中流の輯安方面に至る古代交通路は、まず渾河あるいは太子河を溯って蘇子河の流域に出で、興京付近でこれと別れる。それから峠を越えて佟佳江に進み、これを渡ってさらに板岔嶺を越え輯安に達するのを常とする。この場合、蘇子河から佟佳江流域に移る近路に二本がある。一は永陵から桓仁に至る峠道、他は上流の新兵堡から富爾江の上流に移り、これを下って富爾江口で佟佳江を渡る川沿い道である。われわれは一昨日、前者を越え、今日、これから後者を溯ろうとするのであるが、これら二本のうち、どちらが主要通路であったか、私は永い間考えていた。ところで目指した桓仁には高句麗の遺跡がなかったのに対し、富爾江が佟佳江と合する富爾江口には高句麗らしい遺跡もあるという。それに富爾江を渡河すると、すぐに新開河を溯って板岔嶺越えをすることができる。どうやら富爾江道の方が幹線らしいが、今日はそれが幾分でも確かめられそうでうれしい。

峠路がつきて富爾江を渡った彼岸に古城子というところがある。車を停め、付近の古老に聞くと、今の古城子集落の西方に続く丘陵上に往昔土城があったという。案内を乞い全員手分けして調査を始めたが、あちこちの窪みにネジ菖蒲が咲くのみで、土城の影らしいものも見えぬ。畑中に陶片わずかばかり散らばっているが、さして古いとは覚えぬ。案内の百姓の位置を誤ったのではないかとも思ったが、時間の都合でこれ以上止まることはできない。軽い失望を感じながらも「ないということがわかったのにも消極的価値《ネガチブヴアリユー》はあるわけね」と車に乗る。

拐磨子《カイマオズ》集落の家常飯店で遅い昼食。田舎風の汚い揚げ饅頭だが、素的にうまい。岔路子《ツアルーズ》でいよいよ通化・桓仁街道に別れを告げ、東北に折れて、新兵堡に向かう警備道路に入る。この道は近頃、まったくの里道となってしまったので、壊れた個所が多く、前途の難行を思わせる。「オヤ」とだれかの声に、前方を見上げると、北方の空が真暗らだ。「これは容易ならぬ雲行きだ」。冷たい風が時々斜めに頬をなでる。時も時、橋の壊れで、車を水中に乗り入れた際、エンジンに水が入り、この頃から車の調子が悪くなる。いく度か河を越すごとに水かさの急激に増して行くのに気がつく。

腰嶺子までくると西側の山頂のテーブル状になった高い山が見える。地図の三城子北方の岩山だ。これを指さして案内者は山巓に山城があるという。案内をしてくれないかと頼むと、「虎が出るから御免だ」と逃げる。のち、晌水河子の村公所で「頂上は平坦これを取巻いて一尺五寸から七寸くらいの角石で石塁が築いてあり、四方に各一門、計四門がある」と聞いた。ただし自然的に要害な場所には石塁はない。中には井戸もあり、建築物の遺址もあるという。

晌水河子は、村公所のあるこの辺の中心集落だ。ここに入るや否や、とうとう来るべきものが来た。雷雨、素晴らしい雷雨。雹のような雨つぶが、覆い被さるようにやって来た。一分、二分、どうにもこうにも仕方がない。下衣までズブ濡れとなり、みんなの顔が紫色となる。没法子！　村公所の中に逃げ込んだ。車は泥にはまって動かない。さても雄大なる雷雨かな——前途の不安も忘れて暖かい焚火を囲みながら村公所の窓から眺め入る。集落内でこの雨に会ったのが、せめてもの幸い。

雷雨は三十分ほどで止んだが、いよいよ難路にかかるこれからが、果して越せるか否か疑問なので、車だけ先行して道を調べて貰うと、富爾江の橋は落ち、水量は連日の雷雨で六尺も増し、越すに越されぬ状態だとの報告。さて前途をいかにすべきかの談合となると、主張はもつれて、村公所内は甲論乙駁のありさまとなる。Y氏・S氏・M氏等が顔を赤らめながら同じようなことを何遍も繰り返している。これは連日の強行軍にやや疲れの発した証拠である。

副屯長にこの辺の古跡のことを話して貰う。晌水河子の北四キロほどの欠石嶺に、小石をもって築いた規模の小さな、また不整形の石塁があり高麗城子と呼ばれているが瓦片等は認めがたいこと、辺牆の跡とおぼしき土手が、この付近を北から南へ断続して走っていること（欠石溝北方—江沿—一木樹—三道溝—華樹背—四道溝）、前掲の晌水河子屯転水湖高麗城子から、民国二年九月に一銅印、重さ一満斤なるが発見されたことなどをおもしろく聞いた。最後の銅印の発見者は本屯の漢医劉瀛洲、拓影によると、一辺六・四チセンの印面に三行三字、「総師○提控○司之印」と読めた。

ようやく議もまとまり、とにかく桓仁に引き返すことにする。興京を車行二時間の行程に見ながら残念だ。副屯長の好意で夕食の饗応を受け——こんなのがみな何倍かの課税となって、村民に割り当てられるのだろう——、薄暮をついて、往路を帰る。車の調子はますます悪い。古城子集落で富爾江を渡るころ、暗黒となり、双嶺子頂上に達した途端にエンコをする。押せども引けども動かぬ。運転手と監督さんは暗夜にランタンをつけて、エンジンをはずし、車の下にもぐり込んで修理を続けている。気の毒で仕方がないが、どうにも仕方がない。蓆・麻袋、あらゆるものをかぶりながら、車上で仮睡しようとするが寒くてねつかれぬ。半眼を開いて見ると雲行きはすこぶる早く、ときどき半月が雲を割って現われる。月光の下の峠路は山々の岩肌がドス黒く光って、かえって凄滄である。月が隠れると小雨が顔を打った。夜鷹の鋭い叫び、梟の声。珍しい鳴声が聞える。ブッポーソー、仏法僧ではないか。四遍・五遍、そのたびごとに位置を変えて南から北へと消えた。富爾江の瀬の音が、ゆるがすように耳朶を打つ。苦しくはあるが忘れられぬ東満奥地の峠路の一夜。もし四、五年前であったとすればわれわれの運命はどうあったであろう。

午前二時、応急の修理なって、峠を脱出。ようやくにして佟佳江北の花泡子集落に辿りつき、われわれは警察派出所の宿直部屋にしばらくの睡をとることにした。運転手君は徹夜で修理だ。市公署と県公署の共同主催の招待晩餐会に臨むため、われわれはどうしても明日中に撫順に帰らねばならぬ。まずい日を約束してしまったものである。

六月五日（快晴）　早朝五時出発、往路二日を要した行程を一日で飛ばすわけである。今日は昨日に引きかえ、心苦いまでの快晴。一瀉千里の快走だ。だが好事多魔。大梨樹溝で車が河中で停り、付近から六頭の牛を徴し来ってようやく引き上げる。無駄に費した一時間半をまた取り返さねばならぬ。

永陵街にて朝食・昼食兼帯の食事をとる。疲れたせいか、出された粟酒（朝鮮のマッカリ）は、ロシアのクヴアスを思い起しておいしい。満洲族の珍しい草靴や、永陵付近から出る刺楡《はりにれ》の樹で作ったステッキを獲てふたたび車上の人となり、ここで買い求めた小粒の南京豆をかじりつつ撫順に向かう。帰著したのは五時近く。かくして前後五日におよぶ調査旅行をおわる。

〔付記〕

今次の旅行と関連してもっとも心残りの一つは大泉源北方の高麗墓子に赴くことができなかったことである（満洲十万分一地図「大泉源図幅」）。ここは桓仁・通化街道にそう相当広大な地域で付近に高力墓子嶺や高麗墓子溝門もある。ことに後者は佟佳江に面した良好な地点で、その北方に竜頭という風な地名も見える。桓仁、富爾江畔古城子、および晌水河子で聞くと、異口同音ここに一大古墳群があるという。五十という人もある。三百という者もある。いずれにしてもきわめて注目すべき遺跡たるを失わない。実査を経ないから軽々しくいうことはできないけれども、場合によってはあるいは高句麗最初の根拠地ともなろうかと想像される。第二次調査旅行の目標をここに定めていたのであるけれども、ついに空しくなったのは遺憾のきわみである。

（昭和二十一年三月）

三　高句麗の山城

Ⅰ　撫順北関山城

1

晴れた一日、奉吉線の撫順城駅に下車した旅人たちは、北方間近にせまる丘陵に八角甎築《せんちく》の遼金塔が、七百年の夢を物語りながらそそり立つのを眺めるであろう。撫順城の北門を出た大道は、古塔のそびえる高爾山麓に達し、北関の集落をすぎ、それよりこの丘陵を横切って北方はるか鉄嶺《てつれい》、開原の方へと向うのであるが、やがて北関の集落も大体終って坂道にかかり、短い切通しをすぎると、その道傍に数個の大きな土塁の残骸が残っているのがみとめられる。そうしてその中には分厚い布目のついた赤褐色の瓦片が無数にはさまっている。この瓦片は高句麗瓦の残片である。

さらに歩を進めて、ゆるやかな坂道を登り、その中途の独立家屋のかたわらに立って四方を眺めると、この一画の地が中央に盆地を抱き、四周を急峻な山稜によって取りかこまれた要害の地であることがわかる。こころみに屋根筋に登り、その上を一周すると外側はどこも絶壁である。そうして上にも高句麗の瓦片が散乱し、あるいは所々に石頭が現われて、築城のあとと知られる。高句麗瓦片はこの稜線の内面では至るところに見出すことができよう。この一画の要害こそ、近頃有名になった撫順北関山城そのものである（図53）。

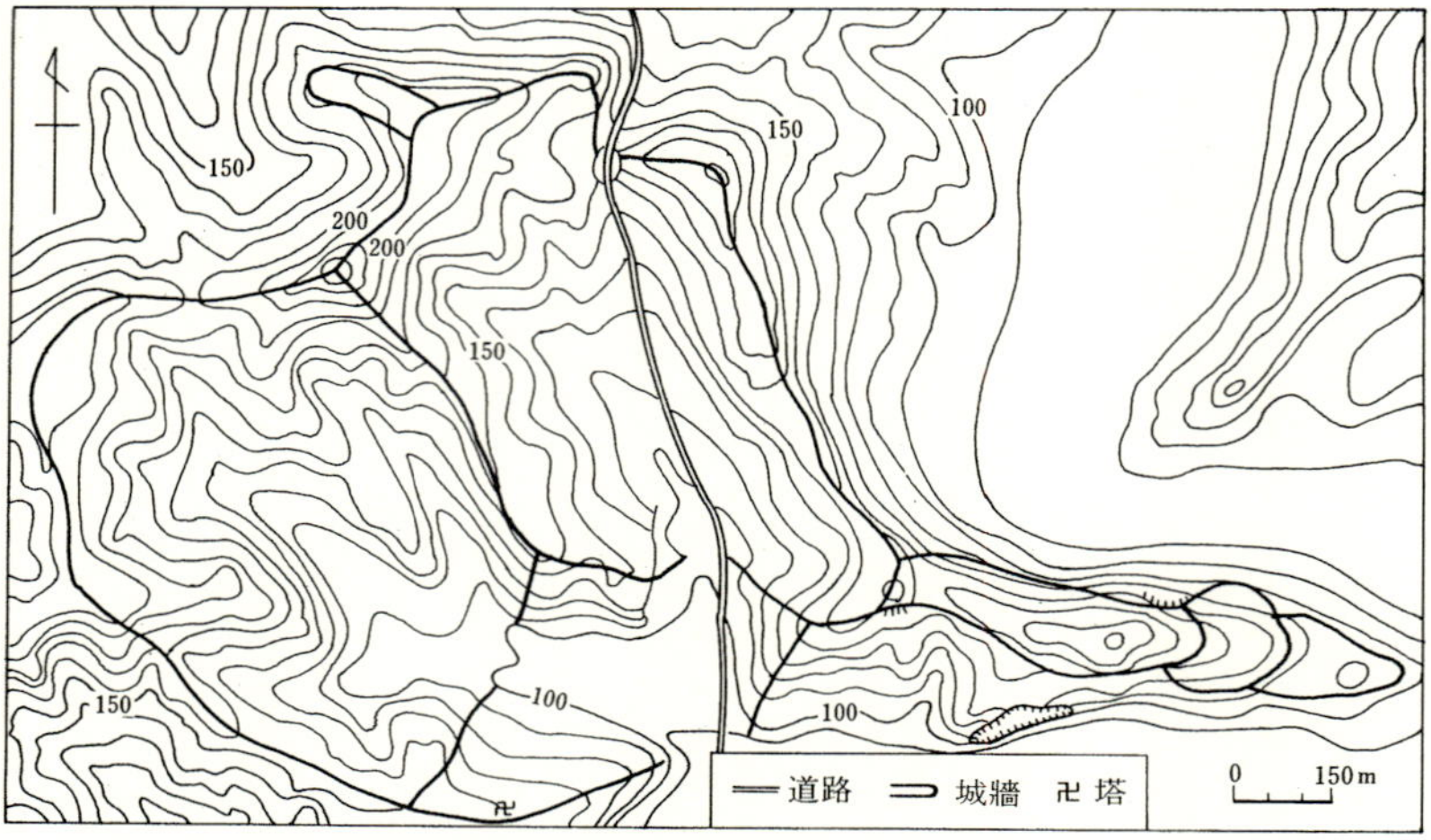

図 53　撫順北関山城の平面図（『遼海文物』1987-2 による）

2

北関山城の瞥見によって明らかなように、高句麗時代の城郭は一般に要害の地をえらび、たくみに山険を利して構築されている。このことは満洲・朝鮮各地に散在するいわゆる高句麗山城をみれば明らかであり、これは又平地の城を主とする他の各時代の城郭と大いに趣を異にする点でもある。これをもってみれば、この時代の城郭の特質は山城に在るといってもあえて過言ではないと思われる。

ただし高句麗時代の城郭は山城ばかりであって、平地にはなんら営まれなかったかというとそうではない。山城の構築された丘陵平地には、多くの場合別に居住地が営まれていたと考えられるのであって、彼らはむしろここに居住していたものと考えられる。そうして一旦緩急の場合、はじめて山城は活用され、人々はここに立てこもって防戦につとめたのであろう。中期の国都である吉林省の輯安に山城子山城とともに平地城（国内城、いまの輯安県城）があり、後期の主都として栄えた朝鮮半島の平壌城が、山城（大聖山城）と平地城（安鶴宮址ないしは平壌羅城）とより成立っていたことは、これを推測せしめる。

『隋書』巻八一、高麗伝に当時の平壌城の状態を記して、「其王は好んで宮室を修む、平壌城に都す、亦長安城と曰う、東〔西〕六里、山に随いて屈曲し、南は浿水《ばいすい》（大同江）に臨む、城内は唯、積倉儲器《ちよき》、寇賊に備う、至るの日、方に入りて固守す、王は別に宅を其側に為り、之に常居せず」云々とあるのはその間の消息を物語るものであろう。しかし平地の居住地は今は多くいんめつに帰して残るものほとんどなく、かつ山城こそ高句麗独特の城郭様式と思われるから、本稿においては主として山城についてのべる。

3

いやしくもわが国史を学んだほどの人であって、高句麗の名を脳裡に止めないものは少なかろう。高句麗は国史に高麗としるされ、上世我と彼とは極めて深い関係につながれていたからである。しかし、その名が著聞しているのと反対に、その国の歴史を知る人はさらに少ないと思われる。高句麗は前漢の後期から、盛唐の初期に至るまで約七百年満洲・朝鮮に栄えた大国であるにもかかわらず、この国の真相はすこぶる明らかにしがたいからである。よって城郭のことをのべるのに先立ち、その歴史の大略をのべておく必要がある。

武帝の名で名高い前漢の時代、肥沃な北満の平原には穢貊族《わいはくぞく》の国家である夫余の国が栄えた。穢貊族とは満洲の原住民の一部であって、古代ツングース族の一派と考えられている。さて時はいつか、さだかに定めることはできないが、この国の一団の氏族は、なんらかの理由で国外に走り、南下に南下を重ねて、ついに沸流水（鴨緑江に流入する佟佳江、すなわち渾河）の流域に安住の地を見出した。高句麗と呼ばれたのはすなわち彼らの後裔であって、彼らと夫余国との関係は満洲の古伝説として有名な朱蒙伝説から見ても離して考えることはできぬ。高句麗の遺した諸遺物に北方文化の色彩が極めて強いのは、かくのごとくこの国がアジア北族の一部をなす満洲民族の建設した国家であったからである。

沸流水の流域は、遼東より北部朝鮮に至る重要交通路上の要衝であり、かつまたこの地は守るに易く、攻むるに難い山険の地帯であったから、これによった高句麗はしだいに勢いをました。彼らは初め漢に服し、玄菟郡に属していたが、やがて遼東、朝鮮の方面に対する中央の圧力が衰えると、高句麗はかえって玄菟を苦しめた。漢の武帝の四郡設置当時、広く咸鏡道の地方を統治区域に持った玄菟郡が、設置後わずか二十七年（昭帝始元五年）にして早くも日本海沿岸地方の全面的領有をやめ、治所をはるか西方、蘇子河上流の興京（遼寧省新賓）付近に移したのは、漢の統治が実際上遠隔なるその地方におよびがたかったためでもあろうが、一つには高句麗の抬頭によって、北部朝鮮・遼東間の交通が遮断され、玄菟が孤立の状態にさらされる恐れがあったからである。当時遼東と東北朝鮮とを結ぶ交通路としては、遼陽より渾河、蘇子河を遡って佟佳江の中流を渡って東行し、朝鮮半島の背梁山脈を越えて咸興方面に達するものがあったに過ぎぬ。

このようにして前漢の末期に至ると、高句麗は佟佳江、鴨緑江流域を根拠として牢固たる一勢力となった。ただし前漢時代における具体的状態は明らかでない。この国に関する確実にして最古の史実は漢末の王莽《おうもう》の時代、騶という王があって、盛んに遼東をおびやかしたので、莽は一将軍を遣して彼を塞内におびきよせ、謀殺したという一事である。このことは『魏志』の東夷伝『漢書』『後漢書』等に伝え残されている。

後漢時代に入ると高句麗の歴史もしだいに明らかとなる。すなわち、そのなかごろ、傑王の宮が現われて、盛んに近隣の経略につとめたという。そのころの都は佟佳江畔の桓仁付近にあったと考えられているが、もしそうだとすると、今もなおその地に厳然として残る五女山城がそれに当るのであろう。東部満洲の山岳地帯によった高句麗の勢力がこのように大きくなると、喬木を邪魔するものもまた生じ、西方の遼東よりする風当りはようやく強烈となった。その風圧に抗し切れなくなったのが、第十王と称せられる山上王延優である。彼は内紛、ついで遼東の公孫氏の攻撃にさらされ、ついに敗れて国都を奥地の鴨緑江畔、丸都城に遷した。一説によれば今日、高句麗の遺跡として有名な吉林省輯安の地である。ただし関野博士によれば丸都城は楡樹林子とある。

その後、諸王はこの地によって、国威の回復につとめ、遼東の諸勢力に抗していたが、またまた魏将毌丘倹、ついで燕王慕容廆《ほようかい》に攻められて国都におちいり、皇陵は発かれ、王は遠く日本海岸にまで遁竄するという惨事も生じている。しかしこのような激しい試練にもかかわらず、国威は次第に隆盛に赴き、国都は国内城に再建され、ついに第十五代の美川《びせん》王の時には、東方は遼東に進出してこの地方を併せ、南方は朝鮮半島を席捲して楽浪・帯方の二郡を奪った。漢の武帝の元封《げんぽう》三年以来、王朝はいくた交代すれど、終始その名を変ずることなく、四百二十一年間にわたって存続した漢人の植民地、楽浪郡はかくしてここに亡んだ。高句麗は飛躍的発展をとげ、その領土は東部満洲を中心として西は遼東、南は朝鮮半島北半を領するに至ったのである。

さてその領土が朝鮮半島の北半を覆うと、南部朝鮮に勃興した百済、ついで新羅との交渉が生じ、ついに三者の間に激しい抗争が生じた。その間、この国は常に晴れた日の訪れをのみ受けたとは限らなかったのであって、十六代の故国原王のごときは、百済の近肖古王に攻められて、あえなく平壌に戦死するというようなこともあったのである。ただしこれは一時の不覚、十九代の広開土王の時に至ると国威はますます輝き、ついで第二十王の長寿王は山間天険の国内城をすて、都を平衍《へいえん》四達の要衝平壌に遷した。平壌はこれより滅亡に至るまで国都として重んぜられ、広壮なその遺跡は今もなお厳然として残っている。わが国と高句麗との交渉が頻繁に行なわれるようになったのは、広開土王の前後からである。

さて長寿王はその六十三年、みずから軍を率いて百済に侵入し、復讐の意気ものすごく、百済・新羅の同盟軍を破り、さらに進んで百済の国都、漢城（ソウル付近）をほふり、蓋鹵《がいろう》王を斬って、往年の恨みをはらした。かくて朝鮮半島の大半はその有に帰し、高句麗の極盛期を現出したのである。しかしこの時代を頂点として国運は発展を止め、その後は漸次下降の傾向を示すに至った。

転じて東方の中原諸国との関係を見よう。高句麗は遼東併呑後、つとめて中原諸国とのまさつをさけ、平和的関係の維持につとめてきたが、隋が天下を統一すると、ついに再度にわたってその兵を被るに至った。隋は高句麗に朝貢を強い、王がこれに応じなかったためである。しかし隋の攻撃の真因はそこにあったのではない。おそらく高句麗と隋の強敵の突厥との間に堅く結ばれた提携の手を断ち切るためであったのであろう。時は移れども変らざるものは外交と軍事の関係である。

隋の来撃は中原内部の崩壊のために画餅に帰したが、唐がこれに代ると高句麗はふたたび攻撃にさらされた。唐の漠北政策ならびに朝鮮半島政策の遂行上、高句麗の強盛はすこぶる大きな障害となったからである。かくて二十八代の宝蔵王の四年（唐の太宗の貞観《じょうかん》十九年）以降この国は、海陸よりあいついで唐軍の攻撃を受けた。よって高句麗軍は防戦につとめたが、内紛に禍されて、ついに王の二十七年（唐高宗総章元年）唐・新羅の連合軍に降伏するのやむなきに至った。このように高句麗は盛唐の初期、七百年の歴史も空しく滅亡の悲運に際会したが、しかしこの国の名は永く満洲民族の間に忘られることなく、彼らの誇りと謳われた。のち、満洲に起った渤海国が高句麗の復興を称して立ち、中世の朝鮮半島を支配した国家がみずから高麗（高句麗）を名のったのはこれを物語って余りがあろう。

高句麗の歴史はこのように永く、その領土も広かったから、城郭もまた領内の各地に設けられた。したがって山城のいまに残るものも多く、多少とも学術的調査を経たものを漫然と拾ってみても遼東山塊の西麓地帯に大和尚山城、海城東南の英城子山城、太子河中流の燕州城、陳相屯の山城、撫順の北関山城、開原の山城等があり、松花江流域に吉林の竜潭山城があり、内陸に入ると鳳凰城の山城が見出される。さらに鴨緑江岸の輯安には有名な山城子山城があり、朝鮮半島に入ると平壌の大聖山城、鳳山の鵂鶹山城等、枚挙にいとまがない。しかしこれらの山城はいい合せたようにすこぶる類似した様相を呈している。よってこれらを併せ考えこれを帰納すると、高句麗山城の形式を見出すことができる。以下筆者が満洲において調査に参加した輯安の山城子山城、撫順の北関山城、吉林の竜潭山城、太子河畔の燕州城および陳相屯山城等に関する知見を基礎として、山城の大体を述べることにする。

4

まず地形から述べると、山城は要害の地を選び、巧みに山険を利用して構築されている。軍事的要塞たる意味をも持っている山城であるから、このことは当然であるが、しかし、わが国の戦国時代の山城のように、一山の頂上を中心として営まれているのではない。高句麗の山城は必ず中央に、適当な面積と水流を持った盆地と、その周囲を取巻く急峻な山稜とを必要とするのである。山稜の外側はもとより断崖絶壁でなければならぬ。そうして山稜外側のもっとも重要なる部分は河流を利用して外濠としている場合が多い。山城子山城における鶏児江、(補註22)燕州城における太子河などはその適例であり、大聖山城と大同江、竜潭山城と松花江、北関山城と渾河との関係もしかりであろう。繰り返していうと、高句麗の山城は中央の盆地と周囲の山稜とによって占められた広大な地域全体がそれなのである。かの東大の池内博士、京大の浜田博士等によって調査の加えられた吉林省輯安の山城子山城のごときは、高句麗時代の国内城に比定されている県城より約一里も奥まった山谷険要の地に構築され、防備上もっとも重要な南壁の外方は切り立った断崖をなし、その直下を鶏児江の急流が流れている。『北史』の記載によれば、有名な魏将毌丘険はこの城を攻めるにさいし「車を懸げ、馬を束ね」攻城は困難を極めたと見える。険要のさまを想像するに足りる。また太子岸にそばだつ燕州城のごとき、その南壁は十数丈の絶壁をなして太子河の流れに落ち込み、みるものをして魂を奪わしめるほどである（図64参照）。

山稜の上には城壁が走っている。城壁は山稜全体にわたって構築されること少なく、特に重要なる地点、あるいは防備上脆弱《ぜいじゃく》なる部分に厳重に築設されている。さて東北アジアに遺存する多くの古代都市の城壁は土築、あるいは甎築なのを普通とするが、高句麗のそれは全く異なり、石築であるのを特長とする。例を輯安の山城子山城にとろう。城壁は東西および北面に断続して構築されているが、それは堅固な石塁である（図54）。そうしてその幅は一様に二尺五寸前後であるのに対しその高さは一様でなく、東南隅では四尺一寸であるのに対し、北壁のある部分では一七尺にも達する所がある（図55）。しかし構造はいずれも同様で、外面は内外ともに長さ二尺、幅五寸、厚さ三、四寸ほどの切石を垂直に近く規則正しく煉瓦状に積み、内部にてごろな河石を充填している。人訪うこともなき深山に千古の苔むす石壁を眺めると、その整容は誠に身の引き締る思いがする。奉天医大の黒田博士の調査された桓仁の五女山城もこれとまったく同一の構造のようである。

城壁にはこれとやや異なった形式のものがある。これは土壁の外面を、やや大形の切石で築いた石塁をもって覆ったものであって、石塁の対地角度も前者にくらべると著しくゆるくなる。そうして石塁内側の土塁は版築《はんちく》によって固められている。撫順の北関山城の城壁はこの形式で、北壁の一部の破壊箇所において、よくこの構造をみることができる。山城以外では平壌の高句麗羅城もこの型式を発展せしめたものとみられるし（図56）、時代は下るが、渤海国の首都、上京竜泉府址の城壁もこれに近い。かならず高句麗築城技術の影響を受けたものにちがいない。

図 54　山城子山城東壁

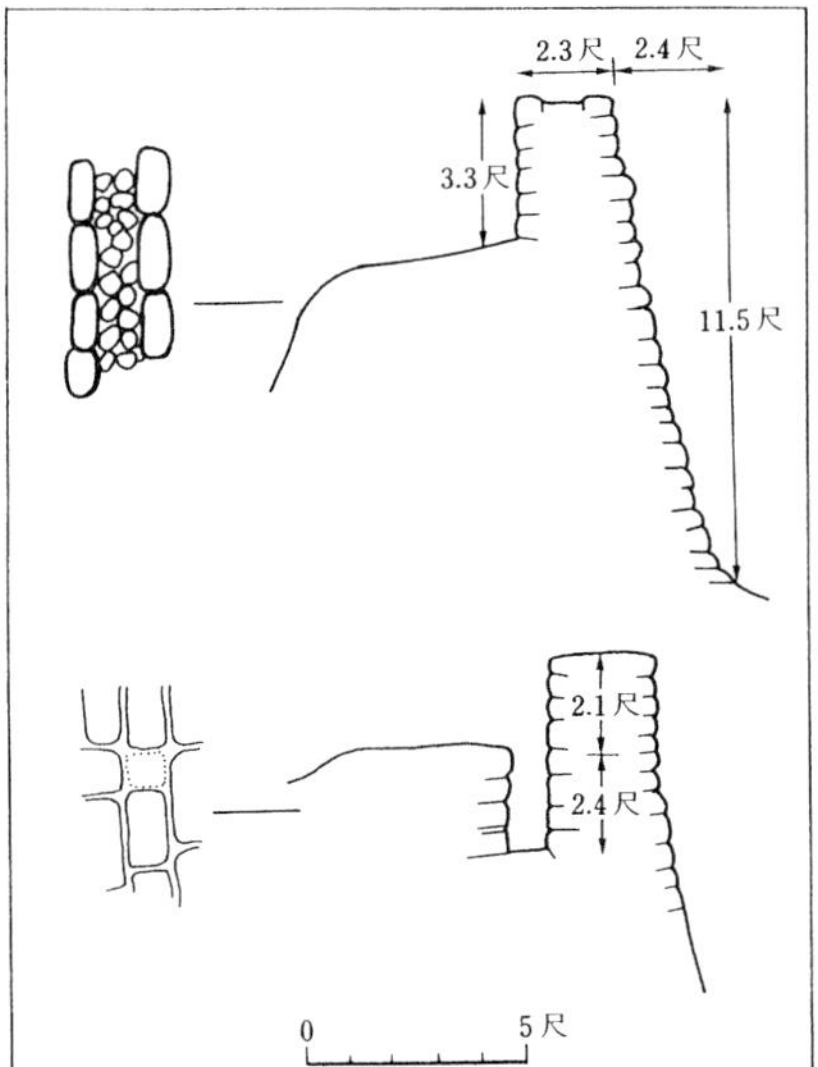

図 55　山城子山城城壁実測図
（『通溝』上巻による）

渤海国の首都は黒竜江省東京城にあり、先年末、東大の原田博士、城大の鳥山教授等によって大々的に調査が行なわれたところである。今軽々に断ずるわけにはゆかないが、筆者は前者の方が後者より時代の遡るもの、したがって高句麗築城の特色をよりよく残したものと思っている。おそらく後者は中国の築城技術が高句麗に移入せられ、固有のそれと融和してでき上ったものであろう。石塁はもとより、山城という条件から発生したのであろうが、山城においては、構築技術の点からも、材料獲得の点からも、石築構造が便利である。しかしこれを発展せしめて平地の城郭にまでおよぼし、しかも終始変ることのなかったのは、高句麗城郭の本質的特長としなければならぬ。

図56　平壌の高句麗羅城の城壁

城壁にはかならず門がある。地形を述べた所でいい落したが、山城はほとんどかならず南方が一個所において開いている地形を選んで構築されている。そうしてその箇所に大きな門がしつらえている。この南門がすなわち正門である。しかし城門は南門に止らず東西南北の四門あるのを普通とする。だから人もしいずれかの地に高句麗の山城を発見し、一門址を見出したとする。しからば発見者は他の門址をもたずね出そうと考えるであろうが、これは比較的容易な業であろうと思われる。他の三面の山稜上に屈強な鞍部があれば、それがかつての城門の所在地に違いないからである。ただし山城は地形が複雑であるから門はかならず四個とは限らず、より多い場合もあり、時には少ないこともあるのは注意を要する。城門はほとんどすべての場合甕城によって固められている。甕城とはわが国の枡形と軌を一にし、城門の外側、時には内側に鍵形の障壁を構築し、これによって城門の防備を堅くするのである。これを輯安の山城子山城についてみると、南門には内側に甕城が設けられてあり、また東壁の一門においても外方に枡形を設けて甕城としている。撫順の北関山城においてもまた甕城の存在は歴然たるものがある。ここの四門址のうち、現在甕城の跡をみとめうるのは南門址および西門址であるが、南門址は崩壊の程度がはげしくほとんど原形を止めぬからしばらく置き、試掘を行なった西門址では内側に設けられた甕城が明らかにみとめられた。これが城門の内側に築かれたのは、城壁の外側が絶壁をなし、外方に構える余地がなかったからである。なお、南門の一隅には、城中を貫流する渓流を城外に導き出すための水門がある。南門に付属して水門のあることも、山城のもつ一つの特長ということができようか。原形を止めていないが、それと推測されるものは、輯安の山城子山城、撫順の北関山城のいずれにもある。

甕城は高句麗の城郭の一つの大きな特長である。そうして東亜に関する限り、また現在知られている限り、甕城があるのは高句麗の城郭をもって最も古しとする。これの原始的形式は戦闘を事とする古代民族の城塞にみとめる事ができるが、これを完成せしめ、後世の築城に影響を与えた功績は永く高句麗民族に帰せらるべきであろう。甕城はこの後、遼・金・元各時代の城郭に、地域的には中国内地の城郭にも盛んに使用せられ、もって近世に至るのである。

5

転じて城内の諸施設を一瞥しよう。先にも述べたように山城の内部はかならず盆地になっているが、ここには井泉のあるのを不可欠の条件とする（図57）。そうして井泉より湧き出した水は平地を貫流し、南門の傍らに設けられた

図 57　山城子山城東壁より南門を見る
（『通溝』上巻による）

水門から城外へ流出するのである。輯安の山城子山城を訪れたとしよう。二流の細流はせんせんたる響を立て中央盆地を洗い、やがて南門付近で一つに合して水門外に逸出する。また撫順の北関山城においては中央盆地の数箇所に泉井があって、美しい水が沸々と湧き出している。これは、山城が戦時、多数の軍民を収容し、もって長期の戦争に備える任務を持っていた事を考えれば当然であろう。『唐書』高麗伝には太宗の貞観十九年の高句麗攻撃のことがくわしく記されているが、白崖《はくがい》城（いまの燕州城）攻陥のことを述べ、最後に「男女凡そ万、兵二千を獲」と見える。当時、燕州城には男女万人、兵二千を超える多数の軍民が収容され、防戦これつとめていたのである。輯安の山城子山城には、諸所に飲馬池、あるいは養魚池と呼ばれる大きな池が遺っており、吉林の竜潭山城にはいわゆる竜潭が存するが、これらも一旦緩急のさいの貯水池とみるべきである。この種の貯水池址はいずれの山城においても名残を存しているようである。そうしてその水流を中心とし、ここかしこの適当な箇所には建築物の遺址が見える。これは官衙の跡であり、住居の名残であり、さらに数多く営まれていたであろうと思われる倉庫の遺跡でもある。これらの建築物址の付近には一見それと分る赤褐色の高句麗瓦片が一面に散乱し、遊子をしていっそう考古の憶にふけらしめる。索捜これ勉めたならば、あるいは雄勁なる蓮弁、怪奇なる鬼面の瓦瑠を見出すこともあろう。時には礎石が姿を現わしている場合もある。

山城にはこの他、見張台と目されるものがある。はるか開けた南方を彼方まで見通せる箇所に営まれている施設がこれである。輯安の山城子山城のように、城内台地の最高部に直径一〇数間、高さ二一尺ばかりの石造の台——俗に点将台と称せられる——を特に設けている事もあるが、むしろ南壁に接続した適当な台地を利用した場合の方が多いようである。撫順の北関山城もこれであり、太子河畔の燕州城もまた、後者である。台上には無数の瓦片が散乱し、建築物の存在を明示する。これはおそらく危急のさいの見張所であり、指揮所であり、あるいは第一線の防禦陣地であったものであろう。

6

以上によって高句麗山城の大体の構造と形制とは明らかになったと思われる。これを要するに山城は軍事・交通上の要衝に巧みに天険を利用して構築されているのを第一の特長とし、それは中央に水源のある適当な盆地と、それを取巻く急峻な山稜を持つことを必要なる条件とする。次に城壁の構造は石塁あるいは石築であり、城門は甕城によって固められている。城壁の石築と城門の甕城とはただに山城のみにみられる特色ではない。平地に築かれた方形の城郭においても等しくみられるのであって、輯安の国内城址——現在の輯安県城——こそ無二の適例であろう。大正二年に行なわれた関野博士の実査によれば、この城は東西約七町半、南北約五町半の矩形であって、城壁は基部の厚さ約三〇尺、高さ約二〇尺の石塁。東門・西門の址には甕城がみとめられたという。遺憾なことには民国十年の大改修によって現在甕城をみることはできぬ。

さてひるがえって高句麗に先行する漢代の城郭をみよう。その特色は土城であり、城門にはなんら甕城の存するをみない。高句麗の城郭は中国固有のそれとすこぶる様式を異にしているのである。それでは後の遼金時代の城郭はどうか。甕城は高句麗のそれにならったのであろう、多くの場合構築されているが、城壁の構造は中国築城法の影響を受けて、土塁、時には甎築である。すなわち石築はこれをみとめることはできぬのである。同じく平地の城郭においてさえもこのような相違が存するのである。しからば右の相違はたんに築城材料獲得の難易にのみ、その原因を求むべきであろうか。しからず。吾人はさらに進んで民族文化の伝統、民族文化の歴史性にその要因を見出すべきであると考える。高句麗文化と中国文化。われわれは両者の持つ根本的な相違、あるいはその発展過程における差違を築城技術のそれに発見することができるのである。まことに石築と甕城とは高句麗城郭固有の性質であり、そこには固有の民族文化が脈々として波うっているのをみとめざるをえない。

7

最後に撫順の北関山城について一言する。遼東の平原と朝鮮半島とを結ぶ交通路のうち、古来より著名なものを数えると、次の二つをあげることができる。遼陽より磨天嶺を越えて安東に達し、それより海岸に沿って南下する南道、他は渾河・蘇子河を遡って富爾河の流域に出で、それより鴨緑江の中流方面に達する北道である。蘇子河を併せた渾河が山岳地帯を貫流してまさに遼東の大平原に臨まんとする地点に位する撫順は、北道の咽喉を扼し、軍事・交通の要衝を占めている。されば遼東を併呑した高句麗はかならずこの地を固めたであろうと考えられていたのであるが、この推測は昭和八年、撫順図書館長渡辺三三氏の山城発見によって確実となった。渡辺氏の苦心発見にかかわるこの山城は、撫順県城北方の北関にあるので、その後北関山城と命名せられ、大いに喧伝せられたが、ついに昨昭和十五年池内博士等によって学術的調査の手が加えられ、その全貌はようやく明らかとなったのである。（補註23）

さて北関山城は中央に泉のある盆地があり、周囲を急峻な山稜によって取囲まれている。城壁は山稜上を走っているが、城内を南北に貫いている鉄嶺街道のために南門址と北門址とは形骸を止めるに過ぎない。ゆえに両者はしばらく置いて、東門址と、西門址との発掘を行なうと東門址においては堅固な石築の城門――その石築の状態はわが国の徳川時代の城壁のそれを考えればよい――（図58）、割石を敷きつめた階段状通路、あるいは城門上の建造物の構造の一端等が明らかとなり、西門址においては、山城特有の甕城が、外方の急峻な地形に制約されて内側に設けられた事などを知る事ができた。東門址は保存工事が施され、高句麗時代の遺跡として永く記念せられるはずである。

図58　撫順北関山城東門址

次に城内には至る所に赤褐色の高句麗瓦片が散乱し、各所に建築物のあったことが知られるが、中央の一建築物址を発掘の結果、高句麗時代の一般家屋に関するさまざまの事がわかった。その一、二を数えると高句麗時代の一般家屋には立派な礎石というものがなかったらしく、またその床は石敷である。おそらく石床の上に泥でも塗りつめたのであろう。おもしろいのは煙道が発見され、温突《オンドル》の存在が推測せられた事である。高句麗時代温突のあった事は『唐書』の高麗（高句麗）伝に「居は山谷により、草を以て屋を茨《ふ》く。惟《これ》王宮、官府、仏盧は瓦を以て窶る。民は盛冬、長抗を作りて火を熅き以て煖を取る」とあって、あえて異とするに足らぬが、実物の発見された事は興味が深い。炕は満洲民族の間ではこのように古くから用いられたのであって、下っては渤海の首都、上京竜泉府の宮殿址からも発見された。金代にもあった事は文献に見え（『三朝北盟会編』）、明末、清初のそれは、稲葉博士等の『興京旧老城』の報告書中に見える。この建築物址からは多数の鉄鏃と、鎧の小札とが発見されたところからみると、この家の主は、武人であろうか。いないな、官衙であったかも知れぬ。

なお余談であるが、山城の東南隅に接続する外方の一山稜上から、遼金時代の塔址の発見された事も注意して置かなければならぬ。今は一基しか残らぬけれども、かつては双塔が撫順の碧空に偉容を競っていたわけである。

しからば北関山城は高句麗の何城かといえば、これは名高い新城に当る。新城とは玄菟新城の意味であってかつてここに漢の第三玄菟郡治があったのを高句麗がこれを奪い、もって新城を建設したのである。新城はその後、高句麗の名城と謳われた。この国を滅ぼした唐軍が新城の攻略にいかに苦しんだかは、史に明らかなところである。秋草を踏んで城址に登り、白雲、碧空に去来するを眺めると「国亡びて山河あり」の感は一そう深い。（補註24）

（昭和十六年七月）

Ⅱ　塔山の山城

——陳相屯塔山の高句麗山城——


昭和十九年五月、撫順城北にある高句麗時代の山城（北関山城）の調査を行なっていたわたくしたちは、かねてから聞きおよんでいた陳相屯北塔山の高句麗山城をしらべるため、同月二十八日、三枝朝四郎、渡辺三三、窪田利平、田中堯雄の諸氏とともに、撫順炭坑のトラックをかりてその地に向かった。塔山の山城は奉天（瀋陽）の南方約三〇キロ。安奉線の陳相屯駅からは、東北約三キロの地点にある（図59）。

以下は塔山山城調査行記のあらましである。

1

快晴、無風、絶好の調査日和である。撫順から、西南直接に陳相屯へ向かう道を求めたが、トラックの通れる道がないので、やむなく奉天を迂回して、塔山の東側ほど近い奉集堡に出ることにした。

七時、出発、途中道を間違って、ようやく十時近く奉集堡に達し副屯長兄弟の案内をえて、高句麗の山城に向かう。奉集堡から西方三キロ弱、山城はその最高点に一基の塔——村田治郎博士によると元・明頃の作とされている（『満洲の史蹟』四四四ページ）——があるので、このあたりでは塔山といっている。そうしてそこは、東北方から伸びた低い、大ぶりな丘陵が、広々とした、遼東の平原に落ちこもうとして、ちょっと身構えたような感じのする、とっぱしであ

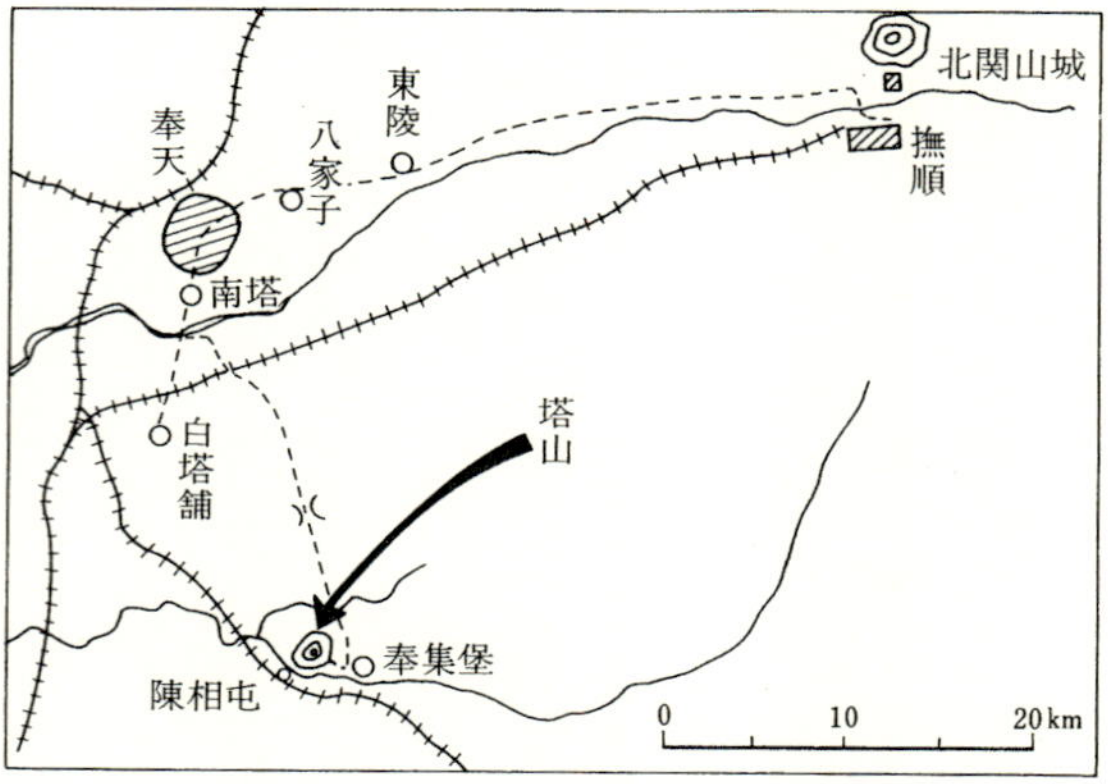

図 59　塔山山城位置図

る。たいした要害とは思えないが、やはりこの付近としてはよい守りの地なのであろう。昨夕の大きな雷雨にひきかえて、今日はまた何という恵まれた日であろうか、ちぎれ雲一つ二つ、碧空の彼方に塔がきらきらと光って見える。大まかな自然を飾る、ころおいの景物。すべてあたりの風物は、この塔めがけて凝集しているかのようである。

塔山のふもとに下廟子という十戸ばかりの貧しい集落があるが、その一隅に、また不似合の堂々とした神道碑が残っており表面に「皇朝浩封光禄大夫正藍旗漢軍都統趙公諱夢豸神道、康熙二十六年歳次丁卯孟夏吉旦立」と二行に刻してある。なかなかしっかりとした亀趺で、ここらにはもったいないくらいである。

清代この辺には正藍旗漢軍都統趙氏の故郷となるほどのそうとうの集落があったわけである。

2

このあたりから、外側（西側）を丘陵の先端でさえぎられた谷間に入り、なおしばらく進むとめざす山城の南門に達する。門址はむざんに崩れているが、みるからに頑丈であった往昔の彷がそのままに残り、内側に枡形を作っている。小さな水流が枡形を斜めにつらぬいて、内から外へ出る。水源は山城中央の盆地である。方位は南北、まさしく南門に違いない。城壁はここから左右にひろがりやがて北折して山稜をはい上り、北門に至ってふたたび合する。北門の位置はもっとも高く、門内の東側に六角七檐の塔がある。北門を北の端とする北壁外は急坂となり、麓に近く、川が流れている。平原に城壁を露出したこの部分のためには適当な濠である。城壁の内部がすなわち山城。南方より北方に高まるその中央には小さな盆地があり、いまその中央に二囲いの寺院が建っている。塔山安寧寺といい、後方の院中に「塔山安寧寺、重脩観音閣碑記」がある。末尾に「大明万暦歳次□□……建」とあり、文中に「(重脩)已始于万暦三十四年、落成于万暦三十之六年」云々の句が見える。観音閣といい、万暦三十六年(一六〇八)に重脩の工を終ったのである。中央の屋宇には、けばけばしく彩色をほどこした観音像が安置してある。現在の寺院に不釣合な大きな礎石や、基壇があるところから考えると、往昔はより大きな建築であったらしい。そうして上の塔は、この寺院に付属したものであったことはほぼ間違いない。寺院の周囲のあちこちに古瓦の堆積が残り、前方に少し離れて水のかれた石垣作りの井戸がある。寺院の西方背後の高地にいま一つ、小さな廟が見える。慈光普済の額がかかり、高句麗瓦片の散布がいちじるしく、それに交ってくり出しのある礎石が残っている。高句麗瓦片は中央の盆地を中心として城内の諸所に散らばっている。道跡は南門より北門に抜けるのが主線、中央寺院の背後から東南門と西門に赴くのが各一本、さらに北方で主線から分れて東南門に走る一本がある。城形といい、城壁や門の状態といい、高句麗瓦の散布といい、高句麗の山城であることは疑う余地もなかろう。

塔山については『東三省古蹟遺聞続編』の奉天省瀋陽県「竜虎山一名塔山」の条にこの地方の言い伝えを採集して「塔山……東西共に五峯。西面の第一峯に塔があり、高く雲間に入り巍峨見るべきものがある。按ずるにこの塔は唐の太宗の勅建するところであろう。南面は山坡を抱くごとき地形となり、中に安寧寺が建っている。寺の東坡の中間に観音閣がある……院の南隅の碑の傍に石仏一尊がある。これは数年前の夜間自ら来ったものである」と記され、つづいて「東面の第二峯の上に石棚がある。両面は石壁で、上に斜めに長大石が横たわっている。上石は僅か二つの角で石壁に支えられているに過ぎないから、風が強い時には動揺する」云々と見えている。遼東方面には唐の太宗の勅建という伝承をもった塔が多いが、これもその一つのわけである。安寧寺内の石仏というのは見遁した。また東面の二峯の石棚というのはドルメンのようでもあるが、これも時間の関係から訪れ得なかったのは残念である。

3

城は北に高く南に低い丘陵の、中くぼみの斜面を選んで築かれている（図60）。すなわち中央の小さな盆地をてごろな山陵がとり囲んでいるような地形であって、城壁は山陵の上をえんえんと走り、城のかためとなっている。周廻は、田中氏の助けをかりて略測すると一二九〇メートルとなった（補註25）。撫順の北関山城には遠くおよばず、燕州城よりも狭い。高句麗の山城としては大きな方ではない。城壁はだいたい土塁の形をとり、表面には高句麗独特の石塁は現われておらぬ。この点は撫順の城と同じであるが、発掘すればやはり撫順の城と同じように中から石塁が現われることであろう。つまり石塁を心として土壁ということになる。

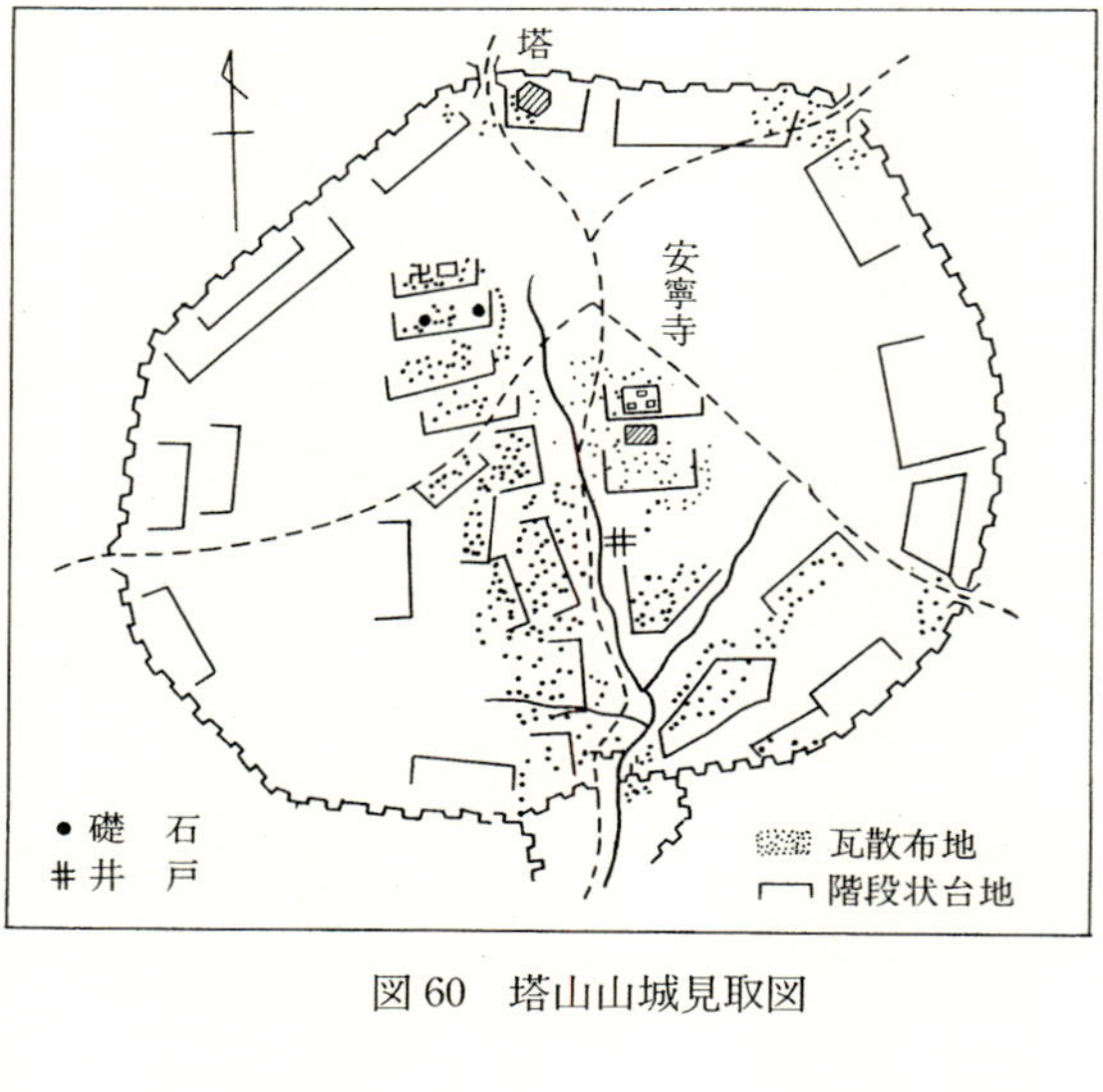

図60　塔山山城見取図

門は五つある。主門は南門で、これは内側に枡形をつくり、きわめて頑丈な構造となっている。内部の水流がここ

を通って外へぬけるのは、どの城も共通の現象で、もちろんここでもそうである。南門は平地に接しているが、南門外の外側に低い尾根が門をおおうようにして伸びているので、直接平原に面しておらぬ。平原に面する南壁には門が一つ。これは外側に枡形を作っている。北門は最高の地点にあって、南門から北門へ抜ける道は、ここを通って、急坂を一気に平原に下りる。北門の内側東部に塼塔のあることは前に述べたとおりである。東北壁には北側と南側とに二つあり、北側のそれは、やや低い尾根につらなり、第二峯へと続いている。

城内は北より南へかなりの傾斜があるが、中央にやや広い平地があり、そのなかに塔山安寧寺がある。一条の水流が盆地の上縁から発し、下って南門を外へ出ている。寺院の下方の水流の傍に、径二尺一寸に丸く石垣を組んだ古井戸がある。深さ一四、五尺ばかり、いま水は涸れて、瓦片が一ぱいつまっている。

城内の構造としてとくに注意しなければならぬのは斜面の至るところに人工の地業のあとの認められることであろう。つまり傾斜面を適当にけずって、階段状の小平地を連続的につくっているのである。いまの大都市郊外の斜面の分譲地、あれを連想すればよい。これは撫順の北関山城で発見したことであるが、ここでも同様であるのがわかった。いままでに調査した山城も、見逭しはしたものの、おそらくそうであったのであろう。注意して観察すると、階段上の平地は南門と北門とを貫く中央道路の両側と、城壁の内側沿いとに多い。そうしてこれらの地域にはかならず、赤黒とりまぜ、古瓦が散らばっている。とすればこれはまさしく建物のための敷地の一画を示すものでなければならぬ。すなわち一つの階段状の平地には一戸を構成する数棟の瓦葺の家屋が建っていたのである。このような状態は撫順北関山城の調査で明らかとなった。ここでも上方の小廟（慈光普済廟）の前面の階段状平地で二個の礎石の残っているのを発見したが、これこそ地表に現われた遺構である。さてこのようであるとすると、城内の階段状平地をくまなくたずね、その数や性質を調べると、山城内の建物の総数、ならびに建てられた位置、あるいは若干の性質などが明らかとなる。この山城では時間の関係上、詳細に調査することはできなかったが、少なくとも中央部や城壁沿いに数十戸の相当大きな建物が建っていたことは推測することができる。(補註26)

遺物としては以上の階段状台地および門址の付近に入り乱れて散ばっている。瓦は赤・黒の瓦片のほかめぼしいものはなかった。すなわち小廟の前面、礎石の残る台地の石積みの中から、一個の赤色の鬼面瓦と、土器の破片を数点、石器時代のものとおぼしい土器の取手を一個拾得したにすぎぬ。

4

以上によって、城内の構造の記述のだいたいを終り、いまこの城の主な特長を数えるとつぎの二つとなる。

(1) 城は平原に面した比較的低い丘陵の先端部にきずかれており、すべてにわたって高句麗の山城の地形的特色を備えている。

(2) 城内には、中央部ならびに城壁沿いに多数の階段状の台地が認められ、各台地には建造物のあったことが推測される。

そうしてこのような諸点から、この山城はたんなる戦争時の一時的な拠点ではなく、ここには相当な邸宅をかまえた常住者のあったことが明らかとなる。『旧唐書』巻一九九上、高麗伝によると、高句麗後期の地方統治の状態を伝えて、「外には州県六十余城をおく。大城には傉薩・一(人)をおき、都督に比す。諸城には道使をおき、刺史に比す。その下に各々僚佐があり、曹事を分掌する」と記されている。『三国史記』巻三七、雑志地理の項には高句麗の州郡県として百六十四の名をあげているから、『旧唐書』に六十余城――『新唐書』巻二二〇、高麗伝には「州県六十」――とあるのは、百六十余城の間違いにちがいないが、とにかく、陳相屯の塔山山城はこのうちの県城にあたるものと思われる。とすればここは県の統治者である道使――『新唐書』の高麗伝は「余城には処閭近支をおく。また道使と号し、刺史に比す」となっている――の居所であったはずである。わたくしは高句麗時代の地方の支配者は、多分に封建領主に近い性格をもっていたと思っているが、いずれにしても彼らは一族によってかためられた貴族である。しからば城内の邸宅は彼らのそれでなければならぬ。すなわち、一族の統領――同時に道使――の邸宅やそれに付随する官衙を中心とし、同族・家の子郎党の屋敷が、身分や任務の性質に従って、適当に配置せられていたのであろう。彼らは統治者・貴族・戦士として城内にあり、城外に住む多数の部民や、奴婢を駆使し支配していたものと思われる。

なお高句麗の山城は、戦時のさいのよりどころであって、平時の居所としては平地城がきずかれていたという通説がある。けれども陳相屯の場合で明らかなように、これは特殊の場合――もしあるとすれば――であって、一般ではない。平地に面し、しかも内部に充分の居住施設をもっている陳相屯塔山山城では、これに接して別に平地城を設けなければならない理由はどこにも見当らない。このことは撫順の北関山城でも、燕州城の山城でもまったく同じである。おもうに、山城のほかに平地城があったとすれば――首都であった輯安の国内城や、平壌の平壌城のように――それは特殊の政治的事情にもとづくものであって、それとても時代的の先後があり、山城よりしだいに平地城にうつったものであろう。

5

山城の内部を調べながら、このようなことを考えた。五月の空は心憎いまでに澄みわたっている。頂上の塼塔の傍に坐って休息すると（図61）、眼下に遼東の平原がはるかにつづきあちこちに樹木につつまれた集落が散らばっているのが見える。いも虫のように動いているのは安奉線の列車である。背後の丘陵もゆるやかで全体として、のどかな感じが満ちている。塔は六角七檐（台基の一辺は約一メートル五〇センチ）、第一層の各面には仏像を入れる龕があるが、仏像はみんな失せている。残っているのは龕の上のはりつけの天蓋と雲紋だけである。第一層が高すぎて、全体としてのまとまりは必ずしもよくないが、塔の位置の選択はすばらしい。じっと塔を見つめていると、ときどき浮雲が塔のいただきをかすめ、塔もからだも流されるような錯覚をあたえる。陽は暖かく、ときどきの微風が身体のほてりをやわらげ、しぜんにねむくなるのである。

図61　塔山の塼塔

三時、もう引きあげなければならない。草むらを分け、灌木のしげみを抜け、麓に下り、奉集堡についたのが四時近く。そよ風に送られながら、往路をふたたび撫順の宿舎へと急ぐ。

〔追記〕

この山城からは田中堯雄氏によって、鉄製の斧頭（あるいは斧頭のあやまりか—田村）が発見されている。上部は少しこわれ

ているが刃の部分は完全である。あるいは農具かも知れない。同様の用具が、撫順の山城からも出ているから高句麗時代のもの
と考えてよかろう。

（昭和二十二年二月）

Ⅲ　燕州城調査行記

1

本渓湖をすぎ、西の方遼陽に向かう太子河は途中、起伏する山岳にはばまれて、屈曲に屈曲を重ねているが、最後の屈曲はことにはなはだしく、東北に走る流れは大きな岩盤に行きあたって、にわかに方向を転じ、西に向かっている。この岩盤の上にそそり立つ高句麗の山城がいわゆる燕州城、すなわち高句麗の白巌城である（図62）。ここはまた遼金時代の窯址の所在地として有名な江官屯とも一画をなしているのであるが、この辺陬の地に至るには通常、道を煙台炭坑にかりる。

昭和十五年十月、撫順の高句麗時代遺跡の調査に従ったわれわれは、その終るのをまって燕州城および江官屯の概査に赴いた。一行は、小山冨士夫、斎藤菊太郎、坂本万七、田中堯雄、斎藤武一、島田正郎の六氏と筆者。

十月十七日の夕刻、煙台炭坑に下車したわれわれは、炭坑の方々に迎えられて、手厚い歓待にあずかり、炭坑クラブに一泊した。煙台は、見るからになごやかなこぢんまりとした愛すべき山の町である。翌十八日の早朝、煙台の郊外にある原始的な陶器の窯を見学の後、炭坑の好意によるトラックに打ち乗り、燕州城へと向かった。夜来の小雨に、車は自由を奪われるかと案じたが、やがて雨は止み、雲間に陽の光はもれ、穏やかな、美しい山村がつぎつぎに眼前に現われた。起伏の大きな丘陵を、またぎ、また越えると、楊柳や楡の大木に囲まれた古びた村に入る。満洲風の木造家屋が不規則にならび、青黒く淀んだ水たまりの周辺には白い羽根の家鴨が騒ぎまわる。

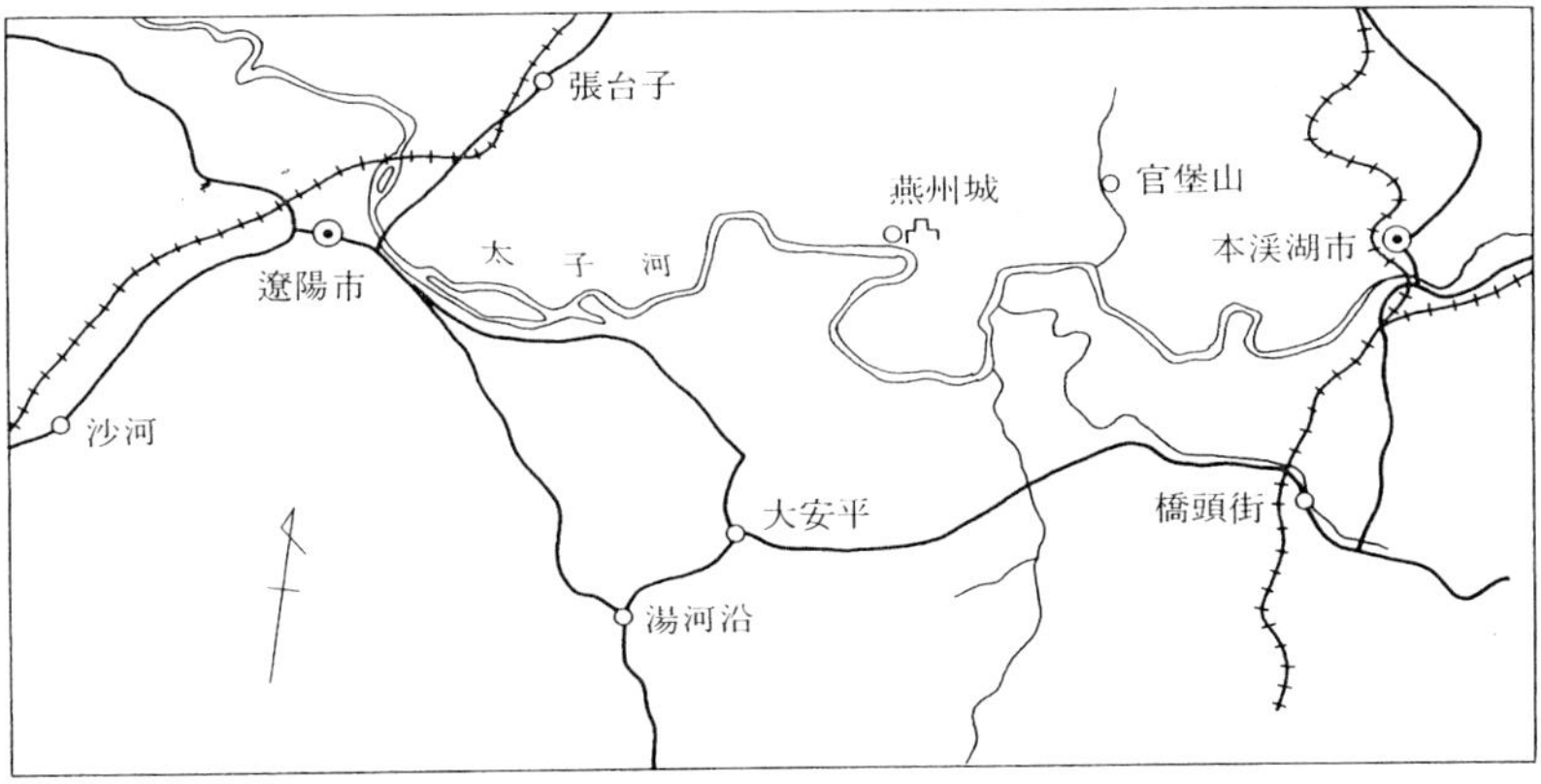

図62　燕州城付近図

こうした二時間余の行程の後、とある丘陵の頂上にたどりついたが、見える、行方はるかに巨大な城塁が見える。大きな独立の丘陵の上に石塁が斜めに走り、これが黒々と平地の上に浮び上った光景は、まるで悪魔の山寨か、巨大な要塞を思わしめる。われわれに威圧さえも感じさせたこの城塞こそ目指す燕州城、すなわち高句麗時代の白巌城の遺跡であったのである。

私はここに燕州城の遺跡を通じ、高句麗の山城を概観し、その性質の一斑にふれてみたいと思う。

2

高句麗は西紀前後に興り、その後七世紀の後半に至るまで、威を満洲・朝鮮に振った大国である。満洲を中心として史を按ずる限り、古代、中世の満洲史は、高句麗の動きを軸として展開したといっても、あえて過言ではない。このように高句麗の地位はすこぶる重要であるにもかかわらず、この国の歴史あるいは国情は、案外、明瞭を欠いている。悩みは満洲史に通じて同じく、たとえ研究の熱意がこれを克服するとしても、その文献的資料は決して豊富といいがたいのである。ところが幸いにこれを補うものに当時の遺跡・遺物がある。高句麗の遺跡は満洲・朝鮮各地にすこぶる多いが、このうち、重要なるものの一つとして挙げなければならないものに山城がある。

いったい、この国の領域は山岳・森林地帯が多く、地形的に険阻な地方が多かった上に、その国民は戦闘を好む尚武の狩猟民を基幹としていたから、居城の一として多く山城が営まれた。山城は一旦緩急の場合のほか、平常も利用される事が多かったので、地点の選定には万全が期された。まず地形から述べると、地は交通の要衝にして、しかも要害が選ばれ、巧みに天険を利して構築された。軍事的要求を第一義とするのであるから、このことは当然であるが、しかしわが国の戦国時代の山城のように山頂を中心として営まれたのではない。高句麗の山城はかならず中央に適当な面積と、湧泉とを持った盆地を必要とするのである。これは山城内部に相当数の人口を収容するために必須の条件であろう。そうしてその周辺は急峻なる山稜によって取り囲まれていなければならぬ。このような地形が選定されると、つぎに、山稜の上部に蜒々たる石塁が築造される。山稜外側のもっとも重要なる部分は河流を利用し、これを外濠としている場合が多い。城壁には通常四、五の門があり、主門はことに厳重に築造され、また城内の水流はその傍らから外方に導き出される。そうして湧水を中心とする城内の盆地に、種々の公共建造物、あるいは住居が営まれる。この盆地こそ、山城の胸腹にほかならないのである。その他、城壁に接する高台で、とくに見晴らしのきく地点には、展望台としての種々の施設のあることをも忘れてはならぬ。

高句麗の山城は、おしなべてこのような形制を持っているが、ここは当時の高句麗人の根拠地の一部であり、これはまた民族文化の所産であるから、その性質の徹底的な研究は、高句麗文化の本質を闡明するために役立つところが多い。代表的な山城の一つである燕州城の調査の必要もまたここにあるのである。

3

白巌城の名は新・旧『唐書』の高麗伝にはじめて現われるが、『唐書』（巻二）太宗本紀、同（巻九四）薛万備伝および『資治通鑑』（巻一九七）には白崖城と記されている。これが築城されたのは、少なくとも王朝の中期以後、すなわちこの国が遼東を確保して以後のことであろう。

四世紀の前半から五世紀の前半にかけて、高句麗と、遼東を領有した前燕・前秦・後燕・北燕との間には血みどろの抗争が続けられた。ことに前燕の慕容氏は強く、しばしば南北両道より高句麗の国都をめざして軍を送り、いく度か王城を蹂躪した。北道はすなわち、渾河・蘇子河を溯って富爾江の流域に出で、やがて鴨緑江の中流に位する国都に達するもの。南道は太子河を遡って、これに合する。そのさい、高句麗側の防城の第一として、北道の新城（現在の撫順）、南道の木底城（太子河上流の木奇）の名は、われわれの耳目に親しいが、白巌城の称は、ついぞ史籍に現われぬ。既述のごとく、白巌城は太子河道の最要衝であるから、もしも、ここに高句麗の城塞が築かれていたとすれば、これはかならず両者争奪の的とならねばならぬ。しかるにこの事実の見えないのは、この頃いまだ城塞の築かれていなかったことを示すものであろう。

しかるに五世紀の前半、すなわち高句麗長寿王の二十四年、宿敵たる遼東の最後の代表者、北燕は北魏に亡ぼされ、その王の馮氏は高句麗に投じた。かくして遼東はひとりでにその有に帰し、遼東城（現在の遼陽）は高句麗軍の拠点となった。しかも太子河道は依然としてこれより旧都（当時国都は平壌に移されていた）に通ずる要路であったから、道途の要衝を選んで白巌城が構築されたのであろう。しからば築城は、王朝の後半、遼東占有以後のこととすべきである。

なお出土遺物の上からは、それと推定すべき資料は見出しがたいが、あるいは漢魏晋の時代から、高句麗に備えるためになんらかの施設があったかも知れぬ。

白巌城の名が史上を飾るのは唐の太宗の貞観十九年における高句麗征伐にさいしてである。この役、太宗は親しく軍を率いて遼東の諸城を攻め、五月二十七日に至って敵の最大の拠点である遼東城（遼陽）を抜いたが、さらに息をもつがせず、二十九日進んで白巌城を囲み、これを攻めた。『唐書』高麗伝に「その城は山に因り、水に臨み、四面険絶」とあり、この城の要害に唐軍の思いあぐんださまが浮び上る。しかし、攻め手もまた懸命である。六月一日、帝はみずから軍を率いて来り会し、西北よりこれを攻め、総帥李勣は西南より、「撞車を以てこれ（南門）を衝き、飛石流矢を城中に雨集せしめた」という。守城の将、孫伐音は、遼東城の陥落に心萎え、ついに支え得ずとみたのであろう、まもなく要害を棄てて唐軍に降った。城中にはなお士女一万、兵二千四百を残していたと見える。城の収容力を示す興味深い資料である。永年にわたり、高句麗西辺の要害として名を謳われた白巌城はここに唐の手に渡り太宗はこれを巌州とし、降将孫伐音を巌州刺史に任じた。(補註27)

4

車はじょじょに燕州城に近づいた。白巌城のわびしい最後が脳裡をかすめた。やがて最後の丘陵の頂上に登ると道は狭く、かつ悪く車の通過はもはや困難となったので、一同は徒歩にうつり、まもなく燕州城に接する城面口の集落に入った。一軒の民家が宿舎にあてられ、ただちに燕州城の概査が始められた。こうして、翌々二十一日の午後、ここを離れるまで足かけ三日、燕州城・江官屯の古窯址、ならびに近隣の石器時代遺跡の概査を行なったのである。

燕州城は南辺を太子河の流れに洗われた独立の丘陵上にある天然の要害である。地形は東北に高く、西南に低く、東・西・北三面の山稜上には堅固な石塁が築かれている（図63）。南辺は太子河に落ちる、目もくらむ絶壁。青藍色に澄み透った眼下の淀み、鞺々の響きをたてて瀬を早む本流を見下すと、「山に因り、水に臨み、四面絶壁」という『唐書』の形容が、そのまま実感を伴って迫ってくる（図64）。絶壁は西にしだいに傾き、ついに河岸に等しく低まったところに南門のあるべき地点が認められる。つまり西南隅の一角である。その付近は現在、農家が階段状に密集しているから、南門の跡は見定めがたい。同じく絶壁をなす西壁が河岸に迫った地点が、それと見て誤りなかろう。平常は水かれた一条の溝も、その点を過ぎて城外へと導かれているのである。

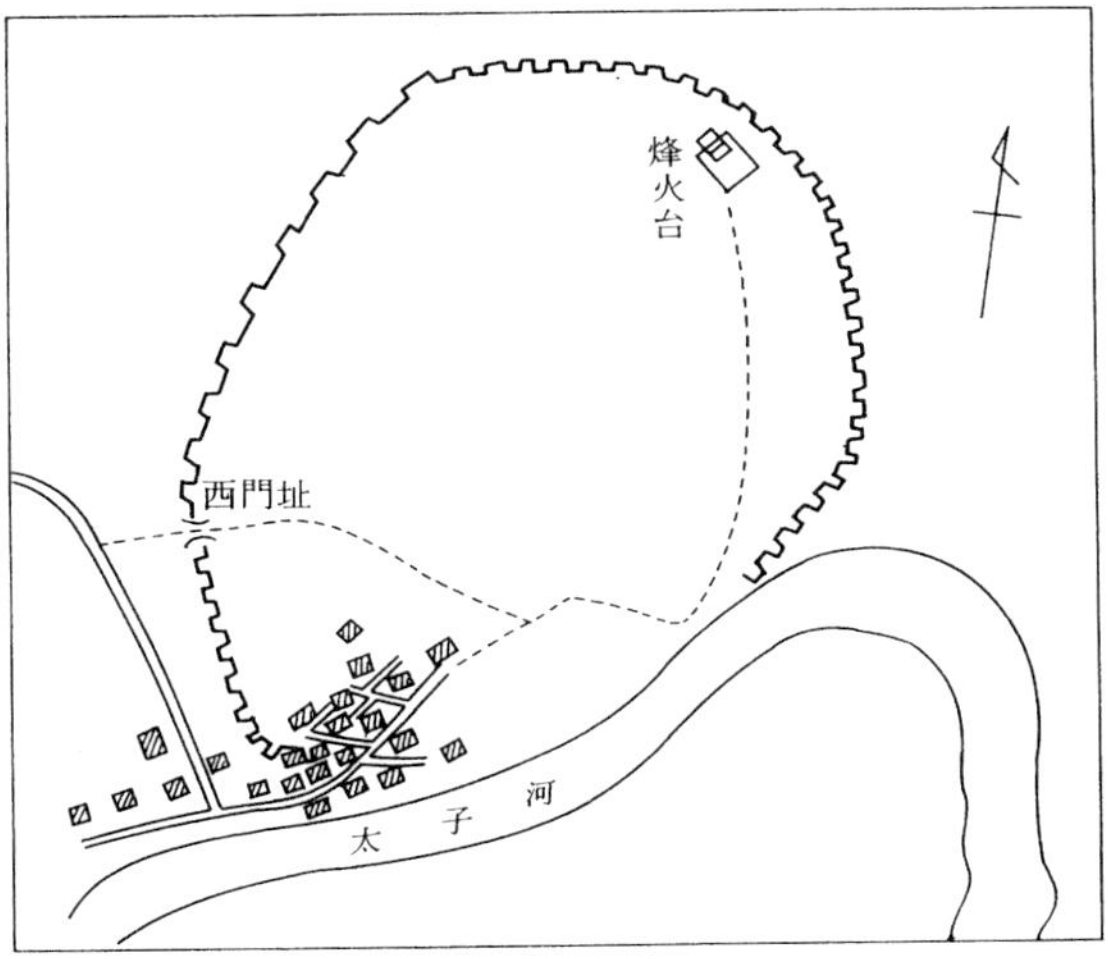

図63　燕州城見取図

西壁はその地点よりにわかに起る絶壁の上を北し、かすかに認め得る西門の跡を過ぎると、東北に傾く。その後の石塁は驚くべく堅固に構築され、高さ平均一〇メートル、幅四メートル余の城壁が東北に走る。しかも約七〇メートルごとに外内両面に巨大な雉堞が築かれているのである（図65）。西南より数えて第三の外方に突出した雉堞のごときは長さ五・三〇メートル、幅は五・〇六メートルもある。この部の石塁の外面は六〇センチに三一センチの小口を持つ大きな切石を規則正しく垂直に積み上げてあるが、下部は階段状に前方につき出され、基底補強の法が講じてある。この築造法は高句麗時代の営造に係わると認められる輯安県城北壁の構造と軌を一にし、しかも基底にすこぶる古色が認められるから、たとえ後世の補修があったとしても、大体当代の遺構と認めて誤りなかろう。試みに城壁の上に立って東北を眺めると、眼前の低地はゆるやかな勾配をもって次第に高まり、やがて城壁に接する。してみるとこの部分は城中、もっとも防備に弱点を持つ側面であり、それゆえにかかる巨大・堅固な城壁を築いたのであろう。かつて唐軍の攻撃にさらされたとき、李勣は西南の南門を攻め、太宗は西北のこの部分を攻めたのもまた宜なるかなと、いうべきである。

図 64　燕州城遠望

図 65　燕州城西壁

石塁の上をなおも東北に登ると、雉堞はつき、まもなく東南に急折し城の最高部に達する。この部の石塁の内方に石築の烽火台が破残の姿を横たえているが、これはおそらく明代前後のものであろう（図66）。まことに台上によじ登り、立って四周を見渡すと、南方、群山の間《はざま》から姿を現わす太子河は、白銀の帯をなして城に近づき、眼下にわかに方向を転ずるとみるや、そのままはるか西方の山間《あい》にきらめく影を歿し、ついで眼を北方に転ずると山脈《なみ》の彼方烽台の点々と続くのが見える。眼前には青藍の清流を挾んで、楊柳につつまれた村邑が浮び、白煙は静かに立登る。近きは城面口、遠きは江官屯の集落である。晩秋の空はあくまで澄み渡り、光は斜めに身をさすがごとく降り注ぐ。立ち去りがたい感慨を心に抱きつつ、静かに東壁を南に降ると、しばらくして太子河の絶壁に達する。この部の石塁は同じく堅固に構築されているが、もはや雉堞は設けられず、高さ・幅ともに西北面に劣る。東側の懸崖に、危険の少ないためである。

図66　燕州城の烽火台

　かくして城壁の一周を終えた。周は実測する暇を持たなかったが、二千五、六〇〇メートルにもおよぶであろうか。『盛京通志』に「燕州城周囲四里」とあるのは適当な計数であろう（補註28）。

　城内の中心はいうまでもなく南門の内部の盆地である。前述のごとくこの地点はよく開墾され、階段状に農家の密接した一集落をなしている。したがって赤色の高句麗瓦片がところどころに発見されるほか、当代の遺構は見出しがたい。ただ西壁に接し、南門を俯下する地点は重要であって、この高地には一面に高句麗瓦の破片が散乱する。この地点が展望台であり、もし発掘を試みれば、当代の遺物（おそらく武器）とともに建築物の遺構の発見される事は間違いなかろう。なお、城内の盆地の諸所から、江官屯の製品はもとより、定窯・均窯等、宋代陶磁の破片に至るまで発見されるのは、この地に金末、あるいは巌州の設置されたこと（『金史』巻二四、地理志）と思いあわせて、注意を要する。

5

燕州城の概査とともに、われわれはまた小山氏を中心に江官屯の窯址の調査をも行なった。七百年の古、窯より出されたまま、打ち棄てられた陶片が、数糎の厚さに太子河畔をうずめていた光景を忘れることはできない。そうしてそのなかにはここで焼かれた青・藍・黒・褐、七彩の琉璃片が、ちりばめられているのである。さらに、たわわに実る綿畑のなかを、陶片を求めて、さまよった日の夕暮、数百の飛雁が、東より西へ、飛び去ったのも印象に残る。時はまさしく、燕州城内、野棗の熟れる晩秋であったのである。

（昭和十八年一月）

四　高句麗と渤海
——その社会・文化の近親性——

(一)　高句麗に対する渤海王の意識

七世紀の最末から十世紀の初期に（六九八—九二六年）、今日の中国の東北地方東部から朝鮮半島の北部にかけて渤海国が存在していたことは、東北アジア史上、よく知られているところである。

この国は中国はもとより、日本とも関係が深く、奈良時代から平安時代にかけて公式の使節の往来もしげく、わが国の史籍や古書には渤海に関する記録が散見する。中国の史書にもこの国に関する記事はすくなくなく、なかでも新・旧『唐書』渤海伝の記事は集約的である。

しかしながら、渤海国民自身によって記された記録は、不幸にして、ほとんど全く消滅してしまっており、したがってこの国の政治・社会・文化などの状態を知るためには、もっぱら外国人の手によって記された史料に頼らなければならない。このような不備を、いくらかなりとも補いうるのは考古学資料であって、これにより渤海の社会や文化の一面を具体的に知ることができる。

さて渤海の国は七—十世紀における東アジアのもっとも先進国であった中国の唐王朝と国境を接していたから、唐の制度・文物を強く吸収し、形式的には一応中国的な律令国家体制を形成していたようである。その限りにおいて中国を中心とする東アジア文化圏の中にふくまれていた一国ということができる。

しかし国家や社会の本質的な性格は、あくまでこの地方の住民がながく保ちつづけてきた地域的——東北アジア的——伝統社会の中から生れ出たものであって、おのずから中国のそれと異なるものがあったと考えられる。このような点を考古学上から考え、あわせて渤海社会の性質を調べ求めるのが本稿の目的である。

それでは渤海社会と関係のふかい先行社会はなにか、といえば、かつて同一地域に国家を建設し、永年にわたって特色のある東北アジア的社会を育成した高句麗のそれを考えるのが最も自然であろう。

さて渤海国の支配者の民族的意識、あるいは政治的継承思想において、高句麗との間の系譜的な関係を伝えた史料は、二、三にとどまらず残っている。

すなわち渤海国の建国に至るまでの歴史的経緯や建国者の大祚栄が高句麗人と考えられていたことなど[1]によってもこのことは推測できるが、さらにこれを明らかにするのが、七二七年（聖武天皇神亀四）、はじめて通交を求めて日本に使者を送った第二王大武芸（武王）の国書である。その冒頭に曰く、「武芸は忝いことには多くの国をつかさどり、また身にあまることですが諸蕃をすべました。そうして高句麗の旧土を復興し、夫余の遺俗のある国を建てました[2]」。この文辞のなかには、明瞭に、渤海は高句麗の後継国であるという意がふくまれている。

つづいて七五九年（淳仁天皇天平宝字三）、わが国に到著した第三王大欽茂（文王）の使のたずさえた国書にはさらにこの意がはっきりと現わされていて、(3) みずからを「高麗王大欽茂」と書している。

初期の渤海国王が、建国の目的を高句麗の復興にあるようにいい、あるいは渤海国王みずからが「高麗王」を称したのは、決してたんなるわが国に対する外交上の措置にとどまるものではなく、高句麗の後継者としての現実的な意識にもとづいてのことと思われる。当時のわが国が、渤海の使者を「高麗使」とよび(4)——そのころ、渤海国という呼び名が通用していたにもかかわらず——、あるいは七六一年（天平宝字五）渤海国に遣された使者を「遣高麗使」と称したのは、(5) わが国でも高句麗の継承国としての渤海の地位を認めていたからであろう。(補註29)

(二) 建築の面から見た高句麗と渤海の近縁関係

渤海国の王族が高句麗の後継者としての意識を持っていたことは、前節に述べたところによって明らかになったであろう。けれどもこれは国家あるいは王族の意識上の問題であって、渤海社会が、社会的・生活的・思想文化的に高句麗のそれを実際的に受けついだかどうかの解答としては充分ではない。そこで両者の生活や思想文化の実態を比較検討する必要が生じてくるが、文献的史料のみではこれに満足する答えを出すことがむずかしいから、考古学資料の力を借りなければならない。よって両者の生活文化や思想文化の近親性を示す考古学上の資料を求めると、つぎのようないくつかの事実をあげることができる。

一は特別な構造をもつ建築のプランおよび構築法の類似、または近縁性である。

渤海の首都の一つである上京竜泉府の遺跡は、現在黒竜江省寧安県東京城地区に遺存しているが、一九三三・三四年（昭和八・九）の両年、原田淑人教授を主班とする東亜考古学会調査隊の手によってこの遺跡の発掘調査が行なわれ――筆者も参加――、渤海時代の都制や宮殿・官衙・庭園・寺院などの建築遺構、さらには一般の生活状態や宗教思想のあり方などを明らかにすることができた。(6)

この遺跡では宮殿のならぶ宮城は、都城の北部中央にあり、宮城内の中心部には、東西に長い六つの大宮殿が南から北へと順次ならんでいる。そのうち第一から第四の宮殿と、第六宮殿は中国風の宮殿形式を追っているが、第五宮殿はそれまでのものと全くプランと構造を異にし、城内では他に例をみない特殊の建築様式をもっている。まず第五宮殿の概要をのべよう(7)(補註30)（図67）。

第五宮殿は、第一―第四の諸宮殿のように高い基壇の上に建設されたものではなく、地表に近く礎石がすえられている。その点、一般の中国風の宮殿建築といわれるものとちがい、この地方の建築の特色が宮殿建築にまでも生かされていることに注意する必要がある。

この宮殿の本殿は東西二一・八二メートル弱（七

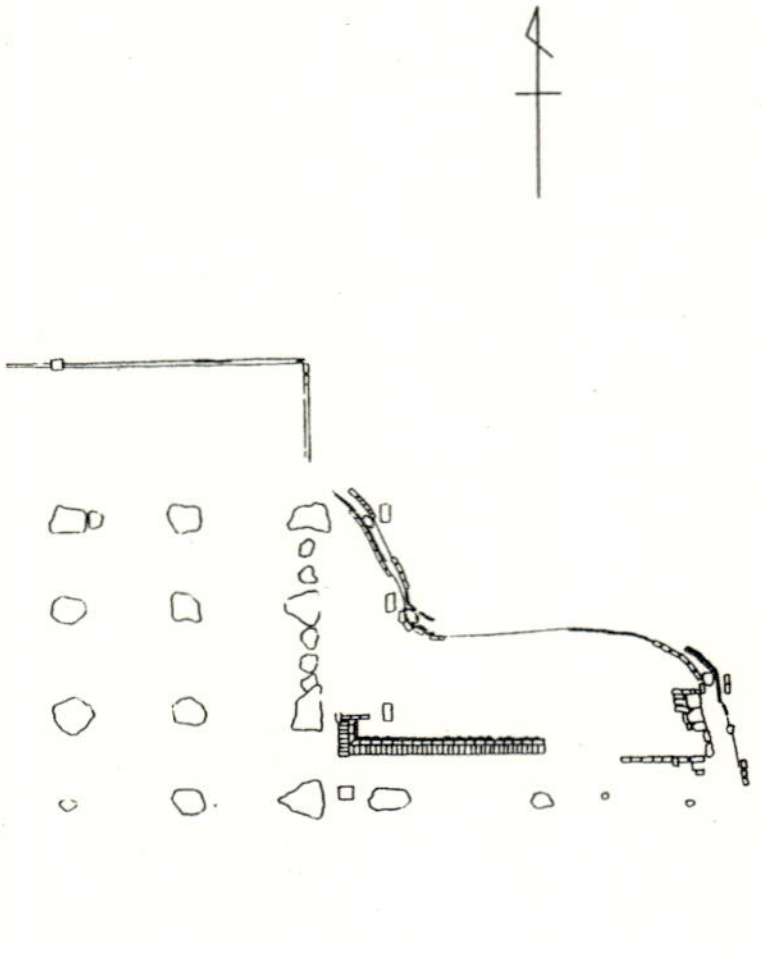

（『東京城』による）

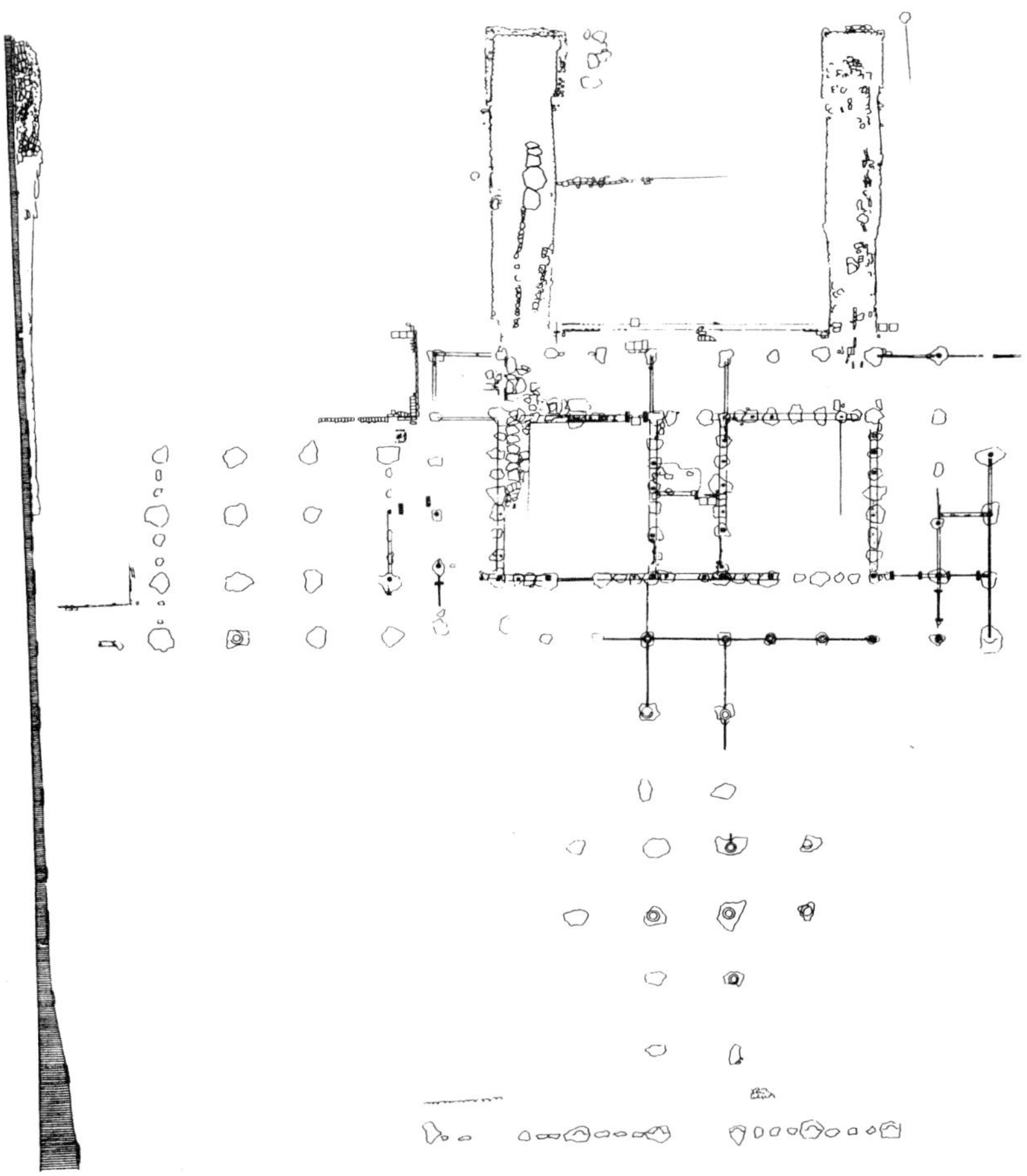

図67　渤海上京竜泉府第五宮殿址

二尺）、南北約一五・一五㍍強（五〇尺）の広さをもつ九間五面の東西に長い建築である。本殿は母屋とこれを囲む庇間に分れているが、そのうちの母屋は三室をふくみ、中央の南北に長い長方形の小室をはさんで、東西に方形の二室がある――西室からは「和銅開珎」が発見された――。後者の広さは一辺四・五四㍍強（約一五尺）である。これらの室はいずれも地上にあつく漆喰を塗りこめた土間床であるが、このうち東西の二室には、それぞれ東と西の壁面にそって――東室の場合は東壁、西室の場合は西壁――、高さ四〇―五〇センチ、幅一・五〇メートル強（約五尺）の腰掛け様の土壇がしつらえてあり、これは東西両室とも室を貫いて後、約一五・一五メートル（五〇尺）も北方にのびて終っている。室外の土壇は北に向かうほど高さを増す。

土壇の上には平石が敷きならべてあり、その内部には塼築による二条の溝が走っていて、そのなかには煤と灰がつまっている。焚口は不明であったけれども、この土壇が煖房用の施設、すなわち炕であることは明らかであろう。

建ちならぶ正殿の背後にあるこの地方建築色の豊かな第五宮殿は、おそらく王の私室かそれに準ずるものであったであろうが、そのような個所では、この地方の風土に適した炕のある特殊な建築がいとなまれていたのである。これは渤海における特色のある建築様式としなければならない。

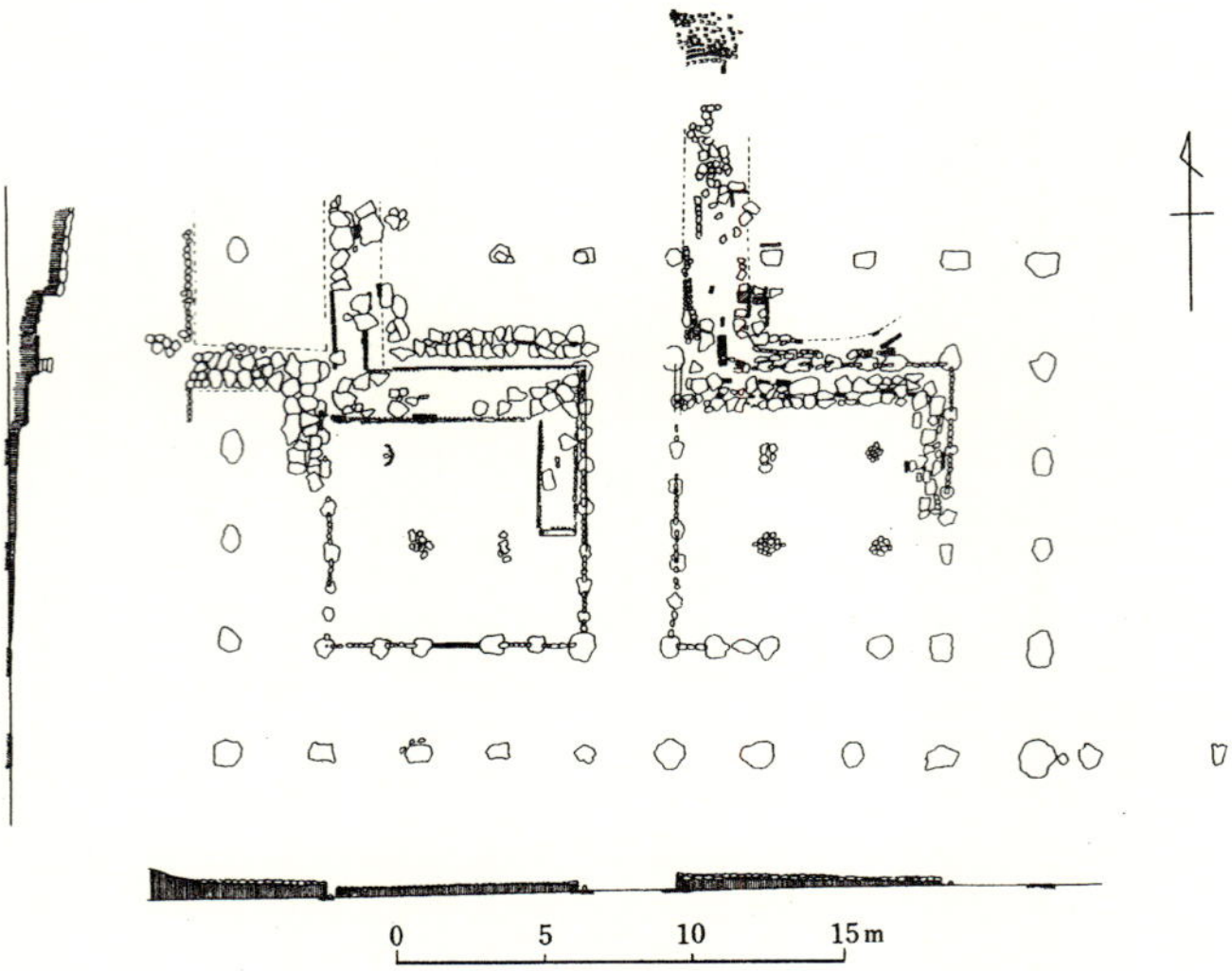

図68　渤海上京竜泉府第五宮殿西殿址（『東京城』による）

炕をそなえた建築はひとり第五宮殿ばかりでない。この宮殿の西側約一〇メートルをへだてた第五宮殿西殿もおなじであって、(8)この建築の場合、炕の施設は一層明瞭にわかる（図68）。

西殿は東西二七・四五メートル強（九〇・五尺）、南北一七・三〇メートル弱（五七尺）の広さをもつ九間五面の土間床の建物であり、広い庇間に囲まれた母屋は三室に分れている。すなわち中央の南北に細長い小室をはさんで東西に矩形の両室が相対しているのであって――東西八・六〇メートル強（二八・五尺）、南北九・七〇メートル弱（三二尺）――、このプランは第五宮殿と同じである。

この東西両室には、第五宮殿の場合とおなじく炕用の土壇が設けられている。西殿にあっては炕は東西両室とも東壁の中央部にはじまり、東壁の北端で西に折れて北壁に沿って走り、北壁の西端から北折して室外に出、北方に漸次高くなりながら約一〇メートルほど延びて終っている。炕を構成する壇の幅は約一・五〇メートル、高さは約三〇センチであり、上面には方塼や板石がしかれ、内部には二条の溝が通っている。壇の側壁および内部の溝をわける隔壁は、平瓦をきれいに積みあげて構築され、また炕をおおう塼や板石の部分は漆喰を塗りこめて煙のもれるのを防いであった。焚口の個所は明瞭ではないが、報告者――筆者をも含めて――によって北方の室外の煙道の一個所と推測されている。

西殿の構造はプラン、炕施設ともに、第五宮殿とよく似ており、しかも炕の施設に至っては後者よりも、一層よく整っている。渤海王族の伝統的な生活の一面を、よく窺うことができよう。

渤海上京竜泉府の宮城内に見られる、炕の施設をもった土間床の建物は、地域性のつよい建造物である。それでは、このような建造物が渤海独特かというと、実はそうではなく、これとほとんど全くおなじプラン、おなじ構造をもった建築が高句麗時代にも建造されている。つぎにそれについて述べよう。

高句麗時代のこの種の建築については、現在、われわれは二つの事例をあげることができる。一は高句麗中期に首都のいとなまれた吉林省の輯安平野の東抬子に残る建築址であり、二は遼寧省撫順市外の高句麗山城（北関山城）中に遺存する建築址である。

一の鴨緑江中流北岸の輯安県東抬子の遺跡については、一九五八年四月から七月にかけて、吉林省博物館の手によって三次におよぶ発掘調査が行なわれ、[9]その結果、高句麗時代の一建築群の遺構が明らかとなった（図69）。

この建築群は西北から東南にかけて存在する三屋が、通廊によって結ばれている形をとっているが、主体は中央の一屋であって、面積も他の二屋にくらべて大きい。実測図によると中央の一屋はこれを取り囲む石組みを基準にすると東西三五㍍、南北二〇㍍弱の広さがある——報告には南北三六㍍とあるが、なにを基準としているのか明らかでない[10]——。

この建物は厚い壁にかこまれた母屋と、それを取り囲む幅広い庇間とからなっており、母屋はさらに南北に細長い中央の廊下様の小室とそれをさしはさむ東西二室の三室に分れている。東西両室とも礎石を中にした厚い壁で囲まれているが、東室はとくによく残り、その広さは東西一五㍍、南北一一㍍である。床は土間床である。こうした内側に中央の小室をふくむ三室の母屋があり、それを幅広い庇間で取り囲む建物のプランそれ自体が、前にあげた渤海上京竜泉府址の第五宮殿と西殿の両者に酷似していることに、まず注意する

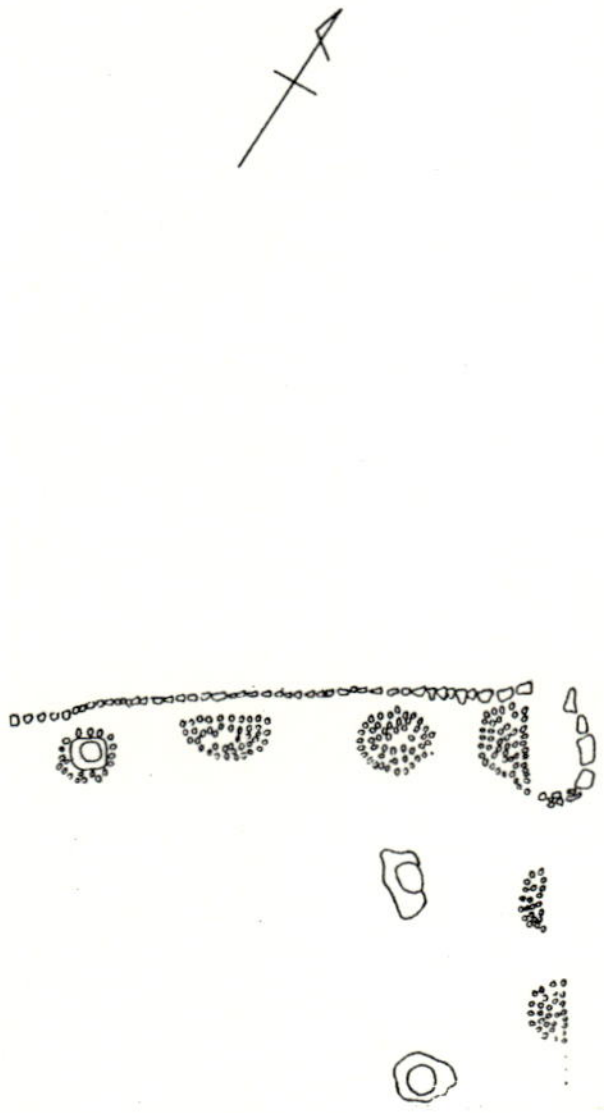

10.煙道　11.煙筒

必要がある。

　内側の東西両室には、礎石列をはさんで壁があったわけであるが、東室の四壁の基部は礎石を中にして幅一・五〇―二・〇〇㍍の幅広い敷石となっており、その内側には炕と認められる施設がある。東壁の中央に設けられた炉にはじまる煙道がそれであって、これは東壁の北半ついで北壁にそって走ったのち、北壁の西端から北折して室外にぬけ、七―八㍍ほど延びて終っている。室外の部分の煙道が板石でおおわれている

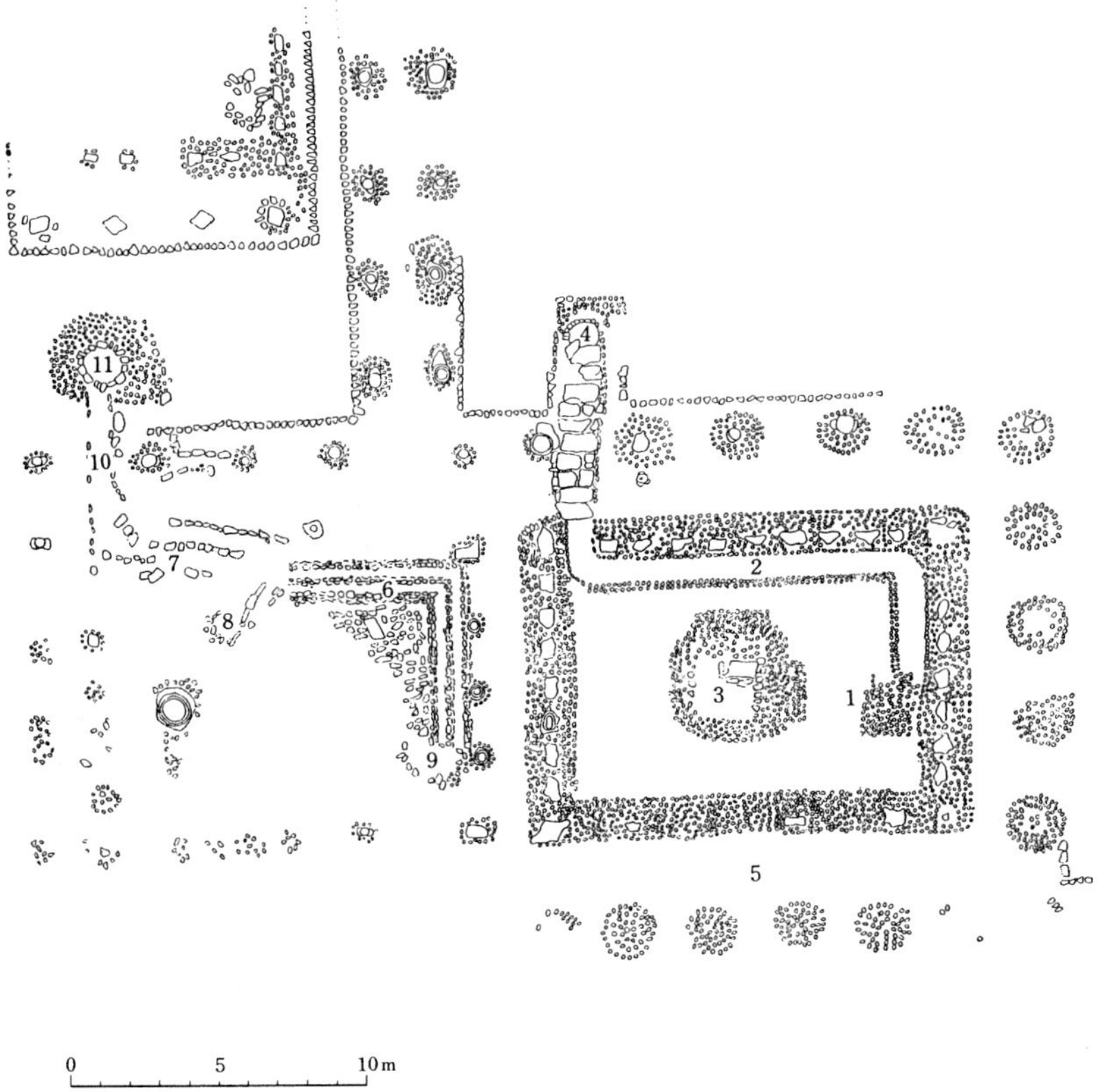

図 69　輯安東抬子の高句麗時代建築址（『考古』1961-1 による）
1.竈址　2.煙道　3.方形石座　4.煙筒　5.廊道　6・7.火炕　8・9.竈址

ことから判断すると、煙道は室内においても板石でおおわれ、壇形の炕を形成していたのであろう。煙道の側壁は瓦片をつみあげて構築しており、床にも瓦片をしきつめている。なお、室外の煙道の終るところには煙突が立っていたらしく、その痕跡がある。煙道には灰がつまっていた。

西室は攪乱されている部分が多く、ことに西半は明らかでない。全体的なプランは東室とよく似ているが、規模はやや小さい。この室にもまた東壁の北半と北壁にそって炕が設けられ、これは北壁の西端から北にまがって屋外にのび、最後は煙突となって終っている。ただ西室の炕の場合、煙道が中央の隔壁によって二筋となっているのが東室と異なっている。報告者によると、これは西室に炉が二基あるのと相対するものであり、それぞれの炉が各自の煙道に通じているため、このような複雑な形態となったのであろうという。(11)

さてこの建物は、報告によると規模はもとより、礎石などより見て宮殿か祭祀的建造物であろうと推測されているが、(12)年代は伴出した軒丸瓦の紋様よりして高句麗時代の後半に建造されたものと思われる。

さて高句麗後半期のこの炕を備えた宮殿建築を見ると、時と処は隔たってはいても、渤海時代のネイティブな炕のある建築と全くおなじい。それは全体的なプランばかりでなく、土間床を主とした室の構造や、炕の構造までも極めてよく似ている。とくに輯安東抬子の高句麗建築は、東京城の渤海首都址第五宮殿西殿のそれに酷似しているのである。渤海の特色のあるネイティブな建築が、高句麗のそれの継承であることは、炕を備えた宮殿建築に関する限り疑いをいれないところであろう。

以上に述べた高句麗・渤海両者の継承関係は宮殿と関連するネイティブな炕建築についてである。

それでは高句麗時代、宮殿以外に炕建築がなかったかといえばそうではない。それは二にあげた撫順北関山城中の

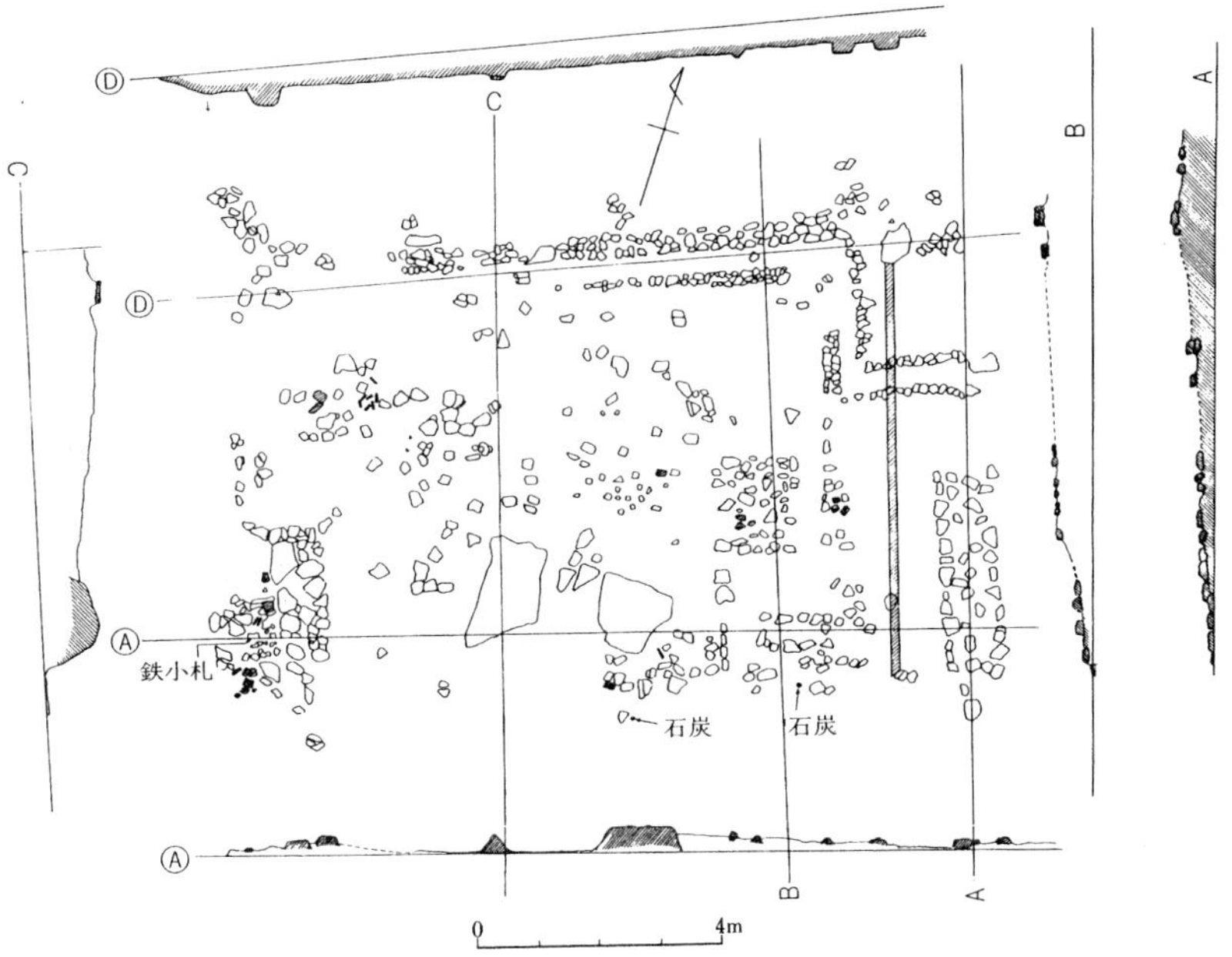

図70　撫順北関山城の建築址（筆者作図）

炕建築の事例によって明らかにわかる。

撫順北関山城の発掘調査は、一九四〇年（昭和十五）と一九四四年（昭和十九）の二回にわたって池内宏教授と筆者らによって行なわれたが、一九四〇年の調査にさいし、山城内中央の盆地で一棟の高句麗時代の瓦葺の建築址の発掘調査を行なった[13]。

この建物の方向は、やや北西に傾いているが、東西約一一メートル、南北約八メートルの単室の家屋であり、その四周は大小の礎石と壁面によって取り囲まれている[14]（図70）。室内は攪乱がはげしく、構造の点で不明のところも少なくないが、明らかに識別しうるものとしては土間床とその上に設けられている炕の設備をあげることができる。

この建物では炕の存在を示す煙道は、北壁の西端におこって北壁にそって走り、ついで東壁ぞいにまがって約三メートル南に下り、さらに東に折れて屋外へと延びている。煙道の上をおおう板石は失われて今はないけれどもかっては存在したことは推定に困難でない。煙道の中には灰と炭の残片が残っている。石炭の細小片がこの建物の一部から発掘されたのは、あるいは、豊富な撫順の石炭層のうち露頭として現われたものが、煖房用に使われていたのかも知れない。

北関山城内部の高句麗時代のこの建物のプランや炕の方向は、前にあげた輯安の建物のそれとはちがっている。彼は複室であるのに対し、これは単室であり、また彼にあっては炕の煙道の終るところは北側の室外であるのに、これは東方に延びて終っている。けれども当時の高句麗独自の施設である土間床や炕自身の構造の基本については両者は共通であり、ともに高句麗建築の特殊性を示している。

北関山城内にのこるこの建物は、もとより王宮などではなく、たんなる地方官衙か、あるいは支配層の住宅と思われる。とすると炕建築は王宮あるいはこれと関係の深い中央的建築ばかりでなく、地方官衙や支配層の住宅でも行なわれていたのである。後期の高句麗では炕建築が一般化していたとすることができる。

とすれば、渤海時代では、高句麗時代と同様、たんに王宮における炕建築ばかりではなく、一般の地方官衙や支配層の住宅も、それなりに高句麗以来の炕建築をうけついでいたのであろう。

なお、北関山城は渡辺三三氏(15)および池内宏教授によって高句麗の新城に比定されている。(16)新城はこの国の滅亡直前まで東辺における第一級の要衝として重きをなしていた。したがって上述の建物も、おそらく高句麗終末期まで存在していたと考えられる。高句麗の後をついだ渤海との時間的間隔は、撫順北関山城内の炕建築によって、さらにいっそう縮まるのである。

地方性の強い特殊の渤海時代の建築――炕を付設した建築――が、高句麗時代のそれをうけついでいることは、以上において明らかになったであろう。

両者の密接な関係を伝える建築方面の事例はこれのみではない。建築の付属品として重要な瓦類のうち、軒先丸瓦（瓦瑠）につけられている模様についても、このことは明瞭にいえる。すなわち渤海時代の瓦瑠の模様は、基本的には特殊な様式の複弁式蓮弁模様であるが——多少変差はあるにしても——、これは高句麗時代のそれの踏襲であることは明らかである。これについては別稿で詳しく述べたから、(17) ここでは繰り返さない。

要するに渤海的な特色をもつ炕つきの建築にあっては、建築の基本プランや炕の構造はもとより、それに付属する瓦瑠の模様までも高句麗のそれの後を追っていたのである。渤海の人々、とくに支配階層の人々の生活が、高句麗のそれをうけついでいたことを知ることができるであろう。

(三) 渤海墓制に見られる高句麗墓制の伝統

渤海の文化が、高句麗のそれの伝統をひきついでいることを示す考古学資料は、たんに建築物の構造や瓦瑠の文様のみではない。さらに一民族の世界観や宗教観と直接的に関連する葬制、とくに墳墓の形制にもこれは認められる。

渤海時代の墳墓で現在、発見されているものは数少なく、確実にそれと認められるものは二ヵ所十数基にすぎない。一は前述の渤海上京竜泉府址の存在する黒竜江省東京城鎮から、牡丹江をへだてての西北の地、三霊屯にある横穴式石室墳、他は東京城鎮の西南方約一二〇キロ（直線距離）にある吉林省敦化県六頂山西南地区にのこる数基の横穴式石室封土塚である。(補註31)

三霊屯古墳は、牡丹江北岸の丘陵の中腹に遺存している石室墳であるが、[18] 現在石室は露出していて、これを覆うものはない。石室の天井部の位置が地表面にあるから、石室は現在のところ地平下に存在することになる。[19]

石室は玄室と前室よりなり、両者は短い通路によって結ばれている。前室にはさらに幅広い羨道が付属し、入口は南向きである。玄室のプランは南北三・九三㍍強（一三尺）、東西二・一二㍍強（約七尺）の細長い矩形で、高さは二・四二㍍強（八尺）、前室のそれは南北一・六六㍍強（五尺五寸）、東西一・八二㍍弱（六尺余）で、高さは二・四二㍍強（八尺）、両室を結ぶ通路の長さは一・五一㍍強（約五尺）である。

壁面は熔岩の切石積みによって構築されているが、玄室の上部は四壁とも、石材を斜めに持ち送りつつ積みあげて狭められ、天井は平らな板石によっておおわれている。

注意しなければならないのは、この墳墓をとりかこんだ三隅に、立派な作り出しのある礎石が残存することである。おそらく、もとは四隅にあり、その上に建てられた屋蓋によって石室――もしこの上に小封土があったとすれば、それもふくめて――は覆われていたのであろう。墳墓の周囲一面に散布する緑釉鴟尾片および丸瓦の断片は、おそらく屋蓋上にふかれたものであったと思われる。

さて、この墳墓をくわしく見ると、そのプランおよび構築法が、高句麗時代後期の横穴式石室に酷似しているのがわかる。[20] さらに興味ふかいのは、これに墳丘をおおう屋蓋の施設があることである。

横穴式石室を屋蓋でおおうことは、高句麗時代の石築墳にしばしば見られるところであって、その好例は、吉林省輯安県の如山山麓にそびえる将軍塚にみることができる。[21] また高句麗と関係のふかい靺鞨人の前身である勿吉人の風習を伝えた『魏書』（巻一〇〇）勿吉伝にも「その父母が春に死んだならば、すぐにこれを埋め、冢上に屋をつくって、雨に湿らないようにする」と記されているのも参考とするに足ろう。

　要するに、三霊屯の横穴式石室墳は、プランや構築法において、先行する高句麗時代のそれと類似しているばかりでなく、墳墓上に屋蓋をつくるという地方的な特色の強い墓制においても高句麗の石築墳や勿吉の墳墓と似ているのである。三霊屯墳墓が、高句麗のそれの系譜に属することは、ほぼ推測できよう。しかし、三霊屯古墳は、その建設された年代が明らかでなく、これだけで高句麗との関係を論じるのは、実証性においてやや迫力を欠く憾みがある。そこで第二の敦化六頂山の渤海時代の墳墓の検討に入ることにする。

　後者の六頂山の西南地区には、数十基の渤海時代の墳墓が遺存し、このうち九基は一九四九年、敦化の啓東中学と延辺大学によって調査され、さらに一九五九年には吉林省博物館の手によって新たに二基が発掘調査された(22)。

　これらの多くは玄武岩や熔岩の石塊を使って作った横穴式石室古墳であり、石室の大部は地下に築かれ、上は低い封土でおおわれている。石室は玄室（主室）と羨道（通路）とよりなっているが、主室の長さと幅は一般に二㍍ないし三㍍であって、さして広くはない。

　そのプランは方形のものもあれば長方形のものもあり、いずれも長方形の熔岩や玄武岩の切石を積みあげて玄室をつくっている。羨道の寛さは二・三㍍―三・三㍍で、高さは二㍍に近い。

　とくに重要なのは主室の天井部の構造であって、A・M二号墓のそれは、長い角石材を四隅に斜めにかけわたして空間をせばめ、それを繰り返すことによって天井部を造りあげている。いわゆる四方隅持ち送り式天井構造である（図71）。A・M二号墓の場合、主室の床には無文の青色磚が敷かれており、他の墓では漆喰あるいは木炭がしきつめられているものもある。そうして床上には木棺の存在していたことを推測させる遺物が散らばっている。

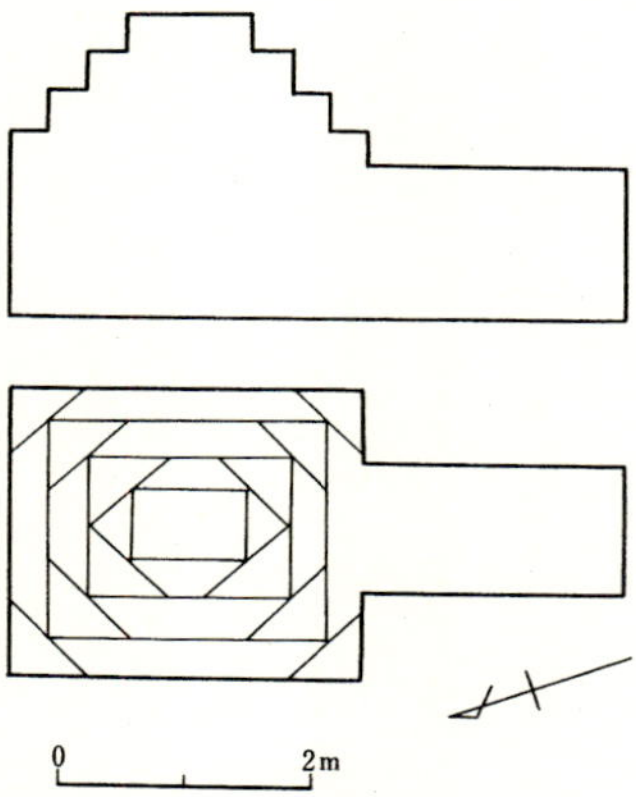

図71　渤海貞恵公主墓（A・M2号墓）想像復原図
（『考古』1961-6による）

このA・M二号墓からは七百字余を記した貞恵公主墓碑が発見された（図82参照）。貞恵公主は第三王大欽茂の二女であるが、この碑文によって貞恵公主の経歴と、この碑が渤海の大興宝暦七年（七八〇）に建てられたことがわかった。[23]

これは渤海国の歴史にとっても、その墳墓の変遷を知るためにも重大な事実であって、このきわめて特色のある四方隅持ち送り式天井をもつ形式の墳墓は、八世紀の後半、すなわち渤海国の前期に貴族の墓として使用されたものであったことが明らかとなった。

それでは渤海前期に築造された四方隅持ち送り式天井をもつ横穴式石室封土墳の系譜をどこに求めたらよいかといえば、渤海に先行する高句麗時代の同形式の墳墓が、その原形であるとするより他に考えようはない。

高句麗墳墓の諸形式とその変遷については、別に論じたことがあるが、[24]きわめて簡単にのべると、高句麗の中期においては、高句麗独特の石築墳（石墓）と、横穴式石室をもつ封土墳（土塚）がならび行なわれた――その他石槨墳の系統をひくものもあったが、その数は多くない――。しかし平壌遷都以後の後期になると、石築墳は急激に数を減じ、高塚古墳が主流を占めるようになった。

これらの封土墳は、その形態・構造および壁画などより考えると前期と後期にわけることができるが、両者の形態的特長をあげると、前期封土墳の石室は前室と玄室の両室――あるいは三室――および羨道よりなっているものが多い。天井は原則として四方隅持ち送り式である。これにたいし、後期の封土墳の横穴式石室のプランは、玄室と羨道の両者のみの、比較的単純な形態のものが普通である。天井は前期とおなじく四方隅持ち送り式に作られている。封土墳の横穴式石室における四方隅持ち送り式天井は、まさしく、前・後両期を通じての特長的な構造なのである。

いま、高句麗後期の横穴式石室の封土墳を、前述の渤海国前期の横穴式石室を内包する封土墳と比較すると、精粗大小の別こそあれ、プランや特色のある天井部の構造など、両者まったくおなじである。しかも両者の間には、地域的な近接関係はもとより、年代の点でも継続的な関係が認められる。とすれば渤海前期の貴族の墳墓が、高句麗の横穴式石室封土墳のそれを踏襲していることは、疑いなかろう。

六頂山西南地区には貞恵公主墓のような大型石室墓ばかりではない。報告によれば一基の中型石室墓と一基の小型石棺墓も調査されているのであって、そのうちとくに小型石棺墓については、「その形制は吉林西団山らにある新石器時代の石棺墓や通化・輯安一帯の高句麗の石棺墓と同じである」と記されている。(25) いずれにせよ、六頂山地区には、高句麗墳墓の形制を渤海時代前期にまで伝えた墳墓が存在していたのである。

なお、これらの渤海墳墓から出土した遺物についても、このことはいえる。詳細は別に論じるが、一例をあげると瓦と瓦瑺の模様がある。報告によると、この墳墓群からは若干の瓦が発見されている。(26) 瓦は平瓦と筒瓦の両者が出土しているが、平瓦の色は青色と土黄色の二種であり、丸・筒瓦のそれは土褐色であるという。瓦が酸化焔のみで焼かれ、褐色を呈するのは高句麗瓦の特色である。さらに興味の深いのは瓦瑺の文様である。この渤海墳墓より出土した瓦瑺の文様は変形蓮弁模様であって、中央の子房の文様が大きな部分をしめ——二重の同心円がえがかれ、中央の内円に大子房が、外円に中小それぞれ四個ずつの子房がおさめてある——、その外側には単弁が、捻れ車輪形にあらわされている。この形式の模様は、一般に渤海の瓦瑺文様として認められているものとは全く違う文様であり、むしろ

高句麗時代末期の瓦瑠の変形蓮弁文様と共通するところがある。(27)

わたくしはさきに渤海時代の瓦瑠に普遍的に認められている複弁の蓮弁文様が、高句麗のそれの系統をひいていることを述べたが、(28)渤海前期の変形蓮弁文様もまた高句麗のそれの継承であることが知られ、両者の関係のますます断ち切りがたいことが知られるのである。なお瓦それ自身の問題からは離れるが、これらの瓦が、もしも石室あるいは封土をおおうなんらかの施設と関係があるとすれば、これもまた高句麗の旧に倣ったものとすべきであろう。

(四) 高句麗文化と渤海文化の類縁性

わたくしは、以上において、炕を付設した特殊な建築、墓制および瓦の文様などを取りあげて、渤海人支配層の実際上の生活や思想・文化の重要な部分が、高句麗の旧をおそっていることを論じた。

渤海国は中国文献の伝えるところによると、律令的国家の体制をとっており、形制上は中国（唐）の文化の影響のつよかったようにみえる。たしかに、中国的集権国家を建設する過程においては、中国の文化をとりいれることにも熱心であったであろう。

しかし、考古学資料の語るところによると、渤海の支配層たちは、それにもかかわらず、実生活の上では高句麗の旧風をふかく守っていたのであって、ここに渤海社会の本質的な性格を見出すことができる。

仏教の信仰においても高句麗で信じられていた二仏并座の法華思想が、そのまま渤海でも踏襲されていたことを、渤海東部の東京竜原府址（延辺自治区琿春県半拉城子）の発掘調査の結果から証することができた。(29)これについては紙数の関係上別に詳しく論じることにしよう（次章参照）。

要するに考古学資料によれば、高句麗から渤海への推移は、基本的には外難による主権者の交替と認むべきであって、社会の本質的な変質や変転を意味するものとは考えがたい。ただ時代の進展に応じて、社会の発達はあったのであって、このような新しい事態に対応するため、周辺の先進諸地域の政治制度や文化をとりいれた結果、その社会に発展的な変化も生じた。両者の間に認められる社会的差違は、おおよそ、そのようなものであって、もともと同一性格のものであったと思われる。

現在、われわれが考古学的方法によって知りうるところは、すべて支配層の人々の生活面や、それを通じての思想・宗教・文化の面である。一般の民のそれについては、つぎの機会にさらに追求しようと考えている。（補註32）

註

（1）渤海国成立の事情については、新・旧『唐書』の渤海伝に記事がある。ただ建国者の大祚栄を高句麗の別種とするか（『旧唐書』巻一九九、渤海伝）、高句麗に付属したものとするか（『新唐書』巻二一九、渤海伝）については、両書に違いがある。建国者の問題は、白鳥庫吉（東洋文庫『東洋学講座』）、池内宏「渤海の建国者について」（『満鮮史研究』中世第一冊）、鳥山喜一『渤海史考』でも取り扱われている。

（2）『続日本紀』巻一〇、聖武天皇神亀五年正月甲寅条。

（3）同、巻二一、淳仁天皇天平宝字三年正月庚午条。

（4）（3）と同じ。

（5）同、巻二三、淳仁天皇天平宝字五年十月条。

（6）この時の調査の結果は、原田淑人・駒井和愛『東京城』（東方考古学叢刊甲種第五冊）に詳しい。以下の遺跡に関する記述はすべてこれによった。

（7）前掲書（6）、一九～二三ページ。第五宮殿と次の第五宮殿西殿は、筆者が発掘の監督をしたので、とくに印象がふかい。
（8）前掲書（6）、二三～二五ページ。
（9）報告は吉林省博物館「吉林輯安高句麗建築遺址的清理」（『考古』一九六一年一期）五〇～五五ページ。
（10）前掲報告（9）、五一ページ。
（11）（10）と同じ。
（12）前掲報告（9）、五五ページ。
（13）報告書は、種々の事情によって未刊である。
（14）この実測図は昭和十五年における筆者の作成にかかり、記述とともに、ここで初めて発表するものである。
（15）渡辺三三『撫順史話』（昭和十三年）。
（16）池内宏「高句麗討滅の役に於ける唐軍の行動」（『満鮮地理歴史研究報告』第十六）二二一ページ、註26。
（17）拙稿「渤海の瓦」（本書七所収）。
（18）前掲書（6）、三八～三九ページ。
（19）前掲書（6）、挿図四二・四三はその実測である。
（20）高句麗墳墓の形制および変遷については、拙稿「高句麗の墳墓とその変遷」（本書一所収）に述べた。
（21）このことは池内宏『通溝』上巻に詳しく記されている。
（22）報告は王承礼・曹正榕「吉林敦化六頂山渤海古墓」（『考古』一九六一年六期）として発表されている。
（23）貞恵公主墓碑については、閻万章「渤海貞恵公主墓碑研究」（『考古学報』一九五六年二期）、金毓黻「関于渤海貞恵公主墓碑研究的補充」（同）などの研究がある。
（24）（20）と同じ。
（25）前掲報告（22）、二九九ページ。
（26）前掲報告（22）、三〇〇～三〇一ページ。

(27) たとえば朝鮮平安南道平壌市東北の盧梅洞の高句麗後期の遺跡から、この系統の高句麗瓦璫が発見されている(関野貞『朝鮮古蹟図譜』第二巻、参照)。

(28) 本稿第二節一三一ページ。

(29) 半拉城には渤海の東京竜原府の遺跡があるが、その寺址から二仏并座の仏像が多数発見される。その様式は高句麗時代のそれと全く変らない。むしろ高句麗時代に製作されたものを、そのまま使用していたと考えるべきであろう。

五　半拉城出土の二仏并座像とその歴史的意義

——高句麗と渤海を結ぶもの——

(一)

中国東北地方の吉林省琿春県城の西八キロばかりのところにある半拉城子土城遺跡は、(補註33)一九二三年(大正十二)、当時京城帝大教授であった鳥山喜一氏によって発見され、渤海国時代の城址であることが明らかにされた。鳥山氏はさらに数度の調査を行ない、また一九三七年(昭和十二)には内城の一部を発掘した結果、この城址を渤海国の東京竜原府址にあて、(1)この説は一般に承認された。わたくしも鳥山説にしたがっている。

半拉城遺跡のプランは、黒竜江省寧安県東京城鎮にあり渤海国の上京竜泉府址に当てられている都市遺跡のそれと基本的には同じである。すなわち、規模の大きい矩形の外城の中央北部に内城があり、内城中には宮殿・官衙とおぼしき大建築が存在する。外城にも後述の寺院、その他の建築址がある。これは中国の唐王朝の都城の制によったものであり、唐の長安城、日本の平城京と同趣の都市計画と認められる。

鳥山氏は一九三六年（昭和十一）、内城から東南にあたる地点で一寺院址を発見し、翌三七年（昭和十二）発掘調査を行なった結果、この寺院址から瓦塼の他、塑像仏の衣文破片・結髪破片・緑釉頭髪の破片、小塼仏の立像脚部などを発見した(2)。半拉城子遺跡から仏教遺物が出土したのは、これが初めてである。

その後、一九四二年（昭和十七）の三〜四月、斎藤優（甚兵衛）氏は、半拉城址の詳細な調査を行ない、東西約七〇〇㍍、南北七三〇㍍の内城内にある若干の宮殿址と、内城南壁の中央から二㌔ほど南方に東西相対して存在する二基の寺院址および東壁の東南約六〇〇㍍余の地に遺存する一基の寺院址などを発掘調査した(3)。このうち東壁の東南約六〇〇㍍にある寺院址を斎藤氏は、第一廃寺址と名づけ、塔址の発掘を行なった。この寺院址は、昭和十二年鳥山氏が塑像仏の衣文破片や塑像仏の結髪破片などを発見した寺院址と同一であり、斎藤氏によるとこの寺域から金銅の童仏も発見されたという(4)。

さて、斎藤氏は内城の南壁の中央南方約二㌔の地点にあって（興仁村四方坨子）、約四〇〇㍍をへだてて東西にならぶ二基の寺院址の西方にあるものを第二廃寺址、東方にあるものを第三廃寺址と名づけたが、そのうち第二廃寺址は東西三〇㍍、南北一八㍍、高さ約一㍍の土壇の上に建ち、礎石の配置から考えると、七間四面の外陣と五間二面の内陣の規模をもつ建築であったという。そうしてこの内陣の部分から、後に述べる多数の二仏并座石仏その他の石仏や塼仏を、瓦片類とともに発見したのである。

第三廃寺址の遺構は第二廃寺址のそれのようには明らかではないが、東西二五㍍、南北約一六㍍の土壇の上に三間二面の内陣をもつ寺院址の存在したことが知られている。この内陣からは塑像仏の鼻部や螺髪の残片、および塼仏が、その他の建築関係の遺物などとともに発見されたのである(5)。

半拉城の調査は、おなじく一九四二年（昭和十七）夏、駒井和愛・三宅俊成・島田正郎氏らによっても行なわれ、そのさい、内城の南方に存在する二寺院址——斎藤氏の第二廃寺址と第三廃寺址——をも探索し、この両者から斎藤氏の発掘の際出土したものと同趣の石製仏像が出土することを確認した。(6)

（二）

さて、半拉城址の発掘担当者である斎藤優氏および調査者駒井和愛氏らの記すところによると、以上の両寺からは種々の塼仏や石仏が発見されているが、それらの中に多数の二仏并座像がふくまれているのが気づかれる。すなわち斎藤氏の報告書は、塼仏として二体の三尊仏・一体の裸仏・多数の仏像頭部・二個の光背・四体の二仏并座像を、また石仏として四体以上の二仏并座像・二体以上の仏頭部、一体以上の仏座像の出土したことを述べ、さらに金銅仏や塑像仏の出土をも報じている(7)——ただし、斎藤氏の塼仏・石仏の区分は不確かで、報告書に塼仏・塼製光背としてあげられているもののうちには明らかに石仏であるものもある——。また駒井氏の報文では、斎藤氏の報告にみえる一体の二仏并座像と一個の光背のほかに、別に一体の二仏并座像が追加してある。またその説明によって斎藤氏が塼仏の中にふくめたこれらが実際には石仏であったことがわかる。(8)

半拉城子遺跡の二寺院址出土の仏像は、この他、東京大学文学部考古学研究室にも完形・断片取りまぜ、十体分の仏像と二個の光背断片が蔵されているが、(9)そのうち明らかに二仏并座像と目されるものが五体におよんでいる。残る五体のうちでも三体は二仏并座像である可能性のあるものであるから二仏并座像の全発見仏像の間で占める割合はたいへん大きい。残る一体は如来の単独像、他の一体は脇侍である――半拉城出土の二仏幷座像は、おおむね脇侍をそなえているから、この脇侍も二仏幷座像の脇侍かもしれない――。

なお、鳥山氏の著書『渤海史上の諸問題』によると、[10]京城帝国大学にも一体あったようであるが、現状を知ることができないのは残念である。

このように、半拉城の第二・第三廃寺址からは、出土した仏像に交って、数多くの二仏幷座像が出土しているのである。

金銅仏や塼仏をふくむ仏像は、渤海国の上京竜泉府址とみとめられる黒竜江省東京城址中の寺院址や、[11]シャフクーノフが一九六〇年に行なった沿海州のアブリコソボ寺院遺跡[12]からも発見されているが、それらの遺跡から、二仏幷座像はまったく発見されていない。また渤海国にも先行する高句麗時代の諸遺跡からも二仏幷座像は発見されていないようである。

半拉城子遺跡の二仏幷座像は、こうした諸点において他と異なるものがある。それはなにを意味するのか、あるいは渤海国の東端に近いここに、どうして他に例を見ない形式の仏像が数多く存在するのか、われわれはこれについて充分検討する必要がある。

(三)

半拉城址から発見され、現在われわれが実物ないし写真によってその形態を知りうる二仏幷座像は、明確なものだけ数えても十四体分におよび――実際それと推測できるものを加えると、これよりはるかに多い――、また二仏并座像のための独立光背も三個発見されている。

これらの石仏はそれぞれ細部においては異なっているが、大体おなじ類型の中に含めることができる。

いま、東京大学考古学研究室に蔵されている二仏并座像を見ながら

図72　半拉城出土の二仏并座像(1)
(『朝鮮学報』第49輯による)

(図72)、これについて考えてゆくことにしたい。

この像は凝灰岩を、丸彫りにして作られたもので、高さは二九チセンである。(13) 二仏はなにものかに挿入・完著するためにつけられたと思われる台上に乗る台座の上に坐っている。二仏は大ぶりの光背の前に高浮彫であらわされているが、光背は一仏ごとに別である。したがって頭部には二つの尖頭形があらわれているが、頭部をのぞく他の部分は一体であり、部分的に重なった形に作られているので、二つに分けることはむずかしい。光背上部には、蓮華座上におさまった可憐な化仏が彫り出されているが、これについては後にいま一度述べることにする。

二仏は両者おなじく禅定の姿勢でならんで坐っている。両者とも頭部は肉髻のみであって、螺髪はない。頭髪は額

の中央でわずかに左右に分けられ、いわゆる富士額のように見える。

面相は細長く、中におだやかな三日月形の眉と細いきれ長の目、整った長めの鼻、それに両端があがり笑いをふくんだ唇がおさめられていて、健康である。ただ右仏の顔面が損傷しているのが惜しまれる。

光背中の頭光は複弁の蓮弁形であるが、彫は深く、弁の先端は反りあがって鋭い。このような鋭さをもった蓮弁の頭光はこの方面の仏像では例がすくない。

注意を要するのは、二仏それぞれ頭光に違いのあることであって、右仏は蓮華文の周辺に同心円の枠があるのに対し、左仏にはない。これは両仏がそれぞれ異なる性格の仏であることを示すためであろう。

胸をひらいた通肩の衲衣は、胸部も腰部も、また幅広い縁取りのある裳の部分も、左右まったく同じである。台座の前にたらした裳の部分は、両仏のそれをあわせた形で左右対象となっている。下衣は胸の中央であわせ、そこにはむすんだ紐がみえる。注意を要するのは、この二仏には左右に脇侍を従えていることであって、右仏の右には地蔵菩薩、左仏の左には宝珠をささげた菩薩の立像がある。左の脇侍の面相は、仏のそれにおなじい。

光背の上部には、蓮華座中に入る童児形の化仏が五体彫りだされ、まことに愛らしい。上段に二仏、下段に三仏、計五仏であるが、これらは、それぞれの光背に三仏ずつを配する計算でつけられたものであろう。したがって下段中央の一化仏は左右の両仏の共有ということになる。

彫りはやや固く、巧緻さを欠く面もあるが、構図は単純のうちによくととのい、鋭く力がある。立体感もあり、ことに両仏や五化仏はよく浮き出していて強い印象をあたえる。面相には、中国のそれには見られないのどやかな地方性がみとめられる。

図 73　半拉城出土の二仏幷座像 (2)
(『考古図編』第 18 輯による)

図 74　半拉城出土の二仏幷座像 (3)
(『考古図編』第 18 輯による)

おそらくこの地方で作られた地方作であろうが、そうだとすると、これだけの石仏を彫りうる仏師がいたことになり、地方文化の高さがうかがうことができる。

さて、二仏幷座像は本像以外にも、少なからず発見されている。それらも形式はだいたい前掲の像と同様であるが小異はある。(14)

まず面相では、額の髪のはえ際が直線的になっているものが多く、前掲の二仏幷座像のように、富士額になっているものは稀である。

頭光には変化があって、前の二仏のように複弁の蓮華文形のものはむしろ少なく、多くは単弁である。また円形の外輪のみで、内部になんの装飾もない頭光もある。

さらに頭光の外輪の中には、連圏文帯をめぐらしたものがあり、中央の蓮華文と連圏文をつらねた外輪によって構成された頭光は、扶余窺岩面から発見された百済時代の蓮華文方塼の模様を想いおこさせる。(15)

体部の下衣も中央で右前に重ねたもの（図73）、クリエリ風のもの、合せ襟のものなどさまざまである。

つぎに脇侍は左脇侍しか残っていないものが多いため（図74）、組合せの変化については深く尋ねることができないけれども、前掲のものの他に両脇侍とも尖頭形の頭光をもち、同様の説法印を結んだものが存在する。左脇侍に関しては、両手を中央で合せ宝珠を捧げているもの、尖頭形の頭光をそなえ、施無畏与願印（説法印）をむすんだもの、転法輪印（説法印）を結んだものなど種類は多い。

最後に石質には凝灰岩、砂岩など、いくつかの異なる種類のものが使われている。

要するに、このような小異はあったにしても、主要な部分はすべて通じるところがある。とすればはじめにあげた完形の二仏幷座像をもって、この地方における標式的な様式としても異議はなかろう。なお銘文を刻んだ石仏が、一体もないことも、ここの石仏群の特徴の一つと数えることができよう。

第三に、半拉城からは二仏幷座像のために特別に作られた光背が二個発見されている。一つは斎藤報告書図版一〇～一三に見えるもの、他は東大文学部『考古図編』第十八輯、図版一五に載録されているものである。いま斎藤報告書に載録されているものに基き、その一斑を伝えると、(16) 次のようになる。

光背は偏平な石英安山岩質凝灰岩で作られていて、全体の形は舟形に近い。現存の高さは約二一・五チセン、厚さは中央部で三・三チセンほどである。全表面の装飾は内外二つの部分に分れている。後背の外縁にそった外側の幅広い装飾帯は、上昇する渦巻形の火焔文を地模様として、その上に蓮華座の化仏をつぎつぎに浮びあがらせ、最後にそれらを先端の一仏で統一させている。

内側は上方に五段の千体仏を刻み、その下方に円板形の頭光を二個あらわしているが、それは右の頭光が左のそれの右端に重なるように作られている。こうした光背の前に、二仏并座像が置かれたとすれば、それはかなり独特な造像形式であったわけである。

浮彫の技法は構図とともに冴えていて、簡素なうちにつよく人をひきつける力がある。裏面には矩形の枠組が作られ、その中は八段に仕切られていて、各段とも千仏の浮彫でみたされている（図75）。

東大に蔵された光背の断片も、同じ形式（頭光と千仏）の図柄であるが、これでは頭光の側面まで千体仏でうずめられているのが特長である。二仏并座像と千体仏の関係の密接であったことが推定できる。

図75　半拉城出土の二仏并座像の光背（『遼陽発見の漢代墳墓』による）

(四)

それでは、半拉城の二廃寺址より出土したこれらの二仏并座像が、いつごろ、どこで、どのような意味をもって作られたか。またこれは渤海の歴史や宗教思想史の上で、どのような意義をもつものであるか、つぎにこれについて考えなければならない。

まず、これらの像の作られた時代であるが、これには銘文が皆無であるから、像の形式と仏教史の大勢から判断するよりほかしかたがない。

さて、これらの像に共通して見られるところは、北斉あるいは隋、おそくても唐初の中国仏像との強い形式上の類似である。

第一に顔面のやや細長い輪廓と、涼しく健康な容貌、それに笑いをふくんだ口唇をそなえた面相を見ると、中国では六朝末、だいたい北斉を中心とした時代以外には考えることができない。半拉城のある吉林省琿春県の地がどのように僻遠の地であったにしても――実際では後に述べるように僻陬ではないのであるが――、隋・初唐期より後の形姿とすることは困難であろう。二仏幷座像の頭部の形と面相は朝鮮平安南道平壌に近い元五里の廃寺址出土の高句麗の泥製仏像のそれと、すこぶるよく類似していることも、この年代を主張する一つの傍証となる。(17)

そのことは、また鋭い先端の反り上った蓮華模様の頭光や、整然と左右対象形にたれ下っている衲衣の裳の形態からもいうことができよう。

そのうえ、千体仏をそなえた光背の使われている点からも、二仏幷座像を六世紀末としても、すこしも不思議ではないのである。たとい地域が離れていても、それぞれの時代の特長的な造像形式が先進の中国から周辺の国々に伝わった時間は、意外に早いのである。このことは、日本の場合を見てもわかろう。

ただ、半拉城発見の二仏幷座像のおおむねの製作年代を六世紀末か七世紀初とすると、これは高句麗時代後期にあたる。とするとこれが七世紀末におこった渤海国の遺跡から発見されたことと、一見矛盾するようにも考えられるが、これについては後に充分考察を加えることにする。

つぎに製作地であるが、前にも一言したように、二仏幷座像の仏像の形式や容貌が、同時代の中国のそれと違うこと、およびこれらが朝鮮平安南道平原郡漢川面元五里の高句麗時代廃寺址出土の仏像[18]と類似していることなどから、高句麗領内で作られたものと考えたい。

ただし、半拉城子付近の仏師によって彫られたか、あるいはより政治・文化の中心地区――たとえば首都の平壌城のような――で作られたかは不明であるが、平壌付近から二仏幷座像の出土してないことから考えると、半拉城子近辺で製作された蓋然性の方がつよいように思われる。

第三にとりあげたいのは半拉城出土の二仏幷座像の性格である。中国においては、二仏幷座像は五世紀前半北魏の時代からはじまり、五世紀末・六世紀初めに盛行した造像形式であって、元来法華経信仰によるものとされている。[19]二仏幷座像の縁起は、法華経見宝塔品にみえていて、それによると、釈迦の法華説法のとき、七宝塔があらわれ、塔中の多宝仏が釈迦の説法を讃美した後、座をわかって釈迦仏を招じいれたという。多宝・釈迦の二如来が併座する所以であり、像に彫まれた銘文に多宝像（多保像）の名がみえるのはそのためである。

ところが、松原三郎氏の研究によって明らかなように、[20]六世紀も中期をすぎると、二仏幷座という造像形式はそのままうけつがれていても、二仏が法華経信仰から発した釈迦・多宝の二仏であるとする性格づけは、しだいに薄らぐようである。二仏が同一の光背下に収められず、それぞれの仏が格別に光背を帯びる別光背の形式が増えるのは、その傾向の強まったことを示す一例である。また造像銘に多保像とは記さず、単に「造像一軀」と記すに止まるのもその現われの一つだという。[21]

そうして北斉の時代になると、脇侍を伴った造像もあらわれ（天保二年銘「金銅二仏幷座像」[22]、天保五年銘「金銅二仏幷座像」[23]）、これは隋代にも受けつがれている（大業二年銘「金銅二仏幷座像」、河北省出土[24]）。これらのものでは法華経本来の二仏幷座像の形式をすでに飛び越えているのである。純一の法華経信仰にもとづく二仏幷座像の性格は弱まったとすべきであろう。

中国における二仏幷座像の成立と、形体および意義の変遷については以上の通りであるが、ひるがえって半拉城子出土の二仏幷座像を見ると、六朝末（北斉）から隋代にかけてのそれと、まったく一致する。光背が一仏ずつ別光背になっていることや、両脇侍を伴っていることなどは、特に著しい共通の例であろう。ことに脇侍を伴っている後者は、正規の釈迦・多宝像からすると、まったく枠外の形式である。

とすれば半拉城子の寺院址出土の二仏幷座像は、駒井氏の所説のようにもともと法華経信仰から生まれたものとしても[25]、これがこの製作された時代には、すでに純一な法華経信仰のみに拠ったものではなく、異なる要素も加わっていたと考えた方が妥当であろう。

たんに造像形式や面相ばかりでなく、このような点からも半拉城子出土の二仏幷座像が、六世紀末・七世紀初期の製作にかかることを推定することができるのである。

松原氏によると、南北朝末から隋朝にかけての中国で、二仏幷座像と法華経との関係が弱まるのは、河北・山東地方の庶民信仰がその中に交りあったためと解釈されているが[26]、旧満洲の地域で製作されたこの形式の仏像にも、まったく同様の理由があったに違いない。

六世紀末・七世紀前半のこの地方は高句麗の領土である。高句麗では仏教がさかんであったが、その仏教は、永年の間に、東北アジアの民族国家としての高句麗の国家的要求、高句麗人の民族的要請にこたえて、変化を重ね、しだいに民族仏教の形態をとったものと考えられる。民族主義的傾向のつよかった七世紀初めに至ると、そのような傾向はますます進行したであろう。高句麗のしかも東部の一画に見られる二仏幷座像の造像の意識下にはこのような高句麗人の伝統的な民族信仰の類いも蔵されていたのであろう。したがって二仏にかける願いは、たんに法華経による救いだけではなく、より広い、またより現実的な救いを求めるものであったと思われる。

(五)

わたくしは、以上において、半拉城出土の二仏幷座像が、六世紀末、七世紀初頭の高句麗時代末期の製作にかかるものであり、法華経信仰から出発しながらも、高句麗の民族的な信仰を加えて、より一般的な信仰の対象となったであろうことを述べた。

そこで、解釈しなければならないのは、高句麗末期の仏像が、渤海国の東京竜原府址に比定される半拉城子の渤海時代の寺院址から発見された理由についての問題である。これが高句麗時代の仏像であるとすれば、当然、この地に高句麗時代から寺院が存在していたか、あるいは他の地の寺院から移置したと考えなければならないであろう。

さて、半拉城子遺跡と高句麗との関係について見ると、ここからは典型的な渤海時代の蓮華文瓦瑠ばかりでなく、明らかに高句麗時代のパルメット文瓦瑠(27)や放線文瓦瑠(28)——これも高句麗式蓮華文の退化した形式である——が出土している。またこれとは別に斎藤氏によると、第二廃寺址には、凸面に縄文様の紋様のある灰黒色の瓦が(平瓦であろう）散布するが、それは渤海時代の瓦とは認められない。ところがこの廃寺址より二キロほど西南に位する南北の高力城（高麗城）子土城遺跡の北城址の中からは——わずかに土塁のみ残っている——、斜格子形の紋様のある赤瓦が、また城址の土塁中からは同種の灰黒色の瓦が出土するという。このような事実から、斎藤氏は、半拉城子遺跡の外城に寺院が造営されるとき、北高力城子土城の瓦を選び、使用したのではなかろうかと推測した。(29)

高力城子城については一九三七年（昭和十二）にここを調査した鳥山喜一氏も、ここから高句麗時代瓦片と高麗式瓦片をえたことから、古く高句麗時代の一城であったこと、その放棄後、遼代に改修して使用したものであろうことなどを述べている。(30)鳥山氏によると、この城址は東辺約五二〇メートル、西辺約五三〇メートル、南辺四六〇メートル、北辺五二〇メートルの不正四面形である。(31)内部の数個所に建築址の跡が認められるという。現在残っている城壁が第二次のものとすれば、第一次の城はこれと重複していたのである。

高力城子土城が、このような性質のものであれば、半拉城子遺跡外城の第二・第三廃寺址より出土した高句麗末期の二仏幷座像は、あるいは高力城子土城内の寺院から移されたと考えることもできよう。ただ高力城子土城はまだ調査がゆきとどいておらず、寺院址の有無を知ることができないのは遺憾である。

高力城子は、西に近く豆満江をひかえた良好の地である。ここが水陸交通の要衝であったとすれば、この地に高句麗時代から重要な根拠地があったとしても不思議ではなかろう。

高力城子土城の寺院址からの移置を考えるほかにも、またいくつかの解答が可能となる。最有力の一つは、半拉城子土城自身に高句麗時代の寺院があったとする推定である。それは半拉城子遺跡の内城から明らかに高句麗瓦璫と認められるものが出土し、あるいは第二廃寺址から縄目文のある高句麗平瓦片が発見されることからも推測できるし、いわんや多数の二仏幷座像の出土はそのことを主張する一層有力な資料となろう。

半拉城子土城における高句麗の要素を、なにも高力城子土城に求めなくても、半拉城子地域それ自身に求めても、不合理はないのである。とすればこの地における高句麗式仏像の存在は、より容易に理解できることになろう。要するに半拉城子地区は、高句麗時代から重要な地域であったから、渤海時代に五京の一つである東京竜原府が設置されたとするのである。

この考え方は、より自然であるが、この地域から高句麗時代寺院址がいまだ発見されていないので、積極的に主張することはややむずかしい。

第三の考え方は、半拉城子土城築設の時、国外のいずれかの地の寺院から僧侶の一団がこの地に移り、そのさい、二仏幷座像など小形の仏像を携えてきたとする見解である。これは二仏幷座像を礼拝する信仰が、この地をのぞき旧満洲や朝鮮半島地域であまり広がっている形跡がなく、かわって河北・山東方面でさかんであったことからの推測であるが、二仏幷座像に高句麗的な地方性の認められることから、外国より僧侶の移住を認めることは困難かも知れない。

いずれにせよ、半拉城子の地域に高句麗時代から二仏幷座像を配した寺院が存在し、それが渤海時代まで引きつがれたと考えるのが、もっとも妥当であろう。(補註34)

(六)

それではなぜ、二仏幷座像——ひいてはこれを示標とする高句麗以来の信仰——が、半拉城の地にだけ存在し、渤海領内の他の地で見られないのであろうか。

おもうに、第一には高句麗時代いらい、この地に二仏幷座像の信仰者あるいはその信仰の指導者がおり、渤海時代になっても依然として、この地域の住民に対して強い影響力をもっていたためであろう。

半拉城子出土の二仏幷座像が、すべて一時期に属するものであり、継続あるいは発展した形跡がないことから、高句麗時代の末期になって、このような特殊な二仏幷座像の信仰がこの地でおこったものと思われる。

これは、高句麗時代の半拉城子の地域が、沿海の服属諸民族を圧える重要拠点であったことと関係するのか、あるいは後の渤海国東京竜原府のはたした役割が物語るように、この地が、日本海交通、および鴨緑江と豆満江とを結ぶ河川交通の一大要地であり、新しいものが移入される好条件をそなえていたためか、いずれかの理由、おそらく双方の理由にもとづくものであろう。

こうした半拉城子地区の歴史的・地理的・経済的条件は、渤海時代に受けつがれ、ここに五京の一である東京竜原府が設置され、日本道として日本海交通＝貿易の中心地と定められたに違いない。半拉城子の地は、現在地図上では、渤海国の東辺にあり、一見僻陬の地のようにみえるが、実際では、たえず新しいものを受け入れることのできる活気のある都市であったようである。

日本の遣唐使の使者たちが、しばしばこの地を経て唐と往来したのも、この地が新文化との接触に便をえていたことを伝えている。[32]

第三代の大欽茂（文王）が、その晩年上京竜泉府からここに首都を移したのも、[33]故なきことではなかったのである。

なお、本稿ではもっぱら二仏并座像をとらえて、高句麗―渤海の関係を述べ、あるいは渤海の東京竜原府の重要性と文化性を論じたけれども、半拉城子遺跡より発見されたその他の遺物もまた、多くのことを物語るものであり、これについては他日を期することにしたい。

註

（1）　鳥山喜一「渤海東京考」（『京城帝国大学文学会論叢』第七輯、昭和十三年）。
（2）　鳥山喜一・藤田亮策『間島省古蹟調査報告』（昭和八年）三、琿春県内の古蹟、半拉城子土城外の寺址の項。
（3）　斎藤優『半拉城』（琿春県公署、昭和九年）。
（4）　前掲書（3）、二〇ページ、第一廃寺址の項。
（5）　遺跡と仏像の関係については、前掲書（3）二二～二五、三六～四一ページ参照。
（6）　駒井和愛「渤海の仏像」（『遼陽発見の漢代墳墓』昭和二十五年）。
（7）　前掲書（3）、三六～四一ページ。
（8）　前掲論文（6）、三～六ページ。
（9）　東京大学文学部考古学研究室蒐集品『考古図編』第十二輯、図版第一九。および、同、第十八輯、図版第一五～一九。
（10）　鳥山喜一『渤海史上の諸問題』（昭和四十三年）九七ページ。
（11）　原田淑人・駒井和愛『東京城』（東方考古学叢刊甲種第五冊）。
（12）　З.В. ШАВКУНОВ, Государство Бохай и памятники его культуры в приморье. Ленинград 1968, pp. 80-92.

なお、昭和三十九年に出版の『極東考古民族学』に掲載された彼の Бохайские памятники Приморья は、「沿海州における仏教遺跡——渤海時代のアブリコソボ寺院——」(『古代学』一三—二、昭和四十一年十二月)として紹介されている。

(13)前掲書(9)、第十二輯、図版第一九。本像は満日文化協会から東大文学部に寄贈された。

(14)わたくしは、以下における二仏幷座像の比較資料として、前掲、斎藤報告(3)、駒井論文(6)、東大文学部考古学研究室蒐集品(9)の解説と写真を使った。

(15)昭和十二年春、韓国忠清南道扶余郡窺岩面出土(『朝鮮総督府博物館陳列品図鑒』第十二輯、図版第三)。

(16)この光背については、前掲駒井論文(6)でも解説がほどこされている。石質やサイズなどは駒井論文のみに記されている。

(17)朝鮮平安南道平原郡漢川面元五里の高句麗時代廃寺址から出土した泥造の仏像の写真は、『朝鮮総督府博物館陳列品図鑒』第九輯、図版第一、および梅原末治『朝鮮古文化綜鑑』第四巻(高句麗)、図版第五六に見えるが、その大らかな六朝風の容貌は、半拉城子廃寺址のそれとよく似ている。

(18)(17)と同じ。

(19)松原三郎「金銅二仏並坐像考——特に北魏代を中心として——」(『中国仏教彫刻史研究』)六九〜九三ページ参照。

(20)前掲論文(19)、八六〜八八ページ。

(21)前掲論文(19)、九〇ページ。

(22)前掲論文(19)、八七ページ。なお、北魏仏にあっても、時に両仏の左右に人物の立つことがあるが——たとえば西安将来、石造北魏三尊仏座像(水野清一『中国の彫刻』日本経済新聞社、昭和三十五年)の裏面の二仏幷座像——、この人物は、彼らの左右につづく人物群の先端のそれとも見え、むしろ供養者と考えた方がよさそうである。

(23)前掲論文(19)、八八ページ。

(24)前掲論文(19)、九三ページ。

(25)前掲論文(6)、四〜五ページ。本論文は後に同氏著『中国考古学研究』(世界社、昭和二十七年)に収録されている。

(26)(19)と同じ。
(27)前掲書(2)、四八ページおよび図版五一ノ一。
(28)前掲書(3)、三二ページおよび図版一九。
(29)前掲書(3)、四五〜四六ページ。
(30)前掲書(2)、五四〜五五ページ、高力城子土城の項。
(31)前掲書(2)、五四ページ。
(32)たとえば『続日本紀』聖武紀天平十一年十一月辛卯の条に見える入唐使判官、平郡広成の渤海路よりの帰国、あるいは同、天平宝字五年八月甲子条に見える藤原河清の渤海道を通っての入唐などが、それである。
(33)『新唐書』渤海伝。

六　渤海国の都城と律令制

(一)　古代・中世の東北アジア

六世紀から十二―三世紀にかけての東北アジアは、変転のはげしい時代であった。

いまの中国の東北地方東部から北部朝鮮にかけては、永年にわたって高句麗の国が強い統一的勢力をほこっていたが、七世紀の中期、唐・新羅連合軍の攻撃をうけて倒れた（六六八年）。唐は高句麗の旧土を占領し、安東都護府をおいて支配したが、遺民などの叛乱もあって統治は困難となった。

こうした状勢に乗じて、高句麗遺民の有力者であり、また遼西の営州に強制移住させられていた大祚栄は、ここを脱出して故土に帰り、高句麗の旧領土を回復して独立国をたてた（六九八年）。渤海国がこれである。

この国は唐や日本と交渉をもち――新羅とは敵対関係にあった――、律令体制を整え、この地方唯一の独立国として二世紀余にわたって勢力を振ったが、九二六年、東部蒙古におこった契丹国（遼）に攻撃され倒された。渤海国の故地には、一時、契丹の王族の支配する東丹国がつくられたが、数年にして消滅し、その後しばらく、この地方は統一されることなく、渤海国遺民の女真人の散住の地となった。

十二世紀の初め、渤海の旧領域は女真人の完顔阿骨打によって統一され、金国が建設された（一一一五年）。金はやがて西隣の遼を亡ぼし（一一二五年）、ついで中国に侵入して北宋を倒して（一一二七年）、中国東北・東部蒙古・華北を支配する大国となり、中国的な政治体制をそなえた国家となった。しかしこの国も十三世紀の前期、蒙古帝国に攻撃されて姿を消し（一二三四年）、その故土は蒙古政権の支配下にはいった。

七世紀以降十二―三世紀に至る東北アジアの政治的推移は上に略述した通りであるが、この間、この地域で主体的な政治体制と文化を作りあげたのは渤海国である。そこで本稿では渤海国の性格や文化を、歴史考古学の立場から考えることにしたい。

(二)　渤海国の首都とその遺跡

渤海国は中国の唐から「海東の盛国」と謳われた国であったが、滅亡時の戦乱とその後の政治的変動の激しさから、この国で作られた記録はほとんど全く残っていない。わずかに中国の『旧唐書』や『新唐書』の渤海伝その他、日本の『続日本紀』その他に、この国に関する記事や史料が残っているだけである。

それらによると、この国は唐の律令制度を自国の歴史的諸条件に適応させつつ採りいれており、その点から見ると律令制国家の形態をとっていたことが推定できる。このことをさらに具体的に確かめることのできるのが、首都の考古学的調査である。

旧・新『唐書』の渤海伝によると、この国には五京の制度があった。(1) 上京竜泉府・中京顕徳府・東京竜原府・西京鴨緑府・南京南海府の五京である。五京の制度がいつから定まったかは明らかでないが、第三代の文王大欽茂（七三七―九四年）の時には諸制度が整備されたとあるから、五京が一応整備されたのは、五十七年にわたるこの王の永い治世の間であったであろう。

中国側の史料によると、(2) 首都ははじめ中京にあったが、文王の初期に上京に移された。ところが晩年に至って彼はまた東京に移したという。このころまでの王は、治世の間に首都を移す習慣のあったことがうかがわれる。その後第五代の成王大華璵（七九四年）の時、首都はふたたび上京にかえり、その位置はついに滅亡時まで変らなかった。律令体制の定著を示すものかも知れない。

記録はただこれだけを伝えるのみであるが、これらの首都のうち、上京竜泉府と東京竜原府の遺跡は発見され、考古学上の調査も行なわれている。また鳥山喜一によって中京顕徳府に比定された遺跡も報告されているのである。

上京竜泉府の遺跡は黒竜江省寧安県東京城鎮にある。ここを再発見し、これを渤海の上京に当てたのは白鳥庫吉で、時は早く明治四十二年（一九〇九）のことであった。その後、鳥山喜一（大正十五年）・ポノソフ（昭和六年）の両氏によって調査され、ついに昭和八・九年の東亜考古学会による大規模な発掘となり（主任は原田淑人）、のちまた鳥山によって寺址などが調査されている。(3)(補註35)

第二の東京竜原府址は吉林省琿春県半拉城子にある。昭和十一年、鳥山によって発見調査され、その後、斎藤優・駒井和愛らによってさらに調査の手が加えられた。(4) 第三の中京顕徳府に比定されている遺跡は、おなじく吉林省延吉県西古城子にあって、昭和十一年鳥山喜一・藤田亮策の両氏によって発見調査されている。(5)

これらのうち上京竜泉府址がもっともよく保存され、調査によって実態もより明らかになっているから、まずこれについて考え、のち他の両者との関係について述べることにする。

(三) 東京城鎮遺跡

——上京竜泉府址——

上京竜泉府の遺跡は西と北とを牡丹江の流れによって囲まれた肥沃な平地の中にある(6)（図76）。内外二城にわかれ、外城は東西約四五〇〇メートル、南北約三三〇〇メートル（東壁二九町二六間＝三二一一メートル弱、西壁三〇町三三間＝三三三三メートル弱、南壁四〇町五〇間＝四四八五メートル弱、北壁四一町一六間＝四五〇二メートル弱）の東西にながい矩形であり、四辺は高さ三・六五メートルほどの城壁で囲まれている。城壁の内側は石積みで、外側は土塁である。そうして南壁には一門、東西壁には各二門、北壁中央に一門の門址がみとめられる。

外城内の北部中央に東西一〇六〇メートル（九町四三間）、南北一一八二メートル弱（一〇町五〇間）の縦長の矩形の内城があり、周囲は土壁でかこまれている。内城はさらに内郭と外郭の二つに分れる。内郭は中央北部にあって、内部には宮殿が建ちならんでいる。朝集殿と内裏とを含む宮城——わが国の大内裏に当る——である。その南方の一郭は皇城であって、ここにも多くの建築址がある。政府官庁の遺跡であろう。また宮城の東方にある縦に細長い一郭には禁苑があり、そこには池塘や亭址が残っている。

宮城の内部中央には東西に長い六つの大宮殿(補註36)が南から北にならび、それらは内庭をかこむ回廊によってむすばれている。中央宮殿列の左右にも宮殿は存在したが、発掘調査の手が届かなかったのは遺憾である。

さて中央宮殿列の最南の第一宮殿は約一〇㍍の高さの土壁上に構築されており、雄大な礎石をそなえた九間六面の建築である――現在その上に廟が建てられ、五鳳楼と呼ばれている――。この宮城の昇降のために、前面には三条の通路がつくられている。

第一宮殿の背後により大きな規模をもつ第二宮殿址がある。(補註37) これは高さ約三㍍、東西五六㍍余、南北二四㍍余の土壇上に建てられた一一間四面の大建築であって、土壇の周囲は石製の大獅子頭で飾られていたことがわかっている。この宮殿の背後には門址らしいものがあり、これによって第三宮殿と隔てられていたらしい。

その北につづく第三宮殿址は最大であって、土壇の広さ東西一二一㍍強、南北三〇㍍強ほどもあり、その上に壮大な建築物が建てられていたと推定されるが、破壊がとくにはげしく復原は不能である。おそらく最も重要な建造物であったと推定される。第四宮殿も土壇上にあり、破壊ははなはだしいが、その主建築は七間四面の殿宇であったことがわかる。そうして第一から第四におよぶ各宮殿は内庭をかこみながら、それぞれ単廊あるいは複廊によってたがいに連絡されているのである。

興味のあるのは土壇をもたない第五宮殿である（図77）。これは東西にならぶ三室に分れ、漆喰で固めた地表をそのまま床として使い、東西の二室には腰掛様の炕（オンドル）の設備をしつらえている。まさに高句麗時代いらいの伝統をもつ民族的な建造物である。(7) わが国の和同開珎の発見されたのもこの殿址であった。この西側にある第五宮殿西殿も第五宮殿と全く同じく、炕のある構造であった。

第六宮殿は土壇上にある一一間五面の殿宇である。

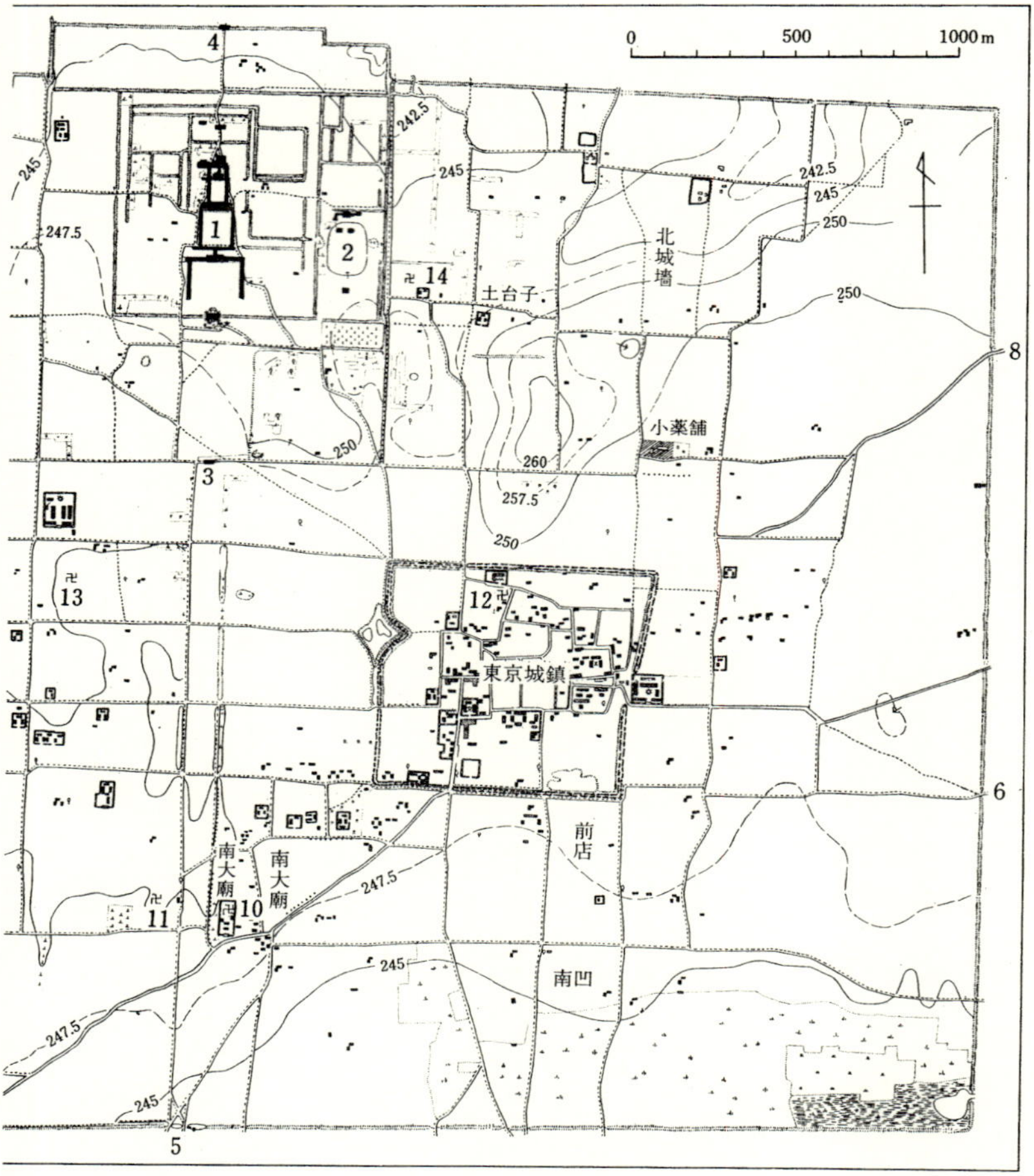

1. 宮殿址　2. 禁苑址　3. 内城門址　4 ～ 9. 門址　10. 第一寺址　11. 第二寺址
12. 第三寺址　13. 第四寺址　14. 第五寺址　15. 第六寺址

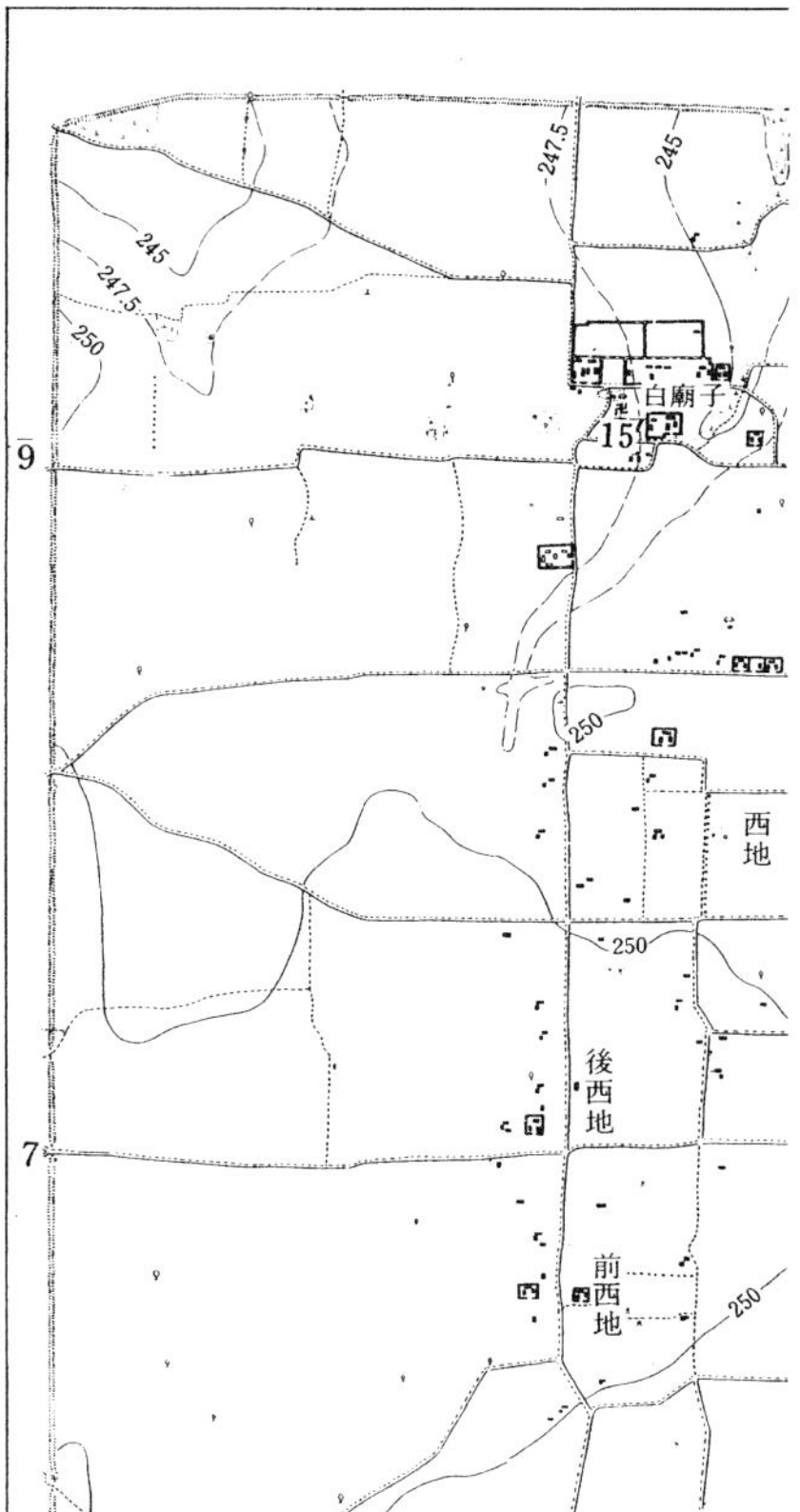

図76　東京城遺跡実測図
（『東京城』による）

これらの宮殿のうち、第五をのぞく他の五宮殿は中国風の宮殿であって、作り出しのある大礎石の上に立てられ——礎石が玄武岩や熔岩製で美観を欠くときには、上を緑釉陶製の礎石覆いでおおい、美しく飾ってある——、木柱によって支えられた屋根は瓦葺である。床には磚がしいてある。

以上に述べた宮殿配置の状況から考えると、第一・第二の二宮殿は朝儀を行なう朝集殿に相当するものであり、第五・第六の二宮殿は王の居住する内裏にあたるものであることは疑いない。両者の中間にある第三・第四の二宮殿はそのうちのいずれかに属するものであろう。

これらのうち壮大豪華な基壇の上に建てられた一一間四面の大宮殿である第二宮殿は、報告者によって大極殿に比

図77　東京城第五宮殿址発掘状況（『東京城』による）

定されている。しかし、あるいはこれよりさらに大きく、第二宮殿と門をもってへだてられている第三宮殿がそれに当るかも知れない。とすれば大極殿は朝集殿と区画され、王の権威は一層高められていたことになる。いずれにせよ、宮殿内の朝集殿・大極殿によって象徴される渤海王の律令体制下における権力は、制度的には大きかったことが推定できる。

宮城の東に接する庭園（禁苑）はよく整えられ、小殿はもとより、池畔や池中の島には亭が設けられていた。とくに池中の亭には八角堂もあり、柱座や瓦には緑釉のものも使われていたから、景観はすこぶる愛すべく華麗であったであろう。

内城内の諸建築および後にのべる外城にのこる諸寺院に使用された瓦の総量は、驚くほどの大量にのぼるが、これによっても律令体制下の生産組織の一斑と政府の経済的権力の大きさがわかる。瓦については後に再びふれる。

内城の南面中央からは八七・三㍍（四八間）幅の中央大路が南にのびて、外城の南門に達し、城内を左右の二つに分けている。

外城は東西・南北に走る道路によって縦横に区画されているが、報告書によると、残存する道路の遺構から南北路は中央大路をはさんで東西に各四街、東西路は内城以北に三街――内城をはさんで――、内城以南に九街（報告書には内城以北に四街、以南に八街としてあるが、各三街・九街とした方が理解しやすいようである）あったと考えられる。従って外城内には東西区にそれぞれ四一坊、計八二坊が存在したことになる。

それぞれの坊には貴族・官僚・一般住民の住居などがあったに違いないが、実際には、住民はその一部の地域にしか住んでいなかったであろう。

東西の両区には中央大路をはさんで、左右に市があったらしい。報告書は西市を現在西地の名の残る地区に、東市を東京城鎮集落のある地区に比定しているが、その比定は正しいとおもわれる。

朱雀大路をはさみ、東西に相対して各三ヵ所、計六個の寺址が発見されている。

東側南方の寺址は東区第一坊にあり、現在ここは南大廟と名づけられる大きな寺廟となっている。そこには総高六㍍に近い（一九尺余）巨大な玄武岩製の燈籠が残っている。豪壮なプロポーションも美しい。これによりこの寺院が往時壮大であったことを偲ぶことができる。中央大路をへだてて西側には対称的に第二寺址がある。

第三寺址は中央大路よりやや離れた東側で、現在の東京城鎮の西北隅、それと対称的な西側に第四寺址があり、さらに内城をはさんで東西に第五寺址（土台子）と第六寺址（白廟子）がある。

これらの寺院はいずれも礎石の上に建てられた木造瓦葺の堂々たるもので、壁面は漆喰で上塗され、そこには壁画も描かれた。

出土する仏像には磚仏・金銅仏・鉄仏・塑造仏などの種類があるが、いずれも単身の仏や菩薩の像である。

寺院に使われた瓦の模様は軒先丸瓦・軒先平瓦ともに宮殿址のそれと同じであり、そのほとんどが蓮華文に若干の

図78　東京城遺跡出土軒先丸・平瓦
（『東京城』による）

装飾文を加え、これを定形化したものであって（図78）、その形式は一般に変化にとぼしい。高句麗の瓦璫の模様の伝統をひくものであること[8]が推定できる。

これは後にのべる半拉城子遺跡（東京竜原府址）・西古城子遺跡（中京顕徳府か？）の宮殿の瓦も同様で、模様の形式はまったく同じい。そればかりでなく、瓦には一般に、これを焼成した諸条件と関係のある文字が押印されているものも少なくないが、その押字には三遺跡に共通するものが多いのである。[9]

建物の種類・土地の遠近をとわず、すべて同種の灰黒色瓦が焼成され、しかも瓦の模様や押字にも共通のものの多いことなど、瓦の生産がある特定の公的機関で専掌されていたことを推測させる。その機関はおそらく律令体制下における政府の工務機関であったであろう。

一般の民家としては、現在の東京城鎮の北部に若干の竪穴住居が発見されている。その中からは櫛目文のある黒色磨研土器とともに、美しい三彩陶器の破片なども発見された。

以上は上京竜泉府址の概略であるが、ここに見られるように、渤海の上京は全体の形状にあっても、内部のプランにおいても、あるいは宮殿・寺院の構造でも、中国の唐制、とくにその首府長安のそれにならっていることがわかる。しかし、それはもとより全同ではなく、異なる点も多い。すなわち唐の長安城が東壁七九七〇㍍、南壁九五五〇㍍、西壁八四七〇㍍、北壁九五七〇㍍[10]の広さを持つのにくらべると、上京竜泉府の広さはかなり狭い。ただ日本の平城京の面積より広いのであって、このことは外城内の条坊数が長安の一一四坊、上京竜泉府の八二坊、平城京の六八坊という数にもあらわれている。わが平城宮が縦長のプランをもっていることも、上京竜泉府とちがうところである。

また長安の大明宮に相当するものがないことも、唐と渤海との違いである。王は内城の宮城に住み、もっぱらここで政務をとったのである。渤海上京の宮城は長安の大極宮に当るが、大極宮内の宮殿配置の状態は明らかでないので、上京竜泉府のそれとの比較は困難である。けれども王の居所すなわち内裏が、土間に炕を設備した古代東北アジアの伝統的建築様式である点、大きな特色がみとめられる。

上京竜泉府は唐の長安城にならった大規模な首都である。このように整備された大都城がきずかれたことは、律令体制の施行されていたことを明らかに物語り、また宮城内の宮殿の規模の壮大さ、とくに大極殿に当ると推定できる宮殿に特別な規模と地位のあたえられている点など、律令体制下の王の地位の増大のはかられていたことを推測せしめる。事実このような大都市の建設、大建築の建造の事実や、莫大な数量の瓦の焼造などを見ても、ある時期における中央の権力の大きかったことは確かであろう。ただ現在遺存する上京竜泉府址が文王代のものかあるいはそれ以後のものであるかは深く検討を要するところである。

(四) 半拉城子遺跡
——東京竜原府址——

第二の東京竜原府址に当ると考えられている半拉城子遺跡は琿春河下流の肥沃な琿春平野の中に遺存する。(11)

現在ここには東西約七〇〇㍍、南北約七四〇㍍の周縁に濠をめぐらした土城が認められ（図79）、その内部の中央北寄りにある東西二一四㍍、南北三一五㍍（斎藤優によれば二二〇㍍×三一〇㍍）の一画には三基の宮殿址が存在する。

鳥山喜一は、外側の一郭を外城、内側のそれを内城とみとめているが、斎藤優は前者を内城と考え、その外側に条坊制によって区画された広大な外城が存在したと推定している（図80）。後者すなわち斎藤の推定の方が正しかろう。内城外の寺院の配置状況からもこのことは推測できる。ただし外城の輪郭は斎藤の推定図はあるにしても、まだ全く明らかでない。

なお、もし鳥山の遺跡にたいする観察が正しいとすれば、これは渤海時代の一府県址の大きさにすぎず、かつて文王が首都とした南京南海府の遺址とは認めることがむずかしかろう。

現在遺存している一郭を内城と推定して上京竜泉府址のそれと比較した場合、全体のプランはすこぶるよく類似する。内城内の南方の一画には、中央の空間をはさんで東西にそれぞれ広い区画があり、これは皇城すなわち官庁区域と想定される。最も北寄りにも東西に細長い一画があり、また中央の宮城と目される区画の両側にもそれぞれ一区画がある。

こうした区画にとりかこまれて中央に宮殿の遺存する宮城があり、この点も上京竜泉府址と類似するが、しかし、宮城内の宮殿の数と配置となると、たいへんちがう。中央部の主宮殿の数は二つであり、その両側の宮殿を合しても八つに過ぎない。ただ中央にならぶ二宮殿のうち北方の小殿址からは緑釉丸瓦や緑釉蓮弁が発見されたというから、これが宮殿であったことは確かであろう。建築の多くは礎石の上に建てられた瓦葺の中国風殿宇である。

このような点から考えると、東京竜原府は律令体制下の首都としての形式をそなえていたとしても、上京竜泉府よりはるかに素朴であり、また宮城内の宮殿配置の状況も簡単である。もしも宮城が鳥山・斎藤の調査通りのプランであったとすれば、朝集殿と大極殿の分離も充分でなかったようにも見える。これらのことは上京の首都時代に比して、律令体制の未熟さをうかがわしめるものではなかろうか。

東京竜原府は、第三代の文王の晩年、一時王の居住する首都となった。もしも半拉城の内城のプランが、なおその時の内城のプランを伝えているとすれば、文王時代の律令体制はそれ以後の時代ほど整備されていなかったことを推測せしめて、すこぶる興味が深い。

内城の外側、すなわち外城とおもわれる地域には三寺址があり、そのうち第二・第三の寺址は内城の南門から

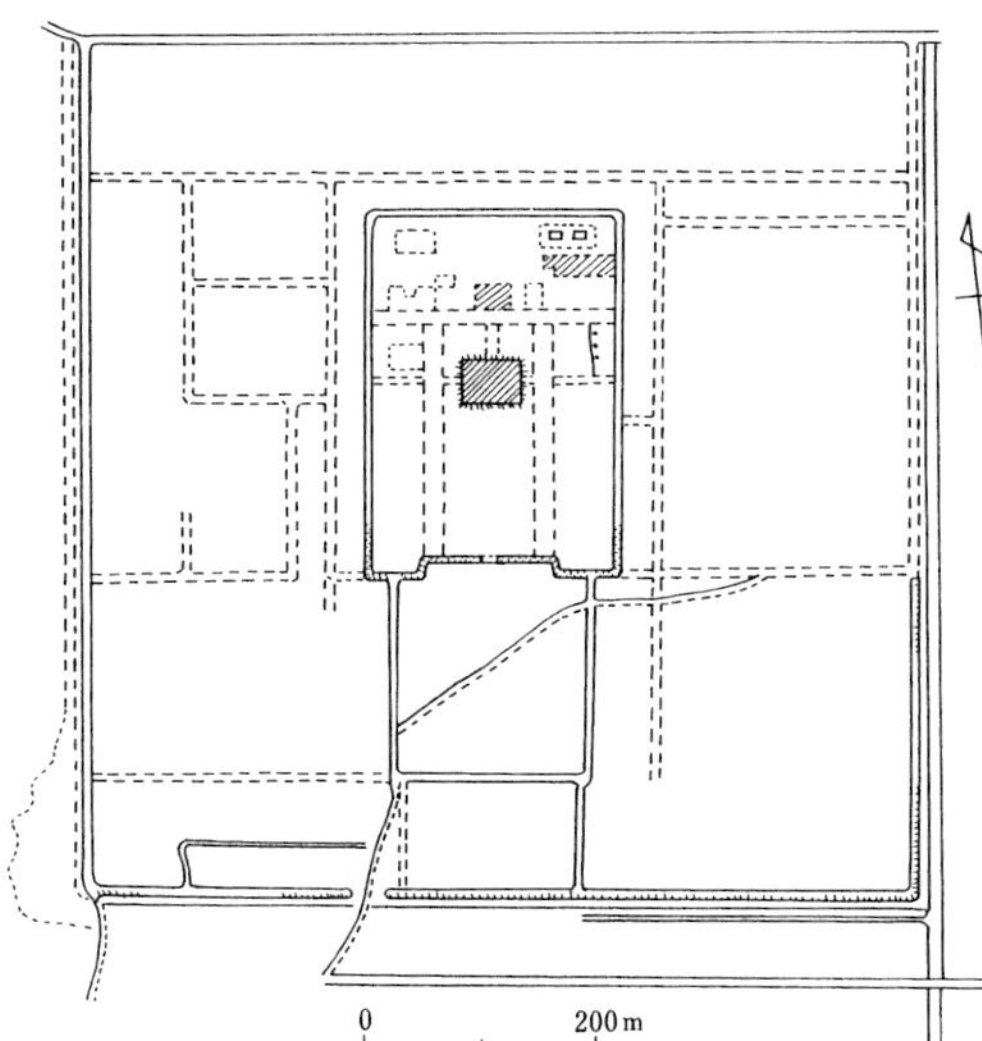

図79　半拉城子遺跡実測図
（『間島省古蹟調査報告』による）

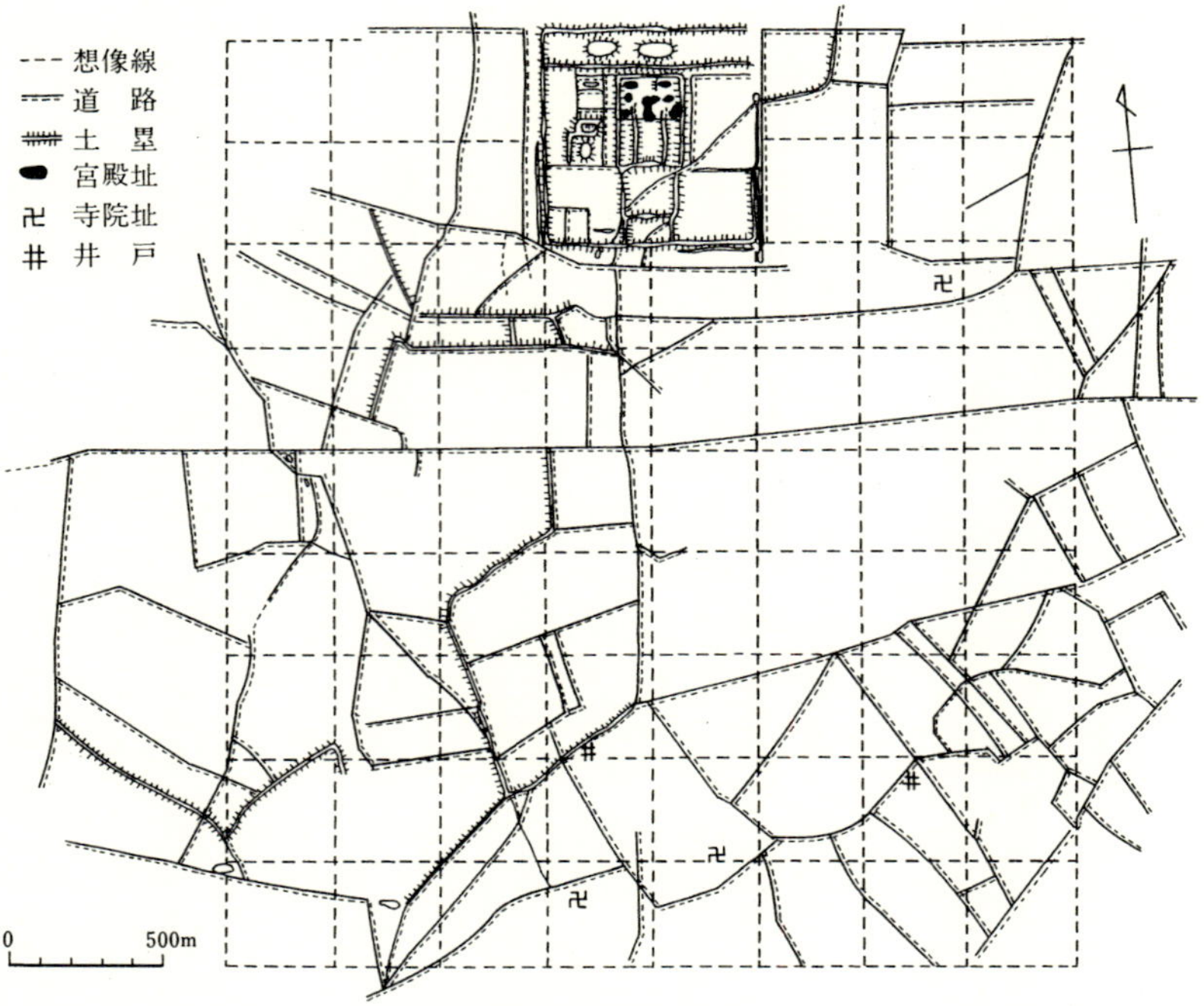

図80　半拉城子遺跡条坊想定図（『半拉城』による）

南にのびる道――中央大路の跡であろう――の左右に、ほぼ対称的に存在する。それらの寺址には礎石が残り、仏像も発見されるが、半拉城址より発見されるそれは東京城のそれとは違い、高句麗時代後期――中国の六朝時代後期――の様式をもつ二仏幷座像が少なくない。二仏幷座像は法華経信仰にもとづいて製作されたものであり、初期の渤海人の仏教受容の状況がわかるとともに、東京竜原府の都市設計が――寺院をも含めて――、初期以来のものであったことを示すものとして注意すべきであろう。[12]

(五) 西古城子遺跡

第三の延吉県の西古城子遺跡は、平坦な頭道溝平野にあって、南方三㌔に海蘭川が流れている。鳥山喜一によって中京顕徳府に比定された都城址である[13](図81)。

鳥山によれば遺跡は東西六四〇㍍、南北七二〇㍍の南北に長い土城によってかこまれ、南壁の中央に門址がみとめられる。さらに城内の中央北寄りに東西一九〇㍍、南北三一〇㍍の一郭があり、その中には東西に長い三つの大きな土壇が南北にならんでいる。中央の土壇の左右にも土壇がある。これらは大建築物の遺址であって、礎石がならび、多数の瓦や花文方塼、または緑釉の柱座や建築物付属品が発見される。宮殿址であることは明らかである。

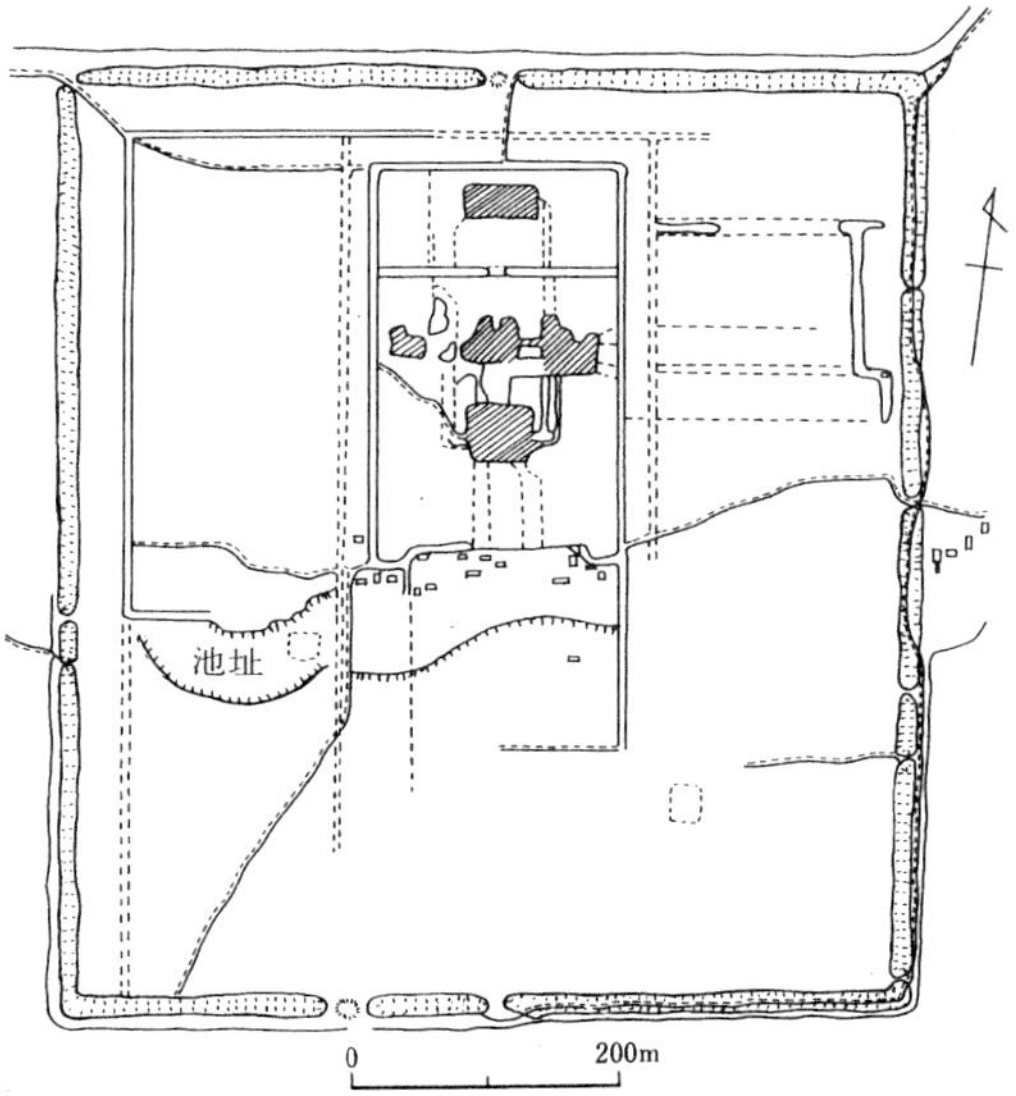

図81 西古城子遺跡実測図
(『間島省古蹟調査報告』による)

調査者の鳥山は外側の一郭を外城、内部の一郭をその内城と推定したが、もしもその観察が確かであって、外郭の外側に条坊制をもつ広い区画がなかったとすれば、中京顕徳府が首都の時代には——かりにこれを中京だと認めて——宮城の制度はあっても、まだ律令制による京の制度は存在しなかった古い時代の都城ということになる。

しかし出土遺物が、上京・東京とすこぶる似ていることから考えると、この推定は疑わしい。もしも中京が首都であったとすれば外郭外側に、たとい簡素であったとしても条坊制をもつ外城が作られていたであろう。しばらく後の調査にまちたい。

土城の形態と面積および土城内のプランは小異はあっても、半拉城遺跡のそれに類似する。とすればその中央の一画は宮城に当るとおもわれるが、宮殿配置は半拉城遺跡より、より簡単であり、宮城内部には五つの殿址がみとめられるにすぎない。ただ内裏と朝集殿とが隔離されているように見えるのは興味がある。また外郭の南半、すなわち宮城の南方地区の区画も半拉城子遺跡に比して簡素である。

こうした城内のプランや宮殿配置の簡素さが、建設時のより古さを意味するとするならば、西古城子遺跡は渤海国において最も早い時期の都城址ということになる。とすれば、第三代の文王大欽茂が治世の初め上京竜泉府に都を定める前の都城であったかも知れない。鳥山がこれを初期の都城である中京顕徳府に当てたのも、無下には否定できないようである。

(六) 渤海時代の墳墓

渤海の遺跡としては都城の他に墳墓がある。墳墓は二ヵ所、一はすなわち吉林省敦化県六頂山西南地区(14)、他は黒竜江省寧安県の上京址から牡丹江を隔てて近い三霊屯集落[15]に発見されている。前者には高句麗様式の四方隅持ち送り式天井のある石室を内に蔵した封土墳があり（図71参照）、後者には整った横穴式石室墳があるが、現在封土はない。後者の石室の周辺に礎石がめぐらされていることから推すと、なんらかの建造物で上をおおわれていたことが推測できる。

重要なのは前者から文王大欽茂の二女の貞恵公主の碑が発見されたことであって（図82）、これによりこの墳墓が渤海の大興宝暦七年（七八〇）に造られたことがわかった。

後者の営造はこれより遅れている。いずれにせよ、渤海国では律令体制のとられた八・九世紀になお見事な墳墓がいとなまれていたのである。

渤海国の領内におけるこの国の遺跡はその他黒竜江省寧安県牛場、吉林省延吉県延吉、吉林省輯安県輯安、沿海州ボロシーロフの綏芬河をへだてたクラスノヤロフスク丘などに発見されており、さらにソ連学者の研究によってなおその数は増しつつある。このような地方都市や邑落の発見によって、律令体制下の地方組織もしだいに明らかになるであろう。将来の調査を期待するものである。

図82　渤海貞恵公主墓碑
（『考古学報』1956-2 による）

註

（1）『旧唐書』巻一九九、『新唐書』巻二一九。
（2）（1）と同じ。
（3）原田淑人・駒井和愛『東京城』（東方考古学叢刊甲種第五冊）、鳥山喜一「渤海の上京竜泉府に就て」（昭和四年）、同「東京城」（『満洲古蹟古物名勝天然紀念物保存協会会誌』六）。
（4）鳥山喜一・藤田亮策『間島省古蹟調査報告』、斎藤優『半拉城』、駒井和愛「渤海の仏像」（『遼陽発見の漢代墳墓』）。
（5）鳥山喜一・藤田亮策、前掲書（4）。
（6）上京竜泉府址遺跡の状態については、前掲（3）の諸書による。
（7）拙稿「高句麗と渤海」（本書四所収）
（8）拙稿「渤海の瓦」（本書七所収）
（9）拙稿「渤海の押字瓦とその歴史的性格」（本書八所収）。
（10）中国科学院考古研究所「唐代長安城考古紀略」（『考古』一九六三年一一期）、陝西省文物管理委員会「唐長安城地基初歩探測」（『考古学報』一九五八年三期）。
（11）半拉城子遺跡の状態に関する記述は、前掲（4）の諸書による。
（12）（7）と同じ。
（13）西古城子遺跡の状態に関する記述は、鳥山喜一・藤田亮策、前掲書（4）による。
（14）王承礼・曹正榕「吉林敦化六頂山渤海古墓」（『考古』一九六一年六期）、閻万章「渤海貞恵公主墓碑研究」（『考古学報』一九六五年二期）、金毓黻「関于渤海貞恵公主墓碑研究的補充」（『考古学報』一九五六年二期）、および前掲拙稿（7）。
（15）原田淑人・駒井和愛、前掲書（3）。

七　渤海の瓦

(一)　満洲の四文化圏

旧満洲国の領域を中心とする東北部アジアの一地方を、民族・歴史・文化の方面から大観すると、大体四つの文化圏にわけることができる。西より数えて一は興安嶺東の東部内蒙古文化圏、二はすなわち遼河流域の肥沃な地を占める中央の遼東文化圏、三はその東につづき、長白山系を中核とし、山岳丘陵地帯を南北に拡がる東部満洲文化圏、四は日本海に臨む沿海をソ連領より東部朝鮮にかけて帯状に延びる沿海文化圏がこれである。

このうち第三の東部満洲地帯はソ連領沿海州および北東朝鮮の山岳地帯と民族・文化・歴史・地理上、同一地区をなしている。ゆえにこれらの地帯を等しく、第三の地帯にふくめ、東部満洲文化圏として取り扱おう。この地帯は山岳と丘陵と森林の相連った地帯であって、古来同種の生活様式を有する民族——ツングース系民族——が居住し、同一性質の文化を育成・持続した。満洲民族・満洲文化とはこの地帯に居住し、この地帯に育成された民族・文化をさすのを一般とする。いわば純粋の満洲地帯と称すべきである。以下第三の地帯に発生した渤海国の文化を取り上げ、その性格を検討し、もって中世における満洲文化の性質を考えてみたいと思う。

(二) 満洲史上における渤海国の地位

東部満洲の地帯には古来少なからぬ王朝が興った。古くは夫余・高句麗、中頃の渤海・金、近頃の清はみなこれである。地方的政権ともいうべき東真(1)・定安(2)等の諸国を加えると、その数はさらに多い。

これらはいずれも東満に起ったけれども、その命脈をこの地に絶ったのは夫余・渤海の両者のみであって――地方的政権をのぞき――、他は朝鮮あるいは中国に入り、彼処で消えた。すなわち高句麗は東南に延びて朝鮮の北半をあわせ、平壌に都し、金は西南に進んで河北を奪い、都を中都(北京)に定め、それぞれ盛期をその地にすごした。清が東アジアの全域を領し、香気馥郁、近世史上まれにみる大帝国を建設したのは周知のことに属する。彼らの満洲的性格はこの間しだいに変じ、新根拠地の文化をもって身を飾った。高句麗は朝鮮型の王朝に、金・清は中国型の王朝に変じたのである。したがって彼らは純粋に満洲王朝とはいいがたく、これより彼らの満洲的性格を抽出しようとすれば、いきおい幾多の困難を伴わざるを得ない。彼らに関する資料は数多いけれども、これにのみよる時は政治・経済・文化、各般にわたり、満洲的性格の真の姿を把握することはできがたいのである。純乎たる満洲王朝は夫余および渤海に指を屈すべきであろう。この意味においてこれら両王朝は満洲史上重視さるべきである。

夫余・渤海の両者のうち、前者にかんする史料はきわめて少なく、その遺跡・遺物はほとんど知られておらぬ。ゆえに歴史地理的問題はとにかく、この国の国家的性格はいまだ解明されたとはいいがたく、いわんや、文化の性質のごときはなおさらである。

これにたいし、のちの渤海は史料・遺跡とも、量において充分とはいいがたいけれども、前者にくらべると格段の豊富さがある。のみならず、史料の確実性においても著しく優っており、これらを通じて眺めるとき、まがうことなき満洲国家をつかみ取ることができる。渤海こそ満洲に興亡した諸王朝の中、純粋にして重要なるものといわねばならぬ。

しからばこの国の文化的性格はどうか。渤海はこのように重要な国家であるが、この国の文化の内容を伝えた史料に乏しく、ために文献を通じて、その性質を明らかにすることはむずかしい。ただ幸いなことには近時考古学者の努力により、この国の遺跡・遺物の若干が明らかにされたから、これを基としてある程度まで文化の様相を窺うことができる。

さて文化的性質の検討に資すべき考古学的資料は多い。しかしながら普遍妥当の結論をうるためには一般かつ長期にわたって行なわれ、しかも渤海的特長の顕著なる資料を選択するを必要とする。このような要求をみたすものとして、筆者はまず瓦瑠の紋様を選んだ。後に明らかにするごとく、瓦瑠紋様こそもっとも渤海的色彩に富んでいるからである。ただしこのような問題は一部の資料から早々に全面的結論を導き出すべきでなく、文化現象全般の綜合的研究の結果をまつの要あることもちろんである。他日を期したいと思う。

(三) 渤海国の遺跡と瓦璫

渤海国は西暦六九八年（唐・中宗嗣聖十五、日本・文武天皇二）に興り、約二百二十八年の命脈を保ったのち九二六年（遼・天顕元、日本・醍醐天皇延長四）契丹の太祖耶律阿保機によって攻め亡ぼされた。盛時の疆域は、東部満洲の山岳・丘陵・森林地帯を中心とし――西境はほぼ安奉線と、奉天以北の満鉄線に限られた――、ソ連領沿海州、北部朝鮮（咸鏡南北道および平安北道）をふくんでいる。王朝存続期間中の大半、首都として栄えたのは忽汗水畔の上京竜泉府（いまの牡丹江畔の東京城）。わが国への使者は絶えず、交歓の詩歌の、『和漢朗詠集』『菅家文草』等に残るのは周く知られるところである。

さて現在、確実に渤海国に関係のある遺跡とわかり、瓦璫その他の建築用品の発見されているのは、つぎの八ヵ所を数える。

	（おもなる調査者）	（報告書あるいは史料）
(1) 東京城(3)	白鳥庫吉・鳥山喜一・原田淑人・ポノソフ	『東京城』（昭和十年刊）
(2) 牛場(4)	ポノソフ	
(3) 半拉城子(5)	鳥山喜一・藤田亮策・斎藤甚兵衛・駒井和愛	『間島省古蹟調査報告』『半拉城』
(4) 西古城子(6)	〃・〃	〃
(5) 延吉街(7)	〃・〃	〃

(6)　輯　安(8)

(7)　遼陽付近(9)

(8)　祖州モンチョック(10)　田村実造・島田正郎等

鳥居竜蔵

鳥山喜一『満洲東西記』

(なお、鳥居博士はニコリスクをそれとしてあげているが、(11)出土遺物より見て確実といいがたい。)

以上の諸遺跡を地域的に分けると左のごとくになる。

第一　牡丹江地区　東京城・牛場

第二　間島地区　延吉街・半拉城子・西古城子

第三　鴨緑江地区　輯安

第四　域外地区　遼陽・祖州

これらの諸遺跡からはいずれも夥しい瓦甎の類を出土する。瓦には平瓦・軒平瓦(宇瓦)・丸瓦・軒丸瓦(鐙瓦)等の別があって、このうち、軒平と軒丸瓦の瓦璫には紋様がある。両者とも特長があるが、著しいのは後の軒丸瓦の紋様であって、これを出土地別に図示すると図83のごとくになる。

図によって明らかなように第一の牡丹江、第三の鴨緑江および第四の域外の各地区よりは蓮華紋以外の瓦璫の出土をみない。これにたいし第二の間島地区よりは蓮華紋のほかに重複蓮華紋・異形蓮華紋および唐草紋の瓦璫が出土する。しかし後の場合にあっても蓮華紋瓦璫の数は圧倒的に多く、重複蓮華紋その他の紋様はきわめてまれに存するにすぎない。要するに渤海瓦璫紋の基本的形式は蓮華紋となすべきである。そうして、渤海瓦璫にみられるこの種の紋様は、他のいかなる王朝、いかなる時代にも認めることができぬ。渤海瓦璫紋様の特色はまさにここに存する。

論述の関係上、左に出土地区と紋様の大体の関係を示そう。

第一　牡丹江地区　蓮華紋（図83―Ⅰ）

第二　間島地区　蓮華紋・重複蓮華紋・唐草紋（図83―ⅡⅢ）

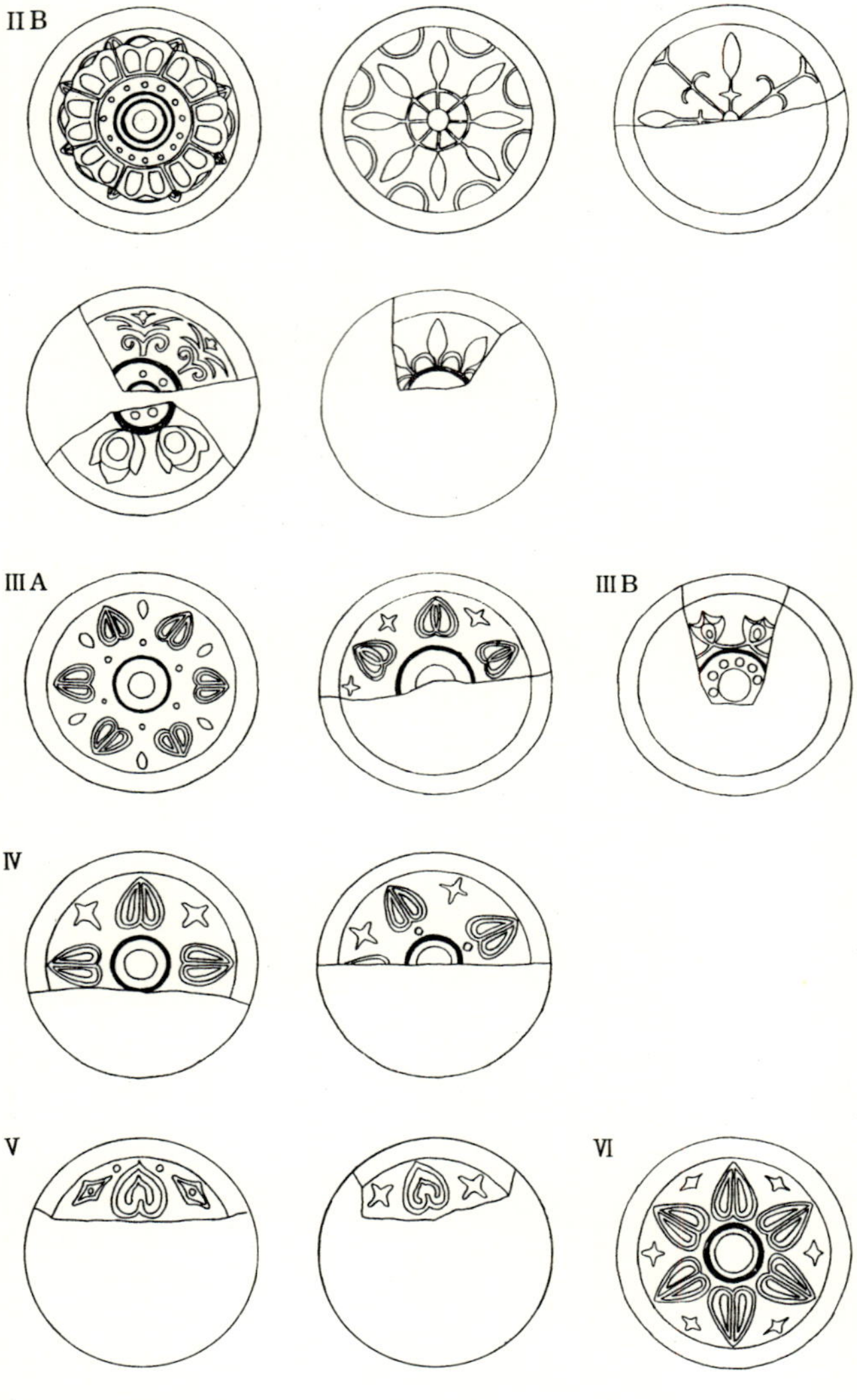

Ⅳ.輯安（『満洲東西記』による）

Ⅴ.祖州モンチョック（田村実造氏提供写真による）

Ⅵ.遼陽（筆者手拓による）

第三 鴨緑江地区 蓮華紋（図83—Ⅳ）

第四 域外地区 蓮華紋（図83—Ⅴ Ⅵ）

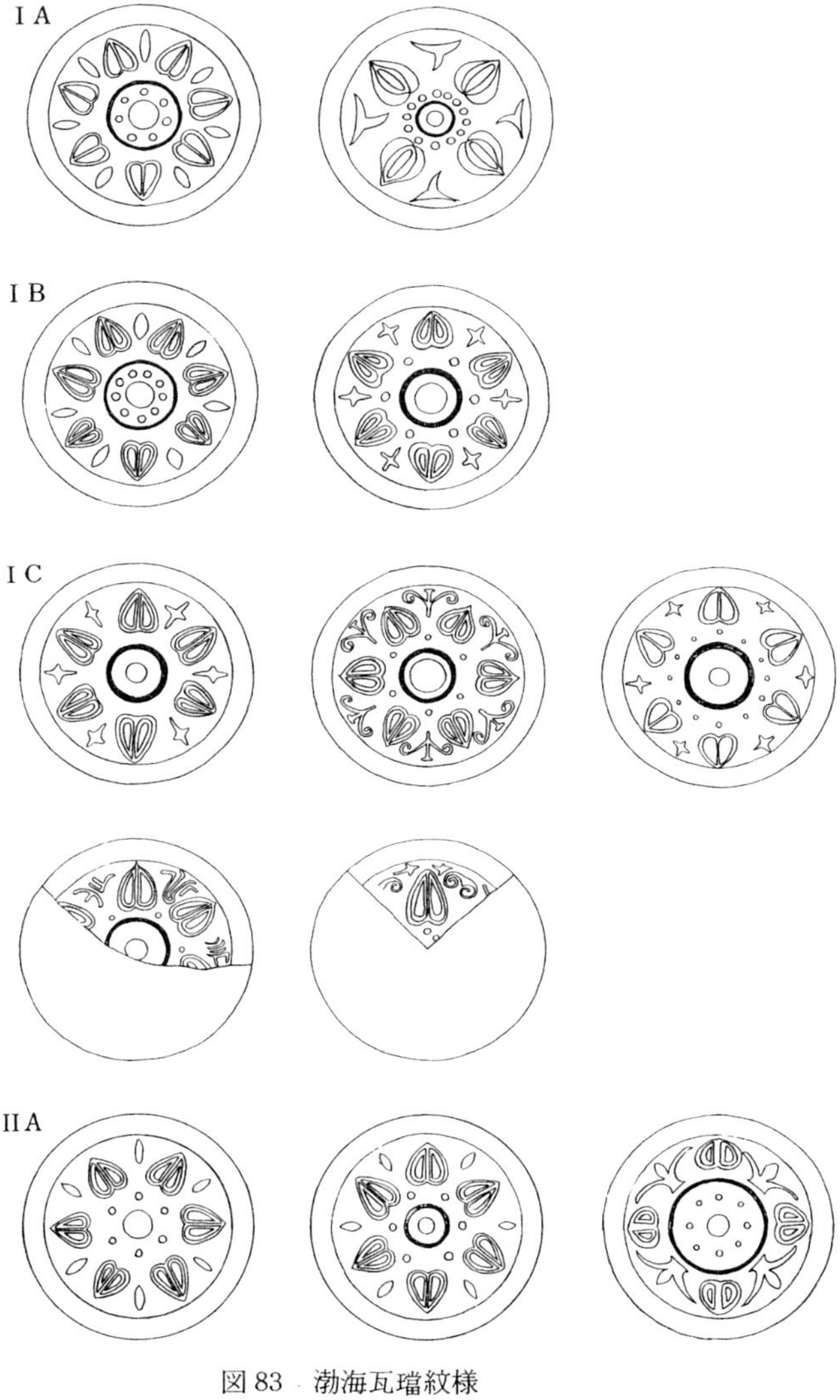

図 83 渤海瓦瑠紋様

Ⅰ．東京城（『東京城』による）

Ⅱ．半拉城子（『間島省古蹟調査報告』『半拉城』による）

Ⅲ．西古城子（『間島省古蹟調査報告』による）

㈣　瓦璫紋様の様式と年代との関係

——末期の形式——

紋様の性質を考えるにさきだち、あらかじめこれらの紋様の種々相と年代との関係、すなわち、紋様の時代的先後、ならびに様式発展の跡を簡単にたずねておきたい。

第一より第三にわたる渤海国領域内部の諸遺跡はしばらくおき、はじめに第四の域外地区の瓦璫を眺めよう。この地区に属する二つの地点より出土した瓦璫は様式・紋様双方よりみて、明瞭に渤海瓦である（図83—ⅤⅥ）。しかしその出土地域が、ともに渤海国の疆域外に属することに注意を払わなければならぬ。これは一種の矛盾である。しからばかかる矛盾をどのように解すべきであろうか。二つの推測が可能である。渤海の盛時、この国の文化が域外に伸び、そのため外地においてこのような瓦璫がみられたのであろうとするのが一。なんらかの特殊事情により渤海の工人が国外に移り、その地で自国の風にしたがって工作を続けたのであろうと考えるのが二。このうち、前者には大勢上、押しのけることのできない不利の点が認められる。後に明らかにするごとく、渤海文化の流伝の範囲は時間的および空間的にきわめて狭く、したがって、その性格は弱く、かつ浅い。このような性質の文化が、満洲における中国文化、かの強靭にして高度な中国文化の根拠地ともいうべき遼陽に拡がり、あるいは遠く東部蒙古の中心モンチョックに進出することは果して可能であろうか。かかる強力な性格を有していたとすれば、地域はさらに広く、時代は、のちのちまでも大きな影響を与えたであろうが、そのような形跡はまったく認められぬ。渤海の文化が積極的に域外に進出したとはとうてい考えがたいのである。

これにたいし、後の解釈はすべての点を満足せしめる。かの旧興安西省モンチョックの地は、遼の太祖の陵を奉じた祖州の地であるが、ここに渤海の工人の居住したことは、『遼史』巻三七、地理志、上京路祖州の条に「祖州は天成軍にして上節度（使の管轄地）……（州城の）東部には州廨（州の官庁）および諸官廨舎がある。また綾錦院には蕃・漢・渤海三百人が祇候していて、内府の取索に供給している」とあるのによってわかる。渤海国の滅亡後、工人の一部はここに移され、工芸品の製作に当っていたのである。たんに織成の工人ばかりではなく陶工・瓦工も多かったと思われる。

遼陽とてもまた同様である。『遼史』巻三八、東京道東京遼陽府の条をみると、太祖は「神冊四年、遼陽の故城を葺し、渤海・漢戸を以て東平郡を建て防禦州とした」とあり、つづく太宗は渤海の故土の放棄を決すると、「天顕三年、東丹国の民を遷してここに居らしめ、升して南京城となし、天福城と名づけた」という。東丹国は遼が渤海国を亡ぼすと、遺民統治のためにその故土に設けた属国である。このゆえに遼陽は渤海国滅亡後、旧渤海人の集団的居住地となり、この形勢は遼代をすぎて金代に入るも変らなかった。

このようにモンチョック・遼陽双方ともに、祖国滅亡後の渤海工人の居住地であったのであるが、しかりとすれば、この地で焼かれた瓦は、滅亡後のものに属し、したがってその紋様は最末期の形式である。ふりかえって出土瓦璫をみると紋様はとにかく、技法はまさしく右の歴史的事実と一致する。すなわち蓮弁はいずれも細くして力弱い線をもってかきあらわされ、便化の跡は顕著、これを補うに拙悪な複雑さをもってする（モンチョック）。これを後述の東京城初期のものに比すると、明らかに技法の堕落があり、時代の先後が認められる。かくておもうにこの両地点出土のそれのごとく、力弱い線をもって、便化された蓮弁の押出された瓦璫こそ、後期あるいは末期のものと認めて誤りなかろう。

渤海瓦璫紋様の後期・末期の形式の大略はほぼ明らかとなった。つづいて求めなければならぬのは、初期のそれである。

(五) 瓦璫紋様の様式と年代との関係
——初期および中期の形式——

眼を転じて第一の牡丹江地区、とくに東京城出土の瓦璫をみる(図83—I)。旧満洲国牡丹江省東京城の地は渤海第一の首都上京竜泉府の遺址にあたる。この地の調査は、昭和八・九の両年にわたり、原田淑人博士以下多数の調査員によって大規模に行なわれたのみでなく、それ以前においては早く明治四十三年白鳥庫吉博士の一行により、つづいて鳥山喜一教授・ポノソフ氏等、またそれ以後においても鳥山教授等によって、幾回となくくり返して行なわれた。調査は充分に近く行なわれたと称してもよかろう。したがって宮殿址・寺院址等より発見された瓦は夥しい数に上り、紋様は多種多様にわたっている。

しかしながらこれら多種多様の紋様も、畢竟するところ、渤海独自の性格を有する五・六・七弁の蓮華紋の変形にすぎないのであって、これを外にして、他に性質を異にするものは一個だに見出されぬ。調査の徹底性より考えてこの種以外のものは用いられなかったと断じて間違いなかろう。

東京城は上京竜泉府の遺址である。渤海の第三王（文王）大欽茂は武王大武芸の後を承けて即位し（七三七年、唐・開元二十五、日本・聖武天皇天平九）、爾来五十七年の永きにわたってこの国に君臨した英主であるが、彼は治世の初め、国都を中京顕徳府（旧間島省方面か？）[12]から、ここ上京に遷し、国内の整備につとめた。ただ晩年一時、国都を東京竜原府（旧間島省半拉城）に移したが、第五王の成王大華璵——第四王大元義の治世は一年——のとき（七九四年）ふたたび上京に還り、滅亡にいたるまで変らなかった。上京は欽茂の初期より滅亡にいたるまで約百八十年の永きにわたって首都たる地位にあったわけである。しかるに上京においては渤海式蓮弁瓦璫を用いるのほか、他の種類の瓦璫は全然用いておらぬ。してみると渤海初期の盛時である第三代欽茂の頃から、渤海ではこの種の瓦のみしか製作されていなかったことがわかる。

しからば本遺跡発見の瓦璫相互の様式と年代との関係はどうか。瓦璫紋様の形式分類については報告『東京城』のなかでなされているが、これと年代との関係については説かれておらぬ。さて、東京城出土瓦璫の蓮弁を技法の上から眺めると、まず二つの類別が可能である。第一は前項にあげた、細く、弱く、浅くかつ粗悪な線をもって便化された蓮弁を押出しているもの。これにはその拙悪さを補うため、往々にして稚拙な装飾的要素が付加されているものもある（図83—ⅠC）。前述の域外出土の瓦璫紋様がこれにあい応ずる。第二はこれにたいし、各弁は子房とともに浮彫の手法により量的なふくらみをもって表現され、この間使用された線も前に比して著しく鋭くかつ強い（図83—ⅠA・ⅠB）。つまり便化の跡が少ないのである。いま両者を比較すると、いうまでもなく前者は後れ、後者は先んずる。技法と歴史的関係からみて第二の群は前期に、第一群は後期に属するとみて誤りなかろう。

第二の群はさらに二つにわけ得られる。Aは複弁全体が、鋭く強く浮き出しており（図83—ⅠA）、Bは複弁の外廓が細線をもって囲まれている一群をさす（図83―ⅠB）。前者は高句麗・百済瓦瑠にみるがごとき古式の味いを残しているが、その数はきわめて少ない。後者はこれにたいし、その数は著しく多く、様式において定式化された跡をみる。さらに突き進んでいえば後者は前者が純然たる渤海風となり、同時に完成化されたものとして理解することができる。年代は前者が古く、後者の、より新しいことに異議なかろう。そこで本遺跡出土の瓦瑠を通じてみた紋様と年代の関係はつぎのようになる。

まずはじめ第一に高句麗風の強い、古風な、鋭い第二群のA形式が行なわれた。しかしまもなく渤海的気持の濃厚な浮彫風の、正しい、けれども幾分力弱い第二群のB形に変る。これが標式的渤海瓦瑠である。その後、次第に蓮弁は便化され、弱い線となる。この場合、かえって拙劣な装飾的紋様の付加されて行くことを忘れてはならぬ。これが前節にあげた形式であり、そうして滅亡後までつづく。

渤海の標式的瓦瑠紋様の年代的変遷の大略は、ほぼ明らかとなったであろう。

㈥　瓦瑠紋様の様式と年代との関係

――異質紋様の問題――

つづいて解決しなければならぬのは、第二の間島地区から出土する異質の瓦瑠紋様の問題である。図83―Ⅱによって明らかなごとく、間島地区の遺跡から標式的蓮華紋瓦瑠のほかにまれに優美な重複蓮華紋、装飾化された蓮華紋・および唐草紋の瓦瑠を出土する（図83―ⅡB）。これら一群の異質の紋様は小異はあるが高句麗時代の瓦瑠紋様と連絡する（新羅の瓦璫紋様との関係については別に考えたい）。これはつぎに示す平壌方面出土の高句麗瓦璫と比較対照すれば明らかである（図84）。

したがってこの地区の渤海時代の遺跡からは高句麗式瓦璫と渤海式瓦璫とが混在して出土することとなる。これは二つの問題をふくむこととなろう。一は高句麗時代の都城の跡に渤海の都城が建設されたため、両者が併存するという見方、二は渤海時代、間島方面では右のごとき高句麗式瓦璫が製作されていたという考え方である。

さて、このように異質の瓦璫の発見された半拉城子および西古城子は近時の調査によってともに上京竜泉府と類似のプランを有する渤海の大都城であることが明らかにされた。そうして鳥山教授によれば前者は東京竜原府に、後者は中京顕徳府に比定された(13)。前者はともかく、後者はいまだ学界の鉄案となってはおらぬけれども、もしかりとすれば、前者は第三王大欽茂が一時都と定めた地、後者は国家発祥の中心地となり、いずれにしても渤海初期の名都たるを失わない。

図84　高句麗瓦璫紋様 (1)
右中・右下は撫順北関山城，他は平壌付近（『高句麗時代の遺蹟』『座右宝』10・11号による）

さらに溯って高句麗時代の状態を按ずると、この地方は好太王（広開土王）の時代高句麗に併され、柵城なる鎮城の下に置かれた。その後この国の南進とともにこの地方は辺疆として、やや軽視されたが北方の靺鞨諸部にたいする重要な地域であったから、相当大きな州鎮の置かれたことは容易に察することができる。鳥山・藤田両教授の『間島省古蹟調査報告』によると、この方面には他にも高句麗時代の遺跡が多いのである。(14)

渤海は高句麗の旧をついだ王国である。制度・文物いずれもこれに倣い、都城のごときも高句麗のそれを襲ったところが多い。渤海の西京鴨緑府が高句麗の首都国内城（いまの鴨緑江畔の輯安）に建てられたことをも想いみるべきである。(15)しかりとすれば、半拉城子・西古城子の二城址が高句麗都邑の後に建てられたと考えてもあえて不思議はなかろう。

このように考えて、半拉城子・西古城子の二遺跡が、高句麗の遺址に再建されたとする限り、これら両地から渤海式瓦瑠と混じて高句麗式瓦瑠が出るのは当然であって、あえて不思議はない。けれども一面においては間島方面が高句麗の辺境であったため、滅亡にさいして難を避けた遺民がこの地方に集まり、渤海国の建設後はその民となって造瓦に従事したと考えられぬこともない。しかりとすればこの種の高句麗瓦瑠は最末期の様式を示すものとして興味も深いが、重複蓮華紋の線の鋭さは、後の考えを無条件に容認するにはやや困難を感ぜしめる。

要するに間島地区にみられる異質の瓦瑠は高句麗時代、あるいは滅亡直後のものであって――としても間もなく渤海から姿を消してしまう――、渤海瓦瑠と系統を異にする。したがってこの地区においても渤海瓦瑠は特色ある単純な蓮華紋たることになんら変りないのである。

なお、第三の鴨緑江地区の輯安からは四弁の渤海式蓮華紋瓦瑠が出土した（図83―Ⅳ）。四弁の例は他には存せず、その点、問題をふくんでいるが、ここに取り上げつつある問題からは、やや縁遠い感がある。さきに規定した年代観よりいえば後期に属するものであろう。

(七) 渤海瓦瑠紋様の特色
——単一性と単純性——

以上、各遺跡のそれを通観すると、渤海国の瓦瑠の紋様は前後を通じ基本的には渤海式の複弁蓮華紋ただ一種。そうしてそれ以外には存しないこととなる。変化はただ装飾的付加物の相違によって生ずるにすぎない。

しかしこのような紋様も渤海工人の創作にかかわるものではない。粉本は父祖の国とも称すべき高句麗に存したのであって、渤海はこれを採用し、独自の形式に単純化し定式化したにすぎない。この事は図85に掲げる高句麗瓦瑠をみれば明瞭であろう。両者を比して明らかなように渤海瓦瑠の特長の一は様式が単純なることにある。

しかるに渤海瓦瑠の採ってもって範とした高

図 85　高句麗瓦瑠紋様 (2)（蓮弁）
（『高句麗時代の遺蹟』『座右宝』12 号
『朝鮮瓦磚図譜』による）

句麗においては、紋様の種類はこの一つにとどまらぬ。重複弁蓮弁・異形蓮弁はもとより唐草・忍冬・獣面・重圏も認められ、その様式は千変万化、しかも、各種ほぼ平均して用いてある。その間輯安の山城子山城のごとき、獣面（鬼面）紋様のきわ立って多いところも存している。高句麗瓦璫紋様の一端を図掲すると図86のごとくである。

図86　高句麗瓦璫紋様(3)
（『通溝』上巻『高句麗時代の遺蹟』『座右宝』12号による）

図87　渤海の軒平瓦（『東京城』による）

ゆえにもし渤海が高句麗の文化をそのままに継承したとすれば当然蓮弁に交って重複弁蓮華紋・異形蓮華紋・唐草・獣面等も全面的に使用さるべきではあるが、ここにはそれが認められぬ。渤海瓦璫の紋様はあくまで単調をきわめる。

このことはこの国と同時代の新羅や、渤海につづいて満蒙に国を樹てた遼・金の瓦瑠と比するとき、さらに明らかとなる。まことに単一性こそ渤海瓦瑠のもっとも顕著な特長といわねばならぬ。紋様の単一性は独り軒丸瓦にとどまらぬ。軒平瓦（宇瓦）の紋様のごときも単純かつ単一であって、どこにおいてもすこぶる単純な圏点紋以外のものは見出せない（図87）。これを周辺諸国の絢爛多様の唐草紋に比する時、思い半ばにすぎるものがあろう。

甎の紋様も同様であって、その唐草紋は各遺跡共通にしてただ一種。東京城と半拉城との間になんらの変化も認められぬ。

渤海時代の紋様の単純と単一。ひいて渤海文化のこの性質はいまや動かぬ事実となった。しからば、

一、なぜ、瓦瑠紋様を通じて見た渤海文化はこのように単一か。

二、なぜに瓦瑠紋様はかく単純素朴か。

三、なぜに高句麗紋様より、ただ蓮弁のみ選択継承され、これに終始したか。

等が問題となる。

以下、これらの問題について考えてみたいと思う。

(八) 単一・単純性の解明（1）

問題の一および二は渤海文化の基本的構造にふれた重大な問題であるが、たがいに相関するところが多いので、両

者をふくめ一括して取り扱うことにする。またこの問題には渤海文化がなぜこのように発展せず、単一でしかも単純のまま終ってしまったかという、いわば消極的な命題と、またなぜ渤海人等が特にこのような単一性・単純性を選んで守り続けたかという、積極的命題と、二つのものがふくまれているが、まず前者を取上げたのが本節である。

いったい、文化的諸現象は、多少ともその社会の構成主体の生活力に余裕のあるところに発生するのを常とする。そうして余裕の度合いの高ければ高いほど、文化発展の度合いも強い。この意味において、まず渤海文化の母体の性質と、母体を育成する栄養状態とをたずね出さねばならぬ。これには、ⓐ自然的、ⓑ社会的、ⓒ思想・技術的の三方面より見るのが便利である。

ⓐ自然的条件

渤海は高句麗の後を継いだ王朝であり、支配者もまた高くこれを自負した。しかし地理的方面から観察すると、文化の高きを誇った盛時の高句麗の領域と、渤海のそれとははなはだしくずれていて、決して同一地理区の上に存続してはおらぬ。すなわち渤海は高句麗にあってもっとも不毛な地域とみられた東北境と、北境外の地とを主領域として成立したのである。

いうまでもなく、この地帯は山岳と丘陵と森林の連続。地形はすこぶる複雑であって、文化発生の基本的条件たる良好な平地に乏しく、しかもこれらは厳しい山岳・森林に隔離され交通の便は極度に悪い。加えるに亜寒帯に属する気象的条件ははなはだしく不良であって、激しく長い寒気が支配する。このような単調にして苛烈な風土的条件下においては、他にこれを補う好条件のない限り、高度にして複雑な文化は起り得ないのが常である。渤海文化の母体はこのように悪い。

ⓑ社会的諸条件

つぎに栄養補給の役割をなす社会的諸条件をみることにする。

一般に社会・文化の発展は農業生産力の増大に負うところが多いのであるが、前述のごとき自然的諸条件下にあっては狩猟・牧畜の生活は可能であるとしても、過去の農業には適さない。しかもこの国の支配者層は狩猟を事とし、農耕技術はすこぶる拙劣である。農耕担当者はこれらのうちの少数の自由民か、外地より捕え来った若干の農耕民に頼るほかはない。このような状態にあっては農業生産力の不断の増大等は思いもよらず、これを基調とした富の蓄積は充分でない。自然的条件の社会的関係におよぼす影響は悪いのである。

つぎにこの国の社会に余裕を生ぜしめなかった理由の一として、渤海がいかなる意味においても商業国ではなかったという事実を忘れてはならぬ。この国はすでに生産国ではないのであるから、商人の活躍、ならびに交易によって国富を増強し、社会一般の文化程度を高めるほどの余剰物資があるはずはない。唐あるいはわが国と朝貢貿易をつづけ、毛皮その他を輸出したのも、むしろ貴族等の文化飢餓を充足せしめんとした欲求に基くものにほかならぬ。さらに極東に偏したこの国の位置は中継貿易をも不可能ならしめた。背後に物資豊かな地を持たなかった渤海の貴族はこれによっても富を蓄えることができなかったのである。氏族的組織の基盤の上に絶対的な人的権威と空疎な富を誇った渤海貴族の様がしのばれる。

さらに考えなければならぬのはこの国の社会状態である。渤海は氏族制度に基盤を置く貴族専制体制の国家であったと思われるが、地形の複雑に禍されて、名実伴う強力な中央集権体制を完成しえたか否か、疑問に属する。したがって、とくに巨大なる権力が、中央に集中しえたとは思われぬ。要するに国内の処々に権力の所在があり、中央はその比較的大なるものと考えるべきであろう――この表現はすこぶる言葉が足りぬ。問題は重大かつ複雑であるから、稿を改めて説くことにする――。文化発展の源泉たるべき富は各地方に分散し、中央における大規模集中は行われておらぬのである。

ⓒ思想的・文化的条件

思想的・文化的条件もまた文化発展に不利である。いまこの国の周囲を見渡すと、時間的にも空間的にも文化伝統の存在しないことがわかる。すなわち渤海の領域にはそれ以前にみるべき文化の存在したことを聞かず、またこの時代、地を接して高度の文化の所在地のあるをみない。当時、東アジア世界の文明の中心唐は数千里の彼方にあり、近き小中華、新羅の首都慶州さえまた千里の遠きにあったのである。

かくこの国の中心は伝統的にも地理的にもおおよそ文化の恵みから遠かったのであるが、さらに渤海貴族の狩猟者的性格は複雑なる文化の理解に乏しく、したがってその摂取・育成に適さなかったと思われる。彼らは座して生活の周囲を文化をもって飾るより、華飾はこれを振り棄てて山野に獣を狩ることに忙しかったに違いない。文化は定著的な社会によりよく育つ。このようにみて行くと、渤海の地方は文化の荒野――よくいえば処女地――。渤海貴族はここを駆け廻る素朴な狩人ということになる。

以上に述べたところを綜合すると自然・社会・思想文化いずれの点よりみても渤海は複雑なる文化の育成に有利な

条件を備えておらぬ。母体を養う栄養は不足にすぎる。

要するに渤海の文化母体の弱体は、文化的栄養不良と相まって、所与の文化を発展せしめ、これを複雑精緻化せしめる能力を備えておらぬ。かくてこの国の文化は本質的に単純——高度に洗練された単純さでなく、素朴な単純を意味する——であり、かつ単一化せざるを得ない状態にあったと考えられる。

(九) 単一・単純性の解明(2)

消極的理由に加えて積極的理由がある。いったいに渤海の貴族は狩猟者の出身であり、その社会は基本的には狩猟社会——軽度の農耕をもふくめて——である。このような社会における生活者の行動は直截であり、思惟は直線、生活は単調である。彼らは単調を苦しまず、むしろ単純を愛する。これに反し、高度の複雑にたいしては理解をこえた嫌悪さえ感ずる。ひとたび彼らがあるものを選び、それをわがものとすれば、後来の異質のものにたいしては激しい排斥の態度を取ることさえ辞せぬ。彼らは積極的に単純を愛する人々である。してみると、彼らが単純なる紋様を選択し、これを単一的に拡大せしめたのはなんら異とするに足らぬ。渤海文化の単一性と単純性の要因はますます明らかとなったであろう。

このような性質は製瓦技術の関係でさらに強化されたかも知れぬ。すなわち渤海国の陶業にある大規模の中心があり、すべての製瓦・製陶がここで行なわれ、しかもこの地で選択された紋様が蓮弁であったため、瓦璫紋様が単一化されたとも考えられるからである。しかしこれには相当の論証を要するから、なぜに蓮弁のみが選択されたかの問題

――これは渤海の仏教とも密接な関係があると信ぜられる――とともに他日に譲りたい。

(一〇) 中世における満洲文化の限界

以上縷述したところは瓦瑠紋様を通じてみた渤海文化の単一性と単純性および、そのよって来った所以である。渤海文化の有するかかる性質は独りこの国にのみ負わされたのではない。東部満洲に興り、この地に亡んだ諸種の民族文化の等しく味わねばならぬ運命であったのである。この意味において風土・伝統の有する悪条件を克服し、中世満洲文化を最高度に発展せしめた、渤海はまさに賞讃さるべきチャンピオンであったといわねばならぬ。われわれはここに近世以前の満洲文化の限界性を認める。もしそれ平壌に都し、華麗なる形を誇った高句麗文化のごとき、むしろ楽浪・帯方併有後の農耕・朝鮮あるいは遼東文化の一態と称すべきであろう。

註

(1) 東真国については、箭内亘「東真国疆域考」(『満洲歴史地理』第二巻)、岩井大慧「蒲鮮万奴国号考」(『東洋学報』一九―四)、池内宏「岩井学士の『蒲鮮万奴国号考』を読む」(『東洋学報』二〇―四)等参照。

(2) 定安国については、和田清「定安国に就いて」(『東洋学報』六―一)、拙稿「高麗と定安国」(本書一二所収)等参照。

(3) 東京城遺跡は旧満洲国牡丹江省にあって、寧安の南約一〇里、牡丹江の流れに囲まれた広大な都城の跡である。この地を学術的に調査された最初の学者は白鳥庫吉博士であって明治四十三年。ついで大正十五年鳥山喜一教授、昭和六年ポノソフ氏、同八・九年東亜考古学会の原田淑人博士の一行、同十六年鳥山教授等によって繰り返し行なわれた。報告書には、東亜考古学会の『東京城』のほかに、鳥山喜一「東京城」(『満洲古蹟古物協会会報』第六輯)等がある。

（4）牛場は東京城鎮の東方六キロにあり、昭和六年ポノソフ氏によって調査された。筆者はポノソフ氏から直接教示された。東亜考古学会刊『東京城』附録にも一言されている。

（5）旧満洲国間島省琿春県にある。鳥山教授によって渤海の東京竜原府に比定された（「渤海東京考」『京城帝大文学会論纂』第七輯史学論叢）。最初に調査されたのは鳥山教授（大正十二・十三年）。その後、昭和十二年に鳥山・藤田両教授、同十七年に斎藤甚兵衛氏、同十八年に駒井和愛・島田正郎氏等によって調査されている。報告書は、鳥山・藤田『間島省古蹟調査報告』（満洲国民生部）、斎藤『半拉城』（琿春県公署）がある。

（6）旧満洲国延吉県にある。鳥山教授によって渤海国の中京顕徳府に比定された（「渤海中京考」『考古学雑誌』三四―一）。昭和十二年、鳥山・藤田両教授によって調査され、報告は前掲書（5）『間島省古蹟調査報告』に見える。

（7）昭和十二年、鳥山・藤田両教授によって調査さる。前掲書（5）『間島省古蹟調査報告』参照。

（8）輯安の博物館に、この地出土の渤海瓦が陳列されていた。拓影は、鳥山喜一「満洲東西記」（『京城帝大大陸文化研究会パムフレット』第十冊）にある。

（9）遼陽の遺物は、昭和の初め鳥居竜蔵博士によって発掘された。漢代の遺物とともに大連の満鉄資源館の地下室に一括蔵されていたのを、昭和七年に筆者が調べた。

（10）祖州は旧興安西省巴林左翼旗にある。昭和十四年に京大の田村実造助教授はここを調査、モンチョック山麓で渤海瓦瑠断片を採集し、筆者に写真を恵贈された。

（11）鳥居博士は『西比利亜から満蒙へ』（昭和四年）のなかで、ニコリスクの土城のことに言及され（六一～六七ページ）、渤海の瓦として、三個の写真を掲げられたが、現在のところ、渤海か否か判定できない。おそらく時代の降るものであろう。

（12）鳥山喜一、前掲論文（6）。

（13）鳥山喜一、前掲論文（5）。

（14）前掲書（5）『間島省古蹟調査報告』によると、延吉県内に城子山山城・東興村土城・水南古墳、琿春県内に高力城子土城があげてある。

（15）渤海の西京鴨緑府は、鴨緑江の上流の臨江付近だという説があるが筆者は採らない。鳥山教授とともに輯安説を主張する。

（昭和二十一年六月）

八　渤海の押字瓦とその歴史的性格

(一)　渤海の押字瓦

七世紀末（六九八年）から十世紀初期（九二六年）まで二世紀余にわたって満洲・朝鮮地方に存在し、強力な民族的統一国家として栄えた渤海国の歴史に関しては、史料が比較的少なく、これのみに頼っては諸種の内部事情を知ることはむずかしい。したがって考古学上の資料をも採用してこの国家の構造や推移を追求しなければならなくなる。本稿においては、渤海の都城址より発見された瓦に押された文字をとりあげ、それを手懸りとして一、二の歴史的問題について考えて見ようと思う。

渤海の遺跡は、近ごろしだいに発見数を増したが、そこに存在する建築物址からは渤海時代特有の文様をつけた瓦塼類がおびただしく出土する。

渤海の瓦には平瓦と丸瓦の別があり、それはまた灰黒色の素瓦と緑・褐釉をかけた帯釉瓦とに分かれる。これらの瓦の中には一端に種々の漢字またはそれに類似した文字を押したものが少なくなく、これは渤海瓦の一特長といえるほどである。

そこで考えなければならないのは、これらの文字や押字瓦の性格である。渤海国家の内部事情のある面は、これを手懸りとして推測することも可能と思われるからである。

現在、文字の刻印されている渤海瓦の発見の報ぜられている遺跡は次の四個所である。

(一) 黒竜江省寧安県東京城土城（渤海の上京竜泉府に比定）

(二) 吉林省延吉県西古城子土城（鳥山喜一氏によって渤海の中京顕徳府に比定）

(三) 吉林省琿春県半拉城子（八磊城）土城（鳥山喜一氏によって渤海の東京竜原府に比定）

(四) 吉林省延吉県八家子土城[1]（海蘭河南）

このうち押印された文字の内容について報告されているのは、(一)東京城土城、(二)西古城子土城、(三)半拉城子土城の三遺跡である。

またこれに関する資料としては次のようなものがある。

A 原田淑人・駒井和愛『東京城』（東亜考古学会叢刊甲種第五）（四六ページおよび挿図四六）

B 鳥山喜一・藤田亮策『間島省古蹟調査報告』（四五ページおよび第一五～一九図）

C 斎藤　優『半拉城』（二八ページおよび第一〇図）

D 鳥山喜一「渤海上京竜泉府に就いて」（三一ページおよび図版一二・一三・一四）

E 鳥山喜一「渤海東京考」（京城帝国大学文学会論纂第七輯『史学論叢』）（四八ページおよび図版第六）

F　金毓黻『渤海国志長編』（巻二〇）
G　筆者の行なったハルビン博物館員ポノソフ氏蒐集押字瓦の拓本。
なお本稿において資料名をあげる場合は頭記の略符号を用いることにする。

(二)　押字瓦の状態と刻字印章の形態

初めにこれらの押字瓦が、どのような種類の建築物に使用されたかを見ておかねばならない。これについて報告書は、いずれも宮殿址と寺院址の双方から発見された瓦塼類を一括して記しているので、これらが宮殿址からか、寺院址からか、あるいは両者双方から発見されたのか明らかでない。筆者の東京城土城址調査のさいの記憶よりすると、宮殿址から発見されたことは疑うべくもないが、寺院址より出土したか否かについては正確な記憶がない。ただ資料D図版一四には、東京城の内城出土瓦の押字拓本とならんで、一個の外城出土瓦の押字拓本（「大」字）が載録されている。外城の大建築物は寺院が主を占めているから、押字瓦は宮殿のみならず寺院でも使用されたと見てよかろう。次に無押字瓦と押字瓦の数量比であるがこれについても報告書にはなんの記載もない。したがって、全部の瓦中に押字瓦の存在する数量的度合は不明であるが、無押字瓦は多いのであるから、押字瓦が一部にすぎなかったことは、疑いない。

しかし、渤海に先行した高句麗や百済、同時代の新羅あるいは唐に比較するとはるかに多く、その点では特長といえる。したがって、何故、このように数多くの押字瓦が使用されたかが問題となる。

遺跡名＼形態	陽刻一重	陽刻二重	陰刻一重	陰刻二重	釘彫
東京城　平瓦	45	11			
丸瓦	15	1	1		
不明	8	10			
西古城子	20	19	8	1	4
半拉城子	22	20	6	3	3

また押字の瓦は丸瓦と平瓦の双方にあるが——丸瓦の刻印は頸部、平瓦の刻印は幅の狭い方の一端——、その他塼にも押字のあるものがある。

なお中国では戦国いらい土製容器に文字を押す習慣はあったが、瓦に施すことはあまり多くなかったようである——渤海と同時代の日本には多い——。これに対し、渤海の土製容器その他には押字のあるものが見出されていないから、瓦への押字はやはり特殊の事情下になされたことが解る。そこでその事情がなんであったかをつきとめる事が重要な問題となる。

文字を刻した印章の外形的形態は一つ一つ異なっているが、大別すると次のようになる。すなわち、陽刻と陰刻が入り交り、時には左文のものもある。同一の文字でも陽刻と陰刻の両者があったり（たとえば「素」）、通常の形式と左文があったりする（たとえば「多」）。その他、瓦の表面に直接自由な筆致で漢字を釘彫してあるのもある。また陽刻にあっても、文字を囲む外枠が一重のものと——その場合線は太い——、二重のもの——その場合外側の線は太く、内側のものは細い——の二種がある。このように種々のものが入り交っているのは、印章に特別の規定がなく、任意に製作されたことを示すものに他ならない。

なお、印章のうち形態のわかるものだけを取り上げ、遺跡別に分類して表示すると右表のようになる。

こうして見ると、東京城・西古城子・半拉城子ともに陽刻は陰刻に比して圧倒的に多く、好まれていた形式であったということができる。

なお資料Ａ（『東京城』）の第四六図においては平瓦と丸瓦の押字の拓本が各別に掲げてあるが、それによると一般に平瓦の印章の大きさは丸瓦のそれに比して大きい。これは平瓦と丸瓦の大きさの差を考えれば当然ではあるけれども、瓦の種類によって異なる印章の使用されていたことを伝えて興味が深い。

(三) 文字とそのあり方

知りたいのは、三遺跡より発見された押字瓦に見える文字である。

東京城遺跡のものは、資料Ａ・Ｂ・Ｄ・Ｅ・Ｆに見えるが、(補註38)各資料に見える文字は次のようである（図88）――各資料に文字が重複して載録されている場合、すべて省略するところなく掲げた。以下同じ――。

一 乙(2) 刀 又 下 久(3) 大 山 仏 尹 文 方 可 失 布 未 田 多 有 取 定(4) 昌 保 信 若
計 思 富(5) 福 都 蓋(6) 興 允 多 目 諾 毛地 卯仏 卯若 舎十 保十 保徳 雉十 雉□ □刀 二
牟 述 馬(7)（馬） 足(8)（足） 由（由） 作(9) 乞 文(10) 刀 朸(11) 由 系（以上資料Ａ）
保 間 左柰 福 若 枚 自 思 大 仏 多 于 畏(12) 枚 卆(13) 卯 刀（以上資料Ｂ）
枚（資料Ｅ）

――以上平瓦――

也 大 女 仏 公 另 王 可 臣 取 舎 珎 信 自 卆 由 李 六 立(14)（以上資料Ａ）

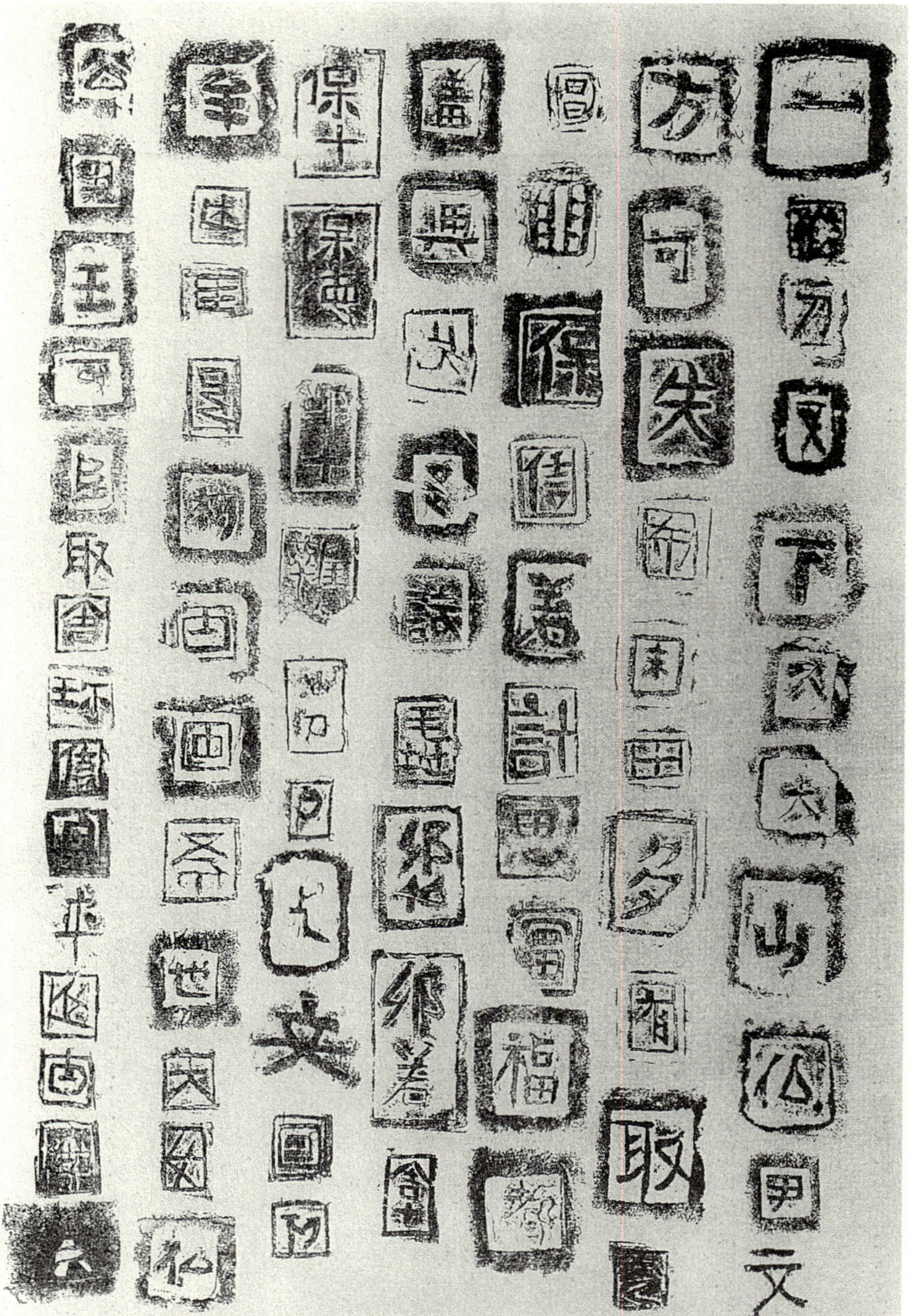

図 88　東京城押字瓦の押字拓本の一部（『東京城』による）

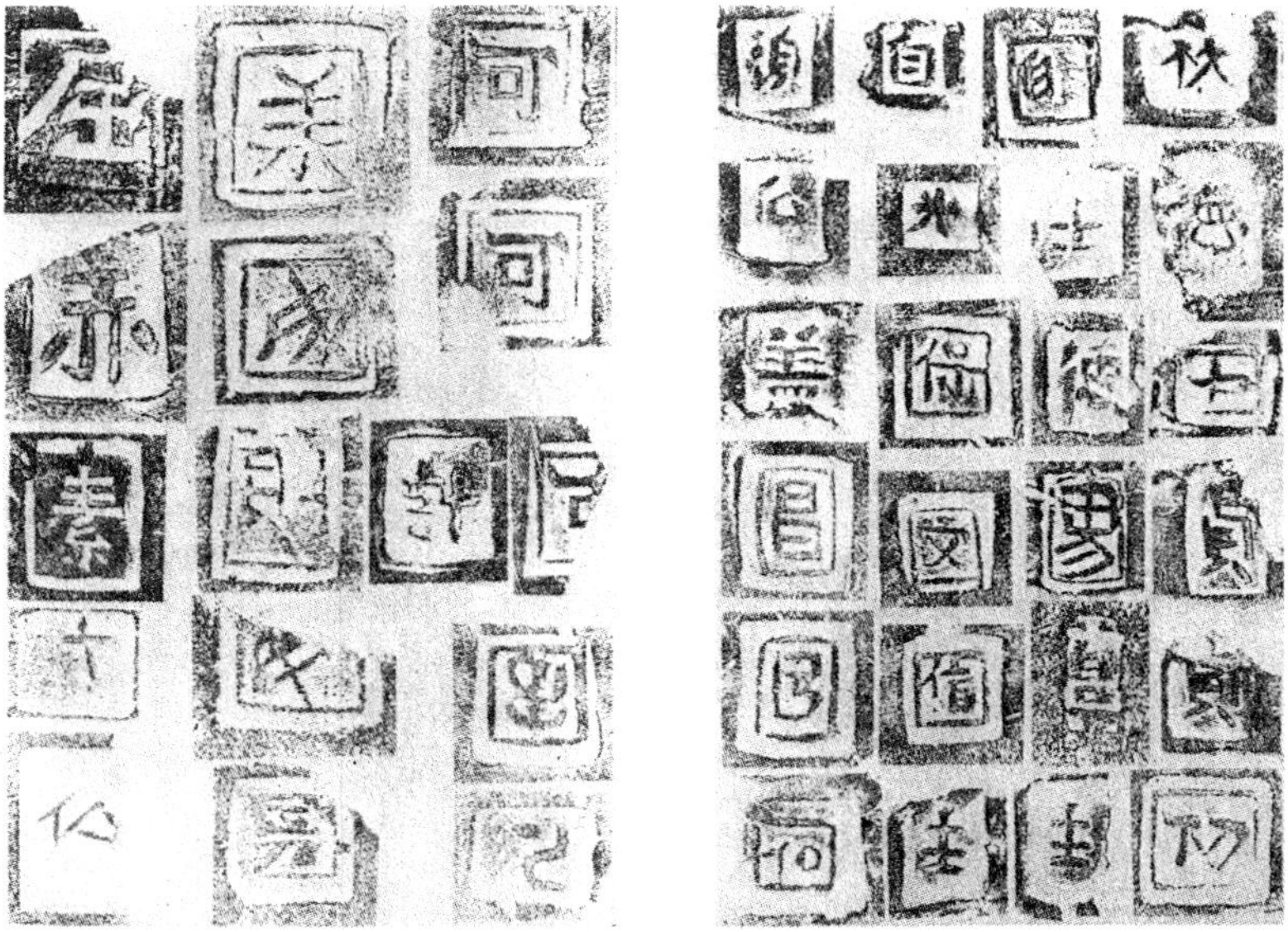

図 89　西古城子押字瓦の押字拓本の一部（『間島省古蹟調査報告』による）

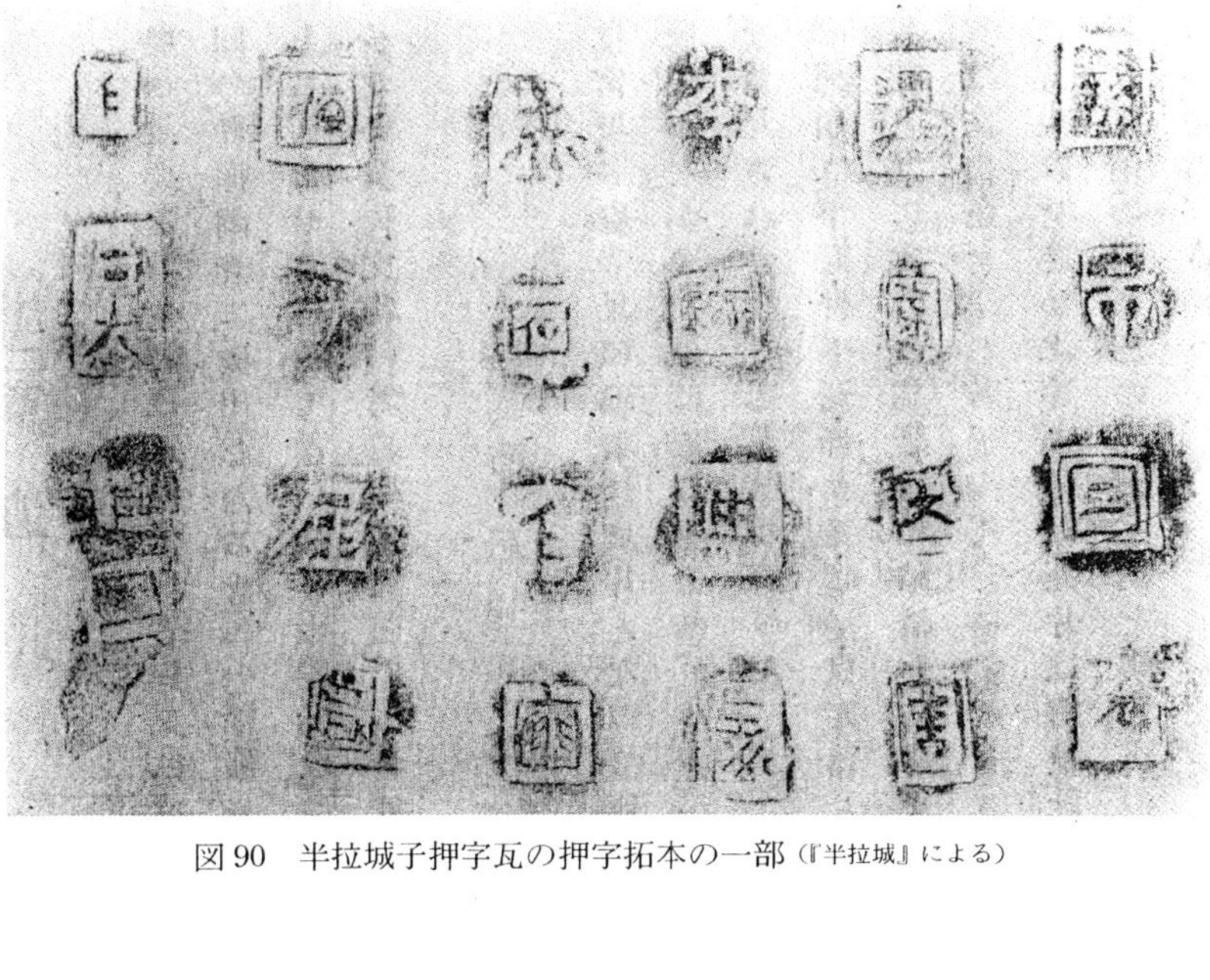

図 90　半拉城子押字瓦の押字拓本の一部（『半拉城』による）

于（資料E）

——以上丸瓦——

福 若 成 大（以上資料D、瓦の種類不明）

九 丙 丁 午 年 金 鳥 高 甘 仇 勿 官 順 旦 會 末 野 食 定 難仏 卯仁 俳刀 百工

（以上資料F。ただし筆者はFの基礎となった拓本を見ていないのでこのように読めるかどうかについては確信がない。なおここではFにあげられている文字のうち、いままでの資料に既出のものは省いた。）

第二に西古城子の押字瓦の文字は左の通りである（図89）。

可 可 計 多 成 則(15) 成 男 屈 赤 素 仏 枚 徳 也 貞 刅 作 士 徳 男 阜(16) 主 自 光

保 文 信 主 浿 仏 盖 昌 臣 仏 述 来 午 十二 十三ナ 土 壬（以上資料B）

第三に半拉城子の押字瓦の文字には次のようなものがある（図90）。

素 市 二 光 土 十二 男(17) 男 渇 左奈 文 自 来 李 弥 迪 素 木 徳 自 刅(18) 赤 仏 作

鉢 隆 天 屈 音 信 可 左奈 書 马(19) 至 仁 名(20) 伶 仁 具 吉 本 牟刀 孙 甫（以上資料C）

成 主 屈 胡(21) 男(22) 刊 素 大寧 天（以上資料BおよびE）

以上は各遺跡の押字瓦の拓本の文字を活字としてあげたものである。これにより明らかに漢字として読みうるものは約一一〇種——一六の複字を一種と数えて——、また漢字の一種ではあるがそのままでは漢字として読みえないもの——おそらく渤海国における特殊の略体であろう——一九字をうることができた。(補註39)

特殊の略体の文字の中には三遺跡あるいは二遺跡共通して発見されるものが少なくないところから推すと（来、作、仏、㓟、男など)、これらの文字は決して一地区において恣意的に用いられたものでなく、渤海国一般に通じて行なわれていたことがわかる。そうして渤海国においては、このような略体を生み出すほど、漢字の使用が普遍化していたともとれるのである。

これらの文字を遺跡ごとに見ると、一つの遺跡のみにあって、他の遺跡には見られない文字が少なくない。すなわち東京城遺跡にあっては七八種の文字のうち五七種がこの遺跡独自のものであり、西古城子遺跡にあっては三六種中八種が、また半拉城子遺跡では四六種中二三種がそれぞれの遺跡においてのみ見られる文字である。一遺跡特有の文字の数は、東京城遺跡において特に多い。これに対し、西古城子においては独自の文字の数が比較的少ない。西古城子は、東京城と半拉城子の中間に位するが、その地理的位置にふさわしく、ここでは東京城および半拉城子と共通の文字が多いのである。

このように、それぞれの遺跡に多くの独自の文字があることは、それぞれの遺跡にその遺跡と関係の深い製瓦関係者のいたことを伝えるものに他ならない。と同時に、特に東京城にそれが多いのは、ここが他の二遺跡と遠く離れた都城であり、また中心的首都であったためであろう。また西古城子と半拉城子に、比較的少ないのは、この両都城がわりあいに近く、共通面をもちうる余地を残していたために他なかろう。

これとは別にこれらの文字の中には東京城・西古城子・半拉城子の三遺跡に共通のものがある。それは、

可　信　文　枚　自　䬠　仏　㓟

の八字であるが、特に終りの三字は、渤海国独特の略体である点に注意を要する。

また両遺跡共通の文字としては、次のものがある。

① 東京城と西古城子

昌　保　盖[23]　多[24]　迹　男　臣　也　計

② 東京城と半拉城子

弥　李　左奈[25]　本

③ 西古城子と半拉城子

徳　男　主　光　成　羊　屈　赤　素　土　十二

このように三遺跡ないし二遺跡に共通する文字は三二種におよび、すこぶる多い。しかも、中には昨、仏、刅、男、羊のような独特の字形、あるいは略体、左奈のような特殊な用語、あるいは「多」字の左文使用の事実などが共通に見られるのである。このことは三遺跡から発見された瓦の製造事情に、なんらかの共通の面の存在することを推測せしめる。

共通事情の存在をさらに強く考えさせるものに、全く同一の印章を押した瓦が、二遺跡より共に出土することである。すなわち西古城子と半拉城子の文字のうち、少なくとも、

男　仏　羊　主　可　成　屈　素[26]

の八字については[補註40]、印章の形態、書体、あるいはその癖から見て、同一印章を用いたとしか考えられないのである。これは両遺跡でそれぞれ使用された瓦が、ある同一窯で製造されたことを物語るものにほかならない。

ただし、西古城子および半拉城子よりの距離が比較的隔っている東京城とこれらの両遺跡との間には、同一の印を使用した共通の文字はないようである。

文字について、なお一つ検討しておきたいことがある。それは同一文字の出現頻度であって、現在与えられた資料の中では、同一遺跡において二度およびそれ以上現われる文字は左表の通りである（資料Fを省く）。

これによると可、自、仏のように、三遺跡に共通して多数現われる文字もあるが、一般的には出現頻度の多い文字は、それぞれの遺跡ごとにある偏を見せている。このことは前述の一遺跡に見える文字は他の遺跡には見えないことが多いこととも関連する。これは瓦の製造となんらかの関係をもっている人あるいは機関が、それぞれの遺跡ごとに、ある程度まで一定していたことを示すものであろう。同時に出現頻度の多い文字によって表示される人あるいは機関によって押字瓦が、より多く製作されたことをも推測せしめる――現在扱いうる資料は限定されているので、断定的なことはいいえないけれど――。

要するに、三遺跡の瓦の文字は、一方ではそれぞれの遺跡と密着する特有のものがあるとともに、一方では、三遺跡ないし二遺跡共通のものがある。とくに西古城子と半拉城子との間には同一印章をおしたと思われる押字瓦も存在

遺跡名	可	大	保	信	思	福	自	本	迖	由	刀	若	多	述	枚	男	仏	取	徳	男	主	成	素	乍	天	主
東京城	2	3	2	2	3	2	2	2	2	2	2	2	3	1	3	1	3	2								
西古城子	3		1	1			1						1	2		2	3		2	1	2	2	1			2
半拉城子	1			1			2										1		1	3	1	1	3	2	2	

するのである。

以上にあげた押字瓦とその文字に関する諸特質に対し、どのような歴史的解釈を施すか、これは残された最も興味ある課題である。

(四) 渤海押字瓦の歴史的性格

宮殿または寺院の瓦塼に文字を押印する例は同時代の日本にも少なくなく、その場合は多く瓦塼を供出した地方の郡名と考えられている。(27) 一例をあげると武蔵の国分寺瓦に見える印文は男・多・玉・都・大・大里・横見・中・那などであるが、その場合、男は男衾郡、多と玉とは多摩郡、中と那は那珂郡を示すと解釈されている。このことは窯址の調査に際しても現われているのである。(28) この場合、地名は略記あるいは訓読されていることに注意しなければならぬ。

一方、唐長安大明宮址(29)や、高句麗・百済・新羅の宮殿址(30)からも僅かではあるが、文字を押した瓦が発見されているが、その中には瓦が使用された宮殿名の記されたものがある。その他人名と思われるものもあるが大部分は意味不明である。

このように渤海周辺の国家の瓦の文字をみると、地名(郡県名)があり、使用宮殿名があり、その他人名と推測されるものも存在する。それでは渤海瓦の場合はどうであろうか。

渤海瓦の文字については、すでに金毓黻氏の考察があって、氏は東京城発見の文字を次の五つに群別している。(31)

㈠ 数目（一　九　……）

㈡ 干支（乙　丙　丁　卯　……）

㈢ 姓氏（王　尹　田　大　……）

㈣ 人名（計　福　勿　珎　可　……）

㈤ 複名（保徳　難仏　卯若　……）

金氏はこれら五つの群別の中に、それに属すと思われる文字を組入れているが、その組入れ方が正しいか否かは別として、この群別は一応認めてもよかろう。しかし、群別はこれだけでは充分ではなく、この他にも種々のものを考えることができる。この追求は興味深く、かつ重要であるが、紙数の関係上、詳細は別稿に譲らなければならない。

要するに押字瓦に見える文字を群別すると、①製造に関係した地名あるいは県名、②同じく製造に関係のある官庁名あるいは機関名、③製造に関係ある姓氏名、④製造に関係ある人名、⑤使用に関係のある建造物名、⑥数目、⑦干支、⑧以上の諸項目の二つの複合、などが考えられる。このうち①から⑤までの項と⑥⑦の両項は両立しうるものであるから、実際はどの文字が①から⑤までの項に含まれているかを検討すればよい。同時に渤海瓦の文字が、多少の差はあれ①から⑤におよぶ五項目に分けられると考えられるところに、押字瓦の歴史的性格の複雑性と特異性がある。

このような文字の性質に対する検討をしばらく措き、最後に刻印瓦そのものの存在がどのような歴史的意義をもつかについて考えなければならぬ。

渤海国家の最高政務統一機関としては政堂省があり、その下に忠・仁・義・智・礼・信の六部の中央行政機関があった。そのうち信部は国家的建設事業を取り扱う機関であったから、宮殿や国家的寺院の建設は信部が取り扱ったはずである。とすればこれらの建築物の製瓦も原則的には信部の管理下にあったに違いない。

いま東京城遺跡（上京竜泉府址）、西古城子遺跡（中京顕徳府址）、半拉城子遺跡（東京竜原府址）の宮殿址・寺院址にはおびただしい瓦が散乱するが、その多くは無刻印である。これらは宮殿・寺院の建築に当り、造営当局の直接責任において製造されたものと考えられる。

とすればこれに混じて存在する少数の押文瓦はこれとは別になんらかの特別の意味をもつものでなければならぬ。惟うにこれは造営に直接的な責任をもった造営当局以外の人あるいは機関によって製造・供出されたものではなかろうか。それは中央においては造営当局以外の部局であり、地方においては県であり、あるいは特定の有力な大族・部族であり、ある場合は個人であったであろう。ただその詳細をここで論及する余裕のないことは遺憾である。

そのような時それが税の一種（例えば調的なもの）として製造されたか、個人の寄進物として製造されたかは重要な問題であるが、明らかにすることはできない。しかしいずれにせよ押字瓦の供出が地方機関、中央の一特定部局、大姓、部族など種々の方面から行なわれているらしいことに渤海国の社会構成の複雑さがあるように思われる。

次に西古城子遺跡と半拉城子遺跡の両者から、同一印を用いて押印されたと思われる押字瓦が共に出土していることも注意を要する。これは、直線距離をもってしても八〇余キロの距りをもつ両都城に対し、一つの製瓦場から瓦が供給されたことを示すものであるからである。おそらく、製瓦場は国内至るところにあったのではなく、比較的限られており、そこより需要のある地に供給されていたのであろう。(32) そうしてそこでは、漢字を知る工人——自然の筆致で文字が釘彫されている瓦があるのは、これを物語る——が指導に当っていたものと思われる。

また、両遺跡の建築址から同一印章を用いた押字瓦が発見されることは、少なくとも両遺跡のある建築物の建設年代、あるいは修理年代が特定の時点において併行していたことを伝えている。

押字瓦はなおその他の点でも、渤海史の一側面を伝えて興味が深いが、残された諸点については別稿に譲ることにする。

註

(1) 八家子土城より文字刻印瓦の出土することは、鳥山喜一「渤海上京竜泉府に就いて」(三一ページ)に記されているが、刻印された文字その他についてなんの記載もない。

(2) 資料Aの読み方に従ったものであるが、やや疑わしい。

(3) (2)と同じ。

(4) (2)と同じ。

(5) (2)と同じ。

(6) (2)と同じ。

(7) 刻印では( )に示したように下部が欠けているが、「馬」と読んでよかろう。

(8) 資料AおよびFでは、難読の文字となっているが、「足」と読んで間違いなかろう。

(9) 資料AおよびFでは、「非」と読んでいる文字であるが、西古城子や半拉城子の同形のものを見ると、決して非とは読めない。イ偏に非かも知れない。とにかく特殊な字形あるいは略字と見た方がよい。

(10) この字は「安」のようにも見える。

(11) この字は「枚」かも知れない。

(12) 「男」の左文。

(13) この字は「平」のごとくでもある。

(14) 資料Fは「亾」と読んでいるが疑わしい。

(15) この字は「則」であろう。

(16) この字は「鼻」のようでもある。

(17) この字は「界」であろう。

(18) 東京城および西古城子の「初」と半拉城子の「初」および「利」は同字であろう。

(19) 「多」のようにも読める。

(20) 「名」か「多」かわからない。

(21) 「朔」と読むことができるようである。

(22) (18) と同じ。

(23) 西古城子の場合は「盖」であるが、東京城の場合は「畨」字である。

(24) 両者とも左文。

(25) 半拉城の場合は行体が使われている。

(26) 「素」字の場合、同形の印を用いているのは陰刻の文字の方である。「素」にはその他、陽刻の文字もある。

(27) 石田茂作『古瓦図鑑』文字瓦の条。

(28) 原田良雄「東京南多摩郡稲城大丸窯址」(『考古学雑誌』三四―六)、その他。

(29) 中央研究院考古学研究所『唐長安大明宮』図版五一。

(30) 『朝鮮古蹟図譜』第一巻、高句麗瓦の条・百済瓦の条。

(31) 『渤海国志長編』巻二〇、余録。

(32) 浜田耕作・梅原末治『新羅古瓦の研究』によると、新羅盛時の瓦の「製瓦工場は慶州に於いて数個処ほどの限られた数であり、そこから需要に応じて各寺各建築物に供給せられたことが、最も自然な見方である」と推測している(七〇ページ)。

九　渤海国の滅亡事情に関する一考察

——渤海国と高麗との政治的関係を通じて見たる——

㈠　序説

中国において唐朝の滅亡、五代諸国の興亡、宋朝の成立とめまぐるしい政治的変動のつづいた十世紀は、中国をとりかこむ東アジアの諸民族の間でも国家・王朝の興亡のはげしい時代であった。この形勢は北東アジアからはじまり、まず契丹人の耶律阿保機が東部内蒙古方面を統一して遼国をつくった。この国は西方の興安嶺西を併すと東方に進出し、永年にわたって東部満洲と北部朝鮮に独立をつづけていた渤海国をほろぼし（九二六年）、満洲から蒙古にまたがる大国となった。満洲の南につづく朝鮮半島でも、はげしい政治的変革があった。すなわち九世紀の終りになると、二百余年にわたって半島を支配した新羅の統一政権は分裂し、ふたたび東南の新羅・西南の後百済・北方の摩震（高句麗）の三国鼎立時代がおとずれた。そうしてそれは十世紀の初期、高麗によって統一された（九一八年）。

このように十世紀の初期、満洲では、渤海国が遼によって滅ぼされ、これと地を接した半島では高麗朝が生れるのであるが、後者の建国は、前者の滅亡にさきだつ十余年の前のことであり、その間、たがいに重なる若干の年月があったから、ここに両者の間には重要な政治的関係が生じた。渤海国滅亡前夜の渤海国と、建国早々の高麗朝との間にとり行なわれた外交交渉、政治的関係はすこぶる重大な意義を有するものであったにちがいなく、しかもこれは渤海国の滅亡後もつづいた。われわれは高麗史に残された少数の史料から、このことを知ることができる。

さて渤海国と高麗との関係は、たんにその興亡の時代がたがいに相接する点においてのみ生じたのではない。両者の間には、国家を成立させるさいに必要な名目的な目標、あるいはそれと関係の深い国民指導の方針に共通な面がみられた。これよりさき、西紀一世紀前後に成立し、七世紀の中期まで存続した高句麗は満洲・朝鮮に強大な支配力をふるった大国であったが、この国の滅亡後、その故土の北半を領して国を建てた渤海国は（六九八年）、高句麗の後継的国家であることを宣べて、新国家建設の目標を明らかにした。このことはわが国に使節を送った渤海国第三代の王の大欽茂が、その国書の劈頭に「高麗王」と記したことをはじめ、さまざまの証拠があり、これについては筆者のすでに明らかにしたところである。(1) いっぽう十世紀の初期、旧高句麗の南半を領土に加えて国をたてた高麗が、高句麗の後継国を標榜したことは、建国者の王建が高句麗の故土を復し、その慣習の重んずべきを国是とした事例をまつまでもなく、高麗＝高句麗の国号をみればわかる。(2)

渤海国と高麗の両国の存続した地域と時代は同じくなかったけれども、両国とも国家建設の名目的な目標が高句麗につながっており、その点、両国支配者は共通の民族感情的基盤の上に立っていたということができる。両者の間に外交的交渉、政治的関係が生じたのは、このような共通の民族的感情が親縁的感情をかもしだした結果でもあろう。

いったい渤海国は満洲の地に成立した強力な官僚制的中央集権国家の一つであって、二百二十七年にわたるこの国の政治は、爾後の満洲の政治・社会に大きな影響を与えたにもかかわらず、建国より滅亡に至るまでの政治的変遷・内部事情、あるいは社会経済的状態は明瞭でない部分が多い。これはこの国の歴史、または内情をまとめて書き残した根本史料が消滅したためであるが[3]、とまれ満洲・朝鮮史研究上、大きな盲点となっていることは間違いない。ゆえにわれわれはできるだけの手段を通じてその歴史の解明に努力しなければならぬ。

同様のことは高麗の場合についてもいうことができよう。高麗一代の歴史は『高麗史』『高麗史節要』その他に相当詳しく記載されている。けれどもそれは第八代の顕宗以後の場合であって、それ以前のことになると、『高麗史』『節要』ともに載録するところはすこぶる少ない[4]。これは高麗顕宗の二年、その国都の開京に侵入した契丹聖宗の軍が、宮闕・大廟を焼き、官府の史料を尽く煨燼に帰せしめたのによるが[5]、このため国初すこぶる事多いにもかかわらず、不明な点が少なくない。

このように渤海国・高麗朝双方とも、両者の交渉の行なわれたころの国内事情は充分明らかでないのである。これよりそれを解決する一つの手段として、両者の交渉の事実をとりあげ、これを通じて渤海国終末期・高麗朝建国期の国内事情の一面を明らかにし、満洲・朝鮮史研究上の盲点の一端を埋めてゆこうと思う。

(二) 高麗太祖八年事件と渤海国宮廷の内紛

『高麗史』(巻一) 太祖世家をひもとき、渤海国滅亡の前年にあたる太祖八年の条をみると、渤海国の高官の来投を

つたえた記事がつづいて載録されている。まず太祖八年（渤海大諲譔二十、九二五）秋九月丙申の条には、

渤海の将軍、申徳ら五百人、来投す。

といい、つづいて同月庚子の条に、

渤海の礼部卿大和鈞・均老司政大元鈞・工部卿大福謩・左右衛将軍大審理ら、民一百戸を率いて来附す。

と記され、さらに十二月戊子の条に、

渤海の左首衛小将冒豆干・検校開国男朴漁ら、民一千戸を率いて来附す。

とあるごとくである。

さきにのべたように、『高麗史』の記載は顕宗以前の諸王に関してきわめて簡略であって、たとえば顕宗以後は、枚挙にいとまない女真関係の記事が、それ以前すなわち太祖より穆宗にいたる七王の間にはわずか二件しか載録されていないほどである。このような記載の状態から考えると、太祖世家八年の条に、渤海国関係の記事が三件までも連続して記されていることは、むしろ異例に属するとしなければならぬ。おそらく事の重大さがこのような取扱いをさせたのであろう。同時にこのころ、渤海人来投事件はさらにさらに多かったと思われる。記録が契丹聖宗の軍の戦火にあって焼失したのは遺憾である。

さて上にあげた『高麗史』にみえる渤海の来投者の職官を検すると、文官に司政・礼部卿・工部卿があり、武官に左右衛将軍・左首衛小将らがある。司政は国の政務執行機関である政堂省の次官、礼部・工部の二卿は、政堂省に属する六つの最高行政機関の内の礼部および工部の長官であり、(6)左右衛将軍は禁衛守護の任を帯びた南北左右衛の将軍と思われる。来投者は、辺境の小官ではなく、いずれも中央、あるいは禁衛の大官・将軍であったのである。つぎに

来投者の姓を見ると、大和鈞・大元鈞・大福謩・大審理など大姓が多い。(7)「大」は王族の姓である。してみると、来投者のうち、中央の高官は、王族であろうから、来投事件の意味するところの重大さをうかがわしめる。さらにこれらの来投者に率いられた民も、五百人といい、一百戸といい、一千戸といい、その数は決して少なくない。

『高麗史』の記載が渤海高官の亡命の事実の一部を伝えたものに過ぎなかろうことは前に推測したとおりである。にもかかわらず、これら限られた少数の史料にみえる来投者の地位・官職・家柄・人数はいずれも今次の渤海人亡命が、なんらか、すこぶる重大な原因によって引き起されたことを示唆していると考えねばならぬ。しからばこれはどのような事情にもとづくものであろうか。

『高麗史』の編者は、この年九月庚子、渤海の諸大臣の来付したことを記したのち、「〔渤海は〕契丹と世讎なり、ここに至り、契丹主左右に謂って曰く、世讎いまだそそがず、豈に処を安んずべけんや。すなわち大挙して渤海の大諲譔を攻め、忽汗城をかこむ。大諲譔は戦敗れて降を乞う。遂に渤海を滅ぼす。ここに於いてその国人の来り奔るもの相つぐ」と述べているが、この記事は『遼史』（巻二）太祖本紀天賛四年（渤海大諲譔二十、高麗太祖八）十二月乙亥の条にみえる太祖の渤海討伐に関する詔を転載したものにすぎず、『高麗史』の編者がこれをここに用いたのは、まさに彼らの無識見を物語るものというべきであろう。しからば来投の真因はなんと考うべきであろうか。

いま『遼史』（巻七五）耶律羽之の伝をひもとくと、左のごとき上表が見える。

渤海は昔、南朝（中国の王朝）をおそれ、阻険によって自ら衛り、忽汗城（いまの黒竜江省東京城）に居る。いま上京（遼の首都、すなわち上京臨潢府）をさること遼邈にして既に用をなさず。……先帝（遼の太祖）彼の離心により、釁に乗じて動く、故に戦わずして克つ。天、人と彼とを一時に授くるなり。云々。

これは、遼が渤海国を滅したのち、その故地と人民とを基として作った傀儡国の東丹国の宰相耶律羽之が――かれの職は中台右次相――、東丹国の民を遼東半島方面に移すことの得策なのを説いた上書の一節である。(8)そうしてその上書のなかには、太祖が渤海の内紛に乗じて兵を出したため、戦わずして勝ち、渤海を滅した意味のことがみえる。これは簡略な一句であるけれども、渤海の政治史にとってはきわめて重大な事件たるを失わない。『高麗史』にみえる渤海人来投の事実は、正しくこれと関係があるのであろう。いな、これこそ内紛の事実を裏書きし、あるいは内紛の内容を具体的に伝えたものというべきである。

おもうに、渤海の十五王大諲譔の治世の終り、宮廷あるいは中央の権勢者のあいだに猛烈な内紛があり、抗争に敗れた一派は処罰をおそれ、あるいは復活の機会をねらって高麗に亡命したのであろう。彼らは新興の高麗を、渤海建国の系譜的・民族的基盤であった高句麗の、より直接的な関係国と考え、親縁的感情にみちびかれてこの地に救いを求めたのかも知れぬ。いずれにしても渤海国の首都の上京と高麗とは相去ること、すこぶる遠いから、高麗への来投を志したものの多数は、中途で捕えられ、殺されたに違いない。高麗の国境を越えたものは、少数の幸運者に過ぎなかったはずである。にもかかわらず幸運の少数者中に司政・礼部卿・工部卿などの高官の含まれているのは内紛の規模のすこぶる大きかったことを伝えて余りがあろう。(A)

渤海宮廷の大規模の内紛は、これと激しく対立する遼の知るところとなった。太祖はこの機を逸せず兵を出したから、国境の要衝夫余府（いまの吉林省農安）の占領後、わずか旬日余にして渤海の首都上京竜泉府を抜くことができたのであろう。上書中の「故に戦わずして克つ」とはそれを指したものに違いない。渤海国の滅亡の原因が、祖宗の国ともいうべき高句麗の滅亡のそれと軌を一にしているのも奇しき暗合といわねばならぬ。(9)

渤海国を滅亡にみちびく大きな原因となった内紛の実情は明らかでない。けれども司政大元鈞、礼部卿大和鈞、工部卿大福謩、左右衛将軍大審理など宗室出の大官が関係しているところよりみると、この内紛が宗室および宮廷を中心として行われた大規模なものであり、しかもかれらが国外に脱出を余儀なくされた点を考えると、すこぶる深刻なものであったことがわかる。渤海国第十五代の王、大諲譔の治世の終りの中央政局は昏迷をきわめたものであったに相違なかろう。

滅亡直前の渤海国の状態はこのようであったが、高麗のこれに対する態度は如何。高麗の太祖は自国と関係の深い渤海の来投者を収容したけれども、渤海国自体に対してはなんら積極的な策を講じなかった。当時はいまだ高麗国内の整備、後百済との抗争に忙しく、北境の開拓もようやく西京（いまの平壌）方面の経営に著手したばかりであったから、渤海王廷の内紛に乗じてこれを攻撃し、その南辺を収める余裕はなかったのであろう。

高麗に亡命した渤海人らの処置についてはなんら知ることができない。おそらく高麗の領内に安住し、なかには高麗王廷に仕えたものもあったであろう。高麗と渤海国との交渉を伝えた記事は、その後しばらく姿を現わさぬ。

(三) 太祖、十一・二年の渤海人亡命事件

高麗太祖の十一・二年（九二八・九）の交になると、ふたたび『高麗史』は渤海人亡命の記事で賑わうようになる。『高麗史』（巻二）太祖十一年三月、戊申の条に、

渤海人金神ら六十戸、来投す。

と見え、同年秋七月辛亥の条に、

渤海人大儒範、民を率いて来附す。

といい、ついで翌十二年六月庚申の条に、

渤海人洪見ら、船二十艘に人・物を載せて来附す。

とあり、同年九月丙子の条に、

渤海の正近ら三百余人来投す。

と記されているのがこれである。当時渤海国はすでに滅亡していたから、ここにいう渤海人が渤海国の遺民をさすことはいうまでもない。

『高麗史』に載録された渤海人亡命の記事はさきにのべたごとく、実際にあった事実、あるいはその当時存在した記録中のごく一小部を伝えたものにすぎなかったはずである。してみると二年間に四例に達する渤海人亡命の記事数は、相対的に、数多い同種の事実の存在を推測させ、したがってこれは軽視することのできない事件である。おそらく渤海国の故土になんらかの政治的混乱・騒擾、あるいは残存する政治勢力の間に内紛があったのであろう。ただこの度の来投はその一つ一つが比較的小規模であり、また旧渤海国の大官・名家の含まれておらない点より考えると、事件は地方的性質を帯びていたのではないかと思われる。なかに「船二十艘に人・物を載せて来附す」とあるのは、亡命者の出発した地方を示唆して興味が深い。彼らはおそらく、旧渤海の東京竜原府、すなわち、いまの豆満江河口方面から船出したのであろう。(B)

これよりさき、渤海国をほろぼした契丹はその故土を直轄地とせず、太祖の長子耶律倍に托してこれを支配させ、東丹国の名を与えた。これは帝位継承問題をめぐる契丹王室内部の紛争を解決するための処置でもあったが、一つには渤海の国情が契丹とことなり、そのため契丹本国と同一の形式のもとに支配することに困難を感じたからにほかならない。はたして東丹国の政治が行なわれると渤海の遺民は反抗を始めた。叛乱は各地におこったが、そのうち最も規模が大きく、組織的だったのは、旧渤海の南部、すなわち西京鴨緑府や東京竜原府の方面に起ったそれである。彼らは旧王族を中心とし、西京鴨緑府を中心として地方的政権をうちたてた。そうして、これは後、次第に成長し、いわゆる後の渤海国をもって目されるようになった(10)。

高麗の太祖十一・二年は、契丹の太宗の天顕三・四年にあたる。すなわち渤海国の故土を東丹国とした契丹が、渤海国遺民の叛乱のわずらわしさにたえかねて、東丹国を遼東に移した時期である。おもうに渤海国の故土は、このころ統一的秩序を失い、小地方政権が諸所におこって互いに争ったため、争いに破れた一団や、争乱に安住の地を奪われた人々は平安を求めて高麗に投入したのであろう。あるいは渤海国滅亡当時より、うち続いた内紛の余波かも知れぬ。

このような旧渤海国人の動きに対し、高麗側はなんらか相応ずるところがあったであろうか。高麗太祖十一・二年の交は高麗の西北境が著実な形でひろげられた時期である。すなわち『高麗史』(巻八二)兵志城堡の条によると、十一年には通徳鎮と安北府がいまの粛川と安州に、十二年には安定・安水・興徳の三鎮がそれぞれいまの順安・价川・殷山に置かれており、高麗の西北境は、これらの鎮城を結ぶ線までひろがった。歩一歩の感はあるけれども、高麗の西北境が、渤海人の来投に相応ずるがごとくひろげられたのは、いわゆる後渤海内部の紛乱に乗じたものではなかろうか。以上の諸鎮の設けられた地方は渤海人と民族を同じうする女真人の住地であったから、もしも、旧渤海国の南部を中心として結成された、いわゆる後渤海の勢力が強く、また固かったとすれば、これに近い上掲の諸鎮付近に位する女真が、その下に統合されること必定である。しかるに後渤海側になんらの抵抗のあともなく、この方面に高麗の鎮城の設けられたことは、高麗側の努力、あるいは国力の充実もさることながら、一つには後渤海政権の無力かあるいは内部の無秩序・混乱によるものでなければならぬ。

(四) 太祖末期における渤海国世子の来投問題

その後六年、高麗太祖十七年（九三四）秋七月にいたると注目すべき事件が起った。渤海国の世子大光顕を中心とする一群の人士の亡命である。『高麗史』（巻二）太祖本紀には、この事実を伝えて、

秋七月、渤海国の世子大光顕、衆数万を率いて来投す。姓名を王継とたまい、これを宗籍に附す。特に元甫を授け、白州に守たらしめ、もってその祀を奉ぜしむ。僚佐に爵、軍士に田宅をたまうこと、差あり。

と見える。来投はこれにとどまらず、同年冬十二月の条にも、

渤海陳林ら一百六十人来附す。

とある。秋七月の条に見える渤海国世子は旧渤海国の世子の意味と考えて間違いなく、十二月の条にみえる渤海陳林とは、『五代会要』（巻三〇）渤海の条に、天成元年（高麗太祖九、遼天顕元）――これは渤海の滅亡した年にあたるが――渤海の哀王大諲譔が使者として後唐に遣わしたと記されている大陳林に違いない。しかりとすれば陳林もまた、

宗室中の有力な一人であったのである。

このように高麗太祖の十七年、渤海国の世子大光顕、ついで宗室中の有力者大陳林らが数万の衆をひきいて高麗に投じたという。このころ渤海国の遺臣らは、その国の復興をめざし、王室を擁して旧領土の南部により、いわゆる後渤海国をうちたてていたが、右の事件は必ず後渤海国と関係のあるものにちがいない。(C) しからばその事件とはどのような内容のものであったであろうか。

これについてはすでに和田清博士の考察がある。博士はこの事件を目し、旧渤海国の南辺によって渤海国の復興を志していた旧渤海国王室の没落、これにかわる新しい政治的勢力――後の定安国――の勃興に関係づけておられるが、この推測は当をえたものと思われる。(11)

このいわゆる後渤海国の没落に関係のある大きな政治的動揺は、その後も数年にわたって続いたようである。『高麗史』(巻二)太祖世家、太祖二十一年(九三八)の条に、

この歳、渤海人朴昇、三千余戸をもって来投す。

とあるのも、これと関係があろう。

つぎに明らかにしなければならないのは、この事件にさいして高麗のとった態度である。いったい高麗の北境が、太祖十一・二年の交、すなわち旧渤海国の内争期に、著実な歩調でひろげられたことは前に述べたとおりである。同様の事実はこの時も起った。

高麗太祖十七・八年の交、高麗は南方の後百済と決戦の段階に入っていたから、北方に力を用いる余裕はなかった

らしく、積極的な活動は行なっておらぬ。ところが、後百済を亡ぼし、ついで新羅を併せた十九年以後になると、北方の国境、とくに東北境の活発な開拓がはじまっている。太祖がその二十年に孟山と殷山の中間に静戎鎮をひらき、翌二十一年、平壌と元山とを結ぶ重要な交通路上のほぼ中央に陽嵓鎮を設けたのは、この事実を物語るものである。[12]また池内博士は、日本海岸、いまの永興に和州（長嶺鎮）のおかれた年次を、その周囲の諸要地に鎮城の設置された事実より推して、太祖の治世であろうとされたが、[13]この推測は当時の高麗と後渤海国との関係よりみて当をえたものと考えられる。太祖二十年を中心として行なわれた活発な北境の開拓は、国際的関係から考察すると、旧渤海国内部の動乱に乗じて行なわれたものに違いなかろう。いっぽう、高麗の半島統一が終り、国家の実力が充実し、力を外に用いる余裕の生じた結果でもあることは論をまたぬ。

旧渤海国の故地においては、高麗太祖十七・八年を中心とする一時期におこった大規模な政治的変動ののち、旧西京鴨緑府（いまの鴨緑江中流域の輯安）を首都として新たに定安国という地方的政権が生れた。定安国の成立については早く和田博士の研究がある。[14]高麗の北境には特に強力とはいいがたいまでも、一個の安定勢力ができあがったわけである。渤海人の大規模な高麗来投の事実は、のちしばらく高麗史にみえぬ。高麗と渤海国――いわゆる後渤海国をもふくめて――との交渉はこれをもって一応の終止符をうった。なおこれにつづく高麗と定安国との政治・外交的関係は筆者のすでに論じたところである。[15]

註

（1） 拙稿「金室完顔氏の始祖説話について」（『史学雑誌』五二―一一）九ページ。

（2）（1）と同じ。
（3）渤海国の興亡を系統的に記した古い史料は、『旧唐書』および『唐書』の渤海伝のみという点より見ても、渤海国研究史料の不足を窺うことができよう。渤海国関係の史料を網羅的に集めたものに金毓黻『渤海国志長編』がある。
（4）例を『高麗史』にとる。『高麗史』は李朝の世宗の治世に編纂された高麗一代の正史であるが、その世家を見ると顕宗以後の諸王の事蹟はいずれも一王に数巻が費されているにもかかわらず、太祖より穆宗に至る七王の全事蹟はわずか二巻に収録されているにすぎない。
（5）これについては、池内宏「契丹聖宗の高麗征伐」（『満鮮史研究』中世第二冊）統和二十八・九年役の項、および同「高麗太祖の経略」（同書）一〇ページを参照。
（6）『唐書』渤海伝、その他によると渤海の六部には工部なる機関名がなく、したがって工部卿という職名も見えない。唐制の工部に当るものを信部という。にもかかわらず、ここに信部といわず工部とあるのは、あるいは渤海国の末期に信部を工部と改称したためではなかろうか。なお、渤海国の職官については、金毓黻、前掲書（3）巻一五、職官の条に詳しい。
（7）大和鈞と大元鈞はおそらく兄弟であろう。
（8）東丹国については、池内宏「鉄利考」（『満鮮史研究』中世第一冊）渤海国の滅亡と其の遺民の条、参照。
（9）高句麗の末期、宰相の泉蓋蘇文が宰相として在世した間は、よく唐の大軍を退けえた高句麗も、彼の死後、長男の男生と、その弟の男建らとが争うにおよんで支配勢力は全く分裂した。そうして男生の唐軍への投入などのことがあり、唐の高宗の総章元年（六六八）、ついにあえなく唐に滅された。その間の事情については、池内宏「高句麗討滅の役に於ける唐軍の行動」（『満鮮地理歴史研究報告』第十六）に詳しい。
（10）いわゆる後渤海国については、日野開三郎「後渤海の建国」（『帝国学士院紀事』二―三）がある。日野教授によれば、後渤海国は、旧渤海国の首都上京竜泉府を中心にして建設された地方政権で、その政権の首班は王弟となっている。また、日野教授の後渤海国に関する所説には、なおいっそうの考察を要すべきところがあるように思われる。
（11）和田清「定安国に就いて」（『東洋学報』六―一）。

(12)『高麗史』巻八二、兵志城堡の条。

(13)池内宏、前掲論文(5)「高麗太祖の経略」七三ページ。

(14)(11)と同じ。

(15)拙稿「高麗と定安国」(本書一一所収)。

(A)日野開三郎教授は、東丹国の遼東移治後、旧渤海国領に二つの地方政権が生れたと推測し、北方の上京竜泉府(旧渤海国首都)によったものを後渤海国、南方の西京鴨緑府によったものを大光顕政権に当てられた。そうして前者の主権者を渤海国第十五王大諲譔の弟、後者のそれを王子大光顕と考えている(註10論文、四九二—四九六ページ、および「定安国考」(一)『東洋史学』〈九州大学文学部東洋史研究室〉第一輯、三七〜三八ページ)。後渤海国と大光顕政権が別々の政権であったかどうかは、疑問の存するところで、早々には決しがたいことであるから、それは別の機会に考えるとして、とにかく、ここにあげられた大諲譔の王弟と王子とがあるいは宮廷の内紛の場合の対立者であったのかも知れない。

(B)東京竜原府は、鳥山教授によれば、琿春県半拉城子である(「渤海東京考」『京城帝国大学史学論叢』〈文学会論叢〉第七輯)。

(C)日野教授によると、旧領土の南部によったのは後渤海国でなく大光顕政権(これは後に定安国とかわった)である——(A)参照——。なお、後渤海国にしろ、定安国にしろ、旧領土南部の政権の所在地は西京鴨緑府であるが、この鴨緑府を鴨緑江の上流の臨江(帽子山)付近にあてる従来の説に筆者は反対である。渤海国の鴨緑府は必ず旧高句麗の首都の置かれた中流域の輯安にちがいない。交通上からいっても、地形上からいっても、臨江付近に大勢力のよれるはずがないのである。このことは別に詳しく論ずる予定である。

一〇　新羅東北境外における黒水・鉄勒・達姑等の諸族について

㈠

『三国史記』新羅本紀を見ると、第四十九代憲康王十二年（渤海景王十六年、八八六）春条に、

北鎮奏、狄国人入鎮、以片木掛樹而帰、遂取以献、其木書十五字云、宝露国与黒水国人、共向新羅国和通。

という記事が見え、またそれより三十五年後の景明王五年（渤海哀王二十年、高麗太祖四年）条には左のごとき記載がある。曰く、

二月、靺鞨別部達姑衆来寇北辺、時太祖（高麗）将堅権鎮朔州、率騎撃大破之、匹馬不還、王喜遣使移書、謝於太祖。

これらの記事は新羅の末造、その東北境外に黒水・達姑等の諸族が住した事を伝えたものである。さらにその内容を池内博士の研究に基づいてやや詳しく述べると、(1)憲康王十二年条に見える宝露国とは、いまの咸鏡南道安辺（新羅末期、新羅・渤海両国の境をなしていた新羅の朔庭部）の西方三十里にある奉竜付近を根拠とした一団の部族であるから、

したがってそれと行動をともにした黒水国も、新羅の東北境に近く居住していた一団の部族、おそらく黒水族でなければならぬ。次に景明王五年二月に新羅の北辺を侵したという靺鞨別部達姑も、やがて朔州（江原道春川）に鎮した高麗太祖の将堅権に破られたというのであるから、これも安辺を去ること遠からざる地方に住した靺鞨の一部という事になる。新羅の末期、その東北境外の地方に黒水・達姑等の名を冠した諸族が蠢動していたことは、これによって推測される。

黒水・達姑等諸族の活動を伝えた記事はこれのみに止まるかというと、そうではない。さらに『高麗史』太祖世家には満洲北辺の雄族鉄勒（鉄利・鉄驪）の名も加わって、ともにこれ等諸族の動静が伝えられている。いまこれに関する史料を左に掲げる。

(1) 元年（渤海哀王十七）八月庚戌、朔方鶻巌城帥尹瑄来帰。〔尹瑄塩州人、為人沉勇、善韜鈐、初以弓裔誅殺無厭、慮禍及己、遂率其党、走北辺、聚衆至二千余人、居鶻巌城、召黒水蕃衆、久為辺郡害、及太祖即位、率衆来附、北辺以安。（『高麗史』巻九二、王順式附伝・尹瑄伝）〕

(2) 四年（新羅景明王五、渤海哀王二十）春二月甲子、黒水酋長高子羅率百七十人来投。

(3) 同年同月壬申、達姑狄百七十一人侵新羅、道由登州、将軍堅権邀撃大敗之、匹馬無還者、命賜有功者穀人五十石、新羅王聞之喜、遣使来謝。

(4) 同年夏四月乙酉、黒水阿於間率三百人来投。

(5) 十九年秋九月、王率三軍至天安府合兵、進次一善郡、神剣以兵逆之、甲午、隔一利川而陣、……大相庾黔弼・元尹官茂官憲等領黒水・達姑・鉄勒諸蕃勁騎九千五百……。

高麗初期には、これらの諸族に関する所伝はさらに多かったと思われるが、顕宗王の時侵入した契丹軍のために史料の多くは失われて、右の五条の記事しか伝わらないのは遺憾である。(2) そうして(1)より(4)までは渤海国滅亡以前の事実、(5)のみが、滅亡後の事にかかわる。このうち(3)は、さきに掲げた『三国史記』景明王五年条の記載と同一の事件を伝えたものであるからしばらく置くとして、(1)に見える鶻巌城が今日の京元線高山駅（補註41）の西十五、六町に在る新坮里山城であるのは、池内博士の研究によってすでに明らかである。(3) ゆえに尹瑄に率いられたという黒水蕃もまた新羅の東北境外に住していた部族であることが知られ、これは『三国史記』憲康王十二年の記事から推し得た黒水の住地と一致する。四年二月、四月に高麗に来投した黒水蕃が、その方面の諸族であったのは疑う余地もなかろう。新羅の東北境外は渤海国の東南隅にあたる。

しかも(5)によると、十九年、高麗の太祖が後百済の神剣に最後の打撃をあたえ、ふたたび立つ能わざらしめた一利川の戦に、黒水・達姑・鉄勒の諸族が高麗軍の一翼として出陣しているのである。鉄勒の名はここに初めて現われる。鉄勒は鉄利・鉄驪とも記され、満洲中世史を賑わす北部満洲の雄族であるが、『高麗史』に見えるこれが、黒水・達姑等とともに、新羅の東北境外に住した靺鞨の一部である事は容易に推定しうる。渤海国滅亡後、帰趨を失った彼らは高麗に投入し、その勁強のゆえに高麗軍に編成されたものと思われる。

新羅の末期、これは同時に渤海国の末期にあたるのでもあるが、その東北境外に黒水・達姑・鉄勒等の名を冠した諸族の住していた事は、以上によって知られたであろう。

(二)

しかし翻って考えると新羅の東北境外に黒水・鉄勒・達姑等の名を冠する諸族が住したという事は、いささか奇異な観を抱かせる。なぜなら、これらの諸族は南北朝より唐代にかけて北部満洲に雄視した著名な部族であったからである。順序として、本族ともいうべき北部満洲の黒水・鉄利・達姑等についてしばらく考える。

黒水といえば、何人も南北朝より隋・唐代にわたって、活動した靺鞨七部のうちの黒水靺鞨を想起するに違いない。その住地は今日の松花江三姓下流域一帯の地方と思われるが、(補註42)(4) この部は七部のうちでも特に強かった。すなわち朝鮮半島において新羅の統一がなされてより後約半世紀、満洲においても大氏は国を建てて渤海国と号し、靺鞨諸部をその傘下に収めたが、独り黒水靺鞨のみはその北辺に拠って容易に屈しなかった。ゆえに雄武をもって聞えた第二代武王大武芸は仁安八年(唐開元十四)これが討伐の役を起し、ために黒水を保護して渤海を牽制せしめんと計った大国唐との間に深い不和を招いたほどである。(5) まことに黒水の強盛は渤海統一のために容易ならぬ障害であったと信ぜられる。これゆえに武王は唐との関係の悪化をも顧みず、黒水討伐を行ったのであろうが、その結果黒水の大部は渤海の勢力下に没したのであろう、以後は彼らの唐へ入貢するもの、はなはだその数を減じた。しかし渤海の最末期、その国の権力がやや衰えると、ふたたび唐に入貢したのは黒水靺鞨である。かくのごとく渤海時代における黒水靺鞨はなお北辺に隠然たる一勢力を形成していたのであるから、新羅末期、その東北境外に住した黒水蕃との間になんら政治的・地理的関係の存しなかったことは自明の理である。

次に鉄勒族については池内博士の詳細を極めた研究「鉄利考」がある。(6)これによれば、鉄利は靺鞨の一部であり、唐代すなわち渤海時代には後の生女真完顔部勃興の地である按出虎水（ハルビン東南の阿什河）を中心とした地方によっていた。渤海が遼に亡ぼされてより後も依然として旧地にあったが、遼の統和末になると、忽汗城（渤海の上京竜泉府）に拠っていた兀若族を追い放って、彼らの一部はその地に拠ることとなったのである。

最後の達姑蕃は『唐書』（巻二〇二）東夷伝の末尾に見える達姤、すなわち開元十一年達末婁とともに唐に入朝した達姤部と関係ありと考えられる。これに関して『唐書』には「達姤室韋種也、在那河陰凍（涷）末河之東」とあり、池内博士の研究によれば賓江省伯都訥地方に居を占めた部族である。(7)(補註43)遼の末葉、按出虎水の生女真完顔氏が叛遼の挙兵をなした時、松花江河套の地方には達魯古部がおり、彼らは完顔氏に従わなかったために阿骨打に滅ぼされた。(8)遼末の達魯古部と、唐代の達姤部とは同一部に違いないから、この部の住地は唐代より遼代に至るまで大した変化はなかったわけである。

かく観じ来ると、渤海時代の黒水・鉄利・達姤等本族の住地はいずれも渤海の北方辺境および西北辺境に接した地点であった事が明らかとなる。そうしてこれは新羅の東北境外、すなわち渤海の東南隅に在ったと伝えられる黒水・鉄勒・達姑等とはなんらの関係も持たないように思われる。はたして然りであろうか。これは興味深い問題である。

ゆえにこれに関しては早くから津田・池内両博士によって研究がなされた。そうして両博士ともそれに対する結論として、北部満洲の黒水靺鞨その他と、新羅東北境外すなわち渤海東南隅の黒水蕃その他とは全然関係なしと断ぜられたのである。しからば何がゆえに渤海東北境外に黒水・鉄勒・達姑等の名を冠した諸族の居住が伝えられているのか。これに対する解答として、最初に手をつけられた津田博士は、大略次のごとく説かれている。(9)すなわち新羅の史家は江原道方面の住民を漢史によって濊と記してきたが、のち靺鞨が現われ、勢い盛んとなったのを見て、東北境外の異民族を称するにこの語をもって代えたのであろう。さらに池内博士はそれを支持して、これら羅北の諸族によろしく偽の字を冠すべしと主張された。(10)

(三)

その後、学界はこれらの説を是認した形となり、問題はしばらく発展しなかったが、昭和十二年に至って新説が現われた。すなわち小川裕人氏の説である。氏はその論文「三十部女真に就て」(11)のなかでこの問題を取りあげ、もしも羅北の黒水等の諸族名が、有名な黒水靺鞨なるがゆえに、その名をかりて付した仮称であるとするならば、何がゆえに、従来ほとんど朝鮮半島に知られる事のなかったと思われる鉄勒・達姑——この論証に鉄勒・達姑等が有効に使用されている事は後の場合と考え合せてすこぶる注意を要する——等の名などを借りて用いたのであるか。これは容易に許容し難いことではないか。かく論じ来り、さらに論を進めて今度は先人の説とは全然反対に、羅北の黒水——この場合氏によれば黒水のみであるらしい——は仮称ではなく実称であると案じた。すなわち新羅東北境外の黒水蕃は黒水靺鞨そのものであるとされたのである。筆者をしていわしむれば単に黒水蕃のみではなく、鉄勒も達姑も実称なのであり、また実称でなければならないのであるが、とにかく、氏のこれまでの提案には筆者も賛成であり、その論証には敬意を表する。

さて氏は、これを根拠としてさらに自説を展開し、新羅東北境外、すなわち渤海東南隅の黒水蕃——この場合、鉄勒と達姑とは問題となっていないのを前の場合と思い合せて注意しなければならぬ——こそ渤海国北境にあった黒水靺鞨が自主的に南下、遷住したものであるとされた。つまり新羅東北境外における黒水蕃の存在を、黒水靺鞨大遷住の結果、あるいは証拠とされたのである。そうしてさらに遼代この方面に著名であった三十部女真——氏によれば三十部女真の根拠地は間島方面となっている——は同時に遼代、黒水靺鞨の南下したものに付せられた名称であると推定された。ゆえに黒水靺鞨自主的南下説は遼代女真社会の系統を考える上に重大な問題となるのであるが、これに関する氏の論拠ははなはだ薄弱であってなんら積極的になるものがあるわけではない。ただ、

　以上の如く羅末麗初の黒水人を「偽黒水靺鞨」なりとする従来の学説に確実な根拠がないとすれば、余はしばらく高麗史の呼称に信頼してこれと唐代の黒水靺鞨との名称の同一なるより、前者を後者の遷移せるものと認めんとするのである。（傍点筆者）

という氏自身の表現[12]によっても知られるように——ほとんど唯一の積極的理由と見られるものに梏矢のことがある。これについては後に述べる——、黒水靺鞨と黒水蕃との名称が同じいから、直に自主的に南下したこととしてしまわれたのである。

しかし、この仮説は氏の重要なる靺鞨移住体系ともいうべき黒水靺鞨即三十部女真即生女真完顔部説——三十部女真即完顔部説の重要なる論拠の一つとなった完顔氏始祖伝説に関する氏の解釈に対してはすでに田坂氏の批判がある[13]——の根拠となり、あわせて氏の女真文化系統論[14]の基礎ともなるのであるから、これに対しては充分なる吟味と検討とが必要である。

さていま氏の新説、すなわち黒水靺鞨の自力南下説を通覧すると、遺憾ながら次の数点に許容しがたい欠陥が存す

るように思われる。

第一は当時の政治的社会的状勢に関する考察の怠慢である。そもそも朝鮮半島の史書に黒水等の名称の現われた最初は、本稿冒頭に掲げた『三国史記』新羅本紀、憲康王十二年の記事である。そうして氏の黒水靺鞨自力南下説の基礎は以上の『史記』の所伝にあるのであるから、黒水靺鞨の南下は自らその時代、否それ以前としなければならぬ。しかるに憲康王十二年は渤海景王十六年、すなわち渤海国の滅亡前四十一年に当る。さらに達姑等の諸族——おそらく鉄勒も然りであろう——の新羅東北境における活躍、あるいは投降に関する所伝も、『高麗史』太祖世家十九年条の一例を除いては、いずれも渤海国存続当時、すなわち滅亡以前の事柄である。かくてこの事実を脳裏に思い浮べつつ氏の説を顧ると、氏の所謂遷住した黒水靺鞨は、遼代ではなく、渤海国滅亡以前、国家的権力によるにあらずして、換言すれば自力で大遷住を行い、しかもそのうちの一大部が渤海国の東南隅、漏斗状に狭まった咸鏡南道の安辺付近にまで至ったこととなる。渤海景王十六年当時、黒水靺鞨の一大集団が、安辺付近に定住していたとすれば、彼らの遷住はそれよりかなり以前に完了していたものと見なければならぬ。

景王当時の渤海国はすでに発展するの気力を失いつつあったかも知れないが、なお揺ぎなき国威を誇った時代であったと信ぜられる。——渤海国の滅亡は、国力の自然的消耗によるというよりも、あたかも高句麗滅亡時のごとく、当時における激しい主脳部間の内紛の結果齎されたものと考えられる。(15)——しからば渤海国の力いまだ衰えたりとは認められないこの当時、黒水靺鞨の大集団が、その国の中央を縦断、南下し得たであろうか。否渤海国の主権者が、彼らの大挙する南下を拱手傍観、許容したであろうか。周知のごとく、黒水靺鞨こそ渤海にとってもっとも仇敵たる部族であり、かつ強勁を誇った北族であったのである。さらにその遷住地たるや——氏は主遷住地を間島(補註44)とされているが、これが当時の状態と相容れざることは後に述べる――渤海国にとってもっとも重要なる東京竜原府および南京南海府付近であるといわれる。これらの両地はともに政治的にも経済的にもきわめて要衝で、渤海国の滅亡後、わが国に遣された使者のごときもこれらの地方から船出したことは明らかである。一国の盛時、その国の存立と利害全く相反する大部族に、国内の縦断、否国内の占住を許すがごときはいかなる時代、いかなる国家にあっても絶対に行なわれ得ないところである。以上述べたごとく、当時の渤海国の政治的情勢を知れば、景王時代黒水靺鞨の大集団が南下し、重要なる東京・南京方面に遷住したとするがごとき、到底考え得られない推論と思われる。

なお、人あるいは黒水靺鞨が渤海国の周辺を廻りつつ東南部辺境に達し、なんらかの機会を求めて渤海国内に遷住したのではないかとの疑問を抱くかも知れぬ。しかし渤海の仇敵である黒水靺鞨の集団的遷住ということが、すでに原則的に不可能である上に、渤海末、彼らが現実に居住した南京南海府付近は、渤海の彊域が朝鮮半島北部に漏斗状に入り込んだ所であるから、陸上よりの侵入は東京道・西京道を経るか、しからずんば新羅よりするのほか絶対に不可能である。実に南京方面へは渤海国領土を通過して達するの他、進出の道がないのであるから、別になんらかの経路によって渤海国東南部へ遷住したのではないか、という仮説も成立し得ないこととなる。

次の第二の欠陥は、黒水蕃とともに『三国史記』『高麗史』に見える達姑・鉄勒等諸族の無視である。氏は黒水蕃が偽称ではなく実称である事を論証するために、巧妙に達姑・鉄勒両族を利用し、これが実称である事を説かれた。しかるにもし氏の説のごとく新羅東北境外における黒水蕃の存在が、黒水靺鞨の自主的遷住を指示するものであったとするならば、他の二族、達姑・鉄勒の存在はなにを意味するものであろうか。そうして彼らに対して黒水蕃と同様の取扱いをなすならば、これら二族もまた渤海の末期、その西境外より国中を大横断し、東京・南京方面に大挙遷住したものとしなければならぬ。かかることが全く行なわれ得なかったのは明らかであろう。ことに鉄利に関してはのち『高麗史』の顕宗十二年三月癸巳条に「鉄利国遣使、表請帰附如旧」というような記事も見える。しかしこれに関して氏は全く沈黙された。おもうに氏にしてもし考察をここまで進めたならば、氏の企画された黒水靺鞨即三十部女真説が成立し得ないために、右の事実を取り上げるのを止められたのではあるまいか。

第三は遷住黒水靺鞨の住地に関する矛盾である。氏が遼代間島方面に勢力のあった――間島方面に居住したというのも氏のたんなる仮説であって、津田・池内両博士とも咸鏡南道とされている(16)――三十部女真を、渤海時代の黒水靺鞨の新しい名称であると考え、しかもその根拠を羅北における黒水蕃の存在に求められた事は前にしばしば述べたところである。しかしここに一つの矛盾が指摘される。というのは氏によれば三十部女真即黒水靺鞨の住地は間島方面であるはずであるのに、その論拠となった黒水蕃の所在地は咸鏡南道も南端の安辺付近なのである。しかも両者の間の距離は生やさしいものではなく実に直線距離をもってして百五十邦里に達し、その間半島屈指の良地咸興平野、その他元山・永興・北青・端川・城津・吉川・鏡城・会寧等格好な根拠地となるべき拠点が相ついで存する。これは問題である。さては渤海国の末期、黒水靺鞨は安辺付近にまでも進出していたのであろうか。しからばその背後の大平原である咸興平野こそ黒水靺鞨の大集団がいてしかるべきはずである。あるいはまた、高麗の興起とともに安辺・咸興方面の黒水靺鞨は間島方面にまで退却したのであろうか。しかし東北面における高麗は、もっとも発展した文宗王以後わずかに数十年間咸興平野に勢力をおよぼしたのに止るから(17)、咸興平野の黒水が高麗の興起によって、間島まで退却する必要はまったく存しないようである。黒水蕃と三十部女真との間にもし積極的の関係ありとすれば、後者の主住地はむしろ咸興平野に在ったとなすべきであろう――三十部女真については稿を改めて説く――。かくのごとく氏のいわゆる黒水靺鞨即三十部女真の間島居住説と、黒水蕃の事実上の居住地との間に存する空隙こそ、第三の欠陥をなすものであろう。

第四は黒水靺鞨移住の影響に関する考察の欠如である。さきに述べたごとく氏が黒水靺鞨の遷住したと考えられた間島地方、あるいは黒水蕃の所在地である咸鏡南道の地方は、無住の地ではなく渤海国の領域中、ともにまれに見る肥沃なる地方であり、かつまた、その中心には東京竜原府・南京南海府等が存し、政治上の要衝でもあった。東京竜原府は、日本道、南京南海府は新羅道として特に著名であったのである。(18) ゆえにもしかかる地方に渤海末期、黒水靺鞨の大遷住が行なわれたとするならば、東京・南京方面は大なる混乱をきたし、その結果、これら両地方に近接した新羅あるいは日本には必ずなんらかの情報が齎されたに違いない。かかる事実はなんら伝えられていないのみでなく渤海の末期においてもわが国へは使者が遣されている。(19) もしもこれらの地方が黒水靺鞨の拠るところとなったとすれば、彼らは必ず、最要地である東京・南京を侵したに違いないから、渤海末期この方面より他国へ使者を派遣するがごときは思いもよらない事であったであろう。しかるに使者は遣されている。これはこの方面の平穏を物語るものでなくて何であろう。次に渤海国滅亡当時、あるいは滅亡直後、この方面が混乱し、他族の侵入・蹂躙に委されたか否かも考えて見なければならぬ。なるほど滅亡寸前、南京方面から多数の渤海高官が、高麗に来投した事実はあった。(20) しかしこれは渤海国を滅亡に至らしめたと思われる中央の内紛の結果であって、彼らが東京・南京方面を経由したのはむしろこの方面の安全性を示唆する。さらに滅亡後もこの地方は渤海遺臣の拠ってもって征服者に反抗する拠点となっていたようであり、さらに定安国の成立後は、本地方はその勢力範囲となっていたようである。(21) したがってこの方面こそもっとも永く渤海国としての秩序を保っていた地方という事ができるのである。かくして見れば渤海国の滅亡前後、この地方に黒水靺鞨遷住を許すべき客観的要素の存しなかった事が知られるはずである。

筆者は以上四点の欠陥を指摘したが、最後に一言述べて置きたい事がある。氏は黒水靺鞨遷住説に対するほとんど唯一の理由として顕宗朝、東女真が高麗に朝貢した楛矢の問題を取り上げられた。すなわち『高麗史』（巻五）顕宗世家二十一年、夏四月戊子条に、

東女真曼闘等六十余人来献戈船四艘、楛矢十一万七千六百。

とあり、また五月乙卯条に、

東女真奉国大将軍蘇勿蓋等来献馬九匹、戈船二艘楛矢五万八千六百及器仗。

と見えるのに注意し、これについて次のごとくいっておられる。氏のこれに関する論理および考察は、実は誤解の上に立っているので解きがたいから、左に原文を引用する(22)（傍点は筆者の付したものである）。

この他にも東女真人が楛矢を献じたことは屢々見えて居るが、斯く多数の石鏃を貢献したところから見ると当時は彼等がこれを常用して居た時代からあまり遠くないことを物語るものではなからうか。然るに咸鏡道から間島地方は古来文化程度の高い沃沮族の住地で、文化国たる漢の玄菟郡が置かれ、その後引続いて高句麗や渤海の領土となつて居て沃沮高句麗時代には買溝漊、渤海時代には南海府（今の咸興）・東京（今の琿春附近）等の都城も発達し、渤海の首府は一時この東京府に遷された程であるから、この地方は文化的に或る程度の発達は見て居たと考へられる。さればこの地方に移住して靺鞨も亦長くその低度の文化を持続したとは考へられない。因て高麗時代に石鏃を用ひた強力な種族が、この地方に居たとすれば、これをこの地方の土着種と見るよりは石鏃を有つて他より移住して来たと見る方が却つて妥当ではなからうか。唐書（巻二一九）黒水靺鞨伝には、「其矢石鏃、長二

寸、蓋楛砮遺法」とあつて黒水靺鞨は唐代に於いても石鏃を用ひてゐたやうである。されば麗初の黒水人は唐代の黒水靺鞨の遷移したものと見て文化的にも不都合はないやうである。

かくのごとき氏の所論は、不幸にして軽率の譏を免れず、説はもとより成立しがたい。氏は楛矢のなんたるかを究めず直に石鏃と混同されたのである。楛矢は既に池内博士の「粛慎考」中にも明らかにされているように、楛木をもって作られた矢の軸部である。[23] 楛木の学名はいまだ明らかではなく、又満洲の特産でもないが、長白山付近にはことに多かったと思われる。『高麗史』の記事は幾回これを繰返して読むも楛矢数万と見え、石砮数万個とは記されておらぬ。楛矢は鏃を挿んで初めて実用に供せられる。鏃は石鏃にても可、鉄鏃にてもまた可。楛矢は楛矢、石砮（石鏃）は石砮。氏はかかる錯誤を改めることなくさらに昭和十三年に発表された、「生女真勃興過程に関する一考察」においても繰返し、それを根拠として自説を主張していられるようである。[24] このような問題を取り扱うさい、望むらくは相当の注意と慎重とを期されたい。

問題はかくのごとくにして問題とはならなかったが、なお取り扱いに関して二、三の注意を促すべき点がある。その第一は朝貢に関することである。周知のごとく、朝貢は名目上朝貢ではあるが、内実はけだし交易にあったのであって、女真と高麗との場合もその例に漏れなかった。ゆえに女真より高麗に貢するものは、高麗の要するもの、高麗より女真に賜与する品は女真の特に欲した品であったのである。しからば高麗ではすでに実用に供しなかったに違いない石鏃を、しかも十数万個の多数、女真が貢するというようなことは考え得られようか。これは高麗においてたんに不用であったのみではない。また一方未開民族にとって合計二十万個に近い石鏃を一地方の一部族長が貯蔵し、しかもそれを他国へ持ち出すというがごとき事はまったく不可能事であるのである。楛矢の製作とは逆に、石鏃の製作は未開民族にとって想像以上に困難なる事柄であったことを、考古学的研究を基礎として深く考えなければならぬ。

第二は氏の引用されている『唐書』の記事であって、この記載をもって唐代の黒水靺鞨が石鏃を使用したと断定されたのは少なくとも確実なる論断とはいいがたい。なぜなら、上・中世の中国人は先在的に、粛慎あるいは靺鞨と、楛矢石砮とは離るべからざる関係にあると思惟していたのであり、これに関してはすでに池内博士の研究がある。(25)『魏書』勿吉伝にもこれに関して「箭長尺二寸、以石為鏃」とあり、『唐書』と類似の記載が見えるが、おそらく『唐書』の記事は靺鞨なるがゆえに、前代の書法にならい習慣的に楛矢石砮の事を付記したと見た方がより自然であろう。いわば楛矢石砮のことを付載することによって靺鞨なることを強調せんとしたわけである。現在の考古学的調査の結果は、残念ながら十世紀前後黒竜江下流の住民がいかなる鏃を使用していたかを明らかには教えてくれぬ。しかし、実際上石鏃を使用したであろうかと推考すると、きわめて疑わしく、むしろ否定的な答えが浮んでくる。黒竜江省東京城に在る渤海首都遺跡の宮殿址から三個の精巧なる鉄鏃が出土している事を考えると、(26)東京城と同じく牡丹江に沿った三姓付近の黒水靺鞨も同様に鉄鏃を使用していたと見た方が、より妥当な観がある。渤海が鉄鏃、黒水が石鏃であったとすれば、その他の主要武器においても同様のことがいい得るから、黒水は決して、しかく強硬に渤海に抵抗し得なかったはずであるからである。

第三は氏のいわゆる三十部女真の石鏃使用の問題である。氏によれば三十部女真も石鏃——実は楛矢の間違いであるが——を使用しており、その点黒水靺鞨と積極的に類似すると考えられているが、このような推定はきわめて不自然である。なぜなら唐代の黒水靺鞨がたとえ石鏃を使用していたとしても——石鏃ではなく鉄鏃を使用していたであろう事は前段に述べた——、彼らが氏のいわゆる高度文化地帯へ移ったのは渤海末期であり、石鏃——実は楛矢——

を貢したのは顕宗王時代であるから、その間百五十余年の隔たりがある。かかる年代の経過のうちにはかならず石鏃使用を罷め、鉄鏃を採用したに違いない。またかりに三十部女真が石鏃を使用していたとしても、高麗にとってまったく不用であり、かつ彼らにとってきわめて重要である上に、彼ら自身の未開・低度を自ら物語るべき石鏃数十万個を朝貢するようなはずはないのである。いずれにしても石鏃等を仲介として、遠隔なる両地方の文化・民族等を論ずることは、一般に考古学的方法論の上からもっとも忌むべき事とされている。

以上において述べた諸種の理由によって、新羅北境外黒水蕃即自力南下黒水靺鞨説の成立し得ざる事が明らかとなったであろう。同時にこれを根拠とした黒水靺鞨即三十部女真説、さらには氏の「生女真勃興過程に関する一考察」に展開されている独特の女真文化系統論も遺憾ながらその基礎を失ったようである。なお筆者はこれに関して二、三の事を付加して論じて置こう。

(四)

第一は遼代における黒水靺鞨の住地に関してである。渤海時代における黒水靺鞨の住地はさきに述べたごとく松花江三姓下流一帯の地方であったが、遼代においてもその主住地はさして変化しなかったことと思われる。これについて池内博士は遼代の五国部の住地が、唐代の黒水靺鞨のそれと一致することから、鋭緻なる考証ののち、前者を後者の後身だと断定されている。[27] これを大勢の上から見ても、または考証の経緯から見ても博士の説にはなんら無理が存しない。筆者はこれをもって鉄案と認める。

しかるに小川氏はこれに対しても反対された。(28) しかし氏の新説は畢竟するに黒水靺鞨即三十部女真という成立し得ない仮定を基礎としたため、正面より自説を論証することが不可能となり、その結果先人の所説を葬り去り、その反対効果をねらわれたかに窺われる。要は氏の所説を合理化するための反対論のごとくである。

第二は『高麗史』顕宗世家および文宗世家に見える黒水に関してである。すなわち顕宗世家を見ると、その十二年九月乙未条には「黒水靺鞨蘇忽蓋」なる名が、同じく十三年正月丁亥条には「黒水酋長沙逸羅」なる酋名が、さらに十八年二月甲午条には「黒水靺鞨帰徳大将軍阿骨」という名称が見えるが、これらはそれぞれ、二十一年五月乙卯条の「東女真奉国大将軍蘇忽蓋」、十九年十二月壬辰条の「東女真沙逸羅」、同年三月条の「東女真帰徳将軍阿骨」に相当るのであって、ここに黒水と東女真との記法の混用が存する。ここにおいて黒水蕃即南下黒水靺鞨なることを先行的に仮定された氏は、同時に東女真と三十部女真とを同一族と見なし、これと後に挙げる文宗世家の記載とを組合せることによって、伏線的に三十部女真即黒水靺鞨説を成り立たせる一傍証としようと考えられていたようである(29)——しかとは明記されてはおらぬが、これをもって三十部女真即黒水靺鞨説の大前提とされたのであるから、氏にかかる意図のあった事は明らかである——。しかしこの考えは潜在的に黒水蕃を黒水靺鞨の南下したものとする仮説が前提となっている点に根本的な誤謬があり、さらに東女真を三十部女真と即断した点にも許容し難い欠陥がある。周知のごとく高麗ではその東北面を通じて交渉を生じた一切の女真を東女真と称し、西北面より関係の生れた女真を西女真と呼んでいた。いわば東女真とは東方より入貢した一切の女真に対する総称であったのである。したがって東女真のなかには三十部女真もあり、いわゆる黒水靺鞨も含まれていたのであって、東女真を三十部女真と即断した氏の考えは間違っている。おもうにここに見える黒水とは『三国史記』『高麗史』太祖世家等に見える黒水蕃の後裔に違いない。このことは顕宗世家十二年三月癸巳条に「鉄利国遣使表、請帰附如旧」とあり、その他にも見える鉄利を、あるいは高麗初期の鉄勒の遺衆とも見なし得るのと同様である。新羅東北境外、すなわち渤海国東南隅に住した黒水・鉄勒等の一部は、高麗の興起とともにその国に投入したが、一部はなお咸興平原付近に遺り、顕宗時代、高麗に入貢したのであろう。そうして『高麗史』がこれを東女真と混記したのは顕宗時代、黒水蕃も東女真の一部として認められていたゆえにほかなかろう。このことは同時にかつて黒水蕃の居住した地域、すなわち咸興付近の女真が東女真と呼ばれていたことを物語るよき資料となる。

なお氏は文宗世家二十七年五月条に、「今欲報讎告諭化内三山村中尹夜西老等三十徒酋長」という一節があり、その註に「東蕃黒水人其種三十、号曰三十徒」と見えるのに注意し、これをも消極的ながら黒水靺鞨即三十部女真の一傍証に利用せんと考えられたようである。しかし黒水靺鞨即三十部女真説は成立し得ないのであるから、右の史料はそれに対するなんらの支柱ともなり得ないのはもちろん、さらにこれを活用すれば、氏の意図とは逆に、三十部女真の間島方面居住説に反対する有力なる一史料となる。すなわち註に見える東蕃黒水人とは『三国史記』『高麗史』太祖世家に見える黒水人の後裔をさすことは疑いなく、また彼らが文宗当時咸興平野に住していたこともほぼ間違いなかろうから、黒水蕃が三十徒女真とも呼ばれていたとするならば、三十徒女真、すなわち三十部女真の主要住地はむしろ咸興平野付近ということになるのである。

最後に一言つけ加うべきことがある。筆者はここに至るまで種々理由を挙げて黒水靺鞨の自主的南下説を否定したが、しからば彼らは遼代に全然移動しなかったかと問わるれば、絶対に移動しなかったとは答えない。筆者は小川氏の黒水靺鞨即三十部女真説の承認しがたいことをいったまでであって、この理由についてはすでに論述したとおりである。しかしながら渤海国滅亡後——誤解のないように一言して置くが、氏は黒水靺鞨南下の時期を遼代とせられたが、それを立証する材料は渤海滅亡以前のものを用い、かつ第三節に引用した氏の文によれば、その場合は「羅末麗初」と確言しておられる。それゆえに氏の新説の成立し得ないことはすでに述べたとおりである——松花江下流域に住した黒水靺鞨（遼代の黒水靺鞨はおそらく二世紀余にわたる渤海国征覇の影響を受け、あるいは彼ら自身の社会的発展の結果、社会組織・部族組織、および政治的方面において南北朝・唐初のそれとははなはだしい差違を有していたことは容易に考えられる）は彼らに対する圧力の減少とともに、南方に向って多少の移動を行なったかも知れぬ。しかしおなじく牡丹江岸の重要拠点である寧安地方には既に他族（兀惹）が拠っていたのであるから、[30] 南下はその地方にまでおよびはしなかったであろう。遼代における黒水靺鞨の主住地は依然として三姓下流域であったと考えられる。

(五)

しからば問題の新羅東北境外に住した黒水・鉄勒・達姑等の諸蕃はいかなる性質のものであろうか。彼らは偽称あるいは仮称の部族ではなく、小川氏の説のごとく実在の諸族に違いないが、さりとて氏の主張されたように、黒水靺鞨の自主的に南下したものでは絶対にない。

かくてここに黒水・鉄勒・達姑等の諸蕃のなんたるかについて卑見を開陳すべき時機に到達した。そうして筆者のこれに対する答案は簡単であって、これを結論よりいえば次のごとくになる。すなわち、これら諸族は、渤海時代、その国によって征服された部族の一部であり、彼らは征服とともに渤海国東南隅に強制移住せしめられたものに違いない。

さてこれはいかなる点から考えられるのであろうか。周知のごとく、渤海国は二百二十有七年の永きにわたり、海東の盛国と呼ばれたが、不幸にして、国史はまったく遺らなかった。したがってその国の政治的・社会的状態の詳細のごときはほとんど知られるところがないのである。征服した異民族を国内の何地かへ移置したというような史料が遺らぬのは、もとよりであろう。しかし一国が起って他の民族を征服した場合、被征服民族の一部を自国の一地方へ移住せしめることはいずれの王朝、いずれの時代にも行なわれている。ことに被征服民族の抵抗が強ければ強いほど、この度合は激しい。これを渤海国興亡の前後について考えると、さきに唐が高句麗を討ち滅した時、高句麗貴族の一団および靺鞨の余衆数万戸を、営州（遼寧省朝陽）に移したことがある。これは有名な事実であるが、営州にはその他、契丹・奚等の諸族も移されていたという。渤海国の建国者大祚栄のごとき、実はこの時に移された高句麗人であって、後年営州の契丹李尽忠の叛に乗じてそこより脱出したのである。

次に例を渤海滅亡直後に取ると、遼の太祖耶律阿保機は天顕元年、渤海国の首都を陥れてその国を滅ぼし、これを長子倍に与えて直属の東丹国となした。しかしやがて、その地の治め難きを知ると次の太宗は東丹国を罷めて、民戸数万を遼陽付近に移した。後に至るまで遼東方面に渤海人の住するものが多く、宛然小独立地帯の観を呈していたのはそれゆえである。しかのみならず、遼代、東北辺の要地であった黄竜府付近には満蒙各地より移された諸部の民戸が雑居していたという。遼末、その地方を通過した宋使一行中の鍾邦直の紀行、『宣和乙巳奉使行程録』に遺された黄竜府付近の記事を見ると、その状景を述べて左のごとく詳しい。(31)

当契丹強盛時、虜獲異国人則遷徙、雑処於此、南有渤海、北有鉄離・吐渾、東南有高麗・靺鞨、東有女真・室韋、北有烏舎、西北有契丹・回紇・党項、西南有奚、故此地雑諸国風俗、凡聚会処諸国人言語不通、則各為漢語以証、方能弁之。

すなわちここには渤海・鉄離・吐渾・高麗・靺鞨・女真・室韋・烏舎・契丹・回紇・党項・奚等の諸族が雑居し、言語は共通語として漢語を用いていたのである。その状は新羅東北境外、すなわち渤海東南隅に黒水・鉄勒・達姑等諸族の混住したのと類似し、宛然人種展覧会の観があったであろう。しかもこれらの諸族はいずれも遼に抵抗した種族であったことに注意しなければならぬ。

かくて、かれこれ思い合すと、新羅の東北境外、すなわち渤海の東南隅に居住した黒水・鉄勒・達姑等の諸族こそ、渤海時代、その北部、あるいは西部辺境より移されたものであったことが容易に推考される。そうしてこの推考こそ、もっとも矛盾と無理の少ないものと考えるのである。これらの諸蕃は渤海の辺境に在ってその国を悩ましたので、渤海はこれを伐ち、一部の民戸を捕虜とし、あるいは戦利品として、彼らの故地よりもっとも遠く、かつ唐よりも遠い南京南海府付近に移置したものに違いない。南京南海府の近辺は、同時に渤海国内の主要生産地の一として、奴隷的労働力をもっとも強く欲していたはずである。

移置の年代はもとより明確ではないが、少なくともこのうちの黒水蕃は第二代武王大武芸の黒水靺鞨討伐と密接なる関係があろう。武王は唐との間に醸し出さるべき不和をも顧ず、黒水討伐を敢行したのであるが、この征討は相当の効果を収めたらしく、その後久しく黒水は渤海の威武に服していたと思われる。武王はそのさい唐の高句麗討滅役の故智にならい、おそらく相当数の靺鞨を移住せしめ、もって生産力の拡充を計るとともに、あわせて後顧の憂を絶たんと試みたのであろう。渤海の南京近辺に黒水靺鞨の移されたのはあるいはその頃であろうか。

しかりとすれば彼らは武王大武芸の末年、すなわち新羅の聖徳王（唐の玄宗）の時代から、渤海の南京付近に住していたわけとなる。惟うに渤海は、一つには強勁なる黒水を新羅と境を接する地方に置き、もって暗々裡に新羅牽制の用に供していたかも計りがたい。

なお聖徳王時代（渤海、高王・武王時代）の新羅の北境は安辺よりさらに北方の永興付近にまで伸び、金津川をもって渤海と境していたから、[32]当時の黒水その他諸蕃の住地は、南京すなわち咸興地方であったに違いない。そうして宣徳王以降、新羅の国威が衰え、東北境の南退するに乗じ、海羅両国より圧迫されていた移住諸族は道を求めて南漸し、安辺方面にまで達したものと思われる。このことはあるいは渤海中央部の高等政策によるところであったかも知れぬ。その後渤海国末期に至り、彼等に対する統制力も次第に失われてくると、彼らはここに『三国史記』あるいは『高麗史』に見えるがごとき活動を開始したものであろう。

かく考える時、従来不明の個所の多かった渤海国政治社会史の一部が明らかにせられ、この点においても一つの新しい問題を提供するのである。

(六)

以上、筆者は従来しばしば問題となった新羅東北境外の黒水・鉄勒・達姑等の諸族に関し、まず問題の所在を明らかにし、ついで諸氏のそれに対する考察を逐一眺めた後、これを批判した。そうして取るべきものはとり、排すべきものは排して一応の整理を試み、最後に自説を開陳した。自説の当否はもとより識者の批判をまつより他はないが、要するに本問題は単なる部族の名称に関する問題たるに止まらず、従来不明のうちに打ち捨てられていた渤海国の政治社会史、あるいはその国の民族政策の一端を窺い得る点に、より重大なるものの存することを信じて疑わない。

註

（1）池内宏「鉄利考」（『満鮮地理歴史研究報告』第三、のち『満鮮史研究』中世第一冊、所収）附説、麗初の偽鉄利、参照。

（2）高麗顕宗王二年（遼統和二十九）契丹の聖宗は開京を陥れ、宮闕を焼き、諸記録・書籍をことごとく灰燼に帰せしめた。それゆえ『高麗史』においても初期の部分は簡単をきわめ、巻二のごとき、太祖（二）・恵宗・定宗・光宗・景宗の諸王の世家が一巻に収められている。

（3）池内宏「鶻巌城の所在について」（『満鮮史研究』中世第二冊）。

（4）同「勿吉考」（『満鮮地理歴史研究報告』第十五）第三節、靺鞨七部の住地、参照。なお、小川裕人氏は新説を出し（「鉄利の住地に就いて」『史林』二二―二）、黒水靺鞨の住地を、三姓より遠く下流の松花江流域とされた。しかし、筆者は池内博士の見解に従う。

（5）初め武王大武芸は、黒水靺鞨が唐に貢するを忌み、王弟の大門芸に征討を命じた。しかるに門芸は黒水を伐つは唐に背くことであるとして、征討を肯ぜず、やがて兄弟不和を生じた。その結果、門芸は唐に亡命し、玄宗は厚く彼を遇したのである。一方、武芸は怒ってしばしば門芸の返還を迫ったが、唐廷は聴かず、唐・渤海間には深い溝を生じ、渤海は海賊を遣して登州を攻めたことさえあったという。これについては、『唐書』巻二一九、渤海伝に詳しい。

（6）前掲論文（1）。

（7）前掲論文（1）、第二章第一節、払涅靺鞨の住地、参照。

（8）『金史』巻二、太祖本紀。拙稿「完顔阿骨打の経略と金国の成立」（『金代女真の研究』）第三章、参照。

（9）津田博士は「好太王征服地域考」（『朝鮮歴史地理』第一巻）では、これを百済の史家とせられたが、のち「三国史記高句麗紀の批判」（『満鮮地理歴史研究報告』第九）では改めて新羅の史家とされた。

（10）前掲論文（1）、附説。なお、これによれば朝鮮の史家丁若鏞も『我邦疆域考』巻四、靺鞨考において早く津田博士と同様の説を出している事が紹介されている。

(11) 小川裕人「三十部女真に就て」(『東洋学報』二四―四、昭和十二年八月)。

(12) 前掲論文(11)、五八五〜五八六ページ。

(13) 田坂興道「完顔氏の三祖伝説について」(『歴史学研究』八―五)。

(14) 小川氏は「生女真勃興過程に関する一考察」(『満蒙史論叢』第一冊)なる論文を発表されたが、その目的とするところは、黒水靺鞨が三十姓女真となり、さらにそれが生女真完顔氏となったという氏の説を基礎とし、生女真完顔部の文化系統を求めるにあった。しかし、この系統が求めえられないことは後に述べる。

(15) 『遼史』巻七五、耶律羽之伝を見ると遼の征服した渤海の故土に関する彼の上奏文があるが、その内に「渤海昔畏南朝、阻険自衛、居忽汗城、今去上京〔臨潢府〕遼邈、既不為用、又不罷戍、果何為哉、先帝〔遼太祖〕因彼離心、乗釁而動、故不戦而克」云々という一節がある。遼軍は渤海の内紛に乗じて容易にその国を滅したことがわかる。

(16) 津田博士は「尹瓘征略考」(『朝鮮歴史地理』第二巻)においてその住地を南道の北青に当てられ、池内博士は「高麗朝に於ける東女真の海寇」(『満鮮史研究』中世第二冊)において、同じく咸興平野とされている。

(17) 池内宏「完顔氏の曷懶甸経略と尹瓘の九城の役」(『満鮮史研究』中世第二冊)参照。

(18) 『唐書』巻二一九、渤海伝。

(19) 哀王大諲譔の時代についていえば、その二年・十三年にわが国へ使者が遣わされており、滅亡後四年である東丹国甘露四年(後唐天成四)にも使人が来朝した。

(20) 『高麗史』太祖世家を見ると、太祖八年(渤海哀王大諲譔二十五)多数の渤海高臣の来投があった。なかでも、九月庚子には「渤海礼部卿大和鈞、老司政大元鈞、工部卿大福謩、左右衛将軍大審理等」が民一百戸を率いて来投したと見える。

(21) 和田清「定安国に就いて」(『東洋学報』六―一)。

(22) 前掲論文(11)、五八六ページ。

(23) 池内宏「粛慎考」(『満鮮地理歴史研究報告』第十三)。なお、楛矢についてはその他、中山久四郎「満洲の楛矢について」

(『市村博士古稀記念東洋史論叢』)がある。
(24) 前掲論文(14)、一六六～一六七ページ。
(25) 池内宏、前掲論文(23)。
(26) 昭和八・九両年にわたって行われた東亜考古学会の東京城発掘調査にさいし、筆者の実見による。詳細は報告書『東京城』(東方考古学叢刊甲種第五冊)参照。
(27) 前掲論文(1)、第三章第四節、五国部と其の住地、参照。
(28) 前掲論文(11)、五八八～五九〇ページ。
(29) 前掲論文(11)、五八〇ページ。
(30) 前掲論文(1)、第三章、遼代の鉄利、参照。
(31) この紀行は従来許亢宗の記したものとして知られていたが、近年陳楽素氏「三朝北盟会編考」(『歴史語言研究所集刊』第六本第二分)によって、鍾邦直の著とすべきことが知られた。
(32) 池内宏「真興王の戊子巡境碑と新羅の東北境」(『朝鮮総督府古蹟調査特別報告』第六冊)。

(昭和十四年五月)

一一　高麗と定安国

(一)

十世紀の初め（九二六年）、契丹の太祖耶律阿保機が渤海国を滅ぼし、その故地の大部を自国の勢力下に置いた後も、この国の遺衆は容易に契丹に服せず、却って各地によって遼軍に抗したことは史上明らかな事実である。そうしてそのうち特に遼軍の近づきがたい西京鴨緑府（筆者の考えによれば、いまの吉林省輯安）の方面には渤海国の宗室旧臣等が相拠って、後渤海国ともいうべきものを設立し、頻りに故国の復興を策した事情、さらに後に至ってその国の主権が権臣烈氏（後には烏氏）に奪われて定安国の成立を見るに至った経緯についてはすでに和田博士の精緻な考証がある。(2) 従来不明の中にさし置かれていた定安国の性質および沿革を明らかにせられたのは、同博士の功績といわねばならぬ。

かくのごとく定安国は渤海の遺衆の建てた国で、鴨緑江中流域を主なる版図とし、首都は旧渤海国の西京鴨緑府に置かれ、またその国の主権者は初め烈氏、次に烏氏がこれに代った。そうしてこの国の成立したのは旧渤海国の滅亡後約十年、高麗太祖十八・九年（後唐清泰二・三年、九三五・六）の交と認められ、以後定安国は契丹聖宗の統和三年

（高麗成宗四年、九八五）契丹軍によって討滅せられるまで約五十年の永きにわたって存続した。この期間は高麗においては太祖・恵宗・定宗・光宗・景宗・成宗の六代にわたる。ところで当時高麗の西北境は清川江流域にまで達していたから、定安国と高麗との間に必ずなんらかの関係交渉の事実が存していたことは疑うべくもなかろう。海を渡って遠き宋へ使者を遣った定安国が南隣の大国高麗と絶えて交渉を持たなかったとは考えられぬからである。(3)しかし両国の関係を窺うべき史料は全く湮滅し、不幸にして今日に伝わらぬ。ゆえに正面よりこのことを探ぐるべき手だてはないが、ただ幸いなことにはこの頃の高麗西北境の開拓に関して池内博士の詳細な研究がある。(4)筆者はこれを手懸りとし、いささか定安国と高麗との関係を辿って見たいと思う。

(二)

高麗の初期、定安国はその国の西北境外にあって契丹に抗し、宋にも通じたが、その間における定安国と高麗との交渉を伝えたと考えられる唯一の史料は『高麗史』（巻二）景宗世家四年条の、

是歳渤海人数万来投。

である。景宗四年は渤海国滅亡後すでに五十三年、この頃渤海国故土の各地には、幾多の女真諸部が相拠って拮抗し、渤海人と称するものは一般には存しなかったはずである。ゆえに当時渤海人といえば、自ら東丹国の東遷とともに遼東方面に徙された渤海人か、あるいは渤海国の後嗣と称すべき定安国の衆に限られ、その他にこれを求めることはできないであろうと思われる。しかし遠く遼東半島に遷されて契丹政府の厳重な監視の下にあった遷住渤海戸が数万の

多きにわたって高麗へ投入したというがごときはあり得べくもないから、したがってここに見える渤海人が定安国の民であることは疑う余地もない。これより先太祖の末年頻々として高麗に投入した渤海戸が定安国の前身である後の渤海国、あるいは高麗の北境に接する地方よりのものであったことを知るならば、思い半ばに過ぎるであろう。

かくして右の『高麗史』の記事は定安国の民に関する事実を伝えたものと見なすことができるが、しからば景宗四年、何がゆえにかかる多数の定安国の民の来投があったのであろうか。おもうに定安国に対する契丹の特別なる圧迫も、あるいはこの方面に対する高麗の著しい経略も認められない当時、かくのごとく夥しい衆が高麗に投入したのは、定安国の内部事情、すなわち国内に激烈なる内紛の存したのに基づくものであろう。しからば重ねて内紛とはなにかと尋ねると、我々はここにおいて定安国の主権者が中途烈姓より烏姓に変じたことを想起せざるを得ない。『宋史』（巻四九一）定安国伝によると、宋の開宝三年（高麗光宗二十一）女真を介して宋に入貢したその国の王は烈万華であるが、それより十一年を経た太平興国六年（高麗景宗六）再び女真を介して入貢した時、定安国の王名は烏玄明となっている。渤海人すなわち定安国人数万の来投した高麗景宗四年は宋史に烏玄明なる王名の現われる二年前である。よっておもうに定安国において烈政権が倒れ、烏政権の成立したのは景宗四年の頃ではなかろうか。筆者は高麗側の史料より推して、定安国の主権者交替の時期をしばらくかく考えたい。かくて勝利をえた烏氏の一党は二年後の景宗六年（太平興国六）、新政権の樹立を告げかつは契丹に対する宋の援助をえんがために遥々と幸便に托して宋に入貢し、一方敗残烈氏の徒は群をなして高麗に投入したものと思われる。彼らの高麗投入の道は定安国の首都、すなわち吉林省輯安から江を渡って南下し、江界・熙川を通り、安北府、すなわち今の安州方面に至るそれであったに違いない。

この事件が高麗の北辺拓地とも密接なる関係を有していたことは後に述べる。

なお定安国はこの後わずかに六年、契丹聖宗の統和三年（高麗成宗四）、その兵を被って滅びるが、かく滅亡の速かであったのは、一つには定安国の国勢が内紛によって弱まっていたからでもあろう。

(三)

次に筆者は翻って太祖末年より恵・定・光・景の各王を経、成宗初年に至るまでの間に行なわれた高麗の西北辺境開拓の状態とその事情とを調べてみたい。これはすなわち鴨緑江畔に定安国の存続した時期に当る。ただこの間における『高麗史』の記載は最も簡略であって太祖の一部および恵・定・光・景四王の事蹟が一巻（巻二）の内に一括記述されているほどであるから、北辺拓地に関する史料もなんら採録されてはおらぬ。(5) しかし『高麗史』（巻八二）兵志城堡条を見ると、定宗より景宗に至る諸王の治世に築かれた城堡の名が記されており、そのうち、北方関係の築城事実を摘出すると、この時代における北境開拓の具体的事実を窺うことができる。北辺における築城の状態は左のごとくである。

定宗二年（九四七）　城徳昌鎮（後の博州）　城徳成鎮（後の渭州）(6)
光宗元年（九五〇）　城長青鎮（後の撫州）　城威化鎮（後の雲州）
　三年（九五二）　城安朔鎮（後の延州）
景宗四年（九七九）　城清塞鎮(7)

さらに『高麗史』（巻五八）地理志、安北大都護府条を見ると、泰州の前身光化鎮もまた、光宗の世に設けられたことがわかる。これもおそらく光宗初年のことであろう。この時代北辺に新設された城堡はこれ以外に見えぬ。繰り返して述べると定宗より光宗初年にわたる数年の間に徳昌、徳成、長青、威化、安朔、光化の六鎮、これより二十数年後の景宗四年には清塞鎮が設けられたのである。そうしてこれらの位置については池内博士の詳細な研究がある。それによると徳昌鎮は大寧江畔なる博川の南十里の地に、地理志に鎮名の存しない徳成鎮は寧辺に、長青鎮は寧辺と泰川との中間武昌付近に、威化鎮は雲山に、安朔鎮は九竜江の上流古場付近に、光化鎮は大寧江の中流泰川にそれぞれ相当し、また清塞鎮は遠く満浦街道上の要衝熙川に当る。(8)これらがすべて清川江外の地であることは特に注意する必要があろう。

以上のごとき城鎮設置の事実から推すと、定宗より景宗に至る諸王の世に拡げられた北境はいずれも西北面に限り、さらにその地域は清川江外九竜江を中心として、それが左右の地を含み、しかも方向は安北府（安州）を基点として東北に伸びている。(9)この方向は正しく高麗より定安国に達する交通路と一致する。かくのごとく太祖末年より景宗に至る五代の間に行なわれた北辺開拓が、清川江外、しかも安州より鴨緑江中流域に向う交通路に沿って行なわれたのはなぜであろうか。たんなる地理上の形勢より見れば、海岸線に沿いつつ鴨緑江下流に向った方がより自然ではないか。しかるに現実においては中流方面に向って鋭意開拓の歩が進められている。おもうに高麗の北境開拓がもっぱらかかる方面に行なわれたのは、一つには定安国に対する関係からと思惟すべきであろう。この頃鴨緑江下流域にはなんらまとまった統一勢力は存しなかった。ゆえに高麗においてもその方面の経略はしばらく等閑に付することができたのであろうが、中流域方面に対する事情には自ら異るものがあった。由来、今の安州より鴨緑江中流域の輯安に至る路は、伸びて瀋陽方面に達する主要交通路として古くより開け、高句麗時代はいわずもがな、新羅時代に在ってもその国の西北面と渤海国の西京鴨緑府とを結ぶ重要な路線であった。ゆえに高句麗の旧を嗣いだ高麗においても、前代より因縁の深い、この方面に対して注目を怠らず、自ら拓地のことをも考えていたに違いないが、さらに西京鴨緑府の後に建国した定安国の存在がこの事を刺戟し拓地の期を促進せしめたことは否みえない事実と思われる。すなわちこの頃、高麗と定安国との間にはなんらかの交渉が存し、これはひいて高麗朝廷をしてこの方面の閑却すべからざるを強く覚らしめたのであろう。かくて高麗は鴨緑江中流域に達する交通路に沿って鋭意開拓の歩を進め、交通路上・軍事上の要衝に城鎮を設置するに至ったものと推測される。さらに城鎮の設置が特に定宗末年、光宗初年、集中的に行なわれているのから見ると、この頃定安国と高麗との間の関係に緩急なんらかの問題が存したのではあるまいか。ただしこれが敵対的関係においてか、あるいは親善関係においてか、ないしは定安国の国内事情によって齎らされた新規の事態の下に発生したものであったかは、もとより明らかでない。要するに高麗と定安国との関係を物語る積極的な史料はないけれどもこの時代高麗が行なった同方面に対する拓地の事実より推して、両国間に深い関係の存していたことはある程度まで窺うことができよう。

次にこれより二十数年を経た景宗四年、高麗・定安国間を結ぶ交通路上、特に重要地点と認むべき熙川の地に清塞鎮の設けられたのはどうか。おもうに景宗四年の清塞鎮設置と、この年渤海人（定安国人）数万が高麗に来投した事実との間に密接なる関係の存したことは疑いなかろう。前にも述べたごとく、この頃定安国には王位を繞って激烈なる内争があり、これは景宗四年の頃に至って絶頂に達し、烈氏の退位、烏氏の交立となり、ついでその国の民戸数万の高麗投入となっている。おそらく景宗はこの機を逸せず、北方に兵を遣り、遠く熙川の地に清塞鎮を設けたものと推測される。高麗初期の北境開拓が常に北方諸国の虚点や内紛に乗じて行なわれたことは太祖以来の伝統的手段であ

ったのである。(10)

以上述べたところによって、我々はこの時代に行なわれた高麗の北境開拓が、特に高句麗と関係の深い古来の重要交通路の確保にあったとともに、一には定安国の存在が強い刺戟となって為されたのを知り得たことと思う。

(四)

定安国と高麗との交渉関係を具体的に伝えた史料は今日に伝わらないけれども、しかし以上の零細な記事、あるいは高麗の北方開拓に関する事実を検討すると、両者の間には自ら以上のごとき看過すべからざる密接なる関係の存したことを窺いうる。

しからば両国が終始親善関係に在ったかというと、これはすこぶる疑わしい。一方定安国は渤海国の後を嗣ぎ、または契丹に反抗する意味において成立し、かつは小国でもあったのであるから、おのずから宋および高麗等と親善関係を結び、もって後顧の憂を絶たんと希求していたであろう。しかし、高麗として見れば、かかる定安国の要望は問題とはならなかった。当時宋遼間の関係と異なり、高麗と契丹との間にはほとんど交渉とても存しなかったから、高麗が定安国と結んで契丹に当ろうとするがごとき必要は毛頭なかったのである。否、定安国の存在は高麗の北境開拓にとってむしろ一個の障害であり、さらに道義の上からも定安国を支持しがたい事情があったように思われる。これより先、太祖の十七年、旧渤海国の故地によりその再興を策した世子大光顕の一党が、その国の権臣達に逐われて高麗に投入した事実がある。太祖は厚く彼を遇し「賜姓名王継、附之宗籍、特授元甫守白州、以奉其祀」と『高麗史』

には見えている。[11] いま、世子大光顕の一党を逐って成立した国が定安国とすれば、逆に旧渤海国の世子の正統を認めた高麗としては、定安国のごときは認むべからざる国であったはずである。しかりとすれば高麗の定安国に対して抱いた感情は決して良好とはいいえなかったであろう。

かかる二、三の理由から、高麗は定安国に対して好感を有していなかったであろうが、しかし両国の地理的隣接関係は、彼らの好むと好まざるとにかかわらず、政治上・軍事上、あるいは通商上に種々の関係を結ばしめた。要するに両国の関係は表面、政治的には無関心を装いつつ、現実的には深い交渉を有していたと認むべきであろう。

なお『高麗史』（巻四）顕宗世家九年正月条を見ると、

丙申、定安国人骨須来奔。

とある。これは定安国滅亡後三十三年のことであるが、もしこれを顕宗九年にかけることに誤りがないとすれば、この頃に至るまで定安国の余類は高麗北部の地方に在って蠢動を続けていたのである。

註

（1）西京鴨緑府の位置については、鴨緑江上流の帽児山とする説と、中流の輯安とする説とがある。筆者は筆者の根拠により前者をとらず、後説に賛する。理由は稿を改めて述べるところがあろう。

（2）和田清「定安国に就いて」（『東洋学報』六―一）。

（3）『宋史』巻四九一、定安国伝は宋と定安国との関係を書き記している。

（4）池内宏「高麗成宗期に於ける女真及び契丹との関係」（『満鮮史研究』中世第二冊）。

（5）高麗初期の史料が煙滅に帰したのは、すでに池内博士の指摘されているごとく（前掲論文（4）一五〇ページ、その他）、顕宗元年契丹軍の開京侵入によって高麗朝廷に存した記録がことごとく煨燼に帰したためである。

（6）徳成鎮という鎮名は『高麗史』地理志には見えない。これを渭州に比定されたのは池内博士である（前掲論文（4）一二四～一二七ページ）。

（7）『高麗史』兵志城堡条を見ると、本文にあげた史料の間に挾まれて、「光宗二年城撫州（長青鎮）」「十九年城威化鎮」「二十一年城安朔鎮」「二十三年城雲州（威化鎮）」という記事がある。しかし、これらは鎮城重修の意味であって、新たに右の諸城を築設したことをいうのではない。

（8）前掲論文（4）一二三～一二四ページ。

（9）この事実に関しては、すでに池内博士も指摘しておられる（前掲書（4）一一七ページ）。

（10）高麗太祖の北境開拓は、太祖十一・十二年、二十年前後の再度集中的に行なわれている。そうしてこれらはいずれも渤海国・後渤海国の内紛に乗じて行なわれたのであって、これについては稿を改めて述べたい。

（11）『高麗史』巻二、太祖世家二、天授十七年秋七月条。

（昭和十四年十二月十五日）

付編一　高句麗史概観

(一)　中原文化の波及

1　粛慎および貉

粛慎　東方の空がほのぼのと白んで、満洲の歴史がはじめて伝えられたのは中国では春秋戦国のころである。おそらく満洲東部あるいは南部であろう。(補註45)われわれの耳にも親しい粛慎と呼ばれた種族が、この地方に居を占めたことは、古く春秋のとき（前八世紀—前五世紀）に知られていて、それは『国語』（巻五）の魯語に次のごとき一篇の説話が記し遺されているのによってもわかる。

孔子が陳に滞在した時のことである。或日一羽の隼が陳侯の庭に舞い落ちたので、早速取り上げて見ると、鳥は石鏃をすげた楛矢に貫かれて死んでいる。奇異の感に打たれた陳の恵公は人を孔子の館に派して事の次第を告げ、その説明を求めた。すると孔子は次の様に答えた。「この矢こそ粛慎の楛矢、隼はその地より飛来したものでありましょう。その昔武王が商に克ち、道を四方の九夷百蛮に通じた時、粛慎氏も亦来って楛矢石砮を献じました。

矢の長さは尺有余。先王は徳の遠きに及んだのを昭かにし、これを後人に示す為、特にその軸に『粛慎氏之貢矢』の六字を銘し、これを武王の大姫に与えたのであります。武王の大姫は陳侯の配。して見ると粛慎の楛矢は必ず府庫の何れかにある筈。有司に命じて捜索させ、隼のそれとお較べになったら宜しゅうございましょう」。

粛慎の楛矢石鏃は孔子の言の如く陳侯の金櫝中から現われた。

物語の中にみえる楛矢は長白山麓の名産である楛木をもって製作した矢軸、石砮は石鏃のことであるが、粛慎はこのように楛矢石砮との連関において中国本土に知られていたのである。粛慎に関する記載はその他『尚書』（序）『左伝』『逸周書』（稷慎）『史記』（息慎）『淮南子』『山海経』等にみえるが、いずれも東北の夷族たること、あるいは楛矢石砮に関連して説かれているだけで、その本体は明らかでない。いずれにしてもこの種族はたまたま古代中国人の知見に触れた辺境の（広義の）満洲民族の一つであったのであろう。彼らの性質・活動はこれ以上にはわからぬ。

貉　粛慎とならんで古代満洲の住民として知られているものに貉（貊）がある。貉は『書経』に「華夏蛮貊率俾せざるなし」とあり、あるいは『中庸』に「声名中国に洋溢して施いて蛮貊に及ぶ」と見え、南方の蛮に対して、北族の代表的名称となっていたのであるが、戦国時代の初め、彼らに関して相当の事実が知られていた事は「二十分の一の税を課そうと思うが如何」という白圭の問に対する孟子の答えに「子の道は貉の道なり」（告子章句下）といい、続いて「夫れ貉は五穀生ぜず、惟黍のみ之に生ず。城郭宮室、宗廟祭祀の礼なく、諸侯幣帛饔飧なく、百官有司なし。故に二十にして一を取るも足れり」云々と述べているのでわかる。のち東部満洲の原住民として穢貊の名が知られている事から考えると、彼らは戦国初期東部満洲方面に居を占めたツングース系統の種族であったであろう。しかしその詳細は明らかでない。彼らはのち東部満洲全域から、朝鮮半島の日本海岸の大半を占拠し、活躍をなした。後に述べる夫余・高句麗は彼らを基幹としている点において、特に注意すべきである。

2 燕・秦の北進

燕の北進と東胡 春秋の世をすぎて戦国の時代（前五世紀初から三世紀の中頃まで）に入ると満洲の状態はしだいに明らかとなった。戦国七雄の一である燕の勢力が北に伸び、熱河山地・遼東方面を覆ったからである。これよりさき戦国の初め、熱河山地には東胡と呼ばれた種族がいた。彼らは漠北に拡がった北方民族の一であって西北文化と深い関係を持ったものと思われる。燕は彼らと境を接したわけであるが、昭王（前三一一―前二七九年）の頃であろう。才能ある将軍秦開が現われると、彼は東胡の攻撃を敢行し、彼らを千余里の北方に退かせた。余勢を駆った彼は鋒を東方に転じ、遼河を渡って遼東の平原を呑み、さらに遼東山地をも蹂躙した。その後、匈奴の力が強まると新たに獲得したこれらの地方に上谷・漁陽・右北平（河北省方面）、遼西・遼東（遼寧省）等の五郡を設け、その北辺に長城を築いて東北諸族の侵寇を防いだ。燕の長城は造陽（いまの張家口北の某地）に始まり、熱河山地を横断し、東は襄平（いまの遼陽）の北に達したという（補註46）。このように燕の領土が深く東北におよんだのは、この国が民族的ないしは文化的に北方的要素を多分にもっていたためと思われるが、とまれ中国勢力最初の東方大発展といわねばならぬ。

なお、このころ朝鮮半島の北部には箕子の後と称する人物の支配する一政権があった。箕子朝鮮と称せられるのがこれであるが、燕の勢力の東漸の結果、両者は満潘汗すなわち鴨緑江において境するに至った。

燕の政治的勢力の流入とともに、燕人の移住も行なわれ、その文化はようやく南部満洲を照らしはじめた。遼東の方面は特に明るさに輝き、薄明の東部北部を照らしたようである。ただし、いまはこの時代の満洲を広く眺めるに先立ち、しばらく南部満洲における中国勢力の推移を跡づけてみたい。

秦の進出　戦国の末、陝西を根拠とする秦の勢力がいちじるしく伸び、やがて他の六国をあわせて、天下の統一を完成すると、政治的変動の巨濤は当然満洲にもおよんだ。始皇の二十二年（前二二五）満洲における燕の領土は秦に併されたのである。秦はこの地方を獲得すると、統一国家完成の余力を駆って匈奴・東胡をおさえようとし、まず将軍蒙恬に命じて燕の長城を補強せしめた。そうして満洲の地に右北平・遼西・遼東の三郡を置いて郡県の制度を施行するとともに、さらに東方進出を計り、箕子朝鮮に圧迫の手を加えてこれを服属せしめた。中国の政治的勢力はますます旺盛に東北進したわけである。

3　漢代の満洲

秦より漢へ　この状勢は永くは続かなかった。中国統一後約二十年、不自然に膨張した秦は、内部から崩壊を始めた。動乱が各地に起り、地方の民は安全の地を求めて続々と故郷を棄てた。燕・斉・趙の民は、いまはかえって安らかな遼東に新天地を見出した。こうして遼東における中国人戸口は急激に増加したのである。

しかし国家の基礎が定まるとともに、漢は国内に残存する封建勢力を弾圧しはじめたから盧綰はやむなく封地を棄てて匈奴に逃れた。かくて熱河山地の南半より遼東半島にわたる南部満洲は漢の直轄地となったのである。このことは対匈奴政策に腐心した漢帝のもっとも望んだところであったであろう。漢は秦の旧に倣って、この地方に遼東・遼西・右北平の三郡を置いて西方の匈奴を牽制し、さらに東北の諸族を控制した。遼東郡の治所は襄平、遼西郡のそれは且慮（いまの朝陽付近）、右北平は平剛（いまの平泉）である。さらに遼東郡に所属する県を数えると十八県、その人口は二十七万二千五百三十九、遼西郡は十四県、三十五万二千三百二十五、右北平郡のそれは十六県、三十二万七百八十である。これを合すると郡は三、県は四十八、三郡合せた人口は総じて九十四万五千六百四十四となる。この方面における漢の勢力がいかに大であったか、思い半ばに過ぎるものがあろう。

その後間もなく一郡が加わった。昭帝の始元五年（前八二）興京（いまの新賓）付近に郡治の置かれた第二玄菟郡がこれである。これよりさき、武帝は半島に政治的圧力を加え、元封三年（前一〇八）有名な四郡を置いた。楽浪・玄菟・真番・臨屯の四郡がこれである。これらのうち玄菟郡は咸鏡道方面の穢貊族を統御するために設けられたものであるが、まもなく彼らの民族的反抗に遭遇した。郡の勢力は弱く、かつその方面への交通はすこぶる不便である。ついに支え切れなくなった漢はわずか二十六年にしてその大部を放擲、遼東への交通路に沿って退還し、わずかに遼東山地の一部を保った。これが始元五年、興京付近に置かれた第二玄菟郡である。この意味において玄菟郡の出現は東方における漢人政治勢力の衰退の第一歩ということができる。

漢の南部満洲統治はその後も変るところなく続けられた。郡には太守が置かれ、県には県令が任命されて領民の統治を行ない、それとともに漢文化の影響を受けてようやく活動をはじめた満洲諸族の控制につとめた。けれどもこの形勢は永くは続かなかった。漢末になって中央の政治が乱れ、その権力が地方におよばなくなると、漢は満洲においても北族を控制する力を失った。そうしてこれは東方の夫余・高句麗、西の烏丸・鮮卑を勃興せしめた原因となったのである。

新および後漢の統治　一世紀の初め前漢が倒れて、王莽の新国が中原の支配を始めると（西暦九年）、彼はふたたび南部満洲に勢力を拡げようと企て、始建国元年（西暦九）五威将の一人をこの方面に送り、漢から離叛しようとした玄菟・楽浪、あるいは新興の高句麗・夫余を招撫した。しかし新の威力は高句麗におよばず、また新末に至ると、熱河方面に起った烏桓のために遼東・遼西の連絡さえ絶たれた。このようにして新が覆り、光武帝が後漢を再興すると、彼はふたたび南部満洲の経営に着手した。この地方はたんに漢族の東方進出の拠点であったばかりでなく、当時中国のもっとも強敵とした北族を側面から牽制するための、戦略上の重要地帯でもあったからである。鋭意努力の結果、帝はようやく旧領土の一部を回復することに成功し、前漢に倣って玄菟・遼東・遼西・右北平の四郡を置いた。しかし、後漢の四郡は、前漢のそれではなく、その領域ははるかに小さかった。例を遼東郡に取ろう。ここでは東北の数県は玄菟郡に編入され（ただし安帝時代）、遼河以西は烏桓に占領されて、遼東属国と称せられ、先の十八県は十一県たるに止った。遼西郡をみると、その凋落はさらに甚だしい。前漢時代、この郡は渤海湾岸以西広く熱河山地の東部を領していたのであるが、後漢に至ると山地の方面を全く失い、残るは海岸地帯の五県にすぎず、郡治も且慮（朝陽付近）から陽楽（いまの河北省盧竜）に移された。変化は右北平に至って極まる。前漢時代、本郡の管する所は十有六県、その領域は深く熱河山地南半におよんでいたのであるが、驚くべし、後漢の初め、その管県は四に

	前漢		後漢	
	管県	戸口	管県	戸口
遼東郡	一八	戸 五五、九七二 口 二七二、五三九	一一	戸 六四、一五八（?） 口 八一、七一四
玄菟郡	三	戸 四五、〇〇六 口 二二一、八四五	六	戸 一、五九四 口 四三、一六三
遼西郡	一四	戸 七二、六五四 口 三五二、三二五	五	戸 一四、一五〇 口 八一、七一四
右北平郡	一六	戸 六六、六八九 口 三二〇、七八〇	四	戸 九、一七〇 口 五三、四七五

過ぎず、領域は盧竜塞（いまの喜峰口）内に止まり、まったく満洲の地を失ったのである。後漢初における以上三郡の形勢を通観すると、管県の総数は二十、領域は遼東方面および渤海湾岸にすぎず、しかも遼東・遼西の連絡は遮断せられた。これを前漢三郡の県数総じて四十八、その境域の、東は遠く鴨緑江より遼東・遼西を連ね、西は熱河南半を覆って興安嶺に達したのに対比すると、人はその変化のはなはだしいのに驚かざるを得ないであろう。前ページの表はこれら三郡と玄菟郡の管県・戸口を比較したものである（前漢は『漢書』地理志、後漢は『後漢書』郡国志による）。

これら三郡の後漢時代における政治力の衰退は、人口激減の現象と相まって一目瞭然たるものがあろう。

残る一郡玄菟とても、所詮この状態を免れる事はできなかった。時代は、やや下るけれども、安帝の時に至ると、玄菟は新興の高句麗族の圧迫にたえ得ず、鴨緑江中流地域を放棄して、さらに西に遷り、撫順方面に余喘を保った。これが、撫順を郡治とする第三玄菟郡である。

南部満洲における漢族の勢力が、後漢時代に至って、このように衰退したのは、もとより後漢の国力のこの地方を圧するに充分でなかった事が考えられる。と同時に忘れてはならないのは南方および西方よりの高度の文化の刺戟、影響によって開化・勃興した満洲諸族が、前漢末期の南部満洲の混乱に乗じて南下したことである。そうしてかかる形勢は、爾後の満洲の状勢を一変し、しだいに彼らをして満洲の主たらしめる。しかし、これらの満洲諸族に刺戟をあたえ、彼らを開化せしめ、一個の強力なる組織体、政治力たらしめた動力として、もっとも早く覇権を南部満洲に打ち立てた漢の文化がいかに注目すべき役割を演じたか。われわれはこれを率直に認める。（補註47）

(二) 満洲諸族の勃興

1 夫余の建国

諸族勃興の原因　戦国時代の初め熱河山地に東胡という種族がいたが、その後燕に圧迫され、北方に駆逐されたことは前に一言したとおりである。このように燕の勢力が南部満洲を覆うと、その他の満洲諸族も東部および西部満洲の一角に跼蹐するのやむなきに至った。かくてその後、彼らの活動・性質はもとより、名称さえも伝わらなかったが、前二世紀の中頃（文帝・景帝の頃）に至ると、やや彼らの状態が明らかとなる。すなわち東部満洲には穢貊という種族が、北部にはその一部の夫余という有力な部族が、また西部満洲の熱河山地北部には烏桓という種族がそれぞれ蟠踞して、相当の勢力を保っていたのである。このように彼らの状態がわずかながらも知られるに至ったのは彼らが南部満洲の支配者、すなわち漢の郡県と朝貢の名の下に交易・接触を始めたからであろう。

南方文化圏との接触は、これらの満洲諸族に大きな影響をあたえた。社会・経済・文化、各方面にあたえた刺戟は、彼らに政治的勢力の結成を促した。かくて、前漢末に至ると、東部満洲の北部に夫余、南部に高句麗、西部満洲に烏桓、鮮卑の諸族が勃興した。南部満洲よりの光に照らされて、満洲諸族の活動が開始されたのである。以上にあげた四族のうち、夫余の勃興がもっとも早いから、まずこれについて語り、漸次他の三族におよぼうと思う。

夫余の建国　夫余の名が初めて史上に現われたのは『史記』貨殖列伝に「北は烏桓・夫余に隣り、東は穢貉・朝鮮・真番の利を綰《す》ぶ」とあるのに始まる。この記事は恵帝より武帝にわたる頃の事と思われるから、この頃夫余はすでに北方に固き地歩を占めていた事がわかる。さて夫余の歴史は有名な始祖説話に始まる。それは王充の『論衡』、『魏略』等に見えていて大略次のようである。

その昔、北方に橐離（槖離）という国があった。その王に一人の侍婢があったが、彼女はある時、雞子にも似た天の気を受けて孕り、玉の様な男児を儲けた。王は嫌ってその緑子を豕牢《ぶたごや》、ついで馬蘭《うまや》に捨てたが、彼等は児を養って殺さなかった。神気が身をつつんでいたからである。彼は東明と呼ばれた。長ずるにおよび、はたして善射善謀、将来恐るべきものが感ぜられたから、王は彼の殺害を命じた。彼は王軍の追討を受けて南に走ると、前途に大河の横たわるのを見出した。掩施河であったが渡るに船がない。そこで彼が呪文を唱え、弓をもって水を撃つと、たちまち魚鼈が群り来って橋となり、彼が渡り終ると消散した。追手は渡る事ができぬ。南岸に渡った東明は勇躍夫余の地に至り、近隣の諸部族を征服して、夫余を建設した。

右の開国説話は満洲に関する最古の説話であるが、白鳥博士によるとこの中に見える橐離（索離）国はツングース語で黒い国、掩施（掩滞・奄利）は大河を意味するという。これによって、夫余の祖族は北方（西北）の某地から大河（松花江）を渡って南下した事が推測される。そうしてこれは西北より東南へと向う満洲における民族移動の大勢を示唆するものとして興味が深い。

南下した一団の西北種族は鹿山（buyu 山すなわち夫余山）付近に安住の地を見出した。そうして近隣の原住民を征服して勢を得、夫余族の名をかち得た。彼らの最初に拠ったのは、東南に山岳地帯をひかえ、西北の涯しなく開けた黒竜江省阿城方面であったであろう。その後彼らの活躍は漸く著しく、南部満洲の漢の郡県とも好を通ずるに至った。時は冒頭の引用句によって推測されるごとく、前漢初期であったと思われる。

夫余の発展　前漢末期の政治の紊乱、国力の衰退は、周辺の諸部族の興起を促した。漢の彼らに対する控制力が消滅したからである。夫余もまたこの機に乗じて日に勢力を増した事は疑いない。かくてこの国は前漢末期に至り、東北満洲に不動の地位を有する一国となったのであって、この事は新の王莽が即位の初め（始建国元年、西暦九）五威将の一人を夫余其他に遣してこれを招撫したこと、同じく始建国四年（一二）匈奴の助征を命ぜられた高句麗が叛した時、王莽が夫余・穢貊のこれに応じて立つのを極度に恐れた事によって分る。

このように前漢末より後漢初期にかけて牢固たる地位を東北満洲に築いた夫余は、その後東方の挹婁を従えて疆域を東方に拡げ、時に玄菟郡を襲って略奪を行なった。一方、漢に朝貢を怠らず必要なる物資の獲得につとめた。中国側の記録によると夫余と漢との交渉は光武帝の建武二十五年（四九）に始まる。その後約七十年、安帝の永寧元年（一二〇）、夫余王の嗣子尉仇台の入朝を機会として、両者の関係は急激に親密となった。当時東部満洲を根拠としてようやく強力となった高句麗は、盛んに遼東・玄菟を攻め、ために玄菟郡は興京方面から撫順に退還するの余儀なきに至る状態であったから、漢は特に高句麗の北方に位置する夫余と親交を結び、これを牽制せしめようとしたものと考えられる。同時に夫余においても漢と緊密なる関係を維持する事は、物資ならびに文化の移入に便宜が多かったから、進んで太子を入朝せしめたのであろう。同盟の効力はただちに現われた。翌建光元年（一二一）十二月、玄菟郡治が精鋭なる高句麗軍の攻撃に曝された時、夫余王はただちに太子尉仇台を遣して漢軍を援け、高句麗軍を撃破している。夫余と遼東との関係はその後六十余年、まれに緊張した時もあったが、大体、きわめて親密の間に打ち過ぎ、もって霊帝（一六八—一八八年）の時に至った。この間、この国は国内の整備につとめ、漢の文物を移入し、国威はすこぶる伸張したのである。われわれはしばらく眼を転じて満洲最古の国家、夫余の制度・文物・社会を瞥見したいと思う。

制度および文化　夫余の領土はその盛時、東は挹婁を従えて日本海岸に達し、西は満蒙交界方面において鮮卑と接し、北は松花江、南は東南部山岳地帯において高句麗と境する広大なものであって、王は初め、阿什河付近に宮室を構えて全土の統治に当るとともに、畿内を直轄した。残余の部分は四地区に分れ、馬加・牛加・豬加・狗加という称号を持った四名の大貴族によって統治せられた。国内はつまり五部に分れていたわけである。これら四名の大貴族は、同時に執政官でもあって、王とともに国政の処理に当った。その他犬使という官称もあったという。このように官職あるいは称号に動物名が冠されているのは、この国の性質を窺い知らしめるものとして注意を要する。

夫余の民族的根幹をなす夫余族は多くの部族氏族に分れて地方に散居し、おのおの円形の城塞を構築して、これに拠った。部族・氏族の団結は強固であったと思われる。彼らは下に多数の奴僕を養い、労役に従事せしめた。労役に服した奴僕は夫余族に征服せられた土著人、おそらく穢貊であったであろう。そうしてこれらの集団は大なるもの数千戸、小なるものでも数百戸よりなり、盛時における総戸数は八万戸に達したという。夫余族は平時は射猟を楽しんだが、一旦緩急の場合、国の護りにつき、各族長に率いられて出陣した。これらの族長達はまた上掲の四名の諸加に隷属し、強大な軍団の編成が行なわれた。戦前彼らはまず牛を殺して天を祭り、蹄を焼いて吉凶を占った。

彼らは逞しい筋骨と、強靱な精神の持主であったとともに平和・快活なる性格の所有者でもあった。同時に神を恐れ、自然を尊ぶ敬虔なる民でもあって、彼らの社会、彼らの生活はさまざまな掟によって律せられる事が多かった。

殷の正月（十二月）には神々の祭が行なわれた。この日厳粛盛大な神事が行なわれ、国中は祭典の一色に塗りつぶされた。同時に当日は神から許された歓楽の日でもあったのであって、彼らは連日、痛飲・歌舞を楽しみ、これを迎鼓と称した。王庭においてはこの喜びの日を期して刑獄を断じ、囚徒を解いた。ここに祭政一致の姿が見られる。彼らは日常上に幅広の上衣を著、下にズボンをつけ、足には革靴を穿ったが、布は常に白を用いた。特に白色を好んだからである。貴族は金銀を以て帽を飾り、狐・狸・狖あるいは貂の毛皮をつけて威厳を誇り、婦人はまた玉佩をもって身を飾った。ただし外に使するに当っては、特に繒繡・錦・罽をつけたという。しかしこのような絹布はもとより、玉類その他の装身具も、北方に産しなかったから、これは交易によって遼東より齎された。代償として南方に送られたのは、名産である名馬、赤玉、貂・狖皮、および美珠であったと思われる。

彼らの社会、彼らの文物はこのように個有の色彩を持ち、また北方的特長を備えていたのであって、この事はなお諸書に伝えられる彼らの婚姻、あるいは葬式の儀礼に徴すれば一層明らかとなる。と同時に遼東に栄えた漢代文化が、これを育くんだ事をも忘れてはならない。彼らは遼東との密接なる交渉を通じて制度・文物、時には思想的方面においても啓発されるところが少なくなかったのである。『後漢書』夫余伝によると、その王が死すと、棺に玉匣を用い、しかもその玉匣は玄菟郡より得たという。もっとも厳粛固有の風の強い葬式にまで、南方渡来の物資を貴んだのである。その他彼らは日常の飲食に俎豆を用いたとあり、その地方の遺跡からきわめて多数の俎豆が発見されるが、もしこれを中国固有のものとすれば、この方面においても南方よりの影響があったわけである。ただ現在のところ、適確に夫余の遺跡と目されるものが未だ発見調査されておらぬので、漢文化との交渉を具体的に指摘しえぬのは残念である。要するに夫余の文化はアジア北族固有文化の基調の上に、中国文化を適当に吸収・消化し、しだいに成長を遂げたものと思われる。そうしてこの後東部満洲に興った諸国家はこれを受けつぎ、さらに発展せしめた。この意味において夫余文化はいわゆる満洲文化の最初の具現者というべきであろう。(補註48)

挹婁　なお、この時代夫余の東方、すなわち烏蘇里江流域から、ソ連領沿海州にわたる海岸山岳森林地帯に居住していた有力なる一種族、挹婁についても一言して置く必要がある。彼らは夫余に隷属してこれに貢納を容れていたが、これと言語・習俗を異にし、従って人種的にも同一でない。古アジア族に属する一種族と考えて誤りなかろう。彼らは一名の君長によって統一せられることなく、多くの小氏族集団に分れて割拠していたのであるが、その住居は竪穴であって、有力者はその深くして広きを誇ったという。その光景は現在の古アジア族中、特にアレウト等に見られるごときものであったであろう。

彼らはきわめて射猟に巧みであって、矢には毒を施したから、野獣はことごとく倒れたが、ただ猪は殺さず、これを飼育した。冬期の食料にそなえ、あるいは猪膏を得て防寒の用に供し、皮革は衣に供したという。彼らのうち、海岸部族は漁猟に従い、舟を操ることに巧みであったが、これはしばしば転じて寇抄の具となり、隣接諸族を恐怖せしめたのである。挹婁はその後統一されて勿吉、さらに黒水靺鞨の名の下にはなばなしく活躍したことは、別に述べたごとくである。

沃沮　その他、現在の延吉方面から咸鏡北道にかけては北沃沮という穢貊種の大部族があった。これは咸鏡南道を根拠とする南沃沮（東沃沮）と同族であるがこれについては後に述べる。

2　高句麗の勃興

前漢末の混乱に乗じ、東部満洲に勃興したのは夫余のみではなかった。夫余よりもやや遅れ、東南の一角に覇を称えた有名な高句麗がある。

前漢武帝の元封三年、朝鮮咸鏡南道の地に置かれた玄菟郡は有名な漢の四郡の一であるが、設置後わずか二十六年にして早くもこれを放棄、蓋馬大山（朝鮮、北部脊梁山脈）以西に退き遼東山地を領した。退還後の玄菟郡は高句麗・西蓋馬・上殷台の三県を領し、郡治は高句麗県に置かれた。その頃の高句麗県は蘇子河の上流、あるいは渾河流域の一地点にあったと考えられるが、ここは遼東より鴨緑江中流を渡り、朝鮮東海岸に至る孔道上の要衝である。さて高句麗県の付近には古くから穢貊が居住し、漢の文化を接収していたが、前漢の後期に至り、漢の勢力が衰え、彼らに対する控制力が減じると、ようやく勃興の気運に恵まれた。殊に北方より南下した夫余と関係の深い一部族に率いられてから以後の彼らの活躍はめざましい。彼らが高句麗族として知られるようになったのは前漢後期からのことと思われる。その後前漢末には一名の王の下に統一され、東満洲南部に確乎たる一勢力を形成した。新の王莽が即位の初め、招撫の使者を夫余とともに高句麗に対しても派遣した事、あるいはこの時代、王の騶が匈奴討伐の助征命令を拒絶して叛し、遼東を脅かした事などはこれを物語るに充分である。騶はのち、王莽の命によって謀殺されるのであるが、騶に関するこれら一連の事実は、爾後高句麗と遼東との間に展開される宿命的対立関係の開幕と見ることができよう。物資に乏しい遼東山地に国を立てた高句麗が、肥沃なる遼東平原に進出の方向を求めるのはけだし止むを得ない現実であり、遼東がこれに対し、あらゆる手段を通じて控制・圧迫の道を講じたのも、また当然の事といわねばならぬ。

はたして後漢光武帝の末年、高句麗が新王宮によって再統一されると、遼東に対して激しい攻撃を始めた。次に王遂成、さらに伯固と相次ぐ三王の間、高句麗軍はしばしば遼東・玄菟を侵寇し、すこぶる漢を悩ませた。その軍は時に漢の討伐軍に破れた事もあったが、戦は大体有利に展開し、ことに伯固の時代、遼東より朝鮮に達する交通路上の要衝である西安平（鳳凰城）を攻め、（補註49）道上において朝鮮に赴任する帯方の令を殺し、楽浪の太守の妻子を虜掠した事さえあったのである。夫余の穏和な国情に比して、これはまた頗る荒々しい性格といわねばならぬ。

このように前漢末期勃興の気運を見せた高句麗は、後漢に入ると俄然活躍を開始し、遼東と対立抗争を続けつつ発展を遂げ、二世紀の半ばに至るのである。なお高句麗の制度・文物については後に述べる。

3 烏桓・鮮卑の活躍

前漢末期より後漢初期にかけて、若々しい勃興の勢を見せたのは、東方文化圏の夫余・高句麗のみではなかった。西方文化圏においても等しくしかりなのであって、ここには烏桓および鮮卑がある。

烏桓の国俗とその南下　烏桓は往昔、熱河山地の東西に広がった東胡の後で、烏桓山に拠ったため、その族名を得たものといわれている。鮮卑が鮮卑山に拠ったため、この名を得たのと同断である。彼らは共に水草を追うて居を転ずる遊牧の民であって、多くの氏族に分れていたが、これらは相集って数個の部を構成し、部は一名の大人によって統制せられた。

彼らは現今の蒙古包と同様の穹廬に住み、もっぱら肉を食い、酪を飲み、衣は毛皮を截って用いた。彼らの生活の北方遊牧的であった事は一見明瞭であろう。また男子は禿髪、女子は編髪して髻を作り、その上に句決帽をつけ金碧をもって飾ったという。句決帽は匈奴を初め、遊牧的北族に流行した長円筒形の婦人帽である。彼らはまた、日月星辰山川等、あまねく天地の神々を祭り、また大人の名あるものをも祠った。彼らはその死後、魂魄の赤山に息う事を望んでいたのであるが、その赤山は遼東の西北数千里にあったという。彼らが北族的性質を備え、しかも西方より満洲の地へ来った事はこれによってますます明らかとなる。

さて烏桓・鮮卑は興安嶺西に拠ったが漢初、匈奴の冒頓単于に伐たれて、烏桓は併され、鮮卑のみ免れて嶺東に移り、安住の地を作楽水（シラムーレン河）の辺に求めた。其後、烏桓にも東遷の機会が訪れた。武帝は匈奴を攻めてその左翼を破ると、駆役に苦しんだ彼らを上谷（郡治は懐来）・漁陽（密雲）・右北平・遼東・遼西五郡の辺外に移し、漢・匈奴間の緩衝地帯たらしめるとともに、匈奴の動静を偵察せしめた。烏桓は西部満洲の南部に、鮮卑は北部にその姿を現わしたわけである。漢は郡外に接する烏桓に対しては護烏桓校尉を置き、巧みに控制を加えたから、彼らの活躍は封ぜられた。しかし、漢末の政治的混乱はここにも影響し、彼らに勃興の機会を与えた。彼らは漢の統制力の凋落に乗じて続々と南下をはじめ、まず遼西・遼東の連絡を絶ち切り、熱河山地をことごとく領した。後漢の初め、光武帝の見出したのはまさしくこのような状態であり、遼西・右北平二郡の領域が前代に比して驚くほど減少し、あるいは遼東郡の一部が遼東属国の名の下に、烏桓の自治に委せられたのはそのためである。ただ後漢の初代帝王の彼らに施した政策は巧妙であって、各部長に侯王君長の称を与えて懐柔し、たがいに牽制せしめて統一の機を与えなかったから、後漢前期、特に著しい活躍は見られなかった。

鮮卑の活躍　鮮卑とても同じである。この部は烏桓の背後にかくれて、久しく歴史の表面に現われなかったが、和帝の時代、匈奴が漢軍に破れて遠く西方に退くと、鮮卑はふたたび嶺西の故土に還り、匈奴の余党十万余落を従えて勢大いに振い、しばしば漢地に侵入した。しかし彼らは多くの部に分れて統一されなかったから、その勢いも分散し、いまだ大なる勢力とはならなかった。

このように前漢末期より後漢初期にわたって、満洲諸族は相ならんで勃興した。すなわち南部中央に居座する漢の勢力を挟んで東方には夫余と高句麗、西方には烏桓と鮮卑とがそれぞれ興った。彼らの勃興はもとより彼ら自身の内部的発展の結果ではあるが、同時にこれを促したものとして、積極的には漢文化の影響、消極的には漢のこれらの諸族に対する控制力の喪失の二点を忘れてはならない。

(三) 諸王国の対立と抗争

1 遼東における公孫氏の征覇と烏桓・鮮卑

対立の要因 後漢の前期、遼東平原を中心として、東方に夫余・高句麗、西方に烏桓・鮮卑が勃興した事は前述の通りであるが、これら新興の四勢力は一つの共通の目標を持っていた。南部満洲に花咲く高度の文化ならびに遼東平原の物資の獲得がこれである。ゆえにこれら四者の眼は等しく南部満洲に注がれ、これを廻って紛争が醸された。しかし彼らの利害はことごとく一致していたかといえば、必ずしもそうではなかった。東部の二勢力と西部の二勢力と間には地理的条件の相違が示すごとく、そこには根本的な利害の対立がみられ、さらに東部・西部に存した各勢力の間にも国情、あるいは政治的情勢に従って利害の相違があった。東西の目標となった漢はまたこれを利して諸勢力の分離を計り、自己の勢力の強化、指導権の保持を計った。なかんずく特に漢が北方の夫余と親善・枢軸関係を結び、夫余をして東南の高句麗、西南の鮮卑を牽制せしめた政策には注意を要する。かくて後漢後期より、高句麗が満洲の一方に覇を樹立する南北朝の初めまで二百数十年、この地方は諸勢力の激しい対立、抗争に明けかつ暮れる。この間、南満および西方勢力の交代等の事も織り込まれ、満洲の地は戦国の世と化するのである。以下、これら諸国の交渉変遷の大要について述べよう。

南部満洲における公孫氏の覇権　まず中央から述べる。漢の中央権力は和帝の頃までは確固たるものがあったが、桓帝・霊帝の時代に至るとようやく衰え、それとともに地方分離の傾向が現われた。南部満洲もその例に漏れず、献帝の時代公孫氏の地方国家が実現した。覇者は公孫度である。彼は霊帝の中平六年（一八九）遼東の太守に任ぜられると、そのまま勢力を拡げ、内は遼東郡を分って遼西・中遼の二郡を置き籍田治兵、もって国内を堅めるとともに、外は高句麗・烏桓を伐って威を東西に輝かし、さらに南は海を渡って山東を征し、その地に営州刺史を設けた。公孫氏の王国ができ上ったのである。そのころ漢の実権はすでに曹操に移り、中原はすこぶる混乱していたのであるが、公孫氏は王朝交替の好機に乗じてますます領土を拡め、康の時代には高句麗の討伐を行なって本拠を覆し、続いて謀略を用いてその国を分裂せしめ、山上王延優をして鴨緑江畔の丸都城（楡樹林子）に遷都を余儀なくせしめた。[補註50] 朝鮮半島の経略を行ない、楽浪郡を併せ、その地に楽浪・帯方の二郡を置いたのも彼の代である。このころ、漢が倒れ魏・蜀・呉の対立するいわゆる三国時代となった事も注意すべきであろう。

その後、公孫氏には内紛があったが、淵が第四代の主となると、南方の呉との交渉も生じた。呉は遼東に公孫氏のあるのを知り、これと結んで魏を背後から牽制せしめようとしたのである。公孫氏はこれを拒絶し、魏と親しんだけれども、ようやく中国北部を併せて強大となった魏は、遼東の独立を許さなかった。かくして西南より伸びた魏の一撃は公孫氏を倒し、遼東の併有となるのであるが、ここでしばらく眼を転じ、魏の進出路となった西部満洲の状況を眺めよう。

烏桓の変遷　後漢の初め、烏桓は熱河山地一帯に、鮮卑はシラムーレンから興安嶺西にかけて盤踞した事は前に述べた通りである。これらの両族は後漢の末に入ると、中原の混乱に乗じて、にわかに活動を始めた。まず烏桓についていうと、桓霊のころ（二世紀の中ごろ）遼西方面の烏丸大人丘力居、上谷方面の烏丸大人難楼、遼東属国の烏丸大人蘇僕延、右北平方面の烏丸大人烏延等は各近隣の部衆を統合して王と称した。なかんずく遼西の丘力居の勢いは強く、彼についで蹋頓が立つと、他の三王をその傘下に治めた。烏桓の統一はまさになろうとしたのである。そうして事のこのままに推移すれば、烏桓の力は恐るべきものとなったであろう。しかし、運命はこれを許さなかった。王庭には内紛が起り、内部は乱れ、蹋頓はこれが収拾に苦慮を重ねた。そうしてこの悪い時、烏桓は時しも河北を併せて、彼に迫った新興の曹操の軍に対さなければならなかった。

鮮卑の強大　一方鮮卑はどうか。後漢の初め、匈奴の衰弱に乗じて大いに驥翼を伸した鮮卑は、その後も衰える所を知らず、時に匈奴と戦い、烏桓を圧し、あるいは遼東・河北に侵寇を試みた。そうして桓帝のころ、檀石槐という英雄が現われると、ついに鮮卑の統一を行ない、漠北一帯を掌中に収めた。盛時の領土は西は中央アジアに至り、東は興安嶺を越えて東部蒙古に達したという。彼はこれを東部・中部・西部の三部に分けて統治を行なった。まことに恐るべき遊牧大帝国の出現をみたわけである。しかし遊牧帝国は統合の速かなるだけに、分裂もまた早い。檀石槐が死ぬと、早くも王位継承を廻って両派に分裂し、さらにこの紛争に乗じて別部の軻比能が勃興し、ここに三裂して争った。その後彼らは軻比能によって一応統一されたが、内部には諸種の勢力の対立があり、もはや往年の鮮卑ではなかった。漢の最末、曹操の実権を掌握していたころの情態である。ここにおいてふたたび曹操の行動について考えることにする。

2 魏・晋時代の満洲諸国

魏の満洲進出 献帝の時代、漢帝を擁して中原の実権を握った曹操は、やがて河北の群雄を制して、その地方を収めた。そうして河北を領した彼はさらにその北方に敵の存するのを見出したのである。烏桓がそれであって、これを征服しなければ河北の護りもまた難い。かくて(建安十一年、二〇六)彼はふたたび進軍を始め、蹋頓の率いる烏桓を破り、彼らを国内に強制移住せしめた。熱河・遼西の方面はその勢力下に服したわけである。烏桓の北にはさらに鮮卑がいる。このころ、鮮卑は軻比能と歩度根とが対立抗争を続けていたが、曹操は巧みにこれを操縦し、見事に服属せしめた。新たに西部満洲の代表者となった曹魏と、遼東の覇者公孫氏との交渉はここに生じた。

その後十数年、曹魏の国力が充実すると、この強力なる西方勢力は遼東征服を企てた。魏帝叡は時の遼東の王者公孫淵に来朝を命じた。淵は、もとよりかかる命令に服すべくもない。交渉は破局に陥り、景初二年(二三八)、魏は東の方高句麗を誘い、東西より遼東に侵入、襄平(いまの遼陽)を陥れ、別軍は海上より朝鮮半島を攻めて楽浪・帯方二郡を抜き、ついに公孫氏を倒した。公孫氏の遼東に覇たること三世五十余年にすぎなかったわけである。永年対立を続けた西方勢力と南満洲勢力とは、ここに一個の政治的勢力の下に併された。東西南鼎立の勢が破れ、新たに東西対立の形勢となったのである。

魏は新たに獲得した満洲・朝鮮の領土を昌黎・遼東・玄菟・楽浪・帯方の五郡に分ち、二十一県を置いたが、民戸の総数は一万八千一百であったという。前漢盛時の遼東一郡の戸数のみをもってして、なお五万五千九百七十余戸を数えたのを考えると、うたた今昔の感に堪えないものがある。

魏と高句麗との抗争　遼東・北部朝鮮を獲得した魏は、ついでこれを防備する必要を感じた。東方よりする高句麗の進出に危険を感じたからである。かくて正始三年（二四二）高句麗の玄菟および遼東への侵寇が行なわれると、それに応ずるごとく征高句麗の大軍が編成せられ、同五年（二四四）幽州刺史毌丘倹を将とする魏軍は進撃を始めた。有名な毌丘倹の高句麗征伐が開始されたのである。彼はまず軍を率いて深く高句麗に入り、国都を屠って翌年凱旋すると、ただちに玄菟太守王頎に再征を命じた。よって王頎はふたたび国都を屠るとともに逃亡する王の位宮（東川王）を追って沃沮（朝鮮咸鏡南道）の地に入り、ついで軍を北に転じて北沃沮に至り、さらに北して挹婁を通り、夫余に達して歓迎を受け、ようやく玄菟郡治（撫順）に帰還した。王頎の遠征は一面において一大探検でもあったのであって、これ以後中国人の満洲奥地の民族・風習に関する知識は著しく明瞭となるのである。東方の強敵高句麗を完膚なきまでにたたいた魏は襄平に東夷校尉を置き、東方諸国を控制せしめた。かくしてその後約六十年におよぶ、漢人の満洲支配の基礎を置いたのである。三世紀中葉の満洲中枢部の形勢である。

魏・晋の交代と前燕の興起　曹魏が南北中国を統一し、そのまま強大な中央集権国家となれば、満洲はふたたび前漢初期のごとく、漢族の強力な覇権の下に屈服したかも知れなかった。しかし変転きわまりない中原の状勢は、そのようには事を運ばせなかった。魏の社稷は四十五年にして司馬晋に移った。そうして八王の乱を契機として中原はふたたび麻のごとく乱れた。中央の権力は全く地方におよばず、北辺に居住した諸外族は、あいついで立つかと見るや独立を宣した。満洲も、もとよりその埒外に立つことはできぬ。遼西辺外、シラムーレンの流域に鳴をひそめた鮮卑の慕容廆はまず立って遼西を奪い、ついで大興二年（三一九）には遼東を併せて晋の領土を掩有し、咸康三年（三三七）その子の皝は燕王を称した。これを前燕（三三七—三七〇年）とする。その後約七十年、この地方の支配者は氐人苻氏の前秦（満洲を領したのは三七〇—三八四年）、慕容垂（慕容皝の第五子）の後燕（三八四—四〇九年）、漢人馮跋の北燕（四〇九—四三六年）と四朝あいついで姿を変える。そうしてこれらの西方勢力はしだいに東方の高句麗に圧迫されつつ、元嘉十三年（四三六）第五の主人にバトンをわたす。新たに現われた西部満洲の支配者こそ北燕を倒して、その地を領した拓跋氏の北魏である。かくして五世紀の中葉に至り、西方満洲には一個の安定勢力が現われたのである。

後漢の末期に始まり、南北朝に至ってようやく収まった西部および南部満洲の激しい動きは以上のようであるが、さてしからばこの間における東部満洲の状態はどうであったであろうか。高句麗および夫余の動きこそ、次代の満洲史を左右するものとして特に重視しなければならないものがある。

3　夫余の盛衰

夫余の隆盛と遼東　東部満洲に興った両雄の内、夫余はその国の性格の平和的なることと、位置のやや北に偏していたために、周辺諸国と争う事少なく、順調なる発展を続けた。ことに南方の遼東との間には伝統的親善関係が結ばれ、夫余・遼東の枢軸は東方の高句麗、西方の鮮卑に対して力強い一勢力をかたち作っていたのである。この形勢は遼東が公孫氏の手に収められて後もいささかも変るところはなかった。いな、ますます両者の手は堅く握られたのであって、王の尉仇台は公孫康の女を妻とし、両者の間には姻戚関係さえ結ばれた。夫余は遼東を後盾とし、その文化・物資を得てますます強盛に赴き、外は北方より高句麗・鮮卑を圧したと思われる。『三国志』に見える、戸は八万を越えたというこの国の最盛時はこの時代より始まったのであろう。

公孫氏が倒れ、遼東が魏によって占領されると、夫余は伝統的外交政策によって魏と結んだ。正始六年、王頎に率いられた魏の高句麗討伐軍が、帰途万里を重ねて夫余に至った時、国王麻余および国の実権を握った権臣位宮が、おおいに魏軍を款待したのはこの事を物語る。かくして夫余は南方の魏と結んで、国力の維持につとめたのである。ただ麻余の時代、国に内紛があり、実権は権臣の位宮に移った。先に夫余に服した挹婁が、魏の黄初中（二二〇―二二六年）に離反し去ったのも、この状勢に乗じたのではないかと思われる。一葉まさに落ちんとするのありさまである。

その後約五十年、満洲における国際情勢の激動はついに夫余のみを独り安泰の地には置かなかった。がんらい、夫余の国力がなんら根本的なる打撃を蒙ることなく、永年にわたって不変のままに保持され得たのは、遼東との親善・合作にその原因の一半があった。いい換えると、夫余の富強は親遼東政策の上に立って、初めて確固たるものがあったといいうるのである。したがって遼東の形勢はただちに夫余の国勢に影響する。夫余が、漢・公孫氏・魏、ついで晋と協力し、北方より高句麗、あるいは鮮卑を圧えんとしたのは、かかる理由があっての事にほかならない。

夫余の衰微と前燕・高句麗との関係　しかるに晋末に至り、満洲の形勢は、ようやく変った。晋の勢力の衰微と共に西方シラムーレン流域に蟠踞した鮮卑の慕容廆は立って勢力を遼西に拡げ、ついで遼東を圧した。この機に乗じて国勢の伸張を計ったのは高句麗とても同様である。かくて夫余・遼東の枢軸に対する東西よりの圧迫は日に加わり、危機は夫余に迫った。果して来るべきものは訪れた。西方の鮮卑慕容廆は太康十年（二八九）遼西の昌黎（いまの錦州）に移るに先立ち、大軍を派して夫余に一撃を加えた。国都は陥り、国王依慮は自殺し、貴族の子弟は遠く沃沮に遁走するなど、永年の平和に備を忘れた夫余は惨怛たる敗北を喫したのである。夫余はこれによってふたたび立つ能わざるかに見えたが、幸い同盟国たる晋の武力的援護によって、王子伊羅は位につき、滅亡を免れた。しかしこの国の頼る晋の遼東は、まもなく慕容氏に併された。頼みの大綱は切断されたわけである。その後しばらく慕容氏は高句麗との対立に忙しかったので、夫余は難を免れたが、これが一段落を告げると事態はさらに悪化した。今度は双方よりこもごも攻撃を受けることとなったからである。攻撃はまず東南より始まり、夫余は高句麗の故国原王の攻撃を受けて、国都を鹿山（阿城付近）から西南の燕に近い一地（農安付近）に移した。しかるに永和三年（三四六）、前燕慕容皝は世子儁を遣して、これを蹂躙し、国王玄、ならびに部衆五万余名は捕虜とせられた。ただその後の鮮卑ならびに高句麗は対立に、あるいは南下に忙がしく、価値少ない夫余の地を領有しようとしなかったから、その国は満洲の一隅に細々たる余喘を保ち、存立を続けた。その後の夫余は満洲史上なんら重要な役割を演じぬ。

4　高句麗の興隆

国内情勢の変遷と遼東との関係　夫余の沈滞に比して高句麗の活躍こそめざましい。ゆらい高句麗は物資に乏しい遼東山地に国を建てた関係から、その進出はおのずから肥沃なる遼東平原に向けられた。かくて勃興の初めから、高句麗と遼東との間には宿命的な対立抗争が続けられるのであって、高句麗は機会を見て遼東進出を計り、遼東は武力・謀略、さらには夫余との連繫によってこれを防ぎ、時には討伐をも行なったのである。漢末公孫氏が遼東に自立した時にもこの形勢は変らなかった。

これよりさき桓帝・霊帝のころ、高句麗王伯固は盛んに遼東・玄菟を侵し、漢を苦しめていたが、彼の晩年、遼東の太守耿臨の大規模の討伐を蒙り、続いて公孫度の攻撃を受けてより後は、さしもの鋭鋒も、やや衰えたかに見え始めた。高句麗は公孫氏の実力に漸く圧され始めたのである。重大なる不運はさらに高句麗を襲い、国力を弱めた。伯固の死後、その二子間に生じた王位継承の争いがこれである。この抗争は公孫氏の謀略によっていっそう紛糾し、ついに長子の一派は国都（桓仁）によって公孫氏に投降、高句麗は分裂のやむなきに至った。ここにおいて国王伊夷模（山上王延優）は都を鴨緑江中流の丸都城（楡樹林子）に移し、鋭意国力の回復につとめ、ほぼ境域を復した。不屈の精神が見られる。

曹魏の攻撃　しかし次の東川王（『魏志』の位宮、『三国史記』の憂位居）の治世に入ると高句麗はふたたび大なる危機に襲われた。公孫氏に代って遼東の主となった魏の大規模な征討を受けたからである。高句麗と魏との交渉は公孫氏存続当時に始まっている。すなわち高句麗は魏を、魏は高句麗の力を利用して公孫氏を倒そうとしたのであるが、さて両者協力の下に公孫氏を滅ぼしてみると、獲物はすべて魏がさらい、高句麗はなんら得るところがなかった。残ったものは両者対立の新形勢のみである。しかも遼東と北部朝鮮とを併せ領した魏にとって、東北よりこれを圧する高句麗こそ恐るべき脅威でなければならぬ。かくして魏は高句麗が西安平（いまの鳳凰城）を攻撃し、遼東・北部朝鮮間の連絡を脅かしたのを機会に、高句麗攻撃に転じた。正始五年（二四四）より六年にかけて行なわれたいわゆる毌丘倹の高句麗攻撃がこれである。その結果領内は蹂躙され国都は陥り、国王は遠く沃沮（いまの朝鮮咸鏡南道）の地に遁れ、続いて追討の軍を避けて各地を転々と走った。異常なる国難に襲われたのである。この西方よりの攻撃がもしも続けて行なわれたならば高句麗はあるいは滅亡の淵に臨んだかも知れぬ。しかし、幸いにして魏は東部満洲領有の意図を持たず、この事はまた四囲の事情から実行不可能にも近かったから、魏は高句麗を激しくたたき、遼東および満洲・朝鮮の交通路に対する脅威を除くと、そのまま軍を収めた。王は国力の復興につとめた。そうして彼の治世の末年、ふたたび旧領土の回復に成功したようである。われわれはここに不屈不撓の精神と、いかなる圧迫にもなお伸展を続ける強靭旺盛なる生命力とを見出すのであるが、これこそ将来高句麗を盛んならしめた一大原動力であったであろう。なおそのころ高句麗の勢力は東方はるか朝鮮咸鏡南道の沃沮の地を覆い、日本海岸にまで達したようである。

その後、魏・晋の交代、晋の国力の凋落と、遼東の勢力の衰えたのに反し、高句麗はますます団結を固め東部満洲において確乎たる地歩を贏ち得た。そうして西晋末の動乱に乗じ、あわよくば遼東平原を併有しようと企てたのであるが、しかし事は失敗に帰した。そこには同じく虎視眈眈として遼東を狙う有力な競争者が現われ、しかも高句麗側の作戦の失敗と、自己の強力な武力に物いわせ、すばやく遼東を奪ったのである。新たに遼東平原を領したのは後の前燕の建設者、鮮卑の慕容廆その人である。高句麗は遼東山地に退き、これより平原の争奪を廻り両者の間にはふたたび激しい抗争が開始される。

前燕以下の諸国との抗争　高句麗の熱意と努力にもかかわらず、慕容氏との対戦はおおむね高句麗側に不利に帰した。ことに故国原王と、前燕王慕容皝との対立は徹底的に高句麗の敗北に帰し、しばしばその兵を被り、惨怛たる状景を呈した。故国原王十二年（三四二）の被兵のごとき、皝はみずから軍を率いて東進し、巧みなる作戦をもって高句麗軍の虚をつき、国都を陥れて前王美川王の墓を発いて尸を奪い、王母・王妃を捕え、宮室を焼き掠奪の限りをつくした。故国原王はこの完敗の前に前燕に臣を称し、また国都を国内城（輯安）に遷さなければならなかったほどである。

楽浪・帯方二郡の占領と北部朝鮮の領有　このような絶えざる外敵との抗争は高句麗の場合、かえって国家の団結、民族の統一に役立った。そうしてその鋭鋒は西より南に転じ、朝鮮半島に対する勢力の扶植が試みられた。高句麗の朝鮮半島征覇は早くも美川王（故国原王の先王）の時代から行なわれたのであって、王の十二年（三一一）西安平（鳳凰城）を占領して遼東と朝鮮半島との連絡の遮断に成功し、さらに後二年（三一三）、孤立無援に陥った楽浪、ついで帯方の二郡をその手に収めた。漢の武帝の元封三年以来、四百二十一年にわたって漢人の拠るところであった楽浪郡は、ついに高句麗の領土となったのである。美川王十四年こそ、満洲勢力の朝鮮半島への本格的進出の年として記憶さるべきであろう。なお、高句麗が美川王の時代に至って南進を開始したのは、国力の充実もさる事ながら、一面遼東における慕容氏の優勢のために、とうてい満足なる西方進出を行ない得なかったのに基く。ゆえに宿願を捨ててやむなく南に向い、抵抗弱き楽浪郡を襲い、肥沃なる北部朝鮮の平原を獲得したものと思われる。同時に新たに得た北部朝鮮の地が、彼らの根拠とする東部満洲と、すこぶるその自然地理的条件を同じうしている点も見逃すことはできぬ。

南進、百済との抗争　新たに朝鮮半島北部に広大な領土を獲得した高句麗は、当然の帰結として、南部朝鮮の諸国、とくに百済との関係が生じた。楽浪・帯方二郡の地を収め、礼成・臨津二江の付近において百済と境を接した高句麗は、さらに南下の意図を有し、百済と対立を続けた。しかし、美川王についだ故国原王の時代は、王の激しい意欲にもかかわらず、遼東戦線における完敗の影響も手伝って、高句麗軍の旗色はすこぶる悪かった。それのみではない。百済に近肖古王という英傑が現われると、百済はかえって北進を始め、旧帯方郡の地を奪った。故国原王は三十九年（三六九）これを攻撃したが、雉壌（黄海道白川付近）に敗れ、ついで四十一年（三七一）には逆に平壌を攻撃され、流矢にあたってあえない最後をとげた。高句麗の南進は百済の反撃に遭って阻止されたのみか、反対に慈悲嶺付近まで退還するの余儀なきに至った。このころより高句麗の関心は遼東より、南部朝鮮問題に転ずる。

このように美川王の北部朝鮮領有いらい、高句麗は南方の経営、対百済国境の整備に忙がしく、ややもすれば西北の遼東に対する備えは手薄となった。故国原王が前燕の慕容皝に攻められて、社稷の危殆をも思わせる惨敗を喫したのも、まさにこの虚を突かれたものという事ができる。

遼東において前燕が倒れ、前秦が代って後もこの形勢には変化がなかった。小獣林王は前王の仇をそそがんとし、南方に対して積極的に動いたが、西方の遼東に対してはもっぱら消極政策を堅持し、兵を出そうとはしなかった。この王と次の故国壌王との時代は、高句麗が蟄伏、実力の養成につとめた時代というべきであろう。

広開土王の偉業　二王の時代に養われた国力は次の広開土王の時に至って俄然光を放った。彼はあらゆる方面、特に西南に向って不敗の兵を用い、領土の拡張に成功した。もっとも困難の多い西方の遼東に対してもまたしかりであった。

彼の即位にややさきだち、遼東においては再三におよぶ勢力の交代があった。前秦が倒れ、後燕が代って遼東の主となったのである。広開土王は、前代の消極政策を一擲して遼東進出を企て、遼東平原への重要関口である玄菟新城の確保につとめた。かつて玄菟郡治として東北諸族を圧えたこの地は、前燕慕容廆の死の直後、一時高句麗の占領するところとなったが、間もなく前燕に奪取された。そうして、それ以後ここは東西両大勢力の争奪の的となった。遼東平原を奪わんとするものは、ここを占領するを要し、これを守らんとするもの、またここを確保する必要があったからである。遼東進出を計った広開土王が、まずこの地の確保に乗り出したのはこのような理由に基くものである。新城を確保すると、王は十一年（四〇二）、ついに遼東平原に討ち入り、遼東城（いまの遼陽）を占領、その地方を奪い、永年の宿志を達した。しかし、後燕王慕容氏とてもこれを座視するものではない。彼らは敵軍の進出を阻止するために全力をつくしたのみでなく、時に軍を送って逆襲を試みた。王の九年（四〇〇）国王慕容盛がみずから大軍を率いて新城・南蘇（蘇子河の流域）の二城を陥れたごとき、あるいは十五年（四〇六）、王の熙が木底城（蘇子河上流の木奇）を襲撃したごとき、いずれもこれである。満洲を東西に両分する二大勢力の抗争はふたたび活況を呈した。ただし西方勢力の常に東方を圧していた往昔と異なり、この時代の西方の動きは、東方の攻勢に対する防戦という色彩が強い。そうして王の十八年（四〇九）、後燕が倒れて北燕になると、西方勢力の頽勢は挽回しがたく、しだいに遼河以西に撤退し、高句麗は遼東の支配者となる。ただし東方の勢力が完全に遼東平原を掩有したのは次の長寿王の時代である。

南方の経略　西方への勢力の拡張のみがこの国の国是ではなかった。この時代の高句麗にはさらに大きな任務が課せられていた。南方への拓地がこれである。先に故国原王が百済の近肖古王に攻められ平壌に没すると、その後高句麗の諸王は、国讐を復せんとして、しばしば兵を南に用いた。南方への進出はただに拓地のみではなく、高句麗王室の名誉に関する問題でもあったのである。かくて広開土王は即位（三九一年）の七月、自ら軍を率いて南し、百済を攻めてその北辺を蹂躙、漢江以北の地を奪った。王は百済の力なきに乗じて、南進に成功し、念願の復讐を遂げたのである。彼はそれに満足せず、その六年ふたたび百済を攻めて国都に迫り、王に和を請わしめ、さらに領土を拡げた。

百済の惨めな敗北はその東隣の新羅にも影響をあたえずには置かなかった。王の元年、彼が大挙して南下した時、新羅は奈勿王の世であったが、この王は、王族を質として高句麗に送り、恭順の意を表した。朝鮮半島の過半は今は広開土王の勢力下に服するところとなった。

東方の征服　それのみでない。彼はその十年（四〇一）沃沮の地（いまの延吉よりソ連領沿海州地方）に国を建てた東夫余を滅し、東方に対しても国土を拡げた。東夫余はかつてその国が燕王慕容廆に攻められて王の依慮が自殺し、滅亡に瀕した時、貴族の一団がこの地方に走り、相拠って建設した国家である。かくのごとく、広開土王は彼の二十一年の治世に、西は遼東平原に進出をなして建国いらいの宿願に光明をあたえ、南は百済を破って大地土を開き、東は東夫余を併せて沿海州岸に達した。東部満洲はその治下に服したのみか、朝鮮半島の北半はまったくその手に帰した。有名なる広開土王碑によると、彼はその一代に城六十四、村千四百を併せたという。まことに広開土王の名にふさわしいものであろう。

以上、逐一述べたところによって明らかなように、後漢以後、満洲はその地に勃興した多くの国家の角逐の場となり、これらの諸国家はたがいに盛衰栄枯を重ねつつ、時に東西南に分れて鼎立し、時には東西に対立して抗争を続けていたが、西方が北魏によって統一されるころ、東方においては高句麗の隆盛著しく、朝鮮半島北半を併有したのみかついに遼東平原にも進出し、満洲の王者たる貫禄を備え始めた。この形勢はますます進展し、この後満洲の大勢は高句麗の動きによって左右されるに至った。

(四) 高句麗の盛世と制度・文物

1 長寿王の治世と高句麗の盛世

長寿王　旧都輯安の一角に残る好太王碑に「国岡上広開土境平安好太王」とあるにふさわしく、大いに国土を広め、高句麗をして満洲・朝鮮にわたる一大強国たらしめた広開土王が没すると、その後は子の長寿王によって受けつがれた。長寿王はその名の示すごとく七十八年の久しきにわたって高句麗に君臨した王である。

彼は位につくと、先王の時代急激に膨脹した国土の経営につとめ、その十五年（四二七）国都を鴨緑江中流の国内城（輯安）から大同江畔の平壌城（平安南道平壌）に移し大いに都城の経営につとめた。平壌城は一名長安城とも呼ばれる。

平壌城は古の楽浪郡治であって四通八達の要衝、南方はるかに拡がった大高句麗の首都としてふさわしい地である。その遺跡は現在なお、平壌に残る。すなわち平壌市街の東方、普通江岸の大土城――土壁の中心部は石築――は平壌羅城の跡であり、また市街の東北四里の地にある大城山城は、一旦緩急の場合、立てこもるべき山城である。大城山城の麓、いわゆる安鶴宮址も、これと密接なる関係を持つ遺跡と考えられる。かくのごとく彼は内を堅めるとともに、外に対しても備えを怠らず、さらに機を見て進出を計った。

遼東平原の獲得と魏との関係　まず西方をみよう。彼の即位の初め遼東の平原はなお馮氏の北燕によって支配されていたから、高句麗は遼東山地の西麓に堅固なる山城を築き、これに備えるとともに他日の進出の基点を作った。しかし遼東の主はすでに衰え、高句麗になんらの脅威をあたえなかったのみならず、やがて王の二十四年（宋元嘉十三年、四三六）北魏の攻撃を受けると、北燕王馮跋は高句麗に走って救いを求めた。しかも北燕を倒した北魏は遼東領有の意図を持たず、王は労せずして遼東平原全域を領した。遼東平原の領有はこの国の政治・経済・文化いずれの点より見てもすこぶる重要なる意義を有している。これに先立つこと一年（長寿王二十三年、北魏太延元年、四三五）長寿王は、いち早く北魏に使を遣って恭順の意を表し、その後も朝貢を絶たなかったのは、新たに獲得したこの地方を平和的手段によって護らんと企てたものに他ならぬ。かくて遼河を挟んで相対した高句麗と北魏との関係は、爾後平穏裡に推移するのである。

南方進出　転じて南方を眺める。北魏に貢し、西方よりの脅威をまったく除去するに成功した長寿王は、父王の遺志をついで意を専心、南方経略に注ぎ、南部朝鮮の併呑を計った。すなわち三十八年（四五〇）以後、王はしばしば兵を出して百済・新羅を攻めたが、ついに六十三年（四七五）大挙して百済を襲い、国都漢城（いまの京畿道楊州）を陥れて蓋鹵王を斬り、熊津（公州）に遷都の余儀なきに至らしめた。彼は往年の遺讐をはらしたのみか、漢江本支流の広大な地域をことごとく獲得したのである。これより以後七十七年、高句麗は漢江流域を支配し、朝鮮半島に絶大なる権力を振う。ただ王は南方に兵を用いること急であって、北東を顧る暇を持たず、その備えに欠くるところがあったとみえ、蓋鹵王打倒にやや先立ち当時北満に興った勿吉にその北辺を侵され、十落を奪われた。勿吉については後に述べる。とまれ長寿王はその長い治世をもっぱら南進に費し、高句麗の国威を満洲・朝鮮に輝かせつつ世を終ったのである。

夫余の滅亡と高句麗　高句麗の威はさらに北方にも輝いた。西川王の頃、前燕慕容皝によって残破されたかつての強国夫余は、その後高句麗の好意ある態度を得て、滅亡を免れ、独立の体面を保っていたが、やがてこの国にも名実ともに滅亡の運命が訪れた。さきに長寿王の末年、高句麗を襲って北辺の十落を奪った勿吉が、文咨明王三年（四九四）夫余の国都（農安付近）を陥れ、その王を高句麗に亡命せしめたのである。夫余はついに滅亡しその故地は勿吉の有となったが、おそらく高句麗の威武はこれを機として北方に輝いたであろう。吉林竜潭山に残る高句麗山城は、あるいはこの頃築設され、もって勿吉に対したものかも知れぬ。

これを要するに広開土王に始まり、長寿王の永き治世を経て文咨明王に達する三代百二十有余年は高句麗の全盛期であって、満洲においては遼河以東の東部満洲――北部を除く――を領して日本海に達し、朝鮮半島においては北部朝鮮はもとより中部朝鮮を掩有し、この国は満洲・朝鮮を舞台にわが世の春を謳った。われわれはしばらく眼を転じ、高句麗の制度・文物について眺めたいと思う。

2 制度および文物

高句麗文化の特質　高句麗の歴史は朱蒙と呼ぶ伝説的英雄に始まっている。朱蒙（鄒牟）の母は河伯の女、かつて夫余王に侍していたが、ある時天の気を感じて一大卵を生み、これより誕生したのが朱蒙である。彼は長ずるにしたがって、すこぶる射を善くし、かつ才力衆に抜んじていたので、王は将来をおそれて彼を殺そうと企てたが、たまま母の知るところとなり、朱蒙は逃れた。彼は追手を避けて東南に走ると、あいにく行手に一大河が横たわっている。追騎の勢いは急である。河辺に至った彼は「我はこれ日の子、河伯の外孫なり」といい、呪文を唱えると、たちまち魚鼈は集って橋を作り、渡るをまって散じた。かくて安全なる地に遁れるを得た彼は沸流水（佟佳江、すなわち渾河）畔の紇升骨（いまの桓仁五女山城）の地に至って国を建てた。

この説話は、始祖の名称の異なるのを除くと、先にあげた夫余の始祖説話と内容構想をまったく同じくする。しかも高句麗の始祖は夫余より南下した事が伝えられているのである。われわれはこれによって高句麗が夫余、同時にアジア北族ときわめて深い関係にあるのを見出すであろう。このことは同時に高句麗文化の本質を規定するものとして特に注意を要する。すなわち高句麗文化は、その国の発展とともに種々の要素をとり入れて絶えず生長発展を続けるが、それはあくまで北族文化の根底の上に打ち建てられたものであり、成育したものである事を忘れてはならぬ。

民族および国家組織　高句麗の主要構成民族は夫余と同じく穢貊である。彼らは古代広く東部満洲に分布したツングース系の種族であるが、前漢の中期、先進夫余の有力者の一団は南下して高句麗の地に拠り、付近の穢貊を服して大となり、高句麗族として知られるに至った。鹿山すなわちbuyu山に拠って大をなした民族が夫余族と呼ばれるに至ったのと同巧である。彼らは涓奴部・絶奴部・順奴部・灌奴部・桂婁部の五部に分れ、相拠って高句麗族の興隆につとめていたが、前漢末に至り涓奴部は他部を制して、諸部の統一を行なった。なお、後漢の末に威を振った伯固王（新大王）の死後、この国に内紛があって、それより王系は桂婁部に移ったようである。

制度　中央の権力が大となり、国家の組織が整備されると、律令は発布せられ（小獣林王三年、三七三）、中央・地方の統治機関もまた整えられた。その官制は、もとより時代によって差違増減をみたが、『翰苑』所引高麗記に見えた最盛期のものと思われるものをあげると次のようである。まず中央には吐捽（旧名大対盧）があって国務を総理し、下に太大兄（莫離支？）・鬱折（主簿）・太大使者（謁奢）・皁衣頭大兄の四官位があり、彼らはともに国務の全般を処理した。大対盧の地位は三年一交代制であったという。さらにその下に大使者（大奢）・大兄加（纈支）・抜位使者（儒奢）・上位使者（乙耆）・小兄（先支）・諸兄（翳属）・過節・不節・先人等の官職があり、彼らはそれぞれ、所定の事務をとりあつかった。次に地方の大城には傉薩、諸城には処閭近支、小城には邏達等があって統治を行ない、防備を固めた。その他武官には大模達（莫何邏繡支）、末若（郡頭）等の職名があった。これらの官位・官職の語義・内容については充分明らかでない点もあるが、いずれもこの国固有の名称を用い、中国的官称の影響のほとんどみられないのは、制度における高句麗の自主性を物語るものとして深く注意を要する。

社会および生活　高句麗の支配社会は高句麗人によって構成されていた。彼らは古くからの族的結合を守りながら、国内各地に分散居住し、支配者として下に臨んだ。彼らに支配されたいわゆる下戸なるものは原住民たる貉や穢あるいは虜掠の中国人で奴隷的取扱いをうけたものであったと思われる。彼らは山間の平地に佃作して生産につとめ漁撈に従い、あるいは遠く魚塩を運んで、支配者の用に供した。

領内には大平野の存するもの少なかったから、支配者たちは多く山間の河谷にして軍事・交通路上の要衝を選び、独特の城郭を築いてこれに拠った。城郭には平地の方城もあったが、特に注目すべきは山城であって、国都を始め、至る所に築かれた。いま満洲・朝鮮に残り、多少とも調査を経たものを摘挙しても遼東山地西麓地帯の大和尚山山城、蓋平東北の高麗城子山城、海城東南の英城子山城、太子河中流の燕州城、陳相屯の山城、撫順の北関山城、開原の山城等があり、松花江流域の吉林に竜潭山城が見出される。また内陸を眺めると、鳳凰城山城がある。また佟佳江畔桓仁の五女山城は、高句麗最初の国都であり、鴨緑江畔輯安の山城子山城は中期の国都国内城付属の山城であり、さらに平壌の大城山山城は最盛期の国都長安城に付随する山城である。これらの山城はいずれも要害の地を選び、巧みに山険を利用して構築されているが、これはわが国の戦国時代のそれが山巓を中心として営まれているのと異なり、中央には必ず、相当の面積と豊富な水流とを持つ盆地があり、それと、盆地を取囲む峻嶮なる山稜——その外側は絶壁なるを要する——とによって一城をなしているのである。これは山城が平時の居住地としてのみでなく、戦時の要塞としての役割を持っていた事を考えればむしろ当然であろう。山城外壁の要衝にはもちろん城壁が築かれているが、これは中国風の土築あるいは甎築ではなく常に石築である。そうして四辺には城門が穿たれているが、これには必ず、わが国城門の枡形に似た甕城が築かれ、防備を厳にしてある。これらの石塁の使用、甕城の発達は高句麗城郭の特長であって——甕城は遼金時代以後、中国式土城にも採用され、今日に至っている——、われわれは城郭の構築様式にも高句麗独自の要素を認めざるを得ない。なお、これらの山城にも新古の二形式が認められる。桓仁の五女山城、輯安の山城子山城は古形式をいまなお伝え、撫順の北関山城のごときは中国的要素を吸収して新形式を生み出している。そうして後者は渤海時代の城壁構造と直接の繋りを持っている。

序をもって城内の様子に一瞥をあたえよう。城内には、見晴台・貯水池・その他の公共軍事的施設があったが、それとともに城内の大部を占めるものはいうまでもなく、宮殿・官衙・住宅等の建築物である。山城内部の考古学的調査の結果によると、国都の一として著名な山城子山城の宮殿のごときは、見事な繰出しのある巨大な礎石が使用されているが、地方一般の建築には官衙といえども極だった礎石等は用いなかったらしい。撫順北関山城の場合はこれに当る。なお、北関山城における建築物址調査の結果、重要建築は木造瓦葺――ただし丸瓦の使用は極めて少ない――、床は石敷・泥床であり、床下には温突の設備のあった事がわかった。この時代の温突の設備は『旧唐書』高麗伝に「その居る所は必ず山谷に拠り、皆茅草をもって舎を葺いている。ただ仏寺神廟および王宮官府だけは瓦を用いている。その俗貧窶なるものが多く冬月は皆長坑を作り、下に熅火を燃やしもって煖をとる」とあるのによって推測する事ができるが、実物が現われ、構造が明らかにせられた事は興味が深い。右の文中に見える王宮の規模結構については輯安および山城子山城の諸所に残る建築遺構から推し測る事ができる。

建築と離るべからざるものに瓦・甎があり、その紋様は高句麗文化の系統を探るために重要である。瓦璫の紋様として代表的なものは蓮弁・鬼面および忍冬・唐草である。これらはいずれも六朝文化、特に北朝のそれの系統を引いたものであるが、しかも線の強さ、鋭さ、味の深さ、影の濃さ等において独特のものを持っている。要するに高句麗芸術は多分に六朝文化の影響を受けているが、彼らはよくこれを吸収・消化し、独自の形式を編み出す事に成功しているのである。

城郭に住む高句麗の人達は国家の休戚を担う戦士として、あるいはまた彼ら自身の遊楽のために雄壮なる狩猟を好んだ。彼らが駿馬に乗じて山野を馳駆し、短弓に鳴鏑をつがえて虎豹・麋鹿を倒した姿は輯安に残る古墳の壁画によって窺う事ができる。これによると彼らは上に鳥羽をもて飾った冠をつけ、左衽狭袖の短衣――『唐書』高麗伝には大袖衫とあるが多くの壁画に徴すると、大袖の場合はきわめて少ない――の上に皮帯をしめ、大口の袴を足首にて括え、足には、先反りの革履を穿っているが、それはそのまま、上に立つ高句麗男子の服装であったようである。ただ大加・主簿等の大官は幘ににて垂飾のない紫羅の冠をつけ、一般の弁のごとき冠と区別したという。女子の服装も冠を除いては男子と大差ないが、首に巾幗を加え、時に狭袖左衽の長衣をつけているのが眼につく。ただし公会の席に出る場合、彼らは高価なる錦繡金銀をもって身を飾った。

信仰・思想　祭祀は彼らの生活の重要なる部分を占めた。宮廷においては宮殿の左右に大屋が立てられ、天地山川さまざまの神々が祭られたが、三国時代の中国人は、これを鬼神・霊星神（農業の神）・社稷神、あるいは日神・可汗神・箕子神等と伝えている。所詮夫余と同じく、彼らは森羅万象に神を認め、これを祭り、生活の精神的支柱としたのである。一般高句麗人も同様であった事はいうまでもない。その他この国には特殊の祭典があった。これは国の東方にある隧穴に住む隧神の祭典であって、十月、国を挙げてこれを迎えて祀り、また家々には木隧を祀って、これを拝したという。これらはおそらく、シャーマニズムと関係を持つものであろう。

小獣林王の二年（三七二）前秦苻堅の命により、僧順道なるものが来って仏像・経文を齎し、仏教を伝えた。そうして上流のややこれを信ずるようになってからは、彼らの思想・信仰にも多少の変化は生じたであろう。しかし、高句麗に入ったものは、国人の信仰・思想に習合し易い呪術・霊異的仏教であったらしいから、国民の精神生活の根本的改変などは思いもよらず、上下とも、固有のシャーマニズム的信仰を守ったものと思われる。ただ、この国に入った仏教が、中央集権制の確立に一つの重大な役割をなした事は疑いを容れぬ。

影響の大きかったのはむしろ芸術的方面であろう。この事は仏教伝来とともに小獣林王の五年、早くも肖門寺・伊弗蘭寺が創められ、あるいは広開土王の初め平壌における九寺の建立が伝えられている事からも推測する事ができる。これらの仏寺建立にはもちろん、荘厳が伴わなければならぬ。かくて北魏との平和関係樹立とともに、これに関係ある諸種の技術・工人、引いては文化が流入し、高句麗文化の内容を漸次深めたものと思われる。輯安・平壌その他各地に残る高句麗古墳に画かれた優秀なる壁画は、かくして培われた文化の名残である。壁画に見える四神あるいは縁辺を飾る唐草、さては宝相華等に北朝文化の色彩の観取されるのは、これを物語るものであるが、同時に彼らがよくこれを吸収・消化し独自の文化を建設した事は前に述べた通りである。

中国大陸より流入したのは仏教ばかりではなかった。これに伴って中国風の学芸思想も入ったのであって、この国の子弟は各部の要人の家に付属設備せられた学堂あるいは小獣林王二年（三七二）に立てられたという太学に入り、切瑳琢磨、読書習射に励んだ。この国で用いられたものは五経を初め、『史記』『漢書』等の史類が多かったが、特に『文選』は愛読されたという。彼らはこれらの中国書籍を熟読含味して、みずからの学芸思想をいっそう豊富にしたのであろう。後には隋より道士が遣され、高句麗の王庭に講筵を開いたことも伝えられている。

墳墓　最後に彼らの遺した重要な文化的遺品として墳墓を挙げねばならぬ。高句麗の墳墓は満洲においては最初の国都桓仁付近、中頃の国都輯安および鴨緑江流域の楡樹林子付近等に、朝鮮半島においては最後の国都平壌付近およびこれを取囲む江東・成川・順川・江西・竜岡の諸地方あるいは平安北道雲山郡東新面等に発見せられているが、これらのうち特に著名なのは輯安および平壌である。輯安のごとき、さして広からざる江畔の平地に広大なる墳丘はひしめきならび、池内博士の表現をかりれば国都の一半は墳墓によって埋まるがごとき観を呈している。これらの古墳は石塚と土塚とに分れ、築造年代は前者が古く、かつ固有の形式を伝え残している。まず石塚について述べると、構造は石築、その平面は方形であって、外観は階段状ピラミッド形を呈し、頂部は覆盆形をなしている。各部とも美しく加工された巨大な石材——ただし内部は河原石によって充塡されている——を積み上げて構築されており、羨道を持った石室はその上部中央に築かれている。すべて石造、封土はなく、四面には巨大なる護石が寄せかけてある。石塚と呼ばれるゆえんである。『三国志』の高句麗伝に「石を積んで封とし、松柏を列種うる」とあるのがこれに当る。石塚はその構造、その他の理由によって現在破壊されているものが多いが、輯安の将軍塚は完全に残り、偉容を土口子山麓に誇っている。基壇の一辺は約九八尺、高さは約四〇尺、七段をなし、巨大な石室の天井は一枚石である。また輯安最大の太王陵のごとき、基壇の一辺二〇〇尺にもおよんでいる。石塚には広大な墓域が付随しているが、墓域の内部に数個の陪塚のある場合もある。石塚の存在の知られているのは輯安を筆頭に、桓仁その他満洲方面に多い。平壌付近にも認められるが、規模は小さく、その数も比較的少ない。

石塚をもって代表される高句麗の墳墓は、まさしくこの国独自の発達を遂げたものであって、東アジアいずれの地方においても類例を見出しがたい。これに中国的墳墓の様式の加味されたものが、後代に築造された土塚である。

土塚は石塚と異なり、平面方形に近い截頭方錐形の封土を有し、その下に単室あるいは複室が構築されている。輯安の三室塚のごときは三室よりなっているのでこの名がある。天井部は石材を幾重にも互い違いに持ち送って作ってあり、独特の構造を持つ。この持ち送り式方錐形天井、ならびにある種の石室構造——たとえば平安北道竜岡双楹塚の石室には、西方文化の香が強く感ぜられるのである。石室のあるものには一面に壮麗優美な壁画が描かれている。その主題は二つに大別する事ができる。一は四壁を飾るに優麗なる四神をもってするものであり、他は被葬者と関係のある画題をもって埋めたものである。輯安ならびに竜岡・梅山里の四神塚のごときは前者に属し、輯安の舞踊・角抵両塚、平壌魯山里の鎧馬塚、竜岡の双楹塚等は後者に属する。両者とも高句麗芸術の発展を窺うに足る好個の資料であるが、特に後者は当代の風俗・習慣を今に伝える点で比類のない重要性を持っている。

遺憾なことには、高句麗古墳はほとんど盗掘されているので遺品を出すこと極めて少ない。わずかに黄金製の棺金具、漆棺の断片、土器等を出すに止まるが、これらわずかの遺品の上にも北朝芸術の影響を認め得るとともに、併せて高句麗文化の特質を見出すことができる。

これを要するに東部満洲の一角に芽ばえた高句麗文化は、その後、中国文化ならびに西方文化の両者をとりいれて、すくすくと発育を遂げた。そうしてついに見事にして独特なる花を咲かせ、その偉容を誇った。夫余文化についで現われた優秀なる高句麗文化によって、満洲文化は一層誇るべき伝統を持つに至ったのである。

(五) 高句麗とその周囲の諸国

1 南方諸国との関係

広開土王ならびに長寿王の拮据経営の結果、高句麗は新たに大宇土を拓き、その富強は満洲・朝鮮に冠絶し、国人は咲く花の盛りを謳った。かくして長寿王の晩年より、陽原王の初年に至るまで約八十年、長き平和の時代が訪れたのである。しかしこの幸福な時代は同時に国人をして安易の生活に陥らしめ、かつてこの国を振い立たしめた剛毅の気風、不屈の精神を忘却せしめた。高句麗は長寿王の時代を極盛期とし、ようやく沈褪の時期に入ったのである。

さて広開土王・長寿王の二王は南隣の百済・新羅の二国を圧迫し、彼らを朝鮮半島南部の一角に押しつめたが、一方この形勢は高句麗を共通の敵とするこれら二国の団結を促した。新羅・百済両国、特に新羅は臥薪嘗胆、国力の充実を計り、復讐を期したのである。時はようやく回り来った。陽原王七年（五五一）百済の聖明王は新羅の真興王の援助の下に、立って高句麗に侵入し、漢城（いまの広州）および南平壌（いまのソウル）等六郡の地を占領、新羅は竹嶺（慶尚北道と忠清北道との境をなす峠）以北の十郡を奪い取った。長寿王時代、この国の有に帰した広大な漢江流域の地方は、かくしてその手から離れた。北方勢力の一歩退却が始まったのである。それのみではない。この頃より新羅の国力は急激に発展し、多年苦心の結果ようやくにして百済の奪還した漢江下流の六郡を襲って、これを取り、ついで日本海岸の高句麗領に攻め入って、江原道の大半を併せた。愉安の夢は破れたのみか、高句麗は逆に新興の新羅のために脅やかされる運命となったのである。

しかし新羅の勃興、ことにこの国の同盟国に対する不信なる行動は百済を刺戟し、二国の協約は破れたのみか、漢江下流六郡の不法占拠を知った百済の聖明王は、その三十二年（高句麗陽原王十年、五五四）憤懣やるところなく、急挙兵を率いて新羅を攻めた。しかるに彼は真興王の反撃に会って、あえなく軍中に倒れ、百済は恨みを呑んで敗退の余儀なきに至った。朝鮮半島における高句麗・新羅・百済の三国は鼎立の態勢に入り、高句麗の南辺にはそのまま約五十年の平和が打ち樹てられた。その後嬰陽王九年（隋文帝開皇十八年、五九八）西の方隋との関係の緊張したのと前後して、王はふたたび失地回復を志して南進を試み、平和は破れた。新たなる攻撃の目標は新羅であるが、後に至ると王は百済とも連合してしばしば漢江流域を侵し、新羅の領土に兵を加えた。

2　北西諸族の状勢

勿吉　眼を北方に転じ、その方面の状態をながめよう。先に長寿王の末年、北辺に勿吉が興り、高句麗を攻め、この国の十落を奪ったこと、およびそれより約二十年後の文咨明王三年（四九四）、勿吉は夫余に止めを刺し、この国を奪った事は前に述べた通りである。

さて勿吉が初めて中国に知られたのは北魏孝文帝の延興五年（高句麗長寿王六十三年、四七五）、その国の使者、乙力支が、魏に朝貢したのに始まる。勿吉はかつて夫余の盛時その国に服属した挹婁と種を同じうする。したがって彼らの言語・習俗は周囲の穢貊とは異なり、深くして大なる竪穴住居に起居し、男子は猪あるいは犬の皮裘を着、射猟をよくした。挹婁との習俗上の類同は、その他、石鏃に毒を付して用いた点、あるいは人溺を各種の用に供した点に至るまで同一である。

これら古アジア族の一団は南北朝の初め、夫余の衰退に乗じ、高句麗の北辺外をじょじょに西進し、一部は北満の平原にまで達した。かくて勿吉族の名はようやく著名となり、ついに文咨明王三年、夫余を倒し、その国を併せたのである。このように勿吉は夫余の故地を併せたとはいえ、その族が、領土全域を覆ったか否かは疑問である。おそらく夫余の遺民は自治を許されていたのであろう。

勿吉は、その後高句麗と争うことなく、服属諸部の統制を行なっていたが、その統制力はたいして強くはなかったらしく、わずか六十余年にして解体した。高句麗においては陽原王の末年、中国においては北斉の初めに当る。勿吉の本族はふたたび東に退還し、服属諸部は自立したが、これらの諸部は一括して靺鞨をもって呼ばれた。けだし、もと勿吉の一部を構成していたのに基くのであろう。これらのうち、粟末・伯咄・安車骨・払涅・号室・黒水・白山の七部は特に著名であって、このうち、高句麗と境を接する粟末部（吉林付近を根拠とする部）のごとき、しばしば高句麗の北辺を侵し、これを悩ましたのである。ただし後に至ると粟末部ならびに白山部（長白山脈、延吉方面を本拠とする部）は高句麗に服属協力し、数多くの戦闘に功績をあげている。

このように長寿王の末年以後、高句麗はその北辺において勿吉、ついで靺鞨と接し、多少の交渉を持ちつつ漸次彼らの間に勢力をおよぼしたのである。

室韋・契丹・奚　なお、このころ興安嶺東より嶺西フルンバイルの地方にかけて室韋なる種族が居て、多数の部に分れ、狩猟・遊牧の生活に従事した。彼らもまた高句麗に使を送り、これより金属器等を得ていたようである。さらに西方を見渡すと、そこには契丹族および奚族がいる。前者はかつて鮮卑の拠ったシラムーレン流域に、後者は同じく烏桓の栄えた熱河山地の東部を本拠とし、時に高句麗を侵した事もあったが（小獣林王八年）、高句麗との関係はさして深くはなかった。契丹は後の遼国を組織する民族である。

突厥　高句麗と密接な関係にあったのは、彼らの背後、蒙古高原に大帝国を建設した突厥である。突厥は、四―五世紀にかけて漠北を率いた柔然（蠕蠕）――高句麗は柔然とも交渉を持った――に属し、ついにこれを倒して（高句麗陽原王八年、北斉文宣帝天保三年、五五二）、漠北の覇者となった蒙古種に属する民族である。突厥の興起は一に英傑土門（伊利可汗）の出現によるのであるが、『三国史記』によれば彼は柔然討滅の前一年、早くも興安嶺を越えて東し、新城（撫順）・白巌城（燕州城）を攻めた事実がある。陽原王七年（五五一）の事である。この襲撃は、高句麗軍の反撃に遭って退けられたが、その後両者の間には密接なる関係が生れた。この事は有名なオルコン河畔にある突厥の王、闕特勤の碑および毗伽可汗の碑に、彼らの始祖が深い関係を持った諸国の一に高句麗の名が挙がっている事、あるいは隋の煬帝の時代、突厥の啓民可汗はその王庭に来った高句麗の使者をあえて隋帝に隠さなかった事によっても知られる。そうしてかかる両者の密接な関係が、突厥と死闘を続けた隋の感情を刺戟し、ついに隋・高句麗間の破局を齎した一因となったとも考えられるのである。なお、始めは柔然、ついで特に突厥との交通が、この国の西方文化の吸収に、大いなる寄与をなした事はいうまでもなかろう。

3　南北朝諸国および隋との関係

南北朝と高句麗　長寿王の二十四年（北魏太武帝太延二年、四三六）、北燕の滅亡とともに遼東平原を併せ、遼河をもって魏と境するに至ってより後、高句麗は連年使を遣して魏への朝貢を怠らず、平和関係の樹立につとめ、魏もまた厚く遇して和好を保った。満洲における東・西両大勢力は、かくして平和の内に交渉を続けていたのである。高句麗は北朝に恭謙なる態度を持し、密接なる関係を保つとともに、海上よりして南朝の諸朝と通好することをも忘れなかった。長寿王の時代より時に応じて宋および斉と通好し、後継の諸王もこれに従ったのは、この事を物語る。その後北魏は分裂して東西両魏に分れ、ついで北斉・北周となり、また南朝においても梁・陳と、交替があったけれども、この形勢には変りなかった。諸王は、東魏・北斉に朝貢を怠らず、時に梁・陳に貢献して豊富なる物資、優秀なる文物の輸入につとめた。

このように中原において、南北両勢力が対立抗争を続けていさえすれば、高句麗は、南朝はもとより、北朝よりも脅威を受くることなく、その地位はきわめて安泰であったであろう。南朝との対抗に全力を注いだ北朝は、強大なる北辺の高句麗と事を構えるを欲せず、南朝は高句麗を北朝牽制の具に供せんとし、ともにその歓心を買うにつとめたからである。

隋との抗争　しかるに隋の勃興とともに、かかる形勢にはしだいに変化が生じた。隋は周に代って北朝の主となると、やがて中原統一を志し、文帝開皇七年（高句麗平原王二十九年、五八七）には後梁を滅し、のち二年（五八九）にして南朝の陳に止めを刺し、天下統一の偉業を完成したのである。この情報はいたく高句麗を刺戟した。中原に対立なく、平和が再来したとすれば、鋒は必ず北方に向けられるからである。平原王は隋に入朝して、恭順の意を表するとともに、ただちに隋に対する防備を厳に堅めた。そうしてそれとともに漠北の雄者、突厥とますます固く結んで南方勢力の北進に備えたようである。

平原王の後を受けた嬰陽王は俊敏・豪毅の王であったから、隋の来り侵すをまたず、九年（隋開皇十八年、五九八）靺鞨の兵を率いて進んで遼西を侵した。王がこれと前後して南進を再開し、新羅を攻めた事も注意すべきである。遼西の攻撃を受けた隋の文帝は、赫怒してただちに兵を出したが、準備の不足、土風の激変、悪疫の流行に遭って全軍崩れ、遠征は失敗に帰した。隋はついに東方の高句麗を破り得なかったのである。その後両国の間に一時の和平が結ばれた事もあったが、これは一時のものたるに止まったようである。隋の北方政策遂行上、高句麗の強盛および高句麗・突厥の連合は許すべからざる事であったからである。

嬰陽王の二十三年（隋煬帝大業八年、六一二）、隋の煬帝はみずから大軍を率いて高句麗を攻めた。隋軍は大挙して遼河を渡り、遼東城（遼陽城）に迫り、さらに国境の諸城の包囲につとめたが、高句麗軍は勇戦奮闘、かえって遠征の不利に悩む隋軍を敗り、これを退けた。煬帝の強大をもってしてなお、高句麗は不敗の地位を獲得したのである。煬帝は翌二十四年、復讐の意気物凄く、ふたたび高句麗攻撃を行なった。時すでに遅く、隋の国内は乱れ、叛乱勃発の報は陣中に伝わった。煬帝は急遽、軍をまとめて西還し、彼の再征はふたたび失敗に帰した。隋帝は翌二十五年、三度命じて征東の役を興したが、成功はもとより不可能である。この戦後、両国の間には和平が議せられたが、しかも征討の失敗の国内に及ぼした影響は意外に大きく、隋は後四年にして亡びる。上に剛毅善謀の王を戴ける高句麗は、一致団結して大敵に当り、見事にこれを退けたのである。

(六) 高句麗の滅亡

1 泉蓋蘇文の執政

さしも偉力を誇った隋の煬帝の大軍を防ぎ返した高句麗も、栄留王の時代に入ると権臣勢いを振い、王室を圧するに至った。すなわち泉（銭）蓋蘇文の専権である。彼は西部の大人として国政を処置していたが、専権の事すこぶる多かったので、諸部の大人は王と謀って彼の暗殺を企てた。事洩れ、これを知った彼は、かえって計を用いて諸大人および高官百余名を殺したのみか、王宮に闖入、王を弑し、王甥の蔵を立てた。これを宝蔵王とする。事は唐貞観十六年（六四二）に懸り、彼の国権の掌握はここに成功をみたのである。

新王を擁して立った彼は、みずから文武の権を一身に集め、強力政治を施行して国内の統一を計るとともに、対外的にもすこぶる強硬なる態度を持した。

高句麗・新羅・唐三国の関係　これよりさき高句麗は百済と連合して新羅を攻撃していたが、彼は政権掌握とともに新羅の圧迫を倍加し、侵攻を続けた。泉蓋蘇文の執政とともに加わった高句麗・百済両国の圧迫に苦しんだ新羅は、その勢いに堪えかねて、ついに翌宝蔵王二年（新羅善徳女王十二年）唐に使を送って救援の師を請うた。宇大の帝王をもってみずから任じた太宗はただちに司農丞相里玄奨を遣して罷兵の事を諭したが、これに対する蓋蘇文の返答は意外に強く、かつての新羅の侵寇に対する復讐と称して、なんら耳を傾けなかった。唐の高句麗・百済二国に対する干渉は決して朝鮮半島平和の希求のみをその目的としたものではなかろう。むしろ特定の一国、特に高句麗が強大となり、あるいは突厥と連合、あるいは朝鮮半島を制圧する事をおそれたためと思われる。

唐の調停は失敗に帰し、高句麗はなおも強硬なる態度を持して譲らなかった。そうしてこれは太宗をして高句麗征討を決意せしめ、以後高句麗と唐の両国は戈戟の間に相見えるに至るのである。

2　唐軍の来侵

唐の第一回高句麗攻撃は宝蔵王四年（唐貞観十九年、六四五）に行なわれた。高句麗征討の意を決した太宗は前年の十八年より戦備を整えていたが、この年親ら大軍を率い遼東に侵入を始めた。唐軍の猛烈なる攻撃にもかかわらず、第一線の諸城に拠った高句麗兵は力を併せてこれを防ぎ、敵を内地に入れなかった。激戦の後、遼東（遼陽城）・白巌（燕州城）等の諸城は陥ったが、安市（海城西方英城子）の一城のみ防戦を完うした事をもって知られている。しかも戦闘は冬期に入り、装備を欠いた唐軍は、ナポレオンのモスクワ退還をそのままに、惨怛たる姿をもって、遼西に退いた。事態の推移に眼を注ぎつつあった蓋蘇文は、この状景を眺め、ますます強硬方針を持するとともに、国民に一致団結を求めた。

太宗貞観十九年の親征失敗をこのまま放擲することは大唐の威信に関した。のみならず余勢を駆った高句麗は北方において対唐連合軍を組織するかも計りがたい。両者の関係は最悪の状態に達した。かくて宝蔵王六年（唐貞観二十一年、六四七）、同七年と、高句麗の西辺はふたたび三度び唐兵を被ったが、高句麗軍はよくこれを退けた。

その後、高句麗は内、国力の充実につとめ、外は新羅攻撃の手をゆるめなかった。その間、唐においては太宗崩じ、高宗の世となったが、両国の関係はなんら改善される事なく、宿命的な対立抗争が続行された。高宗は宝蔵王十四年（唐永徽六年、六五五）早くも程名振・蘇定方等を遣して新城を攻め、その功なきを見てふたたび十七・八年（唐顕慶三・四年、六五八・九）遼東を侵した。けれども高句麗の護りは固く、常に唐軍を撃ち退けたのである。高句麗破りがたしと見た高宗は、やむなく鋒を転じてその同盟国百済を攻撃する事に決した。この作戦は図に当り、顕慶五年（高句麗宝蔵王十九年、六六〇）唐軍は新羅と軍を併せて百済を攻めこれを滅した。そうしてその故地を直轄地と定め、大軍を駐せしめた。高句麗は四面楚歌、腹背をともに敵にさらすのやむなきに至ったのである。かく包囲体制を整えると、高宗は宝蔵王二十年（唐竜朔元年、六六一）より、またしても高句麗を攻めた。契苾何力・蘇定方等によって率いられた唐軍は海陸より侵入、一部は平壌に迫ったが、最後に敗られ、退還の苦杯をなめた。このように宝蔵王の時代に入ると、高句麗と唐との両国の間には死闘が展開されたが、前者はいささかも譲らず、強靱を誇った泉蓋蘇文の統制力のいかに大であったか、思い半ばに過ぎるものがあろう。彼はよく国内の統一を固め国人をして泰山の安きを感ぜしめたが、王の二十四年（唐麟徳二年、六六五）の末、ついに没した。

さしも強靱なるがごとく見えた国内の統一も実権者、泉蓋蘇文の死とともに、脆くも破れた。父の死とともにその諸子の間に内訌が生じ、やがて醜い争闘と化したからである。

初め蓋蘇文が没すると長子の男生が後を嗣ぎ、国家の統治に当った。しかるに男生の嗣立を心好からず思った一派は、男生の地方巡察の時を窺い、二弟の男建・男産に説いて両者を反目せしめた。結果はただちに現われた。男生は二弟の謀を懼れて国都平壌に還らず、旧都国内城に入って身の安全を計り、一方、男建は王を擁してみずから執政の地位につき、兵を遣して兄を追討した。王の二十五年（唐乾封元年、六六六）五、六月の交のことである。最悪の事態である内部の分裂が生じたのである。かかる内紛の生じた原因は種々数える事ができるであろうが、要するに蓋蘇文の強烈な統制の下に欝積を余儀なくされた諸種の政治的勢力が、彼の死とともに無秩序に表面に躍り上り、その利害の交錯がついに泉氏、延いて国内を分裂せしめたと見るべきであろう。同時に男生を代表とする対唐妥協派と、男建等を擁した主戦派との抗争とも考える事ができる。

執権者の地位から追い落され、二弟の追討を受ける身となった男生は、やむなく国内城に立てこもり、同志を糾合するとともにしばしば使を唐に遣り、その救援を求めた。

かねてよりこの事あるを希求した唐の高宗は、好機逸すべからずとして、男生の請に応じ、同年契苾何力・龐同善・高侃・薛仁貴・李謹行等、いくたの名将に命じて高句麗に赴かしめ、九月、男建等の高句麗中央軍を破って男生軍との連絡に成功した。唐軍に救われた男生は、彼の支配下にあった国内城より新城に至る重要なる諸城をあげて唐に内付し――ただしこの地方がただちに唐軍の拠るところとなったわけではない――、ついで彼自身も入朝した。内憂外患、高句麗の運命もまた極まったというべきであろう。

高宗は積年の宿讐をこの一挙に決せんとして慎重を期し、同年十二月、さらに高句麗征討の大軍編成を命じ、英国公李勣を総帥とし、従前より征討に従事した諸将をも、その統率下に入れるとともに、百済の故地に駐する劉仁願、新羅軍の総帥金待問にも協力北進すべき事を命じた。主力の行動は翌二十六年（唐乾封二年、六六七）正月から起された。李勣を総帥とする唐軍はまず遼東の諸城を攻めて順次これを陥れ、九月西辺最大の要衝新城（撫順）を、激戦ののち陥れた。高句麗軍は猛烈な逆撃を企てたが守備軍に邀撃されてかえって敗れ、追跡を受けて国内城をも放棄した。遼東より旧都国内城（輯安）に至る重要交通路はまったく唐軍の手に帰したわけである。

一方新城を陥れた李勣の本軍は鋒を転じて南進し、遼東の諸城をことごとくその手に収めた後、鴨緑江口付近に出てその北岸を経略し、国内城を迂回し来った別軍と合し、鴨緑江の渡河地点なる鴨緑柵（義州付近）を強襲し、一挙にしてこれを屠った。鴨緑柵は高句麗軍が特に厳重に防備を固めていた地点である。そうして怒濤のごとく南下、辱夷城（安州付近？）を抜いた後一旦遼東に還った。

平壌城の陥落・滅亡　翌宝蔵王二十七年（唐総章元年、六六八）は高句麗が永き恨みを呑んで滅亡した年である。しばらく鳴をひそめた唐軍はこの年の夏ついに総攻撃に移った。李勣の率いる本軍は海岸道を南に向って直進し、先に国内城を発して、日本海岸扶余城（咸鏡南道咸興付近）を抜きその地方を経略しつつあった薛仁貴の軍は、これに呼応して西進し、さらに百済に駐屯した劉仁願麾下の唐軍は大谷道（多谷道。ソウル・開城・平山・瑞興・黄州・平壌を連ねる交通路）より北上を開始、金待問の指揮する助征の新羅軍もまた水谷道（海谷道。朔寧・新渓・遂安・祥原・平壌を連ねる交通路）によって平壌に迫った。かくて八月高句麗の首都平壌はこれらの諸軍に包囲され、防戦すること約一月、まず男産降り、ついで城中に内応するものあり、矢尽き、刀折れて、ついに九月十二日、屈伏の余儀なきに至った。満洲・朝鮮に雄飛する事約七百年、光輝ある歴史を輝かした満洲族の国家高句麗はここに滅亡したのである。

4　唐の高句麗故土統治

唐の統治　高句麗が滅亡すると、その故土は唐に併され、ただちに平壌に安東都護府が置かれた。長官は薛仁貴である。ついで翌総章二年（六六九）、かつての高句麗五部、百七十六城の地には、唐制によって九都督府、四十二州、百県が置かれ、その都督・刺史・県令には華人とともに帰順した高句麗人が当てられた。唐人はさらに上より彼らを監督し、かつ軍を駐して新領民の監視を行なった。

反乱の勃発　しかるに唐の朝鮮半島統治はたちまち困難に逢著した。遺民の反乱が各所に勃発したのである。なかんずく、咸亨元年（六七〇）正月反旗を飜した旧将鉗牟岑の活動はめざましく、彼は新羅の国境より北進して大同江北にまで達したが、孤軍の悲しさ、最後に至って潰え去った。さらに咸亨三年（六七二）にも大規模な反乱勃発し、四年に至ってようやく鎮圧されたのである。これら高句麗遺民の反乱はいずれも新羅の使嗾によるところ、先の同盟者は早くも秘かに唐勢力の朝鮮半島放逐を策していたのである。

唐の朝鮮半島放棄　唐はかかる新羅の態度を憤り、上元元年（六七四）軍を出して新羅を征したが、もとより成功しなかった。かくして朝鮮半島の治め難きを知ったのであろう。二年ののち儀鳳二年（六七七）には放棄を決し、都護府を遼東故城（遼陽）に移し、翌年、さらに新城（撫順）に移した。その後、遼東平原は永く唐の手に保たれたが、東部満洲はふたたび高句麗遺民の拠るところとなった。

なお、平壌が陥ると男建は自尽せんとして果さず、捕えられて、宝蔵王、男産等とともに一旦唐都に送られた。しかし王は直接国事に与らなかったという理由をもって許され、儀鳳二年（六七七）、遼東州都督、朝鮮王に封ぜられ、さらに新城にあった安東都護府の長官に任ぜられた。そうして遼東方面の高句麗遺民の統治に当っていたが、彼もまた高句麗第二十七代の王である。まもなく靺鞨と通じて高句麗の復興を計り、事現われて、海山万里の邛州（四川省邛州）に流された。遼東における遺民の統治はその後、孫の宝元、ついで元の子の徳武等に委せられたが、彼らは唐の治下に服するを好まず、相ついで突厥、あるいは靺鞨に投入し、安東都護府下、人稀となった。唐の高句麗支配はここにおいて名実共に消滅した。

かくて高句麗は滅びたとはいえ、七百年の伝統は脈々として絶ゆる事なく、やがて高句麗復興の運動が起り、その故地には一新国家が建設せられた。大祚栄の渤海国がこれである。

参考文献

(1)　高句麗関係基本的史料

史料の第一はいうまでもなく中国側の正史に見えるものであって、それは左のごとくである。

『史記』（巻一一五、朝鮮列伝）

『漢書』（巻九五、朝鮮伝）

『後漢書』（巻一一五、東夷伝〈夫余・挹婁・高句麗・東沃沮・濊〉）（巻一二〇、烏桓鮮卑伝）

『三国志』（巻三〇、魏志烏丸伝・鮮卑伝・東夷伝〈夫余・高句麗・東沃沮・挹婁・濊〉）（巻八、公孫度伝）

『晋書』（載記、前燕伝・前秦伝・後燕伝）

『魏書』(巻一〇〇、高句麗伝・勿吉伝・失韋伝・庫莫奚伝・契丹伝)
『宋書』(巻九七、高句麗伝)
『梁書』(巻五四、東夷高句麗伝)
『周書』(巻四九、高麗伝)
『南史』(巻七九、東夷高句麗伝)
『北史』(巻九四、高麗伝・勿吉伝・奚伝・契丹伝・室韋伝)
『隋書』(巻八一、高麗・靺鞨等)
『旧唐書』(巻一九九、高麗・契丹・奚・室韋・靺鞨等伝)
『唐書』(巻二一九、契丹・奚・室韋・黒水靺鞨等伝)(巻二二〇、高麗伝)

正史のほか、『冊府元亀』(外臣部・貢臣部)『資治通鑑』も以上に見えない史料を多数収録している点において注意すべきである。その他にも多いが省略に従う。つぎに朝鮮側の史料としては、

『三国史記』(高句麗本紀)

をあげなければならぬ。これは王氏高麗中期、中国側の史料を参照してなったものであり、重複あるいは作為の記事もあるが、なお独自の価値をもっている。その他に『三国遺事』あるいはわが国の『日本書紀』等も看過してはならぬ。

以上は文献であるが、さらに根本史料として重視しなければならないものに碑文がある。多く高句麗時代に関するもので、そのうち、「毌丘倹紀功碑」「好太王碑」「泉男生墓誌」「泉男産墓誌」等は有名である。満洲古代史および高句麗史はこれら根本史料の批判・研究のうえに組みたてられる。

(2) 夫余その他満洲諸族および国家に関する研究文献

白鳥庫吉「濊貊民族の由来を述べて夫余高句麗及び百済の起源に及ぶ」(『史学雑誌』四五—一二)
同　「粛慎考」(『歴史地理』一七—一)
池内　宏「粛慎考」(『満鮮地理歴史研究報告』第十三)

同　　「夫余考」（同）
同　　「勿吉考」（同）
津田左右吉「勿吉考」（同、第一）
白鳥庫吉「東胡民族考」（『史学雑誌』二一～二四）
同　　「室韋考」（同、三〇―一・二・四・六～八）
三上次男「古代北東アジアの諸民族」（『帝国学士院東亜民族調査室報告会記録』第六）
同　　「北東アジアに於ける毒矢使用の慣習について」（『民族学研究』新一―三）

以上は特に注目すべきものであって研究論文はその他にも多い。

(3)　高句麗史研究参考文献

重要なもののみをあげる。

白鳥庫吉「高句麗の名称につきての考」（『国学院雑誌』一二―一〇）
津田左右吉『朝鮮歴史地理』第四編
池内　宏「高句麗の建国伝説と史上の事実」（『東洋学報』二八―二）
同　　「高句麗王家の上世の世系について」（『東亜学』第三）
同　　「曹魏の東方経略」（『満鮮地理歴史研究報告』第十二）
同　　「高句麗討滅の役に於ける唐軍の行動」（同、第十六）
同　　「高句麗滅亡後の遺民の反乱及び唐と新羅との関係」（同、第十二）
今西　竜「高句麗五族五部考」（『史林』六―三）
池内　宏「高句麗の五族及五部」（『東洋学報』一六―一）
関野　貞『朝鮮美術史』高句麗編

（昭和十六年十二月）

付編二　東北アジア史上より見たる沿日本海地域の対外的特質

(一)　沿日本海地域の対外的位置づけと、これに果す陶磁器の役割

日本海の沿海地域は、現在、裏日本とよばれ、いくらか裏方的な存在のように考えられているが、日本の歴史の形成過程にあっては、太平洋沿岸地帯とならんで重要な地域である。ことに対外関係の上より見た場合は枢要な地位を占めており、この地域のはたした役割は、時代が溯ればのぼるほど大きい。

これは日本海をへだてた彼方に、古代いらい、わが国ともっとも関係の深かった東北アジアの国々があったためであり、さらにその背後には東アジア世界を支配しつづけた中国の諸王朝や、また中国と相対して東方アジアに大きな政治勢力を樹立した内陸アジアの遊牧民諸国家が存在したからである。そうしてこれらの国々と日本とは、たんに緩急さまざまな政治的諸問題によって結ばれたばかりでなく、経済的な接触も活発であった。そうしてそれはひいては文化的交渉にもつながり、その結果、文化の平均化・社会の共通化がおこり、日本海文化圏とでもいうべき小世界が生まれているのである。

このような環日本海諸国とわが国との経済的交渉や文化の交流については、朝鮮半島の諸国とのそれを除いて、文献の伝えるところは決して多くはない。古代・中世にあっては日本と渤海との外交や貿易のことを伝えた史料が、わずかにわが国に存在する程度であり、その他の諸国については明らかでない面が多い。

この点については環日本海諸国ばかりでなく、わが国がもっとも物資の交換を願った中国の唐の場合でも、両者の間の経済交渉に関する史料はことのほか少ない。またそれにつづく宋・元・明などの王朝についても、貿易品目その他についてはやや知られるけれども、それぞれの品目に含まれている種別やその数量、あるいはそれらが流通した地域や階層などについては充分明らかでない。

ところが、幸いこのような問題に関する考察を進める上に手がかりを与える考古学資料は存在する。それは陶磁器である。がんらい陶磁器は織物その他とならんで、唐代後期の九世紀いらい中国の主要貿易品となった。そうして輸出の量は時代とともに増え、輸出される地域も拡がった。[1]織物なども同様であったと思われる。ところが織物や木製品などの有機物や薬品・香辛料・食料などの消費物資は、時とともに腐敗して後をとどめない。これに対して陶磁器はたとい破損し、破片化してもその遺跡に姿をとどめている。それに伴い、揚陸あるいは流通した地区の在り方や、その品目、さらには量の多少まで推測できる。これはたんに中国陶磁ばかりでなく、朝鮮陶磁その他の外国陶磁にあっても同じである。

このような性質をもつ陶磁器ではあっても、埋もれたまま発見されなかったならば、過去の事実を知るための資料とはなりがたいけれども、近時、古代・中世・近世の諸遺跡の発掘調査がすすむにつれて、幸い全国的に外国陶磁の出土例が増えた。そのためこれを手がかりとして諸外国との物資の交易や文化の交渉関係を考えることができるようになった。そうしてそれは日本海沿岸地域に限って取りあげることも可能である。

ただ発見された中国の陶磁器資料については簡単に処理できないさまざまな問題がある。そのもっとも重要な一つは日本海沿岸地域から発見される中国陶磁が、すべて中国から直接もたらされたものかどうかの問題である。日本のいずれかの地に輸入された後、二次的に在地商人の手によって日本の諸地方に運ばれたこともありうるからである。とすれば中国との陶磁器貿易は二次的には国内交易の問題にもつながってくる。

こうして日本海沿岸地域を舞台とする国内商業の問題が浮びあがるのであるが、この問題の解決に大きな手がかりを与えてくれるのは、古代末から中世にかけての日本陶器の交易の事実である。

このころ日本海沿岸地帯では平安末期から鎌倉・室町期にかけて能登の東北端に珠洲窯、加賀小松地区に加賀古窯、越前織田地区に越前古窯がそれぞれ開窯され、さらに越後にも中世窯が築かれて、無釉焼きしめ陶器を生産していたが、それらの一部は日本海の沿岸各地に運ばれている。また、鎌倉・室町時代の尾張の瀬戸窯の製品や太平洋岸の常滑・渥美窯の製品もまた日本海沿海地方にもたらされているのである。こうした事実より考えると、中国陶磁もまた、日本の仲介者の手によって転売されたものも少なくなかったと推測され、日本海沿岸の交易圏や文化圏の問題を明らかにする有力な手がかりの一つとなるのである。

このような問題意識から、本稿においてはまず文献によって環日本海諸国間の経済・文化的交渉をわが国に焦点をあてつつさぐり、ついでその実態を陶磁器貿易を通じて考察してみたいと考える。ただ後者の陶磁器貿易の問題は紙数の関係で充分論じることができなかったので詳細は他日を期することにしたい。

なお、わが国の日本海沿海地帯といえば、北は北海道の西海岸から南は九州の北海岸まで入る。けれどもこれはあまりにも広範囲にわたるので、ここでは、北半すなわち福井県以北に重点をおくことにする。しかし必要な場合は南半についてもふれるのはもちろんである。

(二) 古代環日本海諸国の政治・経済的関係

わが国の西方にひろがる日本海の広域が、アジア史上とくに重要な意義をもって登場するようになったのは七世紀の末、広く満洲の地域を領域として渤海国が成立してからである。

いったい東北アジアで、強力な独立政権を打ちたてることの可能な地域としては、広満洲地域・朝鮮半島地域・日本列島地域の三つを数えることができる。そうして、これらの各別に、そろって統一的な独立政権が生まれたのは八世紀初めであって、それは東方から数えると日本列島の日本、朝鮮半島の新羅、広満洲地域の渤海であった。

もっともその前代にも日本海をめぐって高句麗・新羅・日本の国々があったが、三国間の勢力はかならずしも均衡せず、朝鮮半島には高句麗・百済・新羅の三国が鼎立していたし、広満洲地域も高句麗によって統一されることなく、ソ連領沿海州地方には黒水靺鞨の強盛な勢力があった。この黒水靺鞨の前身ともいうべき三・四世紀の挹婁族については、『魏志』東夷、挹婁伝中に「その国、乗船によって寇盗す。鄰国これを患う」とあり、海上活動も行なったようであるが、わが国との関連については、まったく不明である。同様に黒水靺鞨とわが国との接触も、たとえあったとしても決して活発ではなかったようであり、したがってその時代の日本と環日本海の国々との交渉は主として朝鮮・対馬の両海峡を通じて行なわれた。その当時広く日本海を舞台とする外交・貿易交渉は、まだ大きな意義をもたなかったのである。とすれば日本海が国際交渉史上重要な意味をもちだしたのは八世紀にはいり、日本海をめぐって日本・新羅・渤海の三国が鼎立して以後のこととすべきであろう。

さて、これらの東アジアの三国は、それぞれ中国の唐と結びつきながら、相互に独自の政治・外交関係をたもった。ここに唐・渤海・新羅・日本間の複雑な関係が生まれる。

がんらい、これらの三国は、ひとしく唐に対して求心的に結びつき、漢字文化の文化圏を作っていたけれども、結びつきの度合は三国同様ではなかった。まず渤海の場合をいうと、唐は渤海国成立の当初からこの国の強盛化を好まず、渤海国の北方に存在した黒水靺鞨国や朝鮮半島の新羅と対立関係を作りださせ、背後からこれを牽制させた。このような措置は渤海を怒らせ、第二代の大武芸の時には海上より中国の山東半島を攻撃したこともある。渤海は漢字文化圏のなかにはいり、また自国の内部統一をかためるために中国の律令体制をとりいれ、これを自国に適するように改めて施行するなどのことをしたけれども、反面唐ときびしく対立する面もあったのである。この国がいかに独立意識に燃えていたかは、自らの年号を保持していたことでもわかる。渤海は自国の立場を守りながら唐および日本と政治関係をたもった。後に述べるように、渤海が日本に対し、熱心に友好をもとめてきたのはこのような理由によるのである。

つぎの新羅を見ると、はじめは唐もこの国に対してはあまり好意的ではなかった。百済や高句麗を倒滅した結果領有した朝鮮半島の唐領が、新羅によって蚕食され、ついに安東都護府も高句麗の旧首都の平壌（いまの平壌）から、遼東の遼陽まで退かねばならないようになったからである。しかしこのような新羅に対する態度も八世紀の前期、武王大武芸治下の渤海と唐との関係が緊張し（七三二—三三年）、渤海を背後から攻撃するよう唐が新羅に命じてからは変化を生じ、唐はこの国をあつく遇するようになった。このような時、新羅は背後の日本と対立状態に入り、その上渤海とも同じく敵対関係にあったから、この国としても唐と深く結ぶ必要があったのである。新羅が、唐の文化をとりいれつつ独自の国家体制を作りあげた後も、ついに年号を定めることのなかったのは、このような配慮の結果とみとめられる。

この間にあって海を距てた日本は比較的制約の少ない位置にあったといえる。しかし新羅とは政治的には不和の状態におちいっていたから、その点からいっても唐と結びつきを密にしなければならず、また唐も背後から新羅を牽制さすため日本を利用することを忘れなかった。さらに日本は、自国の地位を強化するため渤海との友好関係を深める必要もあったのである。

当時の東北アジア諸国の外交関係は唐を中心としながらこのように多角的であり、複雑であった。

(三) 日・渤交渉と日本海沿海地域の政治・経済的役割

こうした条件下に日本海域を交通路として渤海と日本の間に外交使節の往来がはじまり、それにともない経済交渉もさかんになった。

日本と渤海との公式の使節の往来は聖武天皇の神亀四年（七二七、渤海武王大武芸の仁安九）における渤海使節の来日にはじまっている。それ以来、渤海の使節の公式来訪は醍醐天皇の延喜二十二年（九二二）までの一九五年間に三十三次——滅亡後の一回を加えると三十四次——の多きにも達しているのである。これをわが国から中国に派遣した遣唐使の回数の実質十四回——名目的には十七回であるが、第十二・十三・十八次の三回は中止された——にくらべると、渤海の来使の数ははるかに多いことがわかろう。

また渤海船の数もしだいに増え、光仁天皇の宝亀二年（七七一）の第七次の来日の折には渤海船は十七隻、総員は三二五人にも達している。渤海の遣使が政治上の修好のためだけではなく、物資の交易にもあったことがわかる。彼らは土産の毛皮（熊皮・虎皮・豹皮・貂皮など）や薬草（人参・白附子など）あるいは日常品（蜜・昆布など）などをもたらし、わが国からは織物その他工芸品を得てかえったのである。渤海の使節がわが国人の好む唐の産物をも持参したことは容易に推察しうるところである。

わが国の渤海へおもむいた使節もまた求めるところはおなじであって、修好とともに交易をも行なった。ことに孝謙天皇以後は新羅にたいする敵対感が深まり、その結果淳仁天皇天平宝字三年（七五九）の第十一次遣唐使派遣のころは、新羅領に近い朝鮮半島沿岸沿いの航路はもとより、黄海横断の行路もとれなかったから、わが国の使節は渤海国に向い、この国を経由して唐に入っている。

渤海国の首都の上京竜泉府遺跡（現在の黒竜江省東京城）の宮城内第五宮殿の跡から和同開珎が発見されたことは、将来者が渤海人か、日本の使節かはさておくとして、日本と渤海との深い友好関係を物語る象徴的な事実といえよう。

渤海から日本に向かう旅人は東京竜原府を経由して出発した。東京竜原府の遺跡は吉林省琿春県半拉城に発見されているが、ここは『新唐書』（巻二一九）の渤海伝に「竜原は東南、海に瀕す。日本道なり」と記されているのによると、日本関係の機関のおかれた地であったらしい。琿春付近に在った東京竜原府を出た使節や商人らは、豆満江を下って河口から大船で船出をしたか、あるいは山を越えてポシェット湾に出て、そこから日本海に乗り出したのであろう。

ただ新妻利久氏の研究によると、弘仁十年（八一九）の第十八次以降日本への使者は南京南海府から出発したようである。(2) これはこの年以降の渤海の使節の日本への到著の時期がポシェット湾付近が氷結する極寒期であること、および宝亀七年（七七六）三月に出羽に到著した渤海使節の史都蒙が、南京南海府吐号浦より出帆したと日本の役人に答えている事実(3)より類推されたものである。

この想定は当をえたものであって、おそらく弘仁十年以前でも、冬期に出発するときは南京南海府付近から出発したのであろう——宝亀七年の例にもみうるように——。ただ南京南海府の地点については咸鏡道の咸興説・北青説・鏡城説の三説があって一様ではない。わたくしは北青付近に中国風の土城遺跡が残り、またその地点のもつ歴史的諸条件からみて、咸鏡南道の北青平原にあてるのがもっとも妥当と考えている。いずれにせよ、日本への船は東京竜原府や南京南海府の外港より出帆したのであろうが、日本関係の事務は東京竜原府において管掌されたのである。

渤海よりの船舶は冬期の西北季節風と潮流を利して日本海を横断した。渤海と新羅との間は敵対関係にあったから、沿岸航路は危険が多く、この航路をえらぶより他はなかったであろう。

その結果、渤海の使船は多く北陸の越後・能登・加賀・越前の地方に到著した。政府が能登の福良（いまの福浦）に渤海客館を、あるいは越前の敦賀に松原館をおいて渤海使の到著にそなえたのも、もっぱらこの事実の上に立ってのことであったのである。ただ能登・加賀・越前を中心とした北陸路に到著しないこともあり、その場合は北方は蝦夷地・出羽地方に、南方は伯耆・出雲を主とする山陰地区に集中的であった。これは見遁せない事実である。いま使節の著地を地域別に分けると——私使節と滅亡後の各一回をふくめた三十五回のうち——到著地は、

蝦夷地・出羽	六
越後(佐渡)・能登・加賀・越前	一二
若狭・丹後・但馬	三
伯耆・出雲・隠岐	八
長門・対馬	二

となり、能登・加賀・越前を中心とした北陸がもっとも多く、伯耆・出雲の山陰と、出羽・蝦夷地がこれについでいる。著地の記されてない四回は、おそらく能登の客館か、敦賀の松原館であったであろうから、北陸が圧倒的多数を占めることは明らかである。そうして北陸の場合、越前三国湊(宝亀九年)や能登珠洲郡(貞観元年)のように、到著地を細かく記した例もみえる。

北陸路への著船は都の近畿とも近く、渤海使にとっては便利であったし、日本も新羅と緊張関係にあった当時、渤海との協調を望んでいたであろうから、北陸への著船は双方の利益につながることであったと思われる。ただ数回、博多の大宰府への著船を要求したこともあったが、これは禁令をおかしたことに対する懲罰的な意味があったようである。

また、出羽や山陰に到著したのも、たんなる漂著ではなく、それぞれの地区のもつ歴史性にもとづいたものと考えるべきであろう。これについては、後に触れる。

北陸路や出羽・山陰に到著した渤海使は、導かれて都に向ったものが多いが、彼らは客館や到著地で官僚や現地の豪族と接触したであろうから、そのさい、ひそかに私貿易を行うこともありえたはずである。

その人数をみても宝亀二年六月に到著した第七次の渤海使節の一行は三二五名であり、また宝亀十年九月の私貿易の一行の人数もまた三五九名である。さらに人員の制限された第二十次以降においても一回一〇〇名を下ったことはない。このように多数の人員が渡来したとすれば、渤海使節の大きな目的が交易にあったことは疑う余地もなかろう。彼らのもたらした貿易品の主要部分は政府機関に収容されたであろうが、一部は在地有力者のもとに残されることは、古代貿易の常である。北陸路はもとより、出羽・山陰の豪族は早くも国際貿易の一端に触れ、その利益や効用を知るに至ったのである。

なお渤海人の来日は、公式の使節のみではなかったに違いない。私貿易者も往来したと思われるが、彼らも季節風と潮流を利用したとすれば、かならず能登・加賀・越前を中心とする北陸路・出羽・山陰などに到著したであろう。

前にも述べた『続日本紀』（巻三五）宝亀十年九月十四日の記事に、「渤海及鉄利三百五十九人慕化入朝、在出羽国、宜依例供給」云々とある。渤海人・鉄利人の一行を新妻氏は身分の低い人物の私入朝者と考えているが、実際は私貿易の集団であったとするのがより妥当ではなかろうか。そうでなければ三五九名にものぼる多数の人物が日本の地を踏むなどのことはありえなかったはずである。たまたま彼らは警戒厳重な北方の出羽国司の官人に発見されたため、中央に報告されたのであろうが、日本海沿岸の地方豪族のところへは、このような貿易者はしばしば訪れていたものと考えて誤りなかろう。宝亀十年の出羽事件はまさに氷山の一角にすぎなかったのである。

彼らはおそらく能登・加賀・越前を中心とする北陸路や出羽・山陰の有力な豪族のもとに渤海国の物産を将来して

巨利を博し、また交易と関係した在地の豪族も利益をあげるとともに渡来の珍物を愛玩したであろう。そのさい、たんに渤海国の産物ばかりではなく、わが国のもっとも欲する中国製品を携えてきたこともあったのではなかろうかと思われる。

加賀に属する現小松市軽海町称名寺の中世墓地遺跡の中から五代前後の越州窯青磁の破片と見られるものが一片出土しているが、これなども九州方面から二次的にもたらされたとする考えのほかに、渤海人あるいはその後継者によって直接北陸に運ばれたとする考えも成り立ちうるはずである。

いずれにせよ、越後・越中・能登・加賀・越前を中心とする北陸路は、その貿易地理的好条件をそなえていたこともあいまって、すでに奈良・平安の時代から、日本海を舞台とする国際貿易の重要な一翼となっていたことは明らかであろう。そうしてこのことはこの地域の経済と文化に影響を与えてより開化にみちびき、さらに国際貿易に対応しうる素地と伝統を作りあげるのに役立ったものと思われる。また出羽や、伯耆・出雲を中心とする山陰も、またこれに準じる状況をかちえたのである。

(四) 中世における女真人の海上活動

十世紀のはじめ、渤海国が遼に滅ぼされると（九二六年）、その後まもなくして、その故土は女真人の諸部族の居住地となった。女真人は渤海国の遺民である。遼は彼らの統一をふせぎ止めるため、彼らの動静を厳重に監視したから、女真諸部族が統一組織を作ることは困難であり、それは十二世紀初めの完顔阿骨打（太祖）による金の建国まで待たなければならなかった。しかし有力な部族はそれぞれの根拠地によりながら政治・経済活動をさかんに行ない勢力をひろめた。そのため活路による遠地への侵入や交易活動もさかんに行なっている。

ことに朝鮮咸鏡南道の咸興平野による女真部（曷懶甸女真）や、豆満江下流地域一帯による女真部（徒門水女真）あるいはソ連領沿海州による諸部族は、海上に船を出して高麗の海岸をおかし、そうしてそれは金の建国時代までつづいた。

彼らの海賊的行為が、いかに高麗をなやましたかは、『高麗史』に毎年のように見える賊船襲来の記事をみればよくわかる。池内宏氏の研究によると、侵された範囲は北は元山湾頭の鎮溟から、南は慶尚南道の蔚山にまでおよんでいるという。(4) しかし彼らはすべてがたんなる海賊というわけではなく、多くは私貿易者であり、高麗の東海岸の諸地方と交易が可能である間は、ひそかに交易を行ない、それが妨げられると侵寇に転じたものと思われる。したがって高麗人と女真船との接触の事実は、史料に残るものより、はるかに多かったに違いない。

高麗と女真諸部族との間にさかんに交易の行われたことについては――女真より売却したものに船舶まである――筆者もまた別稿においてくわしく論じた。(5) 彼らの活動は高麗沿岸にとどまらず、ついに一〇一九年（日本の寛仁三）、その行動はわが国の壱岐や北九州におよんだ。すなわち、この年五十艘から成る女真人の集団が海上から襲来し、対馬・壱岐をへて筑前・肥前の海岸をおかし、多数の人員・財物を略取したのである。わが国ではこの事件を「刀伊賊の入寇」とよんでいる。刀伊（toi）とは朝鮮語で蛮人のことをいうが、実際は女真人を指しているのである。

彼らは後、高麗の海軍に迎撃されて敗れ、刀伊賊に捕獲された日本人は高麗を通じてかえされたが、この事件をとり扱った大宰府の解文には「其賊徒之船或長十二個尋、或八九尋、一船之楫三四十許、所乗五六十人」とあり、相当大きな船を使っていたことがわかる。

朝鮮海峡を越えることは易々たるものがあったであろう。女真の船が日本海中の孤島欝陵島を侵したのもこのような船があったればこそである。刀伊の侵入事件については前掲の池内宏氏の論攷にくわしい。

女真人の海賊船ないしは密貿易船が、日本海中の欝陵島や北九州まで至ったとすれば、彼らが日本海を越えてわが国の日本海岸に到達することも可能であり、しかも彼らは渤海時代いらい渡海の伝統をもっていたのであるから渡来はさして困難ではなかったと思われる。

些事のゆえに記録には残らないけれども、日本海を舞台とした環日本海諸国の交易関係はこの時代にもひそかにつづけられていたと見るべきであろう。

(五) 宋船の沿日本海地域への来航

日本海西部の海上で女真の船が活発に行動していたころ、わが国の日本海沿海地域には、新たに対馬海峡を越えた彼方からの来訪者も現われるようになった。それは十世紀の後半、君主独裁の統一国家を建てた中国の宋の商船である。

森克己氏によると、(6) 宋商の渡日は九七八年(天元元)にはじまっているが、その来著地は、原則的に筑前の大宰府あるいは北九州であって、それ以外のところは認められていない。その後における宋船の来日は数多いが、この原則はだいたい十二世紀後期の平清盛の時代まで貫かれている。

ところが、ここに例外がある。すなわち北九州以外の地では、越前と若狭だけには宋船来著の事実が認められるのである。森氏の著書に付載された「日・宋・麗交通貿易年表」によると、

九九五年（長徳元）、一一一〇年（天永元）、一一一一年（天永二）

の三回は若狭に、

九九七年（長徳三）、一〇六〇年（康平三）、一〇八〇年（承暦四）、一〇八六年（応徳三）、一〇九一年（寛治五）、

一一一二年（天永三）

の六回は越前に来著したことが伝えられ、しかも寛治五年にはとくに越前国敦賀へ入港したとある。その他は一〇四四年（寛徳元）、但馬に漂著した一例があるにすぎない。史料の伝えるところではこれ以外の国はない。このような北陸路への来船は、前代を顧み、後代を考えるとき、すこぶる大きな意味をもっている。

宋商が大宰府を越えて越前や若狭にいたったのは、もとより、ここが都に近かったためであるが、同時に北陸のこの地域が外国船をうけいれる伝統をもっていたからに違いない。これはかつて渤海国の使節をうけいれた時からしだいに醸成されていた国際貿易地域的感覚であり、これと異国の文物に対する親愛感が、北陸路の人々に容易に宋商をうけいれさせたのであろう。

これらは記録に公式に残された事実であるが、女真人の場合とおなじく、宋よりの密貿易船の数は、記録されたものより、より以上に多かったと思われる。越前を中心とする北陸地方は環日本海諸国にたいしてとおなじく、中国大陸の国々にたいしても門戸を開くことのできる状態にあった。

(六) 沿日本海地域における中世中国陶磁の出土の状況

このような事実を反映してか、北陸地方を中心とする日本海沿海地帯には、この頃以降の中国陶磁片を集中的に出土する遺跡が多い。とくに海港の遺跡であって、たまたま考古学的に調査された個所からは、おおむね数多くの中国陶磁が発見されている。

いま中国陶磁の出土した重要な遺跡を北方からあげると、北海道では後志の余市の大浜中海浜遺跡(7)をはじめ(明代の南方青磁・河南天目風の黒磁・磁州風の白磁と崇寧通宝)、渡島の函館志海苔海岸遺跡(8)(明青磁のほかに中国古銭三七万四四三六枚出土、その最後年代は洪武通宝)、渡島の福島町穏内館《おんないだて》遺跡(9)(明青磁片)その他があり、海峡を越えた青森県では津軽の十三湊(南宋・元の青磁と白磁)から多く十三・四世紀の中国の青磁や白磁が発見されている。(10) ここは鎌倉時代に大きな海上勢力をもち、この地方を風靡した豪族の安東氏の拠点であり、(11) またこのことは重要である。平山久夫氏らによると、津軽地方ではその他、福島城址・二ツ沼遺跡・岩木山神社元宮跡・飯詰城址・重助館址・稲見古寺跡・浪岡城址・大光寺城址・石神遺跡・尻八館址などから青磁・白磁が発見されているが、(12) これらはおそらく十三湊より運ばれたものと思われる。

つぎの秋田県(羽後)では中国陶磁を出土する的確な港湾遺跡はまだ発見されていないようであるが、小野正人氏らの努力によって城址や館址からは発見されている。すなわち秋田市の秋田城跡勅使館地区(13)(青磁・白磁片)・秋田市羽川下浜の弥兵衛館址(14)(一部は南宋青磁、多くは元明青磁)、同じく下浜の八田長者屋敷(15)(青磁)、横手市金沢柵址(16)(南宋竜泉窯青磁・米色青磁・白磁・黒磁）などが主要な出土地である。秋田市付近では八郎潟の干拓のために江川を改修したとき、青磁やいわゆる南蕃焼の破片がおびただしく出土したという。[17] 中国陶磁はおそらく八郎潟に入港した船から揚陸され、秋田市付近はもとより、県内各地に運ばれたのであろう。なお秋田県では、[18] 能代の檜山城、峰浜村の蝦夷館、井川村の井川湊城、五城目の山内城や浦城、男鹿市の相川城や船越の古屋敷遺跡、脇本の埋没家屋（以上北部）、大平の舞鶴城、和田の戸嶋城（以上中央部）、亀田の古城遺跡（由利地方）などから、中国陶磁が発見されているという。津軽をもふくめた出羽の国は渤海の使者のしばしば到著したところであり、中国陶磁器の出土状況よりみると、そのような国際貿易的環境は、この頃にもまた存続していたとすべきであろう。

つづく山形県（羽前）の日本海岸では中世遺跡調査はあまり行なわれておらず状態は明らかでないが、新潟県（越後）では若干の館址・寺院址・経塚などから発見されている。南蒲原郡下田村・五十嵐小文治館[19]（青磁・白磁）、柏崎市上軽井川経塚[20]（南宋青白磁合子）、直江津市御館[21]（青磁）、釈迦堂[22]（青磁）などがそれである。しかし港湾遺跡は明らかでなく、両県とも一般的に出土地は少ないように思われる。つぎの富山県（越中）もまた中国陶磁の出土の伝えた遺跡の報告はまれなようである。以上の三県については、将来調査の進行にともない該当する遺跡が発見されることを期待するが、もしも事実上に少ないとすれば、その原因についてまた興味ある問題を提供することになろう。

以上の三県に引きかえ、石川県（能登・加賀）の出土例はすこぶる多い。すなわち海港としての大野湊・金石港の普正寺遺跡[23]（南宋の青磁・白磁、元明の青磁・白磁など多数）や寺中遺跡[24]（中国製磁器）を中心として、北部は鳳至郡門前町是清の地頭館址[25]（青磁）、鹿島郡七尾城址[26]（青磁）、鹿島郡鹿西町金丸遺跡[27]（南宋・元の福建の青白磁）、羽咋郡富来町大福寺遺跡（元淡青磁四耳壺）[28]などの能登の諸遺跡、中央部は加賀の金沢市小沢の経塚[29]（南宋の青白磁合子）、南部は小松市波佐谷遺跡[30]（青磁の鉢・碗・香炉、白磁皿）、同市軽海町称名寺中世墓地遺跡[31]（北宋越州？）などと重要遺跡数は多く、その他にも少なくない。渤海との交渉時代、能登の福良に客館のおかれた状況はそのまま伝統となって後世におよんでいるのである。その数と質とは北陸路における中心であるとするのに充分であろう。

これにつづく福井県（越前）では、福井市一乗谷朝倉氏遺跡[32]が重要である。この十六世紀後期の天正元年（一五七三）、織田信長によって滅ぼされた朝倉氏の居館遺跡からはすこぶる多数の十三世紀の南宋青磁をはじめ元・明の青磁・白磁・黒磁・染付類が発見されている。将来三国港や敦賀港でも調査されたならば、おそらく多くの中世中国陶磁が発見されるであろう。これもまた渤海と交渉が行なわれた時代からの伝統の継続といえる。

なお伯耆・出雲を中心とする山陰地方からも、近時続々と中国陶磁の発見が報告されていることを申しそえたい。たとえば鳥取県（伯耆）鳥取市湖山町の天神山遺跡[33]からは明代の青磁・白磁とともに朝鮮の李朝前期の刷毛目陶器があらわれているし、おなじく岩美郡国府町の大権寺遺跡[34]からも元・明時代の青磁・白磁が出土している。また島根県出雲市荻杼町[35]からは十三世紀の竜泉窯青磁鉢や翠青色磁の骨蔵器が発見されているのである。さらに能義郡広瀬の富田川川床の都市遺跡からはおびただしい元・明時代の青磁・白磁・染付類が姿をあらわした。[36]このような事実は、また日・渤交渉時代の渤海船著船の状況を思い浮べささざるをえない。

(七) 中国陶磁出土地の三つの中心地域

以上に摘記したように日本海沿岸地域には、古くは北宋越州窯を思わせる青磁をはじめとして、十二―十三世紀の南宋青磁・青白磁・白磁の類、さらに十四―十六世紀の元・明時代の青磁・白磁・黒磁・染付が数多く発見されている。そうしてそれは、能登・加賀・越前を中心とする北陸地方、津軽・羽前などの最北地方、伯耆・出雲を主とする山陰地方に集約的に出土する。この状態は、まさしく日・渤交渉の時代、これらの三地方に渤海船が集中的に著船した事実を思いおこさせる。両者はなんらかの因縁関係によって結ばれていたと考えても誤りはなかろう。

すなわち能登・加賀・越前を中心とした北陸地方に中国陶磁の多いのは、この地域が日本海沿岸地方における政治・経済の中心であったことはもとよりであるが、同時に古くから日本海沿岸における大陸との貿易・文化の受入地となっていたからであり、また津軽・羽後を中心とする蝦夷・出羽地方に中国陶磁出土地の一中心がみられるのは、蝦夷地貿易、ひいては後にのべる山靼貿易に対する要地であったためであろう。したがって、能登・加賀・越前や津軽・羽後では古くから中国の物資により親しみをもち、したがってこれを得ようとする要請もより強かったと思われる。日本海沿岸北半は広大であるのに、この両地域に中国陶磁が集中している観のあるのは、まさしくこのことを物語るものに他ならない。伯耆・出雲を中心とした山陰の場合もまた同様であろう。

古代・中世における沿日本海地帯の国際性は、こうしたいくつかの拠点を中心としてしだいに幅をひろげて行ったとみるべきであろう。

なおこれらの中国陶磁が、どのような方法によってそれぞれの地にもたらされたか、あるいは中世日本陶器の流通とどう関係しあったかなどの問題は別に考えることにする。

(八) 環日本海諸国の変遷と日本海貿易の伝統

その後大陸側における環日本海地域は中国王朝のそれとともにつぎつぎと政治的変動を重ねた。十二世紀以降になると、日本海の彼方には女真人の金と高麗がならび、中国は南宋の治世となった。十三世紀の初期に金が亡びると、広満洲地域は蒙古(元)の支配下に入ったが主住民は依然として女真人であった。朝鮮半島の高麗もまた元に服属した。この時期にモンゴル軍の日本侵攻のあったことは人のよく知るところである。さらに十四世紀の後期になって中国が明によって統一されると、広満洲地域の女真人は明の支配下に入り、朝鮮半島では高麗にかわって李朝が生まれた。十七世紀にはいり広満洲地域の女真人はふたたび統一されて後金国が生まれたが、この国はやがて民族名を満洲、国名を清とかえ、またモンゴル地域や中国本土を領有して清帝国となるのである。

このように広満洲地域は他の民族の支配をうけて統一される機会が少なく、また金や清のように土著民族が統一体を構成した場合も、彼らはやがて中国を征服して支配の力点を中国にうつしたから、広満洲地域の変化・発展の速度はおそかった。しかし日本海を媒介とする広満洲地域とわが国の日本海沿岸地域との経済交渉は、断続的ではあったが依然として続いていたことは間違いない。それは一つにはソ連領沿海州や蝦夷地の物産には武器として必要な鷹の矢羽や、薬品として貴重な人参や白附子、それに種々の毛皮類や黄金・真珠の類があったから、中国の商人も日本の貿易者もそれを望んだ。その結果はじまったのが、その地域の物資をうるためのいわゆる山靼貿易であった。両国の貿易者は北日本海の沿海地域で間接的に接触し、現地の物資の他に、たがいに珍らしい日本産の物品や中国産の物資もえたようである。そうしてその利益は大きかったから、江戸時代の初期には国禁をおかし、蝦夷地交易に名をかりて、直接日本海の彼方まで赴いたものがあったのではないかと思われる。

渤海国貿易の時代から名の知られた犀川・大野川河口の金石港・大野湊を根拠地として日本海貿易に活躍した銭屋五兵衛はこのような密貿易者であったかも知れない。またおなじく江戸初期（寛永二十一年、一六四四）ポシェット湾に行き著いて遭難し（竹内藤右衛門・国田兵右衛門ら）、ついに清の官憲によって奉天から北京にまでつれてゆかれた越前三国港の人々なども[37]、松前貿易と称してはいたが、あるいは同じ範疇に属する冒険者の一組ではなかったかと思われる。さらに溯って鎌倉時代、出羽・津軽を根拠地として日本海北部で活躍した安東氏の姿もまた、そこに浮びあがってくるのである。

いまこのようなことが推測できるのも、古く渤海国との交渉いらい、この地方の人々の間に植えつけられた伝統的な異国に対する親和感と冒険心が、江戸初期まで続いていたと考えられるからに他ならない。

註

（1） 拙著『陶磁の道』（岩波新書）

（2） 新妻利久『渤海国史及び日本との国交史の研究』（東京電機大学出版局、昭和四十四年）四〇三〜四一八ページ。

（3） 『続日本紀』巻三四、宝亀八年一月癸酉条。

（4） 池内宏「刀伊の賊」（『満鮮史研究』中世第一冊、三二一ページ）。

（5） 拙稿「高麗顕宗朝における高麗・女真間の交易」（『金史研究』第三、金代政治社会の研究）。

（6） 森克己『日宋貿易の研究』（国立書院、昭和二十三年）。

（7） 松下亘「北海道余市町大浜中遺跡の遺物、特に一括出土した青磁について」（『北海道考古学』第九輯）。筆者もこれについては調査したので、他日卑見を述べるつもりである。

（8）『函館志海苔古銭』（市立函館博物館、昭和四十八年）。白山友正「志海苔古銭の流通史的研究」（『日本歴史』二八三、昭和四十六年十二月）。

（9）『穏内館』（福島町教育委員会、昭和四十七年）。

（10）平山久夫「津軽平野の須恵器」（『北奥古代文化』二）。平山久夫・香取昴宏「津軽十三湊採集の古瀬戸陶片」（『北奥古代文化』四）。

（11）平山久夫「安東氏を中心とした津軽中世史序説」（『北奥古代文化』五）。

（12）平山久夫・香取昴宏氏の前掲論文（10）。

（13）『秋田城跡――昭和四十七年度秋田城跡発掘調査概報――』（秋田市教育委員会）。

（14）小野正人「中世社会と陶片」（『北奥古代文化』一、および『陶説』一九四）。同『北国（秋田・山形）の陶磁』（昭和四十八年、雄山閣）三二ページ。

（15）（14）と同じ。

（16）『金沢柵跡発掘調査概報――秋田県文化財調査報告書第二三集――』（昭和四十六年）。

（17）小野正人、前掲書（14）『北国（秋田・山形）の陶磁』三六ページ。

（18）（16）と同じ。

（19）『五十嵐小文治館発掘調査報告書――下田村文化財報告第一輯――』一三ページ。

（20）金子拓男「新潟県柏崎市上軽井川の経塚」（『越佐研究』二二）。

（21）前新潟大学教授（現立教大学教授）後藤均平氏よりの聞き書き。

（22）『埋蔵文化財発掘調査報告書――新潟県埋蔵文化財緊急調査報告書第一――』（釈迦堂）所収。

（23）石川考古学研究会『普正寺』（昭和四十五年）。

（24）橋本澄夫・荒木繁行「金沢市寺中遺跡の第一次調査」（『石川考古学研究会会誌』一二）。

(25) 門前町教育委員会「石川県鳳至郡門前町是清の地頭館址調査報告」(『石川考古学研究会会誌』一三)。
(26) 七尾城址資料館所蔵。
(27) 石川県郷土資料館『郷土の古窯 目録』。ただし目録に「高麗」とあるのは誤り。
(28) 石川県郷土資料館蔵。
(29) 吉岡康暢「金沢市小坂第一号墳の調査」(『石川考古学研究会会誌』一三)。
(30) 石川県郷土資料館『加賀・能登出土の名宝展 目録』。
(31) 小松市立博物館蔵。
(32) 朝倉氏遺跡調査研究所『一乗谷朝倉氏遺跡』一―四(福井県教育委員会)および採集品。
(33) 『鳥取市湖山町天神山遺跡発掘概報』(鳥取県教育委員会、昭和四十八年)。
(34) 『鳥取県岩美郡国府町因幡国府遺跡発掘調査報告書』(鳥取県教育委員会、昭和四十八年)。
(35) 近藤正「出雲・荻杼発見の骨蔵器」(『考古学雑誌』五四―三)。
(36) 村上正名「陶郷旅日記八、幻の月山城下町」(『陶説』二五二、昭和四十九年二月)。
(37) 『韃靼漂流記』。

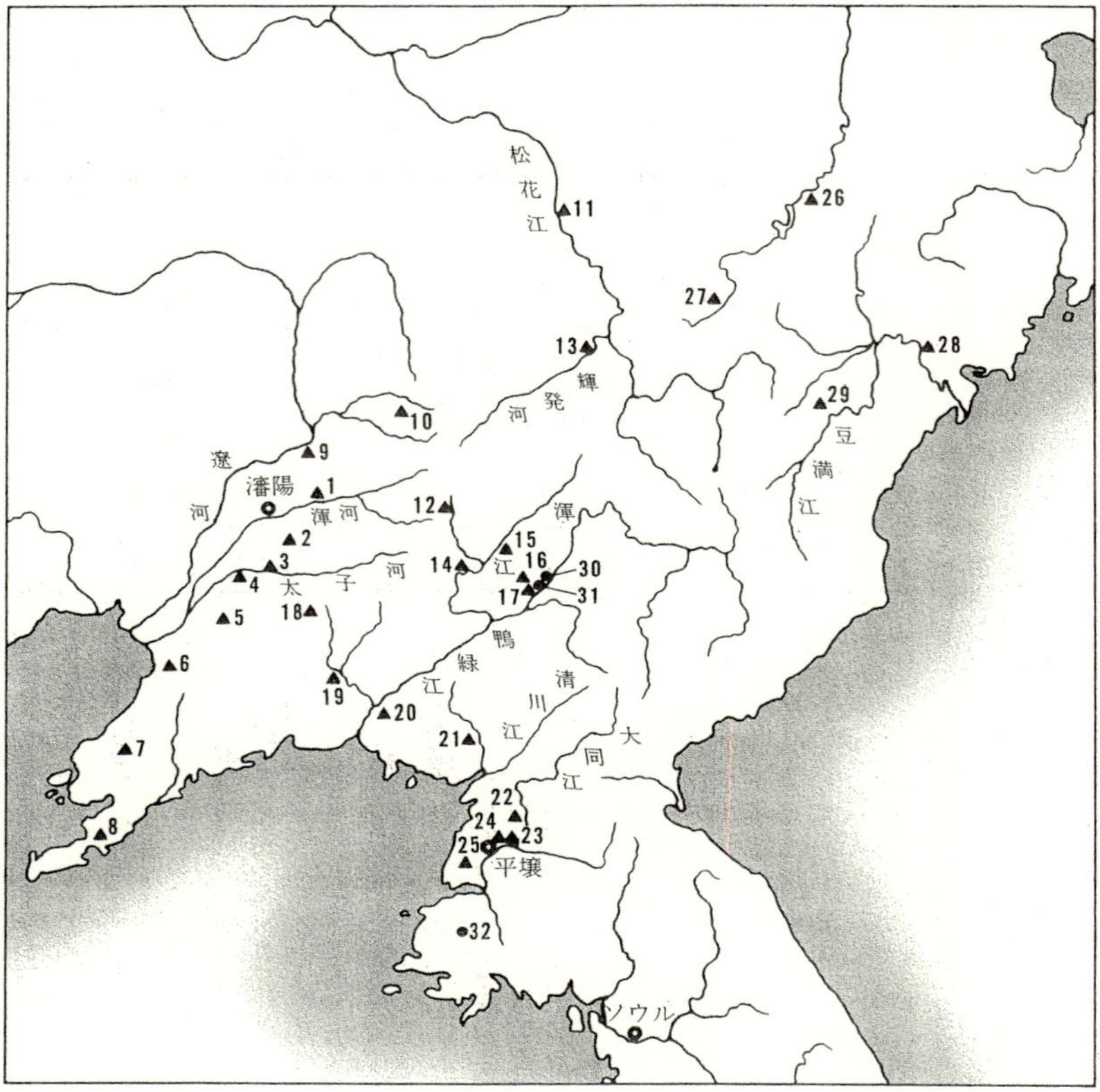

付図　高句麗・渤海関係主要遺跡分布図

1.北関山城　2.塔山山城　3.燕州城山城　4.遼東城
5.英城子山城　6.高麗山城　7.竜潭山城(復県)　8.大黒山城
9.摧陣堡山城　10.城子山山城　11.竜潭山城(吉林)　12.黒溝山城
13.羅通山城　14.五女山城　15.覇王朝山城　16.山城子山城
17.国内城　18.通遠堡山城　19.鳳凰山山城　20.白馬山城
21.籠吾里山城　22.慈母山城　23.大聖(城)山城　24.平壌城(長安城)
25.竜岡山城　26.東京城　27.敖東城　28.半拉城
29.西古城　30.将軍塚　31.太王陵　32.安岳三号墳

後記

田村晃一

本書は、三上次男先生がこれまでに発表された、高句麗と渤海に関する論文を中心として編集したものである。先生はこの論文集の出版を早くから計画され、吉川弘文館とも出版の約束をされておられたようであった。先生は原稿の整理をすでにある程度進められていて、おおよその目次が立てられていたし、また字句を訂正した上で、リライトされたものもあった。しかし先生は何分にも東奔西走の毎日を送られていたため、その整理は途中で中止されたままになってしまっていた。

三上先生の奥様のご依頼で、先生のご遺稿の整理を始めてからすでにだいぶ時間が経過してしまった。私自身の身辺が落ち着かなかったこともあるが、先生のお書きになったものを、はたして私のような浅学のものが、どのように整理してよいものやら判断が付きかね、遺稿の整理よりも気持ちの整理が先になっていたからである。とつおいつしつつ時間がたってしまって、とうとう先生の三回忌にも間に合わず、かくてはならじと思いなおし泉下の先生に叱られるのを覚悟で作業を始めた次第である。

編集の基本方針は、できるだけ先生の原文どおりとすることを原則としたが、原論文の発表後、先生ご自身のリライトされた原稿の例にならい、漢字の表記は常用漢字に改めるとともに一部は仮名書きとしたほか、旧仮名づかいの論文は引用文をのぞき現代仮名づかいに統一をはかった。なお、第二次大戦前後の発表であるため、現時点でみるとやや不適切と思われる表現・語句や地名の改変などは、適宜、修正を行なったが、「満洲」（中国東北地方）の表記については、行文上、原文の持つ意味が全くなくなることも考えられるので、そのままとした場合もある。

また、各論文のうち、現時点で明らかに訂正されるべき箇所や、その後新たに調査をうけ、結果が報告されている遺跡などは、後掲の「補註」で説明を加えることとした。なお、本書の校正および挿図・索引の作成にあたっては、千葉芳子氏の助力を得た。記して謝意を表したい。

以下、各論文について、私なりの解説を加えておく。

一　高句麗の墳墓とその変遷

この論文は、『日本の考古学』第四巻（河出書房、一九六六年）に、「古代朝鮮の歴史的推移と墳墓の変遷」と題して書かれたもので、その後半にはさらに百済・新羅などの墳墓についての所説が述べられていたが、先生は本書に収載するにあたって、この部分を省略するとともに、題名を表記のように改めておられた。

この論文の前半は現時点から見るとき、特にその年代観に大きなずれをみるが、これは当時の考古学的調査の状況からみて、やむをえないものといえよう。しかし楽浪郡の墳墓に関するものについては、その後の調査資料の増加はあっても、大勢には大きな変化がない。

この論文で最も重視すべきところは、高句麗の墳墓に関するところであって、随所に先生の独自な見解が盛り込まれており、いまなお参考すべきところが多い。とくに、将軍塚を長寿王の墓としたのは、先生の全くの創見である。

最近中国にもこれと同じ説を唱える人が出てきている。また、壁画古墳の編年についても、墳墓の構造と壁画の性格の変化の双方から考えようとされた態度は、その後の壁画古墳研究の王道を示されたものとして高く評価されるべきものである。

二　高句麗の遺跡

Ⅰ　輯　安　行

この文は、『歴史地理』七一巻一号（一九三八年）に掲載されたもので、一部の字句を訂正したうえ、リライトされた原稿ができていた。

高句麗の旧都輯安の地は、交通の不便な土地であるうえ、国境の地でもあるため、学術的な調査が自由に行なえないところであった。この地を訪れることを念願しつつ果たせなかった人は多かったであろう。三上先生が初めてこの地を訪れたのは、一九三六年九月末、池内宏博士を団長とする輯安調査団の一員としてであった。この文はその時の見聞記である。冒頭近くに出てくる「朝一番の价古行きの客車の一隅は老若さまざまの論客に占められて、ことの他賑わいでいた」という文章から、先生のはずむような気持ちが伝わってくる。

満浦鎮に宿をとった調査団の一行は、環文塚・牟頭婁塚・太王陵・山城子山城・四神塚・三室塚・将軍塚などを順次調査し、わずか一週間ほどであったが、輯安の主要な遺跡の調査を終えて帰途についた。それは実におどろくほどの精力的なものであったようである。この時の調査結果は、あの大部な『通溝』上・下巻二冊にまとめられている訳であるが、短時日の調査とは思えないほどの見事なできである。当時の調査者の熱意を知ることができよう。

一九八五年七月、私は三上先生のお供をして輯安の地を訪れる機会をえたが、五十年ぶりに輯安を再訪した先生の感懐はひとしおのものがあったように見受けられた。そのさいの先生のお話では、当時の先生は調査に追われて周りの景色を見るゆとりすらなかったということであった。しかし五十年後の再訪を果たされた先生は実に楽しげであって、山城子山城の点将台の上で、参加者全員の記念写真をとったのは、私にとって忘れられない思い出となった。

Ⅱ　輯安および付近の遺跡

この文は、付編一「高句麗史概観」と同じく、『満洲文化史』に掲載すべく書かれたもので、先生の手もとに朱字を入れられた初校のゲラ刷りのままで残されていたものである。先生の著作目録には『満洲文化史』なるものは見当らないから、おそらくなんらかの事情で出版が中止となったままゲラ刷りが篋底に残されたのであろうと推察された。本書への収載にあたっては、若干の漢字を仮名に変えたほか、仮名づかいを現代仮名づかいに改めた。その内容は、前文の調査行の結果を中心に、輯安の主要遺跡の概況を述べたもので、一九四一年当時の認識を良く示している。前文とともに読んでほしい。なお輯安の遺跡調査は最近急速に進み、その結果はつぎつぎと報告されているが、とくに『集安県文物志』（吉林省文物志編委会、一九八四）が有益である。

Ⅲ　東満風土雑記

この文は、「桓仁調査行記」として『民族学研究』新三巻一号（一九四六年）に発表されたものである。先生はこれに若干の字句の修正を加えられたものを最終原稿として残されていた。「東満風土雑記」に表題を変更された理由は詳らかでないが、先生が水野清一・駒井和愛両先生と共同で表された『北満風土雑記』を念頭におかれていたであろうことは容易に想像がつく。収載にあたって、同じく漢字の表記をかえ、仮名づかいを改めた。

この文も先生のみずみずしい感性が随所に認められ、また高句麗史全体に対する先生の深い理解が背景となっていて、読み応えのある紀行文である。この旅行の目的の一つが五女山城にあることはいうまでもない。五女山城は早くから高句麗ゆかりの地として注目を集めていたところである。北関山城の調査に情熱を注いでいた先生が五女山城の調査を念願しておられたのは当然のことである。一九四四年（昭和十九）、北関山城の第二次調査が終わった後にこの調査行が実施されたのである。すでに第二次大戦も終わりに近く、戦局ただならぬ時期の旅行であった。徹底したフィールド＝ワーカーであられた先生はいかなる場合でも自分の眼で確認されることを信条とされていたから、多大の困難を押して、治安の良くない山岳地帯へと足を延ばされたのであろう。この旅行がいかに困難を極めたか、文中の各所にそれを知ることができる。

現在、五女山城は未開放である。大戦後、この地を訪れた外国人は数えるほどしかいない。また中国側の、五女山城の調査報告書があるのかどうかも詳らかではない。わずかに朱栄憲氏の踏査報告がある程度であるから、この意味でも、三上先生の調査行の記録は貴重である。

三　高句麗の山城

Ⅰ　撫順北関山城

遼寧省撫順市郊外にある北関山城は、早くから高句麗の新城といわれて注目を集めていたが、その本格的な調査は一九四〇年に始まり、一九四四年に第二次調査が実施された。三上先生はそのいずれの調査にも参加され、中心的な役割を務めておられた。この文は第一次調査の後、その経験を踏まえて書かれた「高句麗の城郭と撫順新城」(『観光東亜』九巻一号〈一九四二年〉。のち「高句麗の城郭と築城」と改題して『満洲の城』〈吐風書房、同年〉に再録)をもととし、字句を訂正したうえ、表題を変えてリライトされたものである。この文は北関山城についてというよりも、むしろ原題にあるように高句麗の山城に関する概論的な部分が多くを占めているが、それは先生の現地での見聞をもととしているだけに、短文ながら良く高句麗の山城の実態をまとめている。

北関山城の調査報告書については、先生はかねてから心にかけておられたが、とうとうご存命のうちにそれを果たされなかった。おそらくたいへん心のこりのことであったことと思われる。先生の残された資料のうちから関係のある写真を数枚、口絵および本文に掲載して先生の志の一部を表そうとするものである。

Ⅱ　塔山の山城

遼寧省瀋陽市陳相屯にある塔山山城の踏査記録で、『学海』四巻五号(一九四七年)に掲載されたものである。収載にあたって、若干の漢字を仮名に変え、仮名づかいを改めた。塔山山城の調査はわずか一日の短いものであったが、先生の鋭い観察力はこの城に見られる重要な構造上の特徴を見抜かれ、そこから大きな問題点を指摘された。それは城内斜面の至る所に人工の地業のあとがあり、そこにはかならず瓦が散乱しているから、その人工の地業あとは建物の敷地を示すものであろうと推論し、そうであるとすればこの山城には、『旧唐書』高麗伝にいう「道使」のごとき地方支配者が常住していたのではないかと主張された。先生は山城と平地城という組合せは王宮のような特別な場合であって、一般的なものではなく、したがって地方支配者は山城の中に常住していたのであるとの考えを示されたのである。

山城の中の階段上の整地についての発言はおそらく先生が最初であろう。このような整地方法はその後たとえば大聖山城でも確認されていて、中国東北の高句麗式山城だけでなく朝鮮半島側でも一般的であったらしい。先生の主張は高句麗の支配体制や社会構造の本質にせまるものがあるだけに、今後の類例の増加をまって、慎重に検討されなければならない。

Ⅲ　燕州城調査行記

この文は『歴史日本』新二巻二号（一九四三年）に「高句麗の山城」として発表されたもので、その副題を表題にかえるとともに一部に先生の訂正が施された別刷が残されていた。収載にあたって、同じく漢字の表記を変え、仮名づかいを改めた。太子河畔の燕州城は高句麗の白巌城に比定された著名な山城である。先生の文は、まず白巌城の築城時期が五世紀以後のことであるとし、ついで白巌城落城の経過を述べた後、燕州城の踏査記になる。先生の流れるような筆は燕州城の状況をあますことなく伝え、読む人はいながらにして燕州城にあそぶことができよう。

中国東北にある高句麗の山城からは、多くの場合、遼・金時代の遺物が発見される。この燕州城ではそれに加えて宋の陶磁もでるという。先生が早くから小山冨士夫氏と親交を持ち、陶磁器に関心を持っていたことは知られているが、おそらく山城の調査も先生の陶磁器への関心を強める要素となったことであろう。燕州城調査と共におこなわれた江官屯の窯址調査の様子が、無限の感懐をもって短く触れられているあたり、先生のその後の大きな変化の予兆というべきか。

以上三項の山城関係の文はいずれも第二次大戦終了前後に発表されたもので、現在では原文を見ることが困難なものばかりである。個人的な見解であるが、私はこのことだけでも本書の果たす役割は大きいものと思っている。

四　高句麗と渤海

この論文は『末永先生古稀記念　古代学論叢』（同記念会、一九六七年）に発表されたもので、高句麗と渤海の継承関係を考古学的資料から証明しようとしたものである。高句麗の建国者大祚栄が高句麗族であるのか、粟末靺鞨族であるのかは、文献記録の上で異なった記載があるため、早くから論議のわかれているところであるが、先生はこれを考古学の資料の上から論じようとされた。先生は渤海の東京城第五宮殿址の中に炕＝オンドルのあるのを発見され、さらに高句麗の北関山城でも同様の施設を発見された。この経験をもとに、さらに輯安東抬子の例などを追加して、両者の土俗的な部分での共通性を重視された。また六頂山で発見された貞恵公主墓の三角隅持送り式天井が高句麗の墓の構造と同じであることも挙げている。墓制や日常生活などの土俗的側面での共通性は種族的な共通性を示す重要な要素の一つである。先生はこのほかにも、瓦の文様や仏像の様式などにも、高句麗と渤海の共通性を認めておられる。それについては本書の五と七論文を参照されたい。先生がいつ頃からこのような考えをお持ちになったのかはっきりしないが、昭和十年代の後半、北関山城の調査の頃あたりであろうか。最近発表された『渤海文化』は、渤海が高句麗の継承者であることを基調とした論陣をはっているが、その論拠とするところには先生の主張と重複するところが多い。

五　半拉城出土の二仏幷座像とその歴史的意義

この論文は『朝鮮学報』第四十九輯（一九六八年）に発表されたものである。副題に見られるように、前論文と同様、渤海と高句麗の継承関係を追求された論文である。ここでは前論文では触れられていない仏像の造像問題を取り上げその背景にまで踏み込んだ、思い切った論議を展開されている。先生は半拉城だけから発見される二仏幷座像という特殊な造像様式を持った仏像が、古い様相をとどめながら、新しい時期の遺跡から発見されるという事実に注目され、その背後にこそ高句麗と渤海の継承関係を示す歴史的真実が隠されているとされたのであった。すなわち、高句麗時代末期に、半拉城の所在するこの地方で二仏幷座像を信仰する特殊な集団がおり、二仏幷座像を配した寺院が建立され、それが渤海時代まで引き継がれていたとされたのである。この論文は中国の研究者達によって注目され、翻訳されているとのことである。

六　渤海国の都城と律令制

この論文は『日本の考古学』第七巻（河出書房、一九六七年）に掲載されたものである。前記した二つの論文とはおもむきをかえ、むしろ渤海文化に見られる唐文化の影響に焦点を合わせたものである。渤海がその当初において高句麗文化の影響を強く受けていたことは間違いないとしても、しだいに唐の文化の影響を強く受けるようになったことは否めない事実である。先生はその例として渤海の都城を挙げて説明されている。東京城鎮遺跡（上京竜泉府）、半拉城子遺跡（東京竜原府）、西古城子遺跡などの城址をみると、半拉城は東京城に比べて素朴であり、律令体制の未熟さをうかがわせるとし、さらに、西古城は半拉城よりも簡素なものであるから、渤海国の最も早い時期の都城であったかもしれないともいわれた。渤海五京の位置については種々の意見があるが、先生がこの論文を書かれた後、吉林省敦化にある敖東城が重視され、ここが渤海初期の都城であったとする意見が出されるかと思えば、西古城子付近で貞孝公主墓が発見されたことから、ここが中京顕徳府であることは疑いないとする意見もでてきている。

さらに、先生はわずかに述べておられるだけであるが、現在残っている上京竜泉府の遺構がいつの時代のものであるのかも、律令体制確立期の問題とからめて大きな問題である。最近発見された貞孝公主墓の問題なども含めて、改めて先生のお考えを伺いたい気がするのである。

七　渤海の瓦

これは第二次大戦直後、『座右宝』一〇・一一号、一二号（一九四七年）に掲載された同名の論文である。収載にあたって、漢字表記を常用漢字やひらがなに変え仮名づかいを改めた。本稿には「満洲」という言葉が数多く出てくるが、これを改めると本稿のもつ雰囲気をこわすおそれがあると思われるので、あえてそのままとした。ただし、挿図は全面的に書き直した。

この論文はまず、渤海の瓦当文様の編年を行ない、渤海の瓦当文様が高句麗の瓦当文様の延長上にあり、それがしだいに退化していく傾向を持つことを明らかにした。さらに先生は、渤海の瓦当文様が単一で、単純であることは渤海文化の基本にかかわる問題であるとして、その背景を渤海の自然地理的条件、社会的条件、文化的条件などから論じようとされた。つね日頃、考古学は単に遺物・遺跡の追求に終わってはならないと主張されておられた先生の面目が発揮された一文である。先生は渤海文化の母体が文化的栄養不良であったため、所与のものを複雑化し精緻化する能力を備えていなかったし、また、渤海貴族が狩猟社会の出身であったために単純なものを愛好したのではないかともいわれた。先生の結論が正しいのかどうかなお今後の課題であろうが、先生の指摘されたように、その単一性・単純性はある程度確かである。私としてもこの問題は、渤海が諸制度の見本とした唐の文化との関連も視野にいれながら、再考したいほどの魅力あるテーマである。

八　渤海の押字瓦とその歴史的性格

この論文は『和田博士古稀記念 東洋史論叢』（講談社、一九六一年）に発表されたものである。若干の漢字を仮名に変えたほかは原文どおりである。

先生のご指摘のとおり、渤海の瓦にスタンプや釘書きで各種の文字が記されていることはつとに知られていて、多くのひとがこれに関心をはらい、材料を集めてきた。先生の論文はこれらの文字がどのような意味を持つものであるのかを総合的に論じた最初の論文であろう。先生は、東京城・半拉城・西古城などで発見された文字銘を対照し、三遺跡のおのおのだけに見られるもの、あるいは二遺跡に共通して見られるものなどを探しだし、それぞれの場合の持つ意味を追求された。先生は、日本の場合を考慮に入れながら、あるいは瓦の供出元・寄進元などを示すものではないかとされ、また、一つの窯場から二つの城に供給された可能性のあることも指摘されている。先生は一九五五年（昭和三十）に武蔵国分寺に供給された瓦を焼いた窯を調査されている。こうしたことが、この論文の素地になっていることは充分考えられることである。前の論文と合わせて、先生の渤海の瓦に関する研究が未完のままに終わってしまったことはまことに残念なことである。

九　渤海国の滅亡事情に関する一考察

この論文は『和田博士還暦記念 東洋史論叢』（講談社、一九五一年）に掲載されたものである。やはり漢字の表記を変えたほかは、ほとんど原文のままである。

一〇　新羅東北境外における黒水・鉄勒・達姑等の諸族について

この論文は『史学雑誌』五〇編七号（一九三九年）に掲載されたものである。戦前の発表であるため、特に地名の表記が現在と合わないので、必要に応じて若干の手直しをした。また仮名づかいを改めたほか漢字の表記を仮名にかえたところがある。

一一　高麗と定安国

この論文は『東方学報』東京一一巻一号（一九四〇年）に掲載されたものである。同じく、仮名づかいを改めたほか地名・漢字などの表記を現在に合わせたところがある。

以上の三章は純粋に文献史料を駆使した、私の全くの専門外の論文であるので、おのおのの出典を示し、現在に合わせて手直ししたことを明らかにするだけに止めたい。

付編一　高句麗史概観

この論文は、二―Ⅱ「輯安および付近の遺跡」と同様、『満洲文化史』に掲載すべく執筆されたものである。ここでは、その最初の旧石器時代、新石器時代についての考古学的考察、あるいは遼東地方への漢文化の浸透に関する考古学的事例などについての説明を省略し、そのほかは、仮名づかいと一部の字句を訂正しただけでそのまま収載した。

この論文は高句麗の歴史を一般の人にわかり易く、しかも通史的に書いたものである。高句麗が日本と深い関係を持っていることは多くの人が認めるところである。しかしながら、では高句麗の歴史を詳しく、かつ通史的に、それでいて一般の人にもわかりやすく書かれたものがあるかというと、必ずしもそうではないように思える。三上先生のこの論文はまさにそれを充たしているものであると思われる。しかもこの論文は、先生の北方諸種族に関する深い学殖に裏打ちされ、一種独持のものをもっている。本編の諸論文と合わせ読むことによって、高句麗史への一層の理解を深め得るものと思われる。

付編二　東北アジア史上より見たる沿日本海地域の対外的特質

この論文は、本書に収載されたもののうちで、最も新しく執筆されたものである。先生は、昭和四十年代になると、その学問的関心の中心を陶磁器研究、特に貿易陶磁の研究にうつされ、その方面での第一人者になられた。先生の陶磁器への関心の根源の一つに渤海や遼・金の遺跡の調査があるに違いないと思われる。この論文は日本海を中心とする貿易活動の歴史を通観したものであるが、渤海との交渉をその古い頃に位置付けて論じたものである。渤海史研究の一側面をとらえたものとして、ここに採録した。原文は『アジア文化』一一巻一号（一九七四年）に掲載された。

補註

田村晃一

一

（1）現在は金石併用期、初期金属器時代という用語はほとんど使用されなくなっている。ここでの使われ方からいうと青銅器時代というのが妥当であろう。

（2）朝鮮半島の北部で青銅利器が本格的に使用されはじめた年代はなお未確定であるが、おそくとも、前八世紀ころには使用されていたとみる見方が有力である。

（3）南部朝鮮での青銅器使用の開始は、北部より遅れるとしても、その差はわずかであろう。

（4）朝鮮半島での支石墓の初源形態が北方式支石墓であろうとするのは、三上先生をはじめとして多くの研究者の主張してきたところであるが、一九七〇年代以降、いわゆる変形支石墓、あるいは支石のない支石墓が初源的形態のものであろうとする意見が強くなっている。そしてそれらの支石墓の出現年代についても、前二千年紀末ないし前千年紀初とする意見が述べられている。これについては、田村晃一「その後の支石墓研究」（『三上次男博士喜寿記念論文集』考古学編　平凡社、一九八五）を参照されたい。

（5）石棺墓の年代についても、支石墓の場合と同様に、年代を相当遡らせて考えることが必要である。

（6）第二次大戦後、この地域で発掘調査された木槨墓については、田村晃一「楽浪郡地域の木槨墓」（『三上次男先生頌寿記念東洋史・考古学論集』同論集編集委員会、一九七七）を参照されたい。

（7）この当時は、まだ初期の高句麗の積石塚の実態はほとんど知られていなかった。現在の知見では、高句麗初期の積石塚の内部主体は石室ではなく、石槨・石壙であるから、支石墓との系譜関係を考慮することは難しいであろう（田村晃一「高句麗積石塚の分類と編年」『考古学雑誌』六八―一、一九八二）。

（8）一九三五年に池内宏氏らが調査した際は、三段分のみを確認したが、本来何段あったかは不明であるとされている。『通溝』上巻を参照のこと。

二―Ⅰ

（9）第一回の輯安調査は、昭和十年九月二十八日から十月一日までの短いもので、池内宏、浜田耕作、梅原末治、藤田亮策、小場恒吉の各氏によって実施され、舞踊塚・角抵塚の調査に重点が置かれていたという。

（10）二回にわたる輯安調査の本報告は『通溝』上・下巻の二大冊となって、出版されている。

二―Ⅱ

（11）酒勾景明の姓名は酒匂景信とするのが正しいとされている。

（12）国内城については、『通溝』上巻のほか、集安県文物保管所「集安高句麗国内城址的調査与試掘」（『文物』一九八四―一）が最近の調査成果を報告し、有益である。

（13）山城子山城については、『通溝』上巻のほか、李殿福「高句麗丸都山城」（『文物』一九八二―六）が詳しい。

（14）広開土王碑の碑文の字数については人により異なる。最も新しい研究である武田幸男『広開土王碑原石拓本集成』（東大出版会、一九八八）では一七七五字と推定されている。

（15）この碑閣は一九七六年に撤去され、一九八二～八三年に再建されている。

（16）東抬子遺跡については一九五八年に発掘調査が行なわれ、その結果は吉林省博物館「吉林輯安高句麗建築遺址的調査」（『考古』一九六一―一）に発表されている。

(17) この甎室墓は現在三三一九号墓とよばれるものである可能性が強い。補註(7)にあげた田村晃一論文の註を参照されたい。

(18) これらの大型積石塚の被葬者については様々な議論がある。田村晃一「高句麗の積石塚の年代と被葬者をめぐる問題について」(『青山史学』八、一九八四)を参照されたい。

(19) この古墳の壁画については、『朝鮮古文化綜鑑』四に戦闘図と天井部壁画が紹介され、さらにその後『考古』(一九六四―二)に現状の報告が掲載されている。

(20) 輯安およびその付近の遺跡・遺物については、吉林省文物志編委会『集安県文物志』(一九八四)が網羅的で便利である。

二―Ⅲ

(21) 五女山付近にある高力墓子村の古墳群の調査結果は、陳大為「桓仁県考古調査発掘簡報」(『考古』一九六〇―一)に報告されている。

三―Ⅰ

(22) 現在は通溝河という。

(23) この調査については、三上次男「満洲国撫順古蹟調査概報」(『考古学雑誌』三一―一、一九四一)がある。この後、一九四四年に第二次調査が実施されたが、この時の詳細は知らされていない。

(24) 北関山城は現在では高爾山城と呼ばれ、中国側によって調査が実施されている。概要は『考古』(一九六四―一二)、『遼海文物』(一九八四―二)に紹介されている。

三―Ⅱ

(25) 塔山山城は陳大為「遼寧高句麗山城初探」(『中国考古学会第五次年会論文集』一九八八)に周長二〇〇〇㍍以上の大型山城の一つとして挙げられている。

(26) 前記した陳氏の論文では、塔山山城の城壁上に、直径四㍍、高さ一㍍で中央が凹んでいる高台が築かれ、ここに建物があったと推定されている。

三—Ⅲ

（27）前記の陳氏の論文では、燕州城は見えず、太子河畔岩州城を挙げている。あるいはこの故にかく名づくか。

（28）陳氏は岩州城の大きさを周長二〇〇〇㍍以下の中型とし、三上先生の概算とは異なる。

四

（29）渤海の支配者の出自については、高句麗、靺鞨、穢貊の三説がある。文献史学者の所論はここでは省略し、考古学者の意見だけについて見ると、中国では李殿福他『渤海国』（文物出版社、一九八八）に見るように、靺鞨説が多いようである。これに対し、北朝鮮の研究者は渤海を高句麗の継承者と規定している（朱栄憲著・在日朝鮮人科学者協会歴史部会訳『渤海文化』雄山閣出版、一九七九）。なお渤海研究では、楊保隆編著『渤海史入門』（青海人民出版社、一九八八）が簡便であるが、考古学の分野はほとんどふれられていない。

（30）朱氏の前記の著書では、ここは第四宮殿とされている。その事情については補註(36)(37)参照。

（31）この後、渤海の墓葬調査は黒竜江省東寧県大城子、吉林省和竜県北大地などで調査されている。とくに、貞孝公主墓の発見は本稿の内容とも関連する重要な発見である。延辺朝鮮族自治州博物館「渤海貞孝公主墓発掘清理簡報」（『社会科学戦線』一九八二—一）参照。

（32）先生のお手元にあった別刷には各所に書き込みがあった。その多くは「炕」に関する古文献上の記事である。しかし先生がそれをどのように扱おうとお考えになっていたのか明白ではないし、その多くは鳥山喜一氏が「金初における女真族の生活形態」（『満鮮文化史観』刀江書院、一九三五）において挙げているものと重複するので、ここでは省略した。

五

（33）半拉城は現在では八連城と呼ばれている。

(34) 前記の朱氏の著作でも磚仏の特徴を通じて、高句麗と渤海の関係を論じているが、二仏幷座像についてはふれられていない。

六

(35) 上京竜泉府いわゆる東京城は、東亜考古学会による発掘の後、一九六三～四年に中国と北朝鮮の合同調査が実施されている。その概要は朝・中合同考古学発掘隊『中国東北地方の遺跡発掘報告』(社会科学院出版社、一九六六、平壌)に掲載されているほか、補註(29)であげた朱氏の著作によっても知り得るが、その時の調査は、内城西区や東区あるいは寺院跡などについて行なわれており、内城中央部については調査が行なわれなかったようにも思われる。

(36) 前記の『渤海文化』では宮殿の数を五つとしている。それは、次にあげる第一宮殿を宮城南門としているからである。

(37) したがって、『渤海文化』では、ここでいう第二宮殿が第一宮殿として説明されていて、以下順次、宮殿の番号が一つずつずれている。

八

(38) 初出論文においては、A・B・D・F・Gとあったが、本文の内容にあわせて、A・B・D・E・Fと訂正した。

(39) 『中国東北地方の遺跡発掘報告』の中に、朝中合同調査によって上京から発見された押字瓦の銘文の釈文が報告されている。そこでは三八種、計四七九個とある。このなかには、三上先生の報告した銘文と異なるもののあることが注意される。

(40) 初出論文には九字とあったが、内容にあわせて、八字に訂正した。

一〇

(41) 現在は朝鮮民主主義人民共和国江原道高山郡高山邑に属す。

(42) 現在の黒竜江省依蘭。

(43) 現在の吉林省伯都。

（44） 現在の吉林省延辺自治区にあたる。

付編一

（45） 以下本稿では、遼河流域の平野部と遼東半島を南部満洲、それを挟んで、東に広がる山岳地帯を東部満洲、西に広がる地域を西部満洲としている。

（46） 燕の長城については、『中国長城遺跡調査報告集』（文物出版社、一九八一）に関係文献がある。

（47） 以下、元原稿には、遼寧南部地方における漢代文化の考古学的調査について概観する部分があるが、その後の状況に鑑み、この部分を省略した。

（48） 夫余に関する考古学的研究は、現在もなお、必ずしも順調とはいえない状況にある。このことについては、田村晃一「新夫余考」（『青山考古』五、一九八七）を参照されたい。

（49） 西安平県の位置については、最近、丹東市付近とする意見が提出されている。遼寧省博物館文物工作隊「遼寧省における考古学の新収穫の概略」（『中国考古学三十年』平凡社、一九八一）参照。

（50） 丸都城の所在地を楡樹林子に比定する説は関野貞氏が強く主張されたが、しかしその支持者はあまり多くなかったとおもわれる。三上先生がこの頃は関野説に同意されていたことを知り得る材料である。

高句麗と渤海（オンデマンド版）

Digital Publishing

2018年10月1日　発行

著　者　三上次男《みかみつぎお》

発行者　吉川道郎

発行所　株式会社 吉川弘文館
〒113-0033 東京都文京区本郷7丁目2番8号
TEL 03(3813)9151(代表)
URL http://www.yoshikawa-k.co.jp/

印刷・製本　株式会社 デジタルパブリッシングサービス
URL http://www.d-pub.co.jp/

三上次男（1908～1987）
ISBN978-4-642-78133-6

著者略歴
明治四十年、京都府に生まれる
昭和七年、東京大学文学部東洋史学科卒業
東京大学教授、青山学院大学教授、中近東文化センター理事長、日本考古学会会長、日本学士院会員等を歴任、文学博士
昭和六十二年没

〔主要著書〕
満鮮原始墳墓の研究　古代東北アジア史研究
金史研究(全三巻)　三上次男著作集(全六巻)

高句麗と渤海

平成二年十二月二十日　第一刷発行
平成九年九月二十日　第二刷発行

著者　三《み》上《かみ》次《つぎ》男《お》

発行者　吉川圭三

発行所　株式会社　吉川弘文館
郵便番号一一三
東京都文京区本郷七丁目二番八号
電話〇三―三八一三―九一五一番(代)
振替口座〇〇一〇〇―五―二四四

印刷＝廣済堂印刷・製本＝誠製本

索　　引

か

き

さ

す

せ

そ

つ

て

と

な

に

ぬ

ね

は

ひ

ふ

へ

ほ

ま

る

れ

ろ

わ